全国高校社会主义经济理论与实践研讨会第31次年会留念
2017.11.4 · 中国人民大学

社会主义经济理论研究集萃（2017）

开启新时代的中国经济

卫兴华　洪银兴　刘　伟　黄泰岩　等著

KAIQI XINSHIDAI DE ZHONGGUO JINGJI

中国财经出版传媒集团
经济科学出版社
Economic Science Press

图书在版编目（CIP）数据

社会主义经济理论研究集萃．2017：开启新时代的中国经济/卫兴华等著．—北京：经济科学出版社，2017.12
（全国高校社会主义经济理论与实践研讨会丛书）
ISBN 978－7－5141－8932－2

Ⅰ.①社…　Ⅱ.①卫…　Ⅲ.①社会主义经济－研究－中国
Ⅳ.①F120.2

中国版本图书馆 CIP 数据核字（2017）第 321612 号

责任编辑：于海汛
责任校对：杨晓莹
责任印制：李　鹏

社会主义经济理论研究集萃（2017）
开启新时代的中国经济
卫兴华　洪银兴　刘　伟　黄泰岩　等著
经济科学出版社出版、发行　新华书店经销
社址：北京市海淀区阜成路甲 28 号　邮编：100142
总编部电话：010－88191217　发行部电话：010－88191522
网址：www.esp.com.cn
电子邮件：esp@esp.com.cn
天猫网店：经济科学出版社旗舰店
网址：http://jjkxcbs.tmall.com
北京季蜂印刷有限公司印装
710×1000　16 开　30.25 印张　540000 字
2017 年 12 月第 1 版　2017 年 12 月第 1 次印刷
ISBN 978－7－5141－8932－2　定价：98.00 元

总 序

全国高校社会主义经济理论与实践研讨会是在原国家教委的倡导下于1985年组织创办的，由北京大学、中国人民大学、南开大学、复旦大学、武汉大学、吉林大学、厦门大学、西南财经大学等8所部直属大学的老一辈经济学大师组成领导小组。宋涛、胡代光、滕维藻、蒋学模、谭崇台、关梦觉、刘诗白、吴宣恭、卫兴华、谷书堂、陶大镛、张维达、陈征等前辈先后担任领导小组成员，中国人民大学宋涛先生担任领导小组组长，卫兴华先生兼任秘书长。

在教育部的正确领导和大力支持下，全国高校社会主义经济理论与实践研讨会经历了31个春秋，在风雨中坚持不懈，举办了31次大型的研讨会并出版了31部论文集，影响不断扩大，经久不衰，参会者热情日益高涨。其中一个重要原因是研讨会的强大凝聚力。凝聚力的基础就是马克思主义经济学及其理论创新。这个研讨会是高校从事马克思主义政治经济学教学与研究的教师的思想聚会和精神大餐。每次研讨会都有老一辈经济学家的坚强领导和掌舵，有举办单位的周密组织，有各个高校的积极支持，有所有参会者，特别是青年经济学者们的踊跃参与和智慧奉献。每次会议的研讨都有明确的议题，议题能够紧扣时代的脉搏，理论联系实际，参会者通过论文评审方式选出加特邀代表，会议气氛百花齐放、自主和谐，从而保证了每次会议都能取得可喜成果，大家都有收获。三十多年来，参加会议的许多代表是年年积极参加，还有一批批年轻同志的不断加入。这个会议培养出了一批坚持马克思主义、理论联系实际的经济学专家，为各个高校坚持以中国化、时代化的马克思主义经济学进课堂、进教材、进学生头脑做出了重大贡献。参加会议的一批批年轻人在学术界崭露头角进入了学术和行政的重要岗位。所有这些表明，我们这个研讨会已经办出了品质、品牌，具有了生命力、吸引力。

从2007年第21次会议开始，领导小组进行了新老交替。经多方征求意见，包括原领导小组成员的意见，并向教育部有关领导汇报和获得同意，确定了研讨会领导小组成员的调整，决定新的领导小组继续主要由原来8所大学推选年轻代表组成，由南京大学洪银兴教授担任组长，其他成员有林岗、黄泰岩、刘伟、逄锦聚、庄宗明、刘灿、简新华、李慧中、谢地等教授，黄泰岩教授兼任秘书长，张宇、黄桂田、张二震三位教授任副秘书长。2010年，研讨会领导小组增补北京师范大学李晓西教授为领导小组成员。2016年，研讨会领导小组增补北京师范大学赖德胜教授任副秘书长。从第21次年会开始，会务组织和具体的工作安排则由新领导小组协商处理。但是老一辈经济学家继续在为研讨会掌舵，新一届领导小组成员决心秉承传统，增强活力，不仅要把老一辈经济学家开创的事业继承下来，还要越办越好，发扬光大。特别是在多元化的年代，在出现多个全国性经济学论坛和年会的背景下，更要以自身的特色，特别是以坚持马克思主义、开拓当代中国马克思主义经济学新境界为特色增强凝聚力和吸引力。

伴随着我国改革发展的历史进程，我国高校经济学界以马克思主义政治经济学的基本理论和方法为指导，积极借鉴现代西方经济学的有益成果，深入研究我国改革开放和发展转型中的重大理论和实践问题，为建立中国特色社会主义经济理论体系做出了重要贡献。其中包括：社会主义初级阶段理论、社会主义基本经济制度理论、社会主义基本分配制度理论、社会主义市场经济理论、中国经济发展理论、对外开放理论，等等。这些都是马克思主义经济学中国化、时代化的创新性理论成果。

马克思主义经济学的中国化、时代化，是我们理论创新的方向。中国马克思主义经济学的研究，一定要面向中国改革、转型和发展的伟大实践，在实践的基础上推进理论创新。马克思主义经济学的本质特征之一就是其开放性，我们既要吸收发达国家的发展生产力的先进经验，又要吸收西方经济学中的科学成分。对于马克思主义经济学理论，不仅仅要解决坚持问题，更要解决好发展问题。马克思主义经济学的与时俱进，也就是马克思主义经济学在中国特色社会主义的实践中发展，在吸取各种经济学流派的积极成果中发展。

为进一步推进中国特色社会主义政治经济学的理论创新，全国高校社会主义经济理论与实践研讨会领导小组决定自2016年开始设立“兴华优秀论文奖”。卫兴华教授作为中国杰出的马克思主义经济学家、教育家和研讨会的主要创办者、组织者，特将其所获得的第四届吴玉章人文社会科学终身成就奖的100万元奖金全部捐赠出来作为“兴华优秀论文奖”的奖励基金。设立“兴华优秀论文奖”的目的是激励学者们为创新发展中国特色社会主义政治经济学创作出更为厚重的精品力作，助力培养造就出一大批马克思主义经济理论家特别是中青年经济理论家。

过去每年的研讨会都要出版一本包括所有提供论文的概要的文集。从2007年的第21次年会起出版的会议文集不再是全部论文的概要，而是经评审组专家评审，在大会入选的论文中选择部分切合年会主题的代表性论文结集由经济科学出版社出版。陈亮做了文集编辑的基础工作，文集最后由黄泰岩定稿。我们希望每年出版的文集能够代表当年马克思主义经济学中国化、时代化研究的高端水平，努力为推进当代中国马克思主义经济学的理论创新，科学回答坚持和发展什么样的中国特色社会主义、怎样坚持和发展中国特色社会主义的重大理论和实际问题，增强理论自信、道路自信、制度自信、文化自信，培养造就一大批马克思主义理论家特别是中青年理论家做出应有的贡献。

全国高校社会主义经济理论与实践研讨会领导小组

目录

第三篇　实现强国目标的新发展理念

第四篇　供给侧结构性改革的新战略

第五篇　社会主义市场经济新体制

第六篇　“一带一路”全面开放新格局

开 幕 词

刘 伟*

尊敬的各位领导、各位专家、各位代表：

大家上午好！

今天，“全国高校社会主义经济理论与实践研讨会第31次年会”隆重开幕。首先，我谨代表会议领导小组、代表中国人民大学，对各位代表、各位来宾的到来表示热烈的欢迎，对给予年会大力支持的教育部社科司、为会议评审工作做出突出贡献的兄弟院校以及会议筹备组表示衷心的感谢！

1985年，在原国家教委的倡导下，由北京大学、中国人民大学等8所高校，特别是宋涛教授等老一辈经济学家共同组织创办了“全国高校社会主义经济理论与实践研讨会”，致力于搭建高校经济学界沟通交流、协同创新的平台。30多年来，在包括谭崇台教授、刘诗白教授、卫兴华教授、吴宣恭教授和陈征教授等在内的老一辈经济学家的影响和带领下，我们始终不忘初心，牢记使命，逐渐锻造了一大批始终关心和关注中国特色社会主义经济建设的高水平人才，不断培育出一份份富有原创性、具有重要指导意义的优秀成果，也得到了兄弟院校和社会各界的真心支持。我们为这样的薪火相传而骄傲，为这样的携手并进而振奋。

在党的十九大胜利闭幕之际，我们的第31次年会如期召开，这无疑是本次会议最独特的历史意义所在。习近平总书记在十九大报告中明确指出，中国特色社会主义进入新时代，我国社会主要矛盾转化为人民日益增长的美好生活需要和不平衡不充分的发展之间的矛盾。这一论断既肯定了过去一段时间我国生产力发展取得的成就，又更好地抓住了我国进一步发展的核心。在经济领域如何化解矛盾、解决问题，如何为国家进一步发展建言献策，成为我们新时代的主题。本次年会紧扣这一时代主题，围绕中

* 刘伟，中国人民大学教授。

国特色社会主义政治经济学理论体系研究、经济发展新常态与稳中求进总基调、深化供给侧结构性改革研究、“一带一路”与对外开放新战略等主题展开分析研究，这既是对理论问题和实践问题的对比与探讨，更是对十九大报告内容的深入学习与贯彻。

2012 年 6 月 19 日，习近平同志曾来人民大学视察《资本论》教学与研究中心并发表重要讲话。十八大以来，习近平总书记更是多次提出要坚持和发展中国特色社会主义政治经济学、不断完善中国特色社会主义政治经济学理论体系，要求立足我国国情和发展实践，为马克思主义政治经济学创新发展贡献中国智慧。这既是十九大报告中贯彻新发展理念、建设现代化经济体系的重要内容，同时也是解决中国经济现实问题的重要指导，进一步为中国特色社会主义政治经济学理论体系的完善与发展指明了方向。我们必须抓住这个历史机遇，以马克思主义基本立场、观点和方法为指导，直面中国现实，聆听时代声音，找到发展规律，增强道路自信，推动理论创新，更好地指导中国经济社会的发展，为实现“两个一百年”奋斗目标、实现中华民族伟大复兴的中国梦贡献自己的力量。

由老一辈经济学家创立的全国高校社会主义经济理论与实践研讨会，伴随着我国改革开放的进程走到今天。当前，我们又重新站在了一个新时代的起点上，我们要充分依靠和发挥这个高端学术平台的作用，广开言路、集思广益，形成百花齐放、百家争鸣的良好学术氛围，继续汇聚学界高水平的研究队伍，努力培育和带动青年学者坚定信念、脚踏实地地开展学术研究和交流活动，将研讨会的优良传统传承下去，更好地为党和人民的事业服务，为巩固和发展中国特色社会主义制度服务，为改革开放和社会主义现代化建设服务。

2017 年 10 月 3 日，习近平总书记致信祝贺中国人民大学建校 80 周年，对学校的办学成就给予充分肯定，对学校未来发展寄予殷切期望，对高等教育事业提出明确要求。虽然我们地域不同、环境有异，但我们的信念相同、目标一致。让我们携起手来，为构建中国气派、中国风格、中国特色的经济学理论体系，为我国经济学研究和教育事业的繁荣发展而努力奋斗。

最后，预祝本次大会取得圆满成功，谢谢大家！

闭幕词

洪银兴*

尊敬的卫老师、各位专家、各位代表：

经过两天紧张而高效的讨论和交流，会议即将结束，我谨代表全国高校社会主义经济理论和实践研讨会领导小组对与会的各位专家、代表、老师和同学们表示诚挚的感谢。

本次会议的安排包括主旨报告、小组研讨、院长论坛、大会交流、自由发言等环节，会议收集论文161篇，全国近70所院校和机构参与，200余位专家和媒体与会，130余位专家学者参与讨论和演讲。参与大会发言的有40位，分论坛发言的也有40位。这次研讨会参加人数之多，层次之高，是前所未有的。与会代表中既有成就卓著的泰山北斗，也有锋芒渐露的学界新锐，更有砥砺奋进的后辈学人，每次的思想碰撞都有着非凡的意义。特别感谢卫兴华教授，卫老师年逾九旬依然坚守在科研岗位，这是对我们后辈的莫大鼓舞，会上卫老师所做的关于十九大报告中社会主要矛盾的转化问题的发言更是折服了所有到场的学者。研讨会领导小组根据卫兴华教授的提议，将他获得的吴玉章终身成就奖的100万元奖金全部捐赠，设立“兴华优秀论文奖”，这次会上为8位获奖者颁发了获奖证书。这对所有参会者是极大的鼓励。

我们这个研讨会在以卫兴华等老一辈经济学家的掌舵下，在教育部社科司的支持下，在几代学者的努力和积极参与下，历经30余年，会议规模越来越大，参会人数逐年递增，论文质量越来越高，大会发言质量越来越好，社会影响力也越来越大。这在全国学术界是一个创举，已经成为一面旗帜。尤其是这次研讨会在社会科学的重镇中国人民大学召开，影响力更大。

本次研讨会按照原定的议题围绕“新时代中国特色社会主义政治经济

---

* 洪银兴，南京大学经济学院教授。

学的创新发展”、“新时代全方位的中国经济改革与发展”、“开放体系下的‘一带一路’建设与全球经济治理”等主题准备会议论文，并在会上展开研讨。

本次研讨会正逢举世瞩目的十九大胜利闭幕。在举国上下学习宣传领会十九大精神之际，我们这次研讨会可说是十九大后规模最大的关于学习十九大精神的理论研讨会。各位参会者将自己的研究课题在十九大精神指导下进行交流发言，进一步加深了对习近平新时代中国特色社会主义思想的认识。从理论和实践结合上系统回答新时代坚持和发展什么样的中国特色社会主义，怎样坚持和发展中国特色社会主义。这正是对十九大提出的新时代重大课题的探索和学习。

本次研讨会围绕新时代中国特色社会主义思想这个主线集中研讨了以下问题并取得进展。一是研讨新时代的内涵，进而认识新时代中国特色社会主义进入新时代的总任务。二是研讨中国特色社会主义社会主要矛盾的转化问题，研究了人民日益增长的美好生活需要和不平衡不充分的发展之间矛盾的科学内涵，以及同原来的主要矛盾表述的关系。三是研讨了新时代社会主义现代化的特性，明确新时代的现代化不是追赶发达国家，而是要赶超发达国家，进而明确创新对现代化的驱动作用。四是研讨现代化经济体系的内容和建设问题，明确现代化虽不设定 GDP 指标，但突出现代化经济体系建设和发展实体经济对实现现代化的重要性。五是研讨社会主义分配制度，强调无论是初次分配和再分配都要处理好公平与效率的关系，准确理解十九大报告对按要素分配的表述的科学含义。六是研讨了进入新时代后的供给侧结构性改革问题，特别关注实体经济和新动能的培育问题。并且关注激发民间投资的供给侧结构性改革的作用。七是研讨了中国经济所面临的经济风险，特别就中国经济绝不能爆发系统性金融风险问题进行了研讨。八是研讨了新时期中国改革的新思路和新框架，对要素市场化配置和国有企业做强做优方面提出了建设性建议。九是研讨了“一带一路”下的机遇和存在的一些问题，强调建立人类命运共同体对“一带一路”的作用。十是研讨了区域经济协调发展问题，不仅涉及东北“振兴”，也涉及民族地区的精准扶贫问题。十一是研讨了新时代开放型经济问题，就提高开放效益，建立对外开放新格局提出了新建议。十二是以人民为中心的发展思想为指导就居民住房、房地产市场、居民收入、环境保护等人民群众关心的热点民生问题进行了研讨。所有这些问题的研讨既有规范研究又有实证分析，达到了较高的学术水平，也指出了进一步研究的方向。

这次研讨会还就如何建设新时代中国特色社会主义政治经济理论体系进行了专门研讨。研讨中涉及马克思主义政治经济学的方法论原则、思想史、重点理论问题，科学性及发展逻辑等多方面。大家提出建设中国特色、中国气派、中国风格的系统的经济学说，建构中国经济学的话语体系，是经济学者义不容辞的历史责任。建设中国特色社会主义政治经济学的基本出发点是发展当代马克思主义政治经济学，我们不仅要把马克思主义当成一种信仰，同时要把它作为一门科学，要从科学上搞清楚马克思主义是什么，扎扎实实、认认真真地进行研究，立足民族、立足国情，坚持服务国家和人民。中国的伟大实践已经在世界上立住了，我们再努力把中国的问题解释清楚了，那么这一套学说和理论，就是世界性的成就。

需要指出，这次研讨会对十九大精神的学习和研究还是初步的，马克思主义经济学理论学者对习近平新时代中国特色社会主义思想研究有义不容辞的责任和使命。我们需要进一步从中国特色社会主义政治经济学的视角研究新时代中国特色社会主义的总任务，进入新时代的社会主要矛盾，以人民为中心的发展思想。需要深入研究新时代社会主义现代化，包括两步走目标，建设现代化经济体系，推动新型工业化、信息化、城镇化、农业现代化同步发展，主动参与和推动经济全球化进程，发展更高层次的开放型经济。建设人与自然和谐共生的现代化等方面的社会主义现代化理论。需要深入研究现代化的经济制度体系问题，涉及坚持和完善我国社会主义基本经济制度和分配制度，使市场在资源配置中起决定性作用和更好发挥政府作用，加快完善社会主义市场经济体制，以完善产权制度和要素市场化配置为重点的经济体制改革问题，巩固和完善农村基本经营制度，深化农村土地制度改革，完善承包地“三权”分置制度，坚持按劳分配原则，完善按要素分配的体制机制，以及健全货币政策和宏观审慎政策双支柱调控框架。需要深入研究新时代的发展问题，包括促进我国产业迈向全球价值链中高端，培育若干世界级先进制造业集群，激发和保护企业家精神，建立以企业为主体、市场为导向、产学研深度融合的技术创新体系，乡村振兴战略，推动形成全面开放新格局等方面的理论和实践问题。

各位专家学者，各位同学，会议即将闭幕，在这里我要代表领导小组感谢大家的积极参与，感谢北方民族大学在论文评审组织过程中的热情服务，感谢本次会议的承办方中国人民大学的精心筹备，也感谢经济学院全体会务工作人员的大量的、周到的后勤保障服务。同时也要感谢参会的媒体朋友。谢谢大家！

由于研讨会的影响力越来越大，各个学校参与的热情非常高，已有多所高校提出申办研讨会和论文评审会。经研讨会领导小组一致同意，由福建师范大学承办 2018 年年会，我们期待明年在福建师范大学召开的第 32 次年会再次相聚！

谢谢！

第一篇

中国特色社会主义政治经济学新理论

关于中国特色社会主义政治经济学的一些新思考

卫兴华[*]

十九大报告提出中国特色社会主义进入了新时代，这意味着中华民族迎来了从站起来、富起来到强起来的伟大飞跃。报告中有不少创新思想和新的提法。有些方面涉及对中国特色社会主义政治经济学的新思考和新论述。

一、关于社会主要矛盾的转换问题

新中国成立后，关于我国社会主要矛盾的提法几经改变。撇开改革开放前的多次变更不讲，改革开放后，也经历几次提法的调整和转换。主要矛盾的定位，涉及经济社会发展方向道路问题，因此是属于中国特色社会主义理论与实践的重大问题。党的十一届三中全会放弃了阶级斗争为纲的路线，针对我国生产力落后、人民贫穷的实际国情，邓小平提出应解决的主要矛盾问题，他说："我们的生产力发展水平很低，远远不能满足人民和国家的需要，这就是我们目前时期的主要矛盾"。① 他讲的是"目前时期"的主要矛盾，这意味着在不同历史时期的主要矛盾会有所改变。后来的中央文件将其表述为"我国社会的矛盾是人民日益增长的物质文化需要同落后的社会生产之间的矛盾"。这种表述容易被理解为是整个社会主义时期的主要矛盾，没有体现矛盾的"现阶段"性。十三大报告明确提出这

* 卫兴华，中国人民大学荣誉一级教授。

① 《邓小平文选》第2卷，人民出版社1993年版，第182页。

一矛盾是社会主义初级阶段的主要矛盾。这一主要矛盾的界定一直延续到十九大前。

十九大报告提出了我国社会主要矛盾的转换，“中国特色社会主义进入新时代，我国社会主要矛盾已经转化为人民日益增长的美好生活需要和不平衡不充分的发展之间的矛盾。”读者会提出一个不能回避的问题，需要实事求是地回答。习近平同志在2016年1月29日的讲话中提出：我国发展虽然取得了巨大胜利，但“人民日益增长的物质文化需要同落后的社会生产之间的矛盾这一主要矛盾没有变”。同年7月1日，在庆祝中国共产党成立九十五周年大会上的讲话中又说：“人民日益增长的物质文化需要同落后的社会生产之间的矛盾这一主要矛盾没有变”。是否事隔一年，主要矛盾就快速转换了呢？可以实事求是地说明这一问题。十九大前，我国社会主要矛盾的原有表述虽然暂时延续了下来，但主要矛盾的内涵已经发生了变化。习近平同志主张分析问题“要坚持‘两点论’与‘重点论’的统一”。一方面，他曾强调指出：“我国用几十年的时间走完了发达国家几百年走过的发展历程”①。“我国正处于由中等收入国家向高收入国家迈进的阶段”②。我国是世界第二经济大国、最大货物出口国、第三大货物进口国和最大外汇储备国。另一方面，他又指出我国人民生活水平还赶不上发达国家，人均国内生产总值还不够高，还存在几千万贫穷人口。强调这一事实是为了激励人们为实现“两个一百年”目标而继续奋发图强。从发展规律来看，改革开放前期的社会主要矛盾的内涵，会随着发展而不断变化。初期的主要矛盾表现为生产力极为落后、日用消费品严重短缺，凭票证限量供应。经过改革以来的发展，卖方市场变为买方市场，人民的收入和生活水平总体上显著提高了。初级消费品出现积压、滞销，原有含义上的社会主要矛盾事实上已经发生了变化。

同时，还应看到，习近平同志和中央文件事实上已经讲到了社会主要矛盾内容的变化。2017年1月17日，习近平同志讲：中国经济面临着“产能过剩和需求结构的升级矛盾突出”。也就是低端产品的无效供给过剩而中高端产品的有效供给不足。中央提出供给侧结构性改革，正是社会主要矛盾转换的表现。社会主要矛盾的转化是逐渐由量变到质变的潜在过程。对矛盾转换的理论表述，会晚于实际的转化。提出主要矛盾的转化和

① 《习近平总书记系列重要讲话读本》，学习出版社、人民出版社2016年版，第36~37页。

② 《习近平关于社会主义经济建设论述摘编》，中央文献出版社2017年版，第36页。

对转化后的新矛盾的准确表述，要有一个酝酿和考虑成熟的过程，还有个表述时机的选择问题。十九大关于我国社会主要矛盾转化的论述，是新的理论和实践创新。对作为供给侧的生产力状况和作为需求侧的具体内涵，都在提高了的层次上进行了新的论述。“人民日益增长的美好生活的需要”，不仅指物质文化需要，还包括更好地满足人民在经济、政治、社会、生态等方面的需求。在生产和供给侧方面，要着力解决发展不平衡和不充分问题。这远远超越原来生产力极端落后时期主要解决广大贫穷人口温饱问题的情况。主要矛盾的转化，为党和国家的工作提出了新的要求。

二、关于经济发展中的效率和公平问题

这个问题在中央有关文件中曾有多次提法的改变。学界也有多种不同意见。关于这个问题的理论演变过程和对不同提法的是非辨析，这里不再多讲，只想结合十九大报告讲点新思考。在我国曾流行多年的关于分配制度中效率与公平的关系是“效率优先、兼顾公平”，“初次分配注重效率，再分配注重公平”。我一直主张应是效率和公平并重，生产重效率，分配重公平。从党的十六届四中全会起不再重复这一分配原则。鉴于收入差距过分扩大的趋势，更多地强调重视公平。十七大报告提出：“初次分配和再分配都要处理好效率和公平的关系”，“再分配更加注重公平”。这一提法在认识上得到了基本统一。然而有个遗留的问题需要澄清。可提出问题：讲分配制度或分配政策中的效率和公平关系是否科学？我们讲效率，是指生产效率、劳动效率，是属于生产领域的范畴，而非分配领域的范畴。因此，效率与公平的关系，实际上是生产和分配的关系，是做大“蛋糕”和分好“蛋糕”的关系。生产决定分配，生产关系决定分配关系。社会主义既要重视做大“蛋糕”，又要重视公平切分“蛋糕”。社会主义的公平分配原则是按劳分配。资本主义的公平分配原则是按要素所有权分配。

阅读十九大报告，既讲提高效率、效益，更讲公平与公正。但没有再将效率与公平放在分配领域或放在分配政策中讲。强调深入贯彻以人民为中心的发展思想；强调发展中的质量和效益；强调“坚持在发展中保障和改善民生，增进民生福祉是发展的根本目的”，“在发展中补齐民生短板、促进社会公平正义”；强调“必须始终把人民利益摆在至高无上的地位，让改革发展成果更多更公平惠及全体人民，朝着实现全体人民共同富裕不

断迈进”。在生产领域，讲效率优先没有错，应是优先于产值和速度，但不能错位地优先于分配领域的公平。社会主义生产的目的是通过分配公平，满足人民日益增长的美好生活的需要，实现共同富裕。初次分配不顾公平，就必然会导致贫富分化现象的出现。

三、关于按劳分配与按生产要素分配问题

中国特色社会主义的分配原则是按劳分配为主体、多种分配方式并存。按劳分配作为社会主义的分配原则，只存在于完全的公有制经济中。私营、外资企业按多年来的说法，是按生产要素贡献分配。可以肯定，劳动要素和非劳动要素都是生产财富（使用价值）和价值的必要条件。但有的学者借按要素“贡献”分配的说法，认为中央肯定了要素价值论，否定了马克思的剩余价值理论。这些学者还将按生产要素贡献分配作为整个社会主义社会的分配原则，否定按劳分配，并将其作为自己独特的理论创新和重大贡献。认真阅读十九大报告，没有再讲“按要素贡献分配”，放弃了“贡献”一词。十九大报告论述了中国特色社会主义分配原则是“坚持按劳分配原则，完善按要素分配的体制机制，促进收入分配更合理、更有序，鼓励勤劳守法致富……”有必要说明，“完善按要素分配的体制机制”，重在完善按要素所有权分配的体制机制。因为按要素分配并不是分配给要素自身，不是分配给资本、土地和其他生产资料，而是分配给要素所有者。他们是凭借要素所有权参与分配。还是应回到马克思主义的既符合实际又具有科学性的分配理论上来。生产决定分配，生产关系决定分配关系，不能离开所有制空谈分配问题。马克思指出：在资本主义经济中，利润、利息是资本所有权的实现形式；地租是土地所有权的实现形式；工资是劳动力所有者劳动力价值的实现形式。他在《资本论》第 3 卷中专门设一章讲“分配关系和生产关系”。马克思把自然力也作为生产要素。他一再批评劳动是财富（使用价值）的唯一源泉的观点。强调一切财富归根到底都是由劳动和自然物构成的。风力、水力、太阳能等，都对生产财富起作用，但不参与分配。因为它们没有被私人占用，不存在自然力的所有权。构建和发展中国特色社会主义政治经济学，一定要如习近平同志所说，要学好用好马克思主义政治经济学。

习近平新时代中国特色社会主义思想指引经济强国建设

洪银兴*

我国这样一个人口众多的国家，在较短时间里由低收入阶段进入中等收入阶段，并且即将一个不少地进入全面小康社会，彰显了中国特色社会主义的优越性。中国特色社会主义进入新时代，面临着新的社会主要矛盾，新的发展问题。党的十八大以来，习近平同志提出了创新、协调、绿色、开放、共享的发展理念。从理论和实践上解答好了这些问题，新发展理念是指引中国走向富强的理论之魂，开辟了新时代中国特色社会主义思想的新境界，进而丰富和发展了当代中国的马克思主义政治经济学。

一、以新时代重大发展问题为导向产生新发展理念

习近平同志指出，坚持问题导向是马克思主义的鲜明特点。问题是创新的起点，也是创新的动力源。只有聆听时代的声音，回应时代的呼唤，认真研究解决重大而紧迫的问题，才能真正把握住历史脉络、找到发展规律，推动理论创新。坚持以问题为导向推动中国特色社会主义经济发展理论创新，最重要的是抓住我们所处发展阶段的重大发展问题，积极作出科学回应。

我国仍处于并将长期处于社会主义初级阶段，但社会主义初级阶段还是分阶段的。现在已经告别低收入发展阶段、进入中等收入发展阶段，这

* 洪银兴，南京大学经济学院教授。

是我国进入新时代的一个重要特征。在这个阶段，面临着一系列与低收入阶段不同的新的重大发展问题，概括起来主要有：一是传统发展动力衰减、资源环境承载能力已经达到或接近极限，相应的长期保持的高速增长速度不可持续。二是世界上一些国家在进入中等收入阶段后，没有及时转变经济发展方式，出现了收入差距过大、环境生态破坏等严重问题，发展陷入停滞。我国面临着避免重蹈他人覆辙、跨越“中等收入陷阱”的严峻挑战。三是发展面临的深层次问题是人民群众的需要由数量需要转向质量需要，相应的经济发展的不充分不平衡问题明显滞后于人民群众对美好生活的需要。这些重大发展问题和呈现出的经济新常态，呼唤经济发展理论创新。习近平新时代中国特色社会主义思想，为解决这些重大发展问题指明了方向。

对经济发展新常态的科学判断。习近平同志指出：“我国发展仍处于重要战略机遇期，我们要增强信心，从当前我国经济发展的阶段性特征出发，适应新常态，保持战略上的平常心态。”从战略机遇期视角观察并科学判断新常态，意味着不能只把新常态理解为经济增速放缓，还必须掌握其科学内涵和精神实质，抓住和用好发展的新机遇。应当认识到，经济增长从高速转向中高速的变化过程伴随着经济发展方式从规模速度型转向质量效率型，也就是十九大报告指出的，我国经济已由高速增长阶段转向高质量发展阶段，因而新常态不只是速度变化，还有两个重要表现：一是结构优化，经济结构调整要从增量扩能为主转向调整存量、做优增量并举；二是动力转换，发展动力从主要依靠资源和低成本劳动力等要素投入转向创新驱动。可见，习近平关于经济发展新常态理论进一步明确了我国发展进入新时代的特征、机遇和任务。

基于新的发展阶段我国面临的突出问题和挑战，以及对经济发展新常态的科学判断，习近平总书记提出了创新、协调、绿色、开放、共享的新发展理念。新发展理念是对我国当前和今后一个时期经济社会发展的战略指引。创新着重解决发展动力问题；协调着重解决发展不平衡问题；绿色着重解决人与自然和谐问题；开放着重解决发展内外联动问题；共享着重解决社会公平正义问题。新发展理念是对我国经济发展实践经验的科学总结，是习近平新时代中国特色社会主义思想的重要理论成果，也是新时代发展中国特色社会主义的科学指南。

二、以人民为中心实现发展成果的全民共享

为谁发展，是经济发展理论和实践要解决的基本问题。习近平同志指出，坚持以马克思主义为指导，核心要解决好为什么人的问题。我们的党是全心全意为人民服务的党，我们的国家是人民当家做主的国家，党和国家一切工作的出发点和落脚点是实现好、维护好、发展好最广大人民根本利益。以人民为中心的发展思想，就是要以人民需要为出发点和归宿。其内涵是：发展生产力、增进人民福祉，不断促进人的全面发展，全体人民共同富裕。习近平同志提出的以人民为中心的发展思想，夯实了中国特色社会主义经济发展理论的基础，是对马克思主义政治经济学的继承和发展。

以人民为中心的发展观要求无论是全面小康社会还是现代化建设都以人民生活水平提升作为标准。全面小康社会即将建成意味着长期存在的人民群众日益增长的物质和文化需要与落后的社会生产之间的矛盾转化为人民群众日益增长的美好生活需要同不充分不平衡的发展之间的矛盾。相应的经济发展的着力点需要转向解决发展的不充分和不平衡问题。路径就是开启现代化新征程。根据十九大提出的两步走现代化方案，在全面小康基础上，基本实现现代化是要使人民生活更为宽裕，而到全面现代化时人民生活更加幸福安康。

共享发展的理念，充分体现了共同富裕的社会主义本质要求，也是习近平中国特色社会主义思想的人民为中心发展观的体现。改革开放以来，我国经济社会发展活力不断增强，人民生活水平普遍提高，但也出现了收入差距扩大问题。在发展新阶段提出共享发展理念，就是要在发展中共享、在共享中发展，努力实现改革发展成果全民共享、全面共享、共建共享。按照共享发展理念，经济发展不是为少数人、一部分人服务，经济发展理论也不能为少数人、一部分人服务，而是要为全体人民谋利益。在共享发展中，人民群众共同分享改革发展成果，不断得到实实在在的利益，在民生改善中有更多获得感，逐步实现共同富裕。

共享发展理念的现实体现就是扶贫攻坚。习近平同志指出，我们不能一边宣布全面建成了小康社会，另一边还有几千万人口的生活水平处在扶贫标准线以下，这既影响人民群众对全面建成小康社会的满意度，也影响

国际社会对我国全面建成小康社会的认可度。党的十八大以来，我国打响了脱贫攻坚战，深入实施精准扶贫、精准脱贫，至今已有6 000多万贫困人口实现了稳定脱贫，平均每年有1 300多万人脱贫，确保到2020年中国现行标准下农村贫困人口脱贫的目标。

十九大确定的现代化方案对共同富裕实现进程也有明确的安排，基本实现现代化阶段，城乡区域发展差距和居民生活水平差距显著缩小，而到全面现代化阶段，全体人民共同富裕基本实现。显然，社会主义现代化就是共同富裕逐步实现的过程。

三、在创新和开放中寻求发展新动力

习近平同志指出："对我国这么大体量的经济体来讲，如果动力问题解决不好，要实现经济持续健康发展和'两个翻番'是难以做到的。"经济发展理论的重要功能是寻求发展的动力。在生产关系层面，是通过全面深化改革寻求发展动力。在生产力层面，则是在供给和需求两侧寻求发展动力。改革开放以来，我国推进市场化改革，市场需求成为经济增长的基本动力，消费、投资和出口成为需求侧拉动经济增长的"三驾马车"。进入新的经济发展阶段，供给结构不适应需求变化的问题突出出来，成为矛盾的主要方面。面对有效供给不足和无效供给严重过剩的结构性问题，以习近平为核心的党中央提出深入推进供给侧结构性改革，着力推动经济结构优化、动力转换。

经过持续30多年的高速增长，供给侧的物质资源和劳动力的供给的推动力出现衰减是不可避免的。但是影响经济增长的供给侧要素还包括技术、结构、效率等。科技创新、结构调整、效率提高等都还有巨大潜力，而且是更可持续的经济增长动力。新发展理念明确提出，创新是引领发展的第一动力。供给侧的其他动力如结构调整、提高全要素生产率等，都可以依靠创新得到充分激发。

创新的动力作用不仅仅是指替代物质资源的投入，更重要的是新时代推进的现代化需要科技进入世界前沿的创新驱动。当今世界，技术进步更多来源于科学的新发现，习近平说，什么是核心技术？一是基础技术、通用技术；二是非对称技术、"杀手锏"技术；三是前沿技术、颠覆性技术，现在所关注的新科技和产业革命是以智能化、信息化为核心，以大数据、云计算、人工智能等前沿技术为代表，所有这些产业革命都是直接以科技革命为基础。因此，国家创新体系建设尤其要重视基础研究，引导从事基础研究的研究型大学的科研方向瞄准世界科技前沿出世界一流的成果，在此基础上，需要根据习近平总书记要求，打通从科技强到产业强、经济强、国家强的通道，解决好从“科学”到“技术”转化，建立有利于出创新成果、有利于创新成果产业化的机制。这就是十九大所提出的建立产学研深度融合的技术创新体系。

开放带来进步。在经济全球化背景下，开放发展也是中国发展的动力。过去在发达国家主导的经济全球化背景下，中国的开放仍然获得了全球化的红利。现在中国经济进入了新时代，根据新时代中国特色社会主义思想，开放发展也是新时代经济发展的强大动力。第一，与某些发达国家推行反全球化政策相反，作为世界第二大经济体的中国扛起了继续推动全球化的大旗，根据建立全球命运共同体的要求参与全球经济治理。第二，与过去重在引进不同，坚持“引进来”和“走出去”并重，利用自由贸易区等开放载体，形成陆海内外联动、东西双向互济的开放格局。尤其是服从于创新驱动发展战略，引进国外要素的着力点将转向创新要素，进行开放式创新。第三，与过去以资源禀赋的比较优势被嵌入全球化不同，参与全球化分工将以比较优势转向竞争优势，着力培育以技术、品牌、质量、服务为核心竞争力的新优势。尤其重视我国产业在全球价值链地位的提升，争取在价值链中的主导地位。中国在“一带一路”上“走出去”，也是以价值链“走出去”，建立以我为主的全球价值链，形成面向全球的贸易、投融资、生产、服务的价值链，培育国际经济合作和竞争新优势。这样，开放对新时代的发展具有更为强大的动力作用。

四、遵循客观规律解决发展的不充分不平衡问题

进入中等收入阶段后，提高经济发展的质量和效益，跨越“中等收入陷阱”，根本途径是转变经济发展方式、实现科学发展。习近平同志在2014年7月29日中央政治局会议上指出，“发展必须是遵循经济规律的科学发展，必须是遵循自然规律的可持续发展，必须是遵循社会规律的包容性发展。”这一深入阐述，是对经济发展规律性认识的理论升华，是对经济新常态下中国经济发展新特征、新趋势的科学把握，是对推动经济持续

健康发展新思路、新路径的高度概括。

我国在进入中等收入阶段后，两大发展问题日益凸显：一是发展不平衡；二是生态环境不堪重负。新发展理念指出了解决这两大问题、实现科学发展的路径。

根据木桶原理，无论全面小康还是现代化其进程都是由短板决定的。协调发展就是要补齐短板。找出短板，在补齐短板上用力，通过补齐短板挖掘发展潜力、增强发展后劲，是协调发展的题中应有之义。

我国的社会主义现代化道路是同步推进新型工业化、信息化、城镇化和农业现代化。2013 年 12 月，习近平同志在中央农村工作会议上的讲话中指出，“农业还是‘四化同步’的短腿，农村还是全面建成小康社会的短板。”即使将来城镇化达到 70% 以上，还有四五亿人在农村，农村绝不能成为荒芜的农村、留守的农村、记忆中的故园，城镇化要发展，农业现代化和新农村建设也要发展，同步发展才能相得益彰。协调发展，要求着力补齐农业农村短板，从根本上克服农业的弱势状态，改变农村的落后面貌：一是从根本上改变其落后的生产方式和经营方式；二是农业发展由农产品“数量剩余”范式转向“品质和附加值”范式；三是农业现代化的基本路径，如习近平所说，关键在科技进步。走内涵式发展道路；四是制度创新，包括土地制度的改革和农业经营体制改革，尤其是三权分置的土地制度，既稳定了农村基本土地制度，又通过土地经营权的流转改革农业经营制度，推动农业适度规模经营。

中国特色社会主义所处的新时代，是由工业文明转向生态文明的时代，需要通过绿色发展推动生态文明建设。长期以来，依赖化石能源的传统工业化造成严重的生态环境破坏。为了应对严峻的生态环境挑战，实现人与自然和谐发展、经济社会永续发展，习近平同志指出：“生态文明建设事关中华民族永续发展和‘两个一百年’奋斗目标的实现，”“绿水青山就是金山银山”，把干净的水、清新的空气、多样性的生物、绿色的环境看作宝贵的生态财富。经济发展不仅要谋求物质财富，还要谋求生态财富。新时代的绿色发展不仅不能产生新的环境和生态问题，还要治理过去的发展所遗留的环境生态问题。尤其是在生态文明时代推进的社会主义现代化不能走西方发达国家当年在工业文明时代走的高投入、高排放的现代化道路。

对经济发展的研究就是对生产力的研究。中国特色社会主义理论对生产力研究什么？邓小平说：一个是解放生产力；另一个是发展生产力。需要把两个方面讲全了。习近平同志又进一步提出“牢固树立保护生态环境就是保护生产力、改善生态环境就是发展生产力的理念”。这样，中国特色社会主义政治经济学对生产力的研究就有三个层次的内容：一是解放生产力；二是发展生产力；三是保护生产力。这样，依据新时代中国特色社会主义思想研究经济发展就是要建立解放、发展和保护生产力的系统化的经济学说。

总的来说，习近平新时代中国特色社会主义思想，以其理论和成功的实践回答了社会主义的发展中大国实现国家富强人民富裕的重大问题，比如，在东方经济落后的国家建设什么样的社会主义、能否通过社会主义道路走向富强？社会主义和市场经济能否结合和怎样结合？在二元结构突出的农业大国如何实现现代化？在后起的资源相对缺乏的国家如何实现可持续发展？这些需要直面的世界性理论难题，马克思在当时不可能碰到，也不可能做出科学的预见。以习近平中国特色社会主义思想对这些重大问题不仅作出了正确的回答，而且指导中国经济发展取得了成功。这是对马克思主义的重大发展，也是对整个人类的科学文明发展做出的贡献。

参考文献

1. 洪银兴主编：《学好用好中国特色社会主义政治经济学》，江苏人民出版社 2016 年版。

2. 《习近平关于社会主义经济建设论述摘编》，中央文献出版社 2017 年版。

建设现代化经济体系为什么要以供给侧结构性改革为主线

刘　伟*

全国高校社会主义经济理论与实践研讨会第31次年会，是党的十九大之后结合学习贯彻十九大精神召开的一次学术会议。十九大最大的一个研究成果就是系统地阐释了习近平新时代中国特色社会主义的思想，在这个博大精深的思想体系里面，中国特色社会主义政治经济学，特别是关于社会经济发展的新思想毫无疑问是一个重要的组成部分。在提出来的“坚持新发展理念”、“贯彻新发展理念”的论述中，习近平把关于“发展”的问题提高到了一个空前科学的高度。为什么是空前科学的高度呢？他在“新发展理念”当中，把发展，即科学经济发展，把制度，即制度创新，以及开放，即新时代的全新开放的格局，这三大命题，即发展、改革和开放这三大命题统一在新发展理念当中。

大家可能都学了，在讲到“新发展理念”时，第一大段讲新的发展理念，阐述了绿色、协调、开放、共享、创新。在这几大发展理念内容之后，紧接着讲了一个什么呢？强调我们要坚持社会主义的基本经济制度和分配制度。再接着讲，我们要达到什么目的呢？新型工业化、信息化和城镇化以及农业现代化同步发展。这是对发展的新型目标追求。然后说推动新格局、新时代下的产业开放。

所以阐释新发展这一个自然段，集中地把当代关于“发展”的概念，把发展、改革和开放三大命题统一在了一起，这是总结改革开放将近40年的经验，给出的中国关于发展的具有新的历史高度的解释。

如何贯彻新的发展理念？要建立现代化经济体系，并且特别指出现代

* 刘伟，中国人民大学教授。

化的经济体系是我们闯过关口的迫切需要，是我国发展的战略目标。提高到闯关口的迫切需要，提到我们国家发展的战略目标这样一个高度。所以对现代化经济体系，我觉得我们要高度重视，深入地研究，因为它是实现新发展理念的路径。

现代化经济体系的建设，是实现新发展理念的基本方略，那么现代化的发展理念包含什么内容？就我理解，集中在两个方面：一方面是在提高要素和全要素生产率的基础上，建立现代化的产业体系；另一方面是高效率现代化的经济体制，所以现代化经济体系重要的是这两个方面。一个从发展意义上讲的现代的产业体系，一个经济体制创新角度讲的经济体制，是这两方面的统一。

怎么推进体系化的建设，这两者如何统一共进呢？十九大报告里讲了，以供给侧结构性改革为主线，推动现代化经济体系的建设，推动现代化产业体系和现代化经济体制有机统一的现代化体系的建成。

为什么以供给侧结构性改革为主线？原因有以下三个：

1. 新时代中国社会的主要矛盾发生了转化。这个矛盾即人们对美好生活的需要与不平衡不充分的发展之间的矛盾。这个矛盾的基本形态和矛盾的基本方面没有变化，还是需要与发展的矛盾，矛盾的结构没有变，变的是内涵和运动的条件，就是需要的内涵和过去不一样了，发展的内涵和过去也不一样了，矛盾运动客观存在的条件也不一样了。但是这个主要矛盾的运作过程中，矛盾的主要方面不是在需要方面，而是在发展方面，因为发展的状况决定需要可能实现的程度，发展的不足决定需要存在的主要问题能不能得到解决。所以主要是在发展环节。既然主要是在发展方面，也就是发展方面的不平衡、不充分是主要的制约因素，是矛盾的主要方面，因此从主要方面入手是合乎我们实际的。

而供给侧结构性改革，体现了从发展方面解决社会主要矛盾的主要方面入手，所以它有它的依据。

2. 中国有很多新的矛盾、新的特点。这些矛盾运动的新特点，特别是宏观经济失衡，深层次的矛盾是供给侧。比如说经济下行，我们说内需疲软，投资和消费，投资为什么疲软，不是没有钱，不是资本供应量不够，是供给端的创新力不够，产业升级创新不够，没有好的投资机会，给他钱找不到有效的投资机会，实际上已经形成流动性陷阱的问题了。如果愣投，低水平的重复投资，那就是劣质产融的扩大；投不下去，就是供给侧的问题。消费端为什么增速放缓？不是居民收入没有增长，而是供给侧出了问题，实物形态上，品质不行、安全不行，抑制了人们的消费。价值形态上，国民收入分配结构扭曲，分配差距扩大，所以降低了人们的消费倾向。

我们讲现在除了经济下行还有一种风险，就是潜在的通货膨胀。所谓潜在，其实现实的物价上涨并不高，这几年也就在2%左右，但为什么担心疑虑？主要是因为成本推动潜在的压力，那这是需求问题吗？不是需求问题，需求疲软，而是供给端的问题，是我们的效率低，我们的投入产出结构不合理。所以在经济规模上升，各方面生产要素成本大幅度上升的时候，我们消化不掉，因此就成为了潜在的成本推动的通胀压力的源泉。

中国经济现在宏观经济失衡，各个方面的矛盾运动，归结起来的一个特点，就是双重风险并存。深究一下双重风险，这是需求端表现出来的，但它深层的动因主要是集中在供给端。我们现在深化供给侧结构性改革，对于纠正中国的经济失衡有着重要的意义。这是第二方面原因。

3. 从根本上来说，供给侧结构性改革，它要干什么？它政策的着力点是生产者，它政策的落脚点是经济结构。它和需求管理不一样，需求管理政策的着力点是消费者，而供给侧的着力点是生产者。生产者包含三个层次：首先就是人，要的是什么？劳动生产率。十九大报告里说了，造就千百万劳动大军，培养有敬业精神的大工匠，提高劳动生产率。生产者第二层含义就是人和物的集合——企业，造就一大批世界一流的先进企业，有竞争力的，特别是实体制造企业。生产者第三层含义就是企业和企业的集合——产业，造就一大批新型的有竞争力的产业。所以供给侧结构性改革，政策的着力点，也就是所有的制度创新首先要考虑的一个问题就是怎么造就强大的生产力，即包含劳动者、企业、产业在内的，提高生产力、提高企业效率，这是着力点，这一点和需求管理是不同的。而我们现在最需要的恰恰就是造就强大的生产者。

供给侧结构性改革政策的落脚点和需求不同，需求政策管理的落脚点是总量，看总需求是扩张还是减少了，而供给侧结构性改革的着力点是生产者，它的落脚点就是在提高效率基础上的结构升级、结构演化，它不是总量，而是结构。结构是质态，不是量态。我们从高速增长阶段要进入高质量增长阶段重要的在于结构升级，供给侧结构性改革最后的政策效果主要是什么？是结构质态的变化。所以说供给侧结构性改革政策的着眼点考虑的是生产者，落脚点是经济质态、结构变化，正好契合我们现在的需要。

这三个方面可以说明为什么以供给侧结构性改革为主线，因为它契合了当前社会主要矛盾转化运动的要求，针对矛盾的主要方面；针对中国经济失衡的深层原因——结构性失衡；同时，它是解决中国现阶段经济发展的根本，能够提高我国生产者的能力，提高我国经济结构质态的高度。

这是我今天讲的第一个问题，从建立现代化的经济体系，构建这个经济体系，首先要以供给侧结构性改革为主线。

第二个大问题，怎么推进供给侧结构性改革？十九大报告中讲了几个方面的战略，这几个方面的战略是相互联系的，其中重要的一条，要有制度创新，就是坚持社会主义市场经济改革方向。几大战略里其中非常突出地强调深化社会主义市场经济改革，构建现代化的社会主义市场经济体制。

我们知道需求管理对于体制的要求恐怕还简单一些，因为它主要涉及总量；如果以深化供给侧结构性改革作为主线，对制度和体制的要求就提出了进一步的历史变革的新高度。为什么？首先从政府和市场的关系看，从供给端入手推动结构性改革，政府的政策不仅是总量，它深入到微观的厂商，深入到了产业结构，怎样既不破坏公平竞争，捍卫市场公平竞争的秩序，又使政府的干预从总量干预深入到结构？这是对政府和市场关系提出的新的历史要求。20 世纪 80 年代欧美国家没有解决这一问题，所以在供给侧干预面前，担心由此破坏了自由主义传统，不得不中途退出。我国在社会主义市场经济条件下，完全有信心，也有这个可能创造出新的制度优势。所以我们有能力也有需要在公有制基础上坚持社会主义市场经济，把政府和市场关系处理得更好。

怎样更好地深化供给侧结构性改革呢？十九大报告中提出，首先重点是完善社会主义的产权制度，包括国有企业，造就大量的民营企业主体，包括混合所有制改革。大家都知道产权制度解决的是什么。解决的是市场竞争的主体机制，它回答的是谁在竞争，界定谁有资格进入市场。改革重点的第二方面是完善要素市场化，加快这个进程，打破各种垄断，包括行政垄断、市场垄断和各种不规范的竞争，清理破坏公平竞争的相关规定，等等。要素市场化解决的是什么问题？回答的是怎样竞争，因为它的核心是价格因素，价格变化是否体现公平竞争，它涉及的是交易条件如何决定。这两个问题即企业产权制度改革和要素市场化改革，从产权制度即主体制度和价格制度即交易秩序两个方面，构成了一个市场内在竞争机制。所谓内在竞争机制就是谁在竞争，怎样竞争。

在这个基础上完善政府的宏观调控，最后的结论是形成市场机制有效、微观主体有活力、宏观调控有度这样的经济体制。这样的经济体制是现代化经济体系题中应有之义，是现代化经济体系的有机组成部分，和现代化的产业体系构成完整的统一的现代化的经济体系。这样在发展和改革的两方面的统一上，为贯彻新发展理念提供战略目标上的保障。

那么仅有这个体制改革——经济体制改革够不够？不是仅有这个就够的，为什么？现代市场从历史角度来看它是法治经济，市场经济作为法治经济就要法治化，如果没有法治政府，没有在法律制度上对市场主体的私权加以充分保护，从而对政府公权行为加以规范的话，政府从供给端入手干预经济，可能导致对市场的严重破坏，导致政府权力的滥用而不被约束。因此提出现代化的经济体系，即产业体系和经济体制之后，提出法治化，是深化供给侧结构性改革的历史逻辑和必然要求。没有法治化保障，供给侧结构性改革很难做到公平、有序、有效。

所以，十九大报告特别强调加快法治国家、法治政府、法治社会一体建设，法治化进程的战略部署，特别是成立了一个中央全面依法治国领导小组，一个指挥部，一个时间表，一个路线图。有了这个法治化和前面讲的经济制度够不够？还不够。

转型社会除了有形制度改革之外，非常重要的是无形的建设，如精神、道德、信仰，怎么办？十九大报告里特别讲了文化发展问题，转型问题，讲了意识形态，讲了道德，包括家庭道德、职业道德、社会道德，还讲了道德领域里的公共秩序。大家都知道转型社会，传统的以忠诚为核心的道德大厦动摇了，现代社会主义市场经济以诚信为核心的道德大厦还没有真正建立起来，搞不好在这个时期可能出现人和人之间在道德领域里既不讲忠诚也不讲诚信，道德无序，那就可能从根本上瓦解一个国家、一个民族现代化的进程。因此我们提出文化建设、道德建设、意识形态、道德秩序建设。

这就构成了一个大的逻辑，这个大的逻辑即现代化的经济体系，以此来支持我们贯彻新的发展理念。现代化的经济体系的两侧，一个是现代化的产业体系，另一个是现代化的经济体制。和它相适应的法律秩序和道德秩序，这两个方面构成我们经常说的市场经济的外部秩序。市场经济机制一个是内在竞争机制，即产权机制和价格机制；另一个是外部竞争秩序，即法律秩序和道德秩序。四个方面的统一构成了推动我国现代化经济体系的制度保障。在这个制度保障下形成现代化的产业体系，构成繁荣的现代化的经济体系，支持我国新的发展理念的贯彻和实施。

这是关于现代经济体系相互关系的简单梳理。十九大报告里提出的发展理念，实际上是有着严密逻辑关系的整体，各个方面不是孤立存在的，我们怎么把握其中的要领，需要深入的讨论和探讨。

社会主要矛盾的转化规律及其政策取向

黄泰岩*

科学认识新时代我国社会主要矛盾的转化，既是深刻认识习近平新时代中国特色社会主义思想的关键，也是做好新时代全局工作的基础和前提。

一、我国社会主要矛盾转化的历史经验

抓主要矛盾，这是我们党在长期革命和建设中形成的基本经验。毛泽东指出，只要抓住了主要矛盾，一切问题就迎刃而解了。因此，在社会主义制度确立后，党的八大就明确指出，我国的社会主要矛盾已经是人民对于经济文化迅速发展的需要同当前经济文化不能满足人民需要的状况之间的矛盾，从而需要大力发展社会生产力。但非常可惜的是，八大后不久，我国对主要矛盾的认识就发生了偏离，错失了经济社会发展的历史良机。

十一届三中全会把工作重心转到经济建设上来后，党的十一届六中全会就重新确认我国社会的主要矛盾是人民日益增长的物质文化需要同落后的社会生产之间的矛盾，形成了以经济建设为中心、坚持四项基本原则、坚持改革开放等基本路线、方针和政策，引领我国经济取得了近 40 年的高速增长，迅速发展成为世界第二大经济体，人民生活发生了翻天覆地的变化，创造了世界经济社会发展史上的“中国奇迹”。不仅如此，在实现高速增长之后，特别是在 2008 年世界金融危机的巨大冲击下，我国仍保持了中高速增长，2013 ~2016 年平均增速达 7.2%，改写了世界经济发展

* 黄泰岩，中国民族大学教授。

的历史，因为日本、韩国等经济体虽然也实现了一定时期的高速增长，但结束后都进入了中低速增长的轨道，如韩国 1992 ~ 2007 年平均增速 5.68%，2008 ~ 2015 年为 3.11%，而日本 1974 ~ 1991 年平均增速 4.09%，1992 ~ 2015 年仅为 0.8%。①

我国建设、改革和发展 60 多年的经验和教训证明，只有对社会主要矛盾做出及时、准确和科学的判断，才能明确方向，并制定出适应生产力发展的基本路线、方针、政策，引领我国建设、改革和发展不断取得新成就。

党的十九大报告，依据中国特色社会主义发展的新变化、新特点、新要求，遵循生产力发展的基本演进规律，适应人民对美好生活的热切期待，宣告中国特色社会主义进入新时代，我国社会主要矛盾已经转化为人民日益增长的美好生活需要和不平衡不充分的发展之间的矛盾。这是我们党对我国社会主要矛盾的新判断、新发展，这必然为开启全面建设社会主义现代化国家新征程指明方向，明确目标和任务，从而引领我国在全面建成小康社会的基础上，分两步走在 21 世纪中叶建成富强民主文明和谐美丽的社会主义现代化强国。

二、社会主要矛盾转化的基本规律

科学认识我国社会主要矛盾的转化，需要说清楚两个基本理论问题：一是我国进入新时代，社会主要矛盾发生转化的理论依据是什么？二是新时代社会主要矛盾发生了转化，但为什么没有改变我国仍处于并将长期处于社会主义初级阶段的基本国情？

马克思运用辩证唯物主义和历史唯物主义的科学方法，揭示出了社会经济形态的发展是一个自然历史过程，社会主义同样也是一个从产生、发展到成熟的发展过程。在社会主义发展的整个历史长河中，社会主义会因为生产力的发展状况不同而必然经历不同的发展阶段，正如资本主义经历了自由资本主义、垄断资本主义和帝国主义等不同阶段一样。我们党根据我国社会主义经济制度建立后生产力发展的基本状况，提出了我国处于社会主义初级阶段的基本判断，这就意味着社会主义可能要经历初级阶段、

① 根据世界银行数据整理。

中级阶段和高级阶段或成熟阶段的发展进程。这三个不同发展阶段的区别，既有生产力发展状况的不同，也有由生产力决定的生产关系的不同，比如社会主义初级阶段的基本经济制度和分配制度就与马克思设想的成熟阶段的社会主义基本经济制度和分配制度不同。所以，判断社会主义究竟处于初级阶段还是成熟阶段，不仅要看生产力的发展水平，而且还要看与生产力相适应的生产关系的状况。由于生产力是最活跃的因素，而生产关系则是相对稳定的，生产关系并不随着生产力的每一变化而变化，只有当生产力的发展受到旧的生产关系的严重阻碍时，新的生产关系才会产生。中国特色社会主义进入新时代，生产力的发展水平虽然达到了新的高度，但还远没有达到需要改变社会主义初级阶段生产关系的水平，换句话说，社会主义初级阶段的生产关系还能够大力发展生产力、解放生产力和保护生产力。这就需要我国继续坚持和完善社会主义初级阶段的基本经济制度和分配制度，坚持社会主义市场经济改革方向，这就决定了我国仍处于并将长期处于社会主义初级阶段的基本国情没有变。

在社会主义初级阶段的长期发展过程中，虽然生产关系是相对稳定的，但生产力却会不断地发展和提高，从而社会主义初级阶段还会因为生产力的发展变化形成不同的发展阶段。对此，马克思在《资本论》第1卷中明确讲道，“各种经济时代的区别，不在于生产什么，而在于怎样生产，用什么劳动资料生产。”① 劳动资料的状况是社会生产力发展水平和生产力性质的最主要标志，也是划分经济发展时期的主要标志。这里明确讲的是经济时代的划分，而不是社会制度的划分。所以，马克思在《资本论》中依据生产力的发展水平把自由资本主义划分为协作、工场手工业和机器大工业三个不同发展阶段。在社会主义初级阶段，经过60多年的建设，特别是改革开放以来的高速增长，我国生产力发展水平，以及由此决定的人民生活水平和国家综合实力经历了从站起来、富起来到强起来的不同发展阶段。在不同的发展阶段或时代，由于人民的需要无论在广度上还是深度上都会有所不同，社会生产的发展状况也会有所不同，人民需要与社会生产之间的矛盾就会表现出不同的形式和内容，这就决定了社会主要矛盾必然会随着发展阶段的转变而发生新的转化，从而形成了生产力发展水平决定进入不同时代，不同时代必然带来社会主要矛盾转化的变动规律。

---

① 马克思：《资本论》第1卷，人民出版社2004年版，第210页。

三、新时代社会主要矛盾的科学内涵

随着中国特色社会主义进入新时代，社会主义初级阶段也进入新的发展阶段，与此相适应我国社会主要矛盾也必然随之发生转化，主要表现在：

第一，人民对物质文化生活提出了更高的要求。经过60多年的建设，特别是改革开放以来近40年的高速增长，我国已稳居世界第二大经济体，人均GDP达到8 000美元，进入中高收入国家行列，这标志着人民需要从追求数量阶段转向追求生活品质的新阶段。这主要体现在：一是从恩格尔系数来看，2016年我国居民恩格尔系数为30.1%，接近联合国划分的20%～30%的富足标准。在这种情况下，人们的食品消费开始从吃饱吃好更多转向吃出品位和文化，据尼尔森2016年11月发布的消费者报告显示：东部地区有50%的消费者选择外出就餐。二是从国际发展经验来看，人均GDP达到8 000美元后，消费者对衣、食、用等基本生活必需品的消费转向追求品种、品质、品牌，注重安全、健康等。2016年5月30日国务院发布的《国务院办公厅关于开展消费品工业“三品”专项行动营造良好市场环境的若干意见》要求开展“三品”专项行动，到2020年，品种丰富度、品质满意度、品牌认可度明显提升，适应消费升级的需要。麦肯锡2016年3月报告也显示，中国50%的消费者表明自己追求优质产品，从而认为中国消费者正在从大众产品向高端产品升级。三是从居民消费升级的演进规律来看，我国居民消费将更多地从生存型升级到发展型和享乐型，如2013～2016年，居民用于文化娱乐的人均消费年均增长11.5%；人均医疗保健支出2012～2016年年均增长12.6%；国内、出境旅游人次2012～2016年年均增长分别为10.7%和10.1%。

第二，人民不仅对物质文化生活提出了更高的要求，而且在民主、法治、公平、正义、安全、环境等方面的要求日益增长，表明人民对美好生活的期待越来越广泛，越来越具有多样化、多元化的特征。例如，在2013～2017年间，人民网都会对“两会”前“民众期待什么?”进行调查，五年来的调查数据显示，人民对民主、法治、公平、正义、安全、环境等方面的要求越来越强烈，2013年列出的网民关注的十大问题分别是社会保障、反腐倡廉、收入分配、住房保障、医疗改革、稳定物价、食品药品安全、法治中国、行政体制改革、国防建设；2014 年食品药品安全上升到第三位；2015 年收入分配排到第一；2017 年反腐倡廉排在第一，然后分别是社会保障、医疗改革、就业和收入、教育公平、住房、环境保护、公共安全、依法治国、脱贫攻坚。五年来，民主、法治、公平、正义、安全、环境等方面的问题都位列其中。

第三，社会生产相对于人民日益增长的美好生活需要还发展得不平衡，即表现出结构性矛盾。一是产业结构低端化，服务业所占比重低于同等发展中国家大约 10 个百分点以上，传统制造业占制造业的比重高达 80% 以上，农业劳动生产率仅相当于美国的 1% 左右；二是城乡结构二元化，城乡居民人均可支配收入倍差 2016 年仍为 2. 72，收入差距较大；三是区域结构多元化，尼尔森 2016 年 11 月发布的消费者报告显示：东部地区进入提升品质阶段，而西部地区仍处在满足基本生活阶段，区域差距较大；四是人与自然结构的异化，资源环境已经达到或接近承受能力的上限，可持续发展受到挑战。这些重大经济结构的发展不平衡，必然导致供给与需求之间的严重不平衡，人民对美好生活的需要得不到有效满足。

第四，社会生产相对于人民日益增长的美好生活需要还发展得不充分，即表现出总量性矛盾。一是从人均 GDP 来看，我国目前只有 8 000 美元，按照世界银行的国家分类，我国还是发展中国家，因而作为发展中国家的国际地位没有变，而且还将具有长期性。这是因为，按照保持中高速增长的趋势推算，我国最快在 2030 年左右才能进入高收入国家行列，但依据最乐观的估计，人均 GDP 到 2035 年大约仅相当于美国的 40% 左右，到 2050 年大约相当于美国的 70% 左右，要超越美国还有相当长的路要走。二是从 GDP 总量来看，我国经济保持中高速增长，大约到 2030 年左右超越美国成为世界第一，但这并不意味着我国已经成为世界强国，因为当年美国 GDP 总量超越英国后，经过 50 年左右的努力后才替代英国成为世界经济强国。所以，社会主义和资本主义两种制度的并存和斗争还将长期存在，社会主义制度的优越性还没有最终发挥出来。

第五，在结构性矛盾和总量性矛盾两方面，结构性矛盾更为突出和关键。这主要表现在：一是我国居民的消费结构已经转型升级，进入追求品质、品牌、安全、健康的发展期，而社会生产的供给结构优化却相对滞后了；二是我国的发展阶段已由高速增长阶段转向高质量发展阶段，正处在优化经济结构的攻关期；三是总量性矛盾的性质已由低端产品和服务的供给不充分转变为中高端产品和服务供给的不充分。因此，2016 年中央经济工作会议明确指出，我国经济运行面临的突出矛盾和问题，虽然有周期性、总量性因素，但根源是重大结构性失衡。

四、新时代社会主要矛盾转化的政策取向

依据以上对新时代社会主要矛盾科学内涵的分析可以看出，随着我国生产力的发展，人民对美好生活的需要日益增长，但社会生产却没有随之发生根本性变革，出现了生产和需要之间的结构错位和总量不足。一方面低端产能和产品出现全面的严重过剩，据《2016 年中国企业经营者问卷跟踪调查报告》显示，53.1% 的企业家认为 2017 年我国设备利用率在“75% 及以下”；另一方面居民升级型消费得不到满足，导致对海外产品的狂购，据海淘网站提供的数据显示，国内海淘市场从 2010 年起开始迅猛增长，短短 5 年时间规模增长了近 40 倍。这就意味着在我国新时代社会主要矛盾的两个方面中，矛盾的主要方面还是生产的发展相对落后于人民日益增长的美好生活需要。

新时代社会主要矛盾的主要方面决定了我国经济改革发展的根本任务就是坚持以经济建设为中心，着力解决发展的不平衡不充分问题，根本出路就是形成以供给侧结构性改革为主线，以实体经济、科技创新、现代金融、人力资源协同发展的产业体系为支撑，以构建市场机制有效、微观主体有活力、宏观调控有度的经济体制为动力的现代化经济体系。

第一，以供给侧结构性改革为主线，推动经济发展质量变革、效率变革、动力变革，提高全要素生产率。建设现代化的经济体系，核心就是推进产业结构的升级。这不仅包括三次产业的优化升级，而且更重要的是推进农业、工业、服务业、科技和国防的现代化。这就需要，一是实施创新驱动战略，推进产业结构优化升级，促进我国产业迈向全球价值链中高端；二是实施科教兴国战略和人才强国战略，推进技术结构优化升级，促进技术创新从跟随发达国家向并肩和领跑转变；三是实施乡村振兴战略，推进城乡结构一体化，促进农业现代化、农村城镇化和农民市民化；四是实施区域协调发展战略，推进区域结构一体化，促进形成若干世界级产业群和城市群；五是实施可持续发展战略，推进人与自然结构的和谐，形成绿色生产方式和生活方式；六是实施军民融合发展战略，推进军民经济一体化，促进军民经济的互动发展。

第二，着力加快建设实体经济、科技创新、现代金融、人力资源协同发展的产业体系。建设现代化经济体系，必须把发展经济的着力点放在实体经济上。世界经济发展的经验表明：拉美和东南亚国家制造业不发展不强大，是陷入“中等收入陷阱”的重要原因之一；美国经济脱实向虚，是2008年引爆世界金融危机的重要原因，而德国、韩国等强大的制造业是抵御世界金融危机冲击的重要力量。这就要求我国必须加快建设制造强国，加快发展先进制造业，支持传统产业优化升级，形成强大的实体经济。加快建设实体经济，就需要，一是借助科技创新，为实体经济提供强大的技术基础，如按照规划，我国到2020年，核心基础零部件和关键基础材料自主保障率达到40%，到2025年提高为70%，这将大大提高我国装备制造业的国际竞争力。二是通过金融体制改革，确保现代金融为实体经济服务；运用现代金融手段，为实体经济发展提供源源不断的血液。三是建设实体经济，推进科技创新和发展现代金融，都需要强大的人才支撑。当然，实体经济的发展，又会促进科技创新、现代金融发展和人才培养，实现实体经济、科技创新、现代金融、人力资源的互动和协同发展，形成更高层次、更有效率、更高质量的产业体系。

第三，着力构建市场机制有效、微观主体有活力、宏观调控有度的经济体制，不断增强我国经济创新力和竞争力。建设现代化经济体系，不仅包括生产力的现代化，而且还包括国家治理体系和治理能力的现代化。这就要求继续坚持社会主义市场经济的改革方向，在社会主义基本经济制度与市场经济的结合上下功夫，形成系统完备、科学规范、运行有效的制度体系。一是深化国有企业改革，发展混合所有制经济，形成各种所有制经济相互补充、相互促进、相互融合的共生共荣发展新格局；二是深化价格体制改革，特别是生产要素价格、垄断行业、公用事业价格改革，完善市场机制和市场秩序，发挥市场对资源配置的决定性作用；三是深化政府的放管服改革，转变政府职能，明晰政府职能边界，更好地发挥政府的作用；四是构建更高层次的开放型经济，通过实施“一带一路”建设，推进我国的对外开放从沿海扩展到沿边沿江；从主要对发达国家开放扩展到对发展中国家开放；从主要是引进来扩展到走出去；从参与国际治理提升到主导国际治理。

论中国特色社会主义政治经济学的形成和发展

简新华[*]

中国特色社会主义政治经济学是以马克思主义政治经济学为指导、运用马克思主义政治经济学的立场观点方法研究中国特色社会主义经济的政治经济学，是马克思主义基本原理和中国社会主义实践相结合的产物，是当代马克思主义政治经济学的重要组成部分和最新研究成果。虽然中国社会主义政治经济学从新中国成立时就开始探索了，但是中国特色社会主义政治经济学是中国从改革开放开始特别是提出中国特色社会主义以后才开始逐步形成和发展的，中国改革开放的过程，也就是中国特色社会主义的探索和建设过程，同时也是中国特色社会主义政治经济学形成和发展的过程。经过近40年的改革开放和经济发展的实践以及相关的理论探讨研究，中国特色社会主义政治经济学应该说已经基本形成。回顾、总结改革开放以来中国特色社会主义政治经济学的形成和发展，对于坚持、学习、运用和进一步创新、发展中国特色社会主义政治经济学具有重要意义。

本文主要按照中国特色社会主义政治经济学的形成和发展历程、主要成果、存在的不足和未来发展的任务等几个方面来简要论述相关研究情况。由于西方经济学家并不研究他们不认可的中国特色社会主义政治经济学，即使国外有不少学者也研究中国的改革开放和经济发展，但是他们并不是作为中国特色社会主义政治经济学的内容来进行研究的，所以我们主要论述中国的相关研究。

* 简新华，武汉大学经济发展研究中心教授。

一、中国特色社会主义政治经济学形成和发展的历程

迄今为止，中国特色社会主义政治经济学形成和发展的过程大致可以划分为以下几个阶段：一是 1978～1984 年的初步提出阶段；二是 1987～1993 年初步形成阶段；三是 1997～2012 年有所发展阶段；四是 2013 年党的十八大开始的定型成熟阶段。

（一）1978～1984 年的初步提出阶段的研究

1978 年，中国的改革开放开始，应该说中国特色社会主义政治经济学的探索也就同时开始，最主要的标志性成果是，1981 年首次公开明确提出“社会主义初级阶段”，1982 年 9 月 1 日邓小平在《中国共产党第十二次全国代表大会开幕词》中首次明确提出“把马克思主义的普遍真理同我国的具体实际结合起来，走自己的道路，建设有中国特色的社会主义，这就是我们总结长期历史经验得出的基本结论”①，1982 年党的十二大提出要“发展多种经济形式”，1984 年提出中国社会主义初级阶段的经济是“在公有制基础上有计划的商品经济”，这个阶段的研究成果集中体现在中国改革开放的第一个纲领性文件之中。1984 年邓小平就指出，《中共中央关于经济体制改革的决定》“是写出了一个政治经济学的初稿，是马克思主义基本原理和中国社会主义实践相结合的政治经济学”②，标志着中国特色社会主义政治经济学初步提出。以邓小平为主要代表的党和国家领导人为中国特色社会主义政治经济学的提出和后来的基本形成发挥了决定性的作用；以孙冶方、薛暮桥、于光远、许涤新、胡乔木等为代表的老一辈经济学家为中国特色社会主义政治经济学的初步提出和后来的基本形成做出了重要贡献。

这个阶段的探索和研究有一个突出特点是，派出相关领导和经济学家去东欧考察东欧社会主义国家的经济体制及其改革情况，非常注重学习参考借鉴奥斯卡·兰格、弗·布鲁斯、亚诺什·科尔内、奥塔·锡克等东欧经济学家关于社会主义经济的理论。

---

① 《邓小平文选》第 3 卷，人民出版社 1993 年版，第 3 页。
② 《邓小平文选》第 3 卷，人民出版社 1993 年版，第 83 页。

（二）1987～1993 年基本形成阶段的研究

这个阶段可以说是中国特色社会主义政治经济学基本形成的阶段，因为，1987 年党的十三大比较完整系统地阐明了社会主义初级阶段理论，1992 年党的十四大首次明确提出了社会主义市场经济理论，尤其是 1993 年制定的中国改革开放的第二个纲领性文件《中共中央关于建立社会主义市场经济体制若干问题的决定》提出了比较全面的社会主义市场经济理论、中国特色社会主义的所有制理论、收入分配理论等，标志着中国特色社会主义政治经济学主要内容的基本形成。

社会主义市场经济理论是中国在改革开放过程中创立的从来没有过的崭新经济理论，是当代马克思主义政治经济学与时俱进的最大创新，是中国特色社会主义政治经济学最重要的内容，是指导改革开放以来中国经济改革和发展取得举世瞩目惊人成就的基本理论。

这个阶段探索和研究的突出特点是，开始大量引进、介绍、吸收、借鉴西方经济学特别是关于现代市场经济的理论和方法，充实到中国特色社会主义政治经济学中来，对于形成和发展中国特色社会主义政治经济学特别是社会主义市场经济理论发挥了重要作用，但是在一定程度上也出现了认为马克思主义政治经济学已经过时，甚至全盘否定马克思主义政治经济学、大力宣扬推崇西方经济学的错误倾向。

（三）1997～2012 年有所发展阶段的研究

由于这个阶段在理论上突破不多，而且受到西方新自由主义经济学的相当大的冲击，但是也在发展，所以称之为有所发展阶段。这个阶段的主要成果是，2002 年党的十六大提出中国新型工业化道路，2003 年提出以人为本、全面、协调、可持续的科学发展观，2007 年党的十七大提出中国特色新型工业化道路、中国特色城镇化道路、中国特色农业现代化道路、中国特色自主创新道路和建设资源节约、环境友好的“两型社会”等，主要是经济发展理论方面有了较大进展。

在这个阶段，社会主义市场经济理论虽然提出来了，但是还很不成熟和完善。习近平在《东南学术》2001 年第 4 期发表的文章《对发展社会主义市场经济的再认识》中指出“在建立和发展社会主义市场经济的实践中，一方面，存在着传统的计划经济意识根深蒂固，一些人对市场经济自觉或不自觉地持抵触态度的问题；另一方面，也存在着一些人完全照搬照抄西方经济理论，用西方资本主义私有制的市场经济理论来指导崭新的社会主义市场经济实践的问题。在至今所有的关于社会主义市场经济的论著中，看到的几乎全是西方市场经济理论的重述，谁也没有说清楚社会主义市场经济的内涵、特征、运行机制以及社会主义与市场经济是怎样结合在一起的，因而也更无法对社会主义市场经济与资本主义市场经济进行理论上的比较和论证。”①

这个阶段探索和研究的突出特点是，中国特色社会主义政治经济学受到西方经济学相当大的冲击，甚至出现了马克思主义政治经济学被“边缘化”的偏差，面对新自由主义经济学的冲击，以刘国光、卫兴华、蒋学模、吴树青、谷书堂、吴宣恭、吴易风、周新城等为代表的老一辈经济学家和部分中青年经济学家结合中国改革和发展的实际坚持马克思主义政治经济学的研究，为中国特色社会主义政治经济学的发展做出了贡献。

（四）2013 年党的十八大开始的定型成熟阶段的研究

从 2013 年党的十八大开始，中国经济发展进入新常态，出现许多新情况、新特点、新问题、新任务，特别需要创新、发展和运用中国特色社会主义政治经济学、遵循中国特色社会主义政治经济学的基本原则。尽管经过前面三个阶段探索和研究，中国特色社会主义政治经济学基本形成，但是“中国特色社会主义政治经济学”这个名称还没有正式明确提出，其主要内容和大致框架也没有明确概括和确认，而且在前两个阶段出现的严重偏差还没有得到有效纠正。正是在这样的背景下，党中央和习近平总书记近几年不断发表重要讲话，正式明确使用“中国特色社会主义政治经济学”的名称，强调现在特别需要坚持、发展、学好、用好中国特色社会主义政治经济学。

2014 年 7 月 8 日习近平在主持召开经济形势专家座谈会时指出：“各级党委和政府要学好用好政治经济学，自觉认识和更好遵循经济发展规律，不断提高推进改革开放、领导经济社会发展、提高经济社会发展质量和效益的能力和水平”。

2015 年 11 月 23 日在中共中央政治局第二十八次集体学习时习近平强调，要立足我国国情和我国发展实践，学习、研究、运用马克思主义政治经济学，发展当代中国马克思主义政治经济学，特别指出这是坚持和发展

---

① 习近平：《对发展社会主义市场经济的再认识》，载于《东南学术》2001 年第 4 期。

马克思主义的必修课，并且明确概括说明了党的十一届三中全会以来当代中国马克思主义政治经济学的许多重要理论成果。

2015 年 12 月 21 日结束的中央经济工作会议中习近平明确提出："要坚持中国特色社会主义政治经济学的重大原则"，首次公开使用"中国特色社会主义政治经济学"这个名词。

2016 年 4 月公开发表的习近平在党校工作会议上的讲话明确指出：全面建成小康社会的决胜阶段，"形势环境变化之快、改革发展稳定任务之重、矛盾风险挑战之多，对我们党治国理政考验之大都是前所未有的。"鲜明尖锐地强调：如果"奉西方理论、西方话语为金科玉律"，"用西方资本主义价值体系来剪裁我们的实践，用西方资本主义评价体系来衡量我国发展，符合西方标准就行，不符合西方标准就是落后的、陈旧的，就要批判、攻击，那后果不堪设想！""必须敢于发声亮剑，善于解疑释惑"，"马克思主义就是我们共产党人的'真经'，'真经'没念好，总想着'西天取经'，就要贻误大事！"①

2016 年 5 月 17 日习近平在《在哲学社会科学工作座谈会上的讲话》中尖锐地指出，"有的认为马克思主义已经过时，中国现在搞的不是马克思主义；有的说马克思主义只是一种意识形态说教，没有学术上的学理性和系统性。在实际工作中，在有的领域中马克思主义被边缘化、空泛化、标签化，在一些学科中'失语'、教材中'失踪'、论坛上'失声'。这种状况必须引起我们高度重视。"还指出，"有人说，马克思主义政治经济学过时了，《资本论》过时了。这个说法是武断的。"②

2016 年 7 月 8 日习近平在主持召开经济形势专家座谈会时指出："坚持和发展中国特色社会主义政治经济学，要以马克思主义政治经济学为指导，总结和提炼我国改革开放和社会主义现代化建设的伟大实践经验，同时借鉴西方经济学的有益成分。中国特色社会主义政治经济学只能在实践中丰富和发展，又要经受实践的检验，进而指导实践。要加强研究和探索，加强对规律性认识的总结，不断完善中国特色社会主义政治经济学理论体系，推进充分体现中国特色、中国风格、中国气派的经济学学科建设"③。这个讲话说明了中国特色社会主义政治经济学与马克思主义政治

① 习近平：《在全国党校工作会议上的讲话》，载于《求是》2016 年第 5 期。

② 习近平：《在哲学社会科学工作座谈会上的讲话》，载于《人民日报》2016 年 5 月 17 日。

③ 《习近平主持召开经济形势专家座谈会》，载于《人民日报》2016 年 7 月 9 日。

经济学和西方经济学的相互关系，指明了创新、发展中国特色社会主义政治经济学的基本任务和途径，具有重要的指导意义。

在这些讲话精神的鼓舞下，中国开始出现学习、研究、创新、发展和运用中国特色社会主义政治经济学的热潮，重要报刊纷纷开始接连刊发相关研究论文，标志着中国特色社会主义政治经济学排除干扰、纠正偏差、全面深入研究、走向定型成熟阶段的开始，进入了中国特色社会主义政治经济学研究的大好时期。甚至有学者说：马克思主义政治经济学研究的春天来到了！

二、中国特色社会主义政治经济学研究的主要成果

在中国特色社会主义经济改革和发展过程中，经过近40年的探索、研究、创新，取得了丰硕的成果，从主要内容到大致框架结构，中国特色社会主义政治经济学应该说已经基本形成。但是，中国特色社会主义政治经济学现在有哪些主要成果即主要内容、应该采用什么样的框架结构来构成现在的理论体系？我国理论界的看法并不完全一致，尤其是基本内容，有的概括为六个方面，也有的概括为七个方面，还有的概括为十个或者更多的方面，而且有的概括存在重复交叉、层次不协调统一的问题。①

比如，有的把社会主义经济发展新理论作为主要内容，同时又把科学发展观，以人民为中心的发展思想，创新协调绿色开放共享的发展新理念，中国特色新型工业化、城镇化、农业现代化、信息化、自主创新道路等也作为并列的主要内容，这就使得概括层次不清、交叉重复，后面这些恰恰是新发展理论的主要组成部分或者具体内容，是应该包含在新发展理论之中的。

又比如，有的把基本经济制度理论、所有制理论并列都作为中国特色社会主义政治经济学的基本内容，也存在层次不清、重复交叉的问题，因为基本经济制度主要就是所有制。

中国特色社会主义政治经济学的主要内容和理论体系，本文的初步看法是，改革开放以来中国特色社会主义政治经济学的主要成果是提出了八

① 参见简新华、余江：《发展和运用中国特色社会主义政治经济学的若干问题》，载于《中国高校社会科学》2016年第6期。

个部分的主要内容，其体系结构如下：

首先回答什么是社会主义，即社会主义经济的本质理论。

——再说明中国现在处于社会主义的什么阶段，即社会主义初级阶段理论。

——接着研究论述中国特色社会主义的基本经济制度和分配制度：即所有制理论以及紧密相关的分配制度理论。

——在弄清基本经济制度和分配制度的基础上，再分析中国特色社会主义经济的运行特征和方式：即社会主义市场经济理论。

——再落脚到中国特色社会主义经济的发展，完成中国特色社会主义经济本身的研究和说明：即社会主义经济发展理论。

——中国特色社会主义经济是依靠改革形成和发展的，所以需要进一步研究说明改革：社会主义经济改革理论。

——中国特色社会主义经济还是依靠对外开放形成和发展的、离不开国际经济联系，按照从国内到国际的逻辑，接着研究论述对外开放：即社会主义对外开放理论。

——最后结合新时代的新情况重申说清中国特色社会主义发展的大方向——实现共产主义：即共产主义理论。

按照这种逻辑联系、层次结构、体系框架来概括中国特色社会主义政治经济学的主要内容和框架结构，可能更为清晰、准确、严谨。按照这种逻辑和方法的概括，中国特色社会主义政治经济学的主要内容包括八个基本方面：

一是解放和发展生产力，消灭剥削，消除两极分化，最终达到共同富裕的社会主义本质理论；

二是中国在生产力落后、商品经济或者市场经济不发达、社会主义制度不成熟完善条件下，要实现社会主义现代化必然要经历特定的历史阶段的社会主义初级阶段理论；

三是以公有制为主体多种所有制共同发展，国有企业实行现代企业制度，发展混合经济的社会主义所有制理论；

四是以按劳分配为主体多种分配方式并存，兼顾效率和公平，先让部分人富起来，最终走向共同富裕的社会主义分配理论；

五是市场经济能够与社会主义包括公有制相结合，市场在资源配置中发挥决定性作用和更好发挥政府作用的社会主义市场经济理论；

六是包括以人民为中心的发展思想，以人为本、全面、协调、可持续的科学发展观，创新、协调、开放、绿色、共享等五大新的发展理念，走中国特色新型工业化、城镇化、信息化、农业现代化和自主创新道路，新常态、新动能、新经济等在内的社会主义经济发展新理论，再落脚到中国特色社会主义经济的发展，完成中国特色社会主义经济本身的研究和说明；

七是在共产党领导下的社会主义经济制度的自我完善和发展、渐进式（“摸着石头过河”、先试验后推广）、改革发展稳定协调统一的社会主义经济体制改革理论；

八是在全球化条件下坚持独立自主、自力更生，实行全方位、宽领域、多层次、高水平的对外开放，充分利用国际、国内两个市场两种资源，参与、推进、引领经济全球化，构建人类命运共同体，真正实现开放包容、互利共赢、和平发展的社会主义对外开放理论。

作为总结论，最后分析中国特色社会主义经济演进的大趋势，结合时代新特点重申和论证共产主义是最终能够实现的远大理想，不是永远不能实现的空想。

这些主要内容都在党和国家关于改革开放和经济发展的重要文献、决定以及主要领导人讲话之中得到体现，学者们也做出了重要贡献。

三、中国特色社会主义政治经济学研究存在的不足和未来发展的任务

中国特色社会主义政治经济学经过近 40 年的形成和发展，虽然基本内容和大致框架结构已经具备，但还只是基本形成，还存在不足，没有形成像《资本论》那样完整科学的逻辑体系，起始范畴和贯穿始终的主线还不明确或者看法不统一，特别是主要构成部分中还存在不少理论和实践的疑难问题没有最终解决，中国特色社会主义政治经济学在国内外经济学界也还没有取得较强的话语权。

有待解决或者科学回答的疑难问题主要包括以下方面：

1. 面对公有制经济比重大幅度下降的现状，既要真正保持和发挥公有制经济的主体作用，又要克服公有制经济现在还存在的问题和缺陷，切实做大做强做优公有制经济（包括国企的改革和发展、农村集体经济的切实发展）以及防止“私有化”的问题。

2. 面对私有制经济比重已经超过60%、问题日益凸显的现状，既要继续发展私有制经济、发挥其积极作用，又要尽可能减少其消极作用，特别是由私有制经济可能引起的劳资矛盾和贫富两极分化的问题。

3. 面对收入和贫富差距过大的状况，既要克服平均主义倾向、适当拉开财产和收入分配差距、追求效率，又要注意公平、合理缩小贫富差距，真正做到兼顾公平和效率、发展成果共享，最终走向共同富裕的问题。

4. 马克思主义政治经济学的阶级斗争原理与中国建立社会主义和谐社会实践的协调性、如何真正做到邓小平指出的中国改革开放不能“导致两极分化”、“产生新的资产阶级”的问题。

5. 社会主义市场经济理论是关于中国特色社会主义经济运行的体制机制和基本特征的理论，是中国特色社会主义政治经济学最重要的理论创新，而社会主义市场经济面临的最大理论和实践难题则是，社会主义与市场经济（主要是公有制与市场经济）相结合的必要性、可能性、正确性和有效途径。

6. 面对种种市场失灵的现象，既要发挥市场配置资源的有效性和优越性，又要克服自发性、盲目性和事后性带来的市场失灵的问题。

7. 面对政府有的不该管的还在管、该管的还没有管或者没有管好的情况，既要更好地发挥政府在宏观调控、克服市场失灵中的作用，又要防止信息局限性和利益局限性造成的政府失灵的问题。

8. 面对经济连续6年下行、有效供给不足、无效供给过剩、有效需求不足、稳增长任务艰巨的局面，怎样才能消除传统计划经济的“短缺经济”、避免资本主义市场经济的“过剩经济”、把社会主义市场经济发展成“供求协调平衡经济”及其与供给侧结构性改革的关系的问题。①

9. 面对“三农”问题突出的实际情况，怎样进行中国农村土地制度和农业经营方式的改革和创新、什么时候和如何实现邓小平提出的中国社会主义农业改革和发展的“第二个飞跃”、从根本上解决“三农”问题的问题。

10. 中国经济发展的现在面临的新阶段、新常态、新理念、新动力、新经济、新产业、新业态、新商业模式、新道路的问题。

---

① 简新华：《发展和运用中国特色社会主义政治经济学引领经济新常态》，载于《经济研究》2016年第3期。

除了这十大疑难问题之外，还有中国特色社会主义政治经济学的起始范畴和贯穿始终的主线究竟应该是什么？中国特色社会主义社会的基本矛盾和生产目的是什么？社会主义生产目的与市场经济收益最大化的追求如何协调统一？按要素分配可能存在剥削和收入差距扩大与社会主义本质要求消灭剥削和贫富两极分化的矛盾如何协调解决？社会主义市场经济中是否存在资本、与资本主义市场经济中的资本有何异同？社会主义市场经济中劳动力是不是商品？为什么？应该怎样正确认识和对待？中国社会主义初级阶段是否具有以公有制为基础的社会主义市场经济和以私有制为基础的资本主义市场经济的双重经济特征和运行规律？中国特色社会主义经济与马克思、恩格斯设想的科学社会主义社会经济为什么不完全相同？应该如何正确认识？等等。

造成中国特色社会主义政治经济学还不成熟和完善的原因，一方面是实践的局限性，成熟的理论必须与成熟的实践相适应，由于中国特色社会主义还在建设之中，社会主义现代化还没有实现，还有许多实践问题没有或者没有完全解决，所以还不可能形成完善成熟的中国特色社会主义政治经济学，可能要到中国社会主义现代化实现之时，中国特色社会主义政治经济学也才能成熟、完善；另一方面则是研究的不足，就是对中国特色社会主义政治经济学的研究还不全面、不深入，甚至还存在理论落后于实践的情况，中国特色社会主义经济改革和发展中存在的不少问题，有的理论上既不能科学回答和说明，实践上也提不出合理有效、具有可操作性的解决办法。

中国特色社会主义政治经济学未来发展的主要任务，就是全面深入调查研究，科学回答和有效解决存在的各种问题特别是疑难问题、总结发现规律、充实完善内容、构建完整系统的科学理论体系、形成话语权，以利更好地指导中国特色社会主义经济的持续高效发展、逐步走向共同富裕。

中国特色社会主义政治经济学的理论硬核：一个比较研究

王立胜　周绍东*

一、引　言

党的十八大以来，习近平总书记就发展中国特色社会主义政治经济学进行了多次阐述，形成了一系列创新性的论断。在构建中国特色社会主义政治经济学理论体系的过程中，如何认识和把握这一体系的“核心”，理论界仍然存在着多种不同理解，这就需要我们对这一重大理论问题进行深入探讨。在2017年5月出版的《习近平关于社会主义经济建设论述摘编》中，首次披露了习近平总书记对中国特色社会主义政治经济学理论核心的认识。“我们党执政，就是要带领全国各族人民持续解放和发展社会生产力，不断改善人民生活……这就点明了中国特色社会主义政治经济学的核心。”①

与“理论核心”相类似的是，西方科学哲学也提出了“理论硬核”这一概念。在西方科学哲学“历史学派”代表人物拉卡托斯看来，这个“理论硬核”是指某种理论体系中所包含的一个或一组形而上的假设，它规定了该理论体系及其内在要素是不能被经验证据所驳斥的。而任何一种经济学理论体系，都首先要对人的经济本性进行规定。本文在借鉴拉卡托斯“科学研究纲领方法论”的基础上，对西方主流经济学、苏联社会主义

---

* 王立胜，中国社会科学院经济研究所党委书记；周绍东，南京财经大学经济学系教授。本文是国家社科基金重大项目“中国特色社会主义政治经济学探索”（16ZDA002）的阶段性成果。

① 《习近平关于社会主义经济建设论述摘编》，中央文献出版社2017年版，第10页。

政治经济学、中国特色社会主义政治经济学三者的理论硬核进行比较，提出中国特色社会主义政治经济学是从“经济人”和“社会人”两个层面上把握人的经济本性，进而将“能动的社会人”作为自身理论硬核，而作为这个理论硬核的实践诉求，“持续解放和发展社会生产力，不断改善人民生活”也就成为中国特色社会主义政治经济学的核心命题。

二、西方主流经济学的理论硬核

（一）科学研究纲领方法论、理论硬核和保护带

20 世纪中叶以来，西方科学哲学领域先后发生了两次话语革命，第一次革命以 1962 年库恩《科学革命的结构》的发表作为标志，库恩在这里提出了一种崭新的科学观，不仅否定了逻辑经验主义，也批判了波普尔的证伪主义，从而导致了一场旷日持久的热烈争论。但是，库恩主张科学的发展不受客观规则的支配，而取决于科学家的心理转换，这就把科学哲学降低为科学社会学和科学心理学，从而沦落为一种“非理性主义”。为此，拉卡托斯于 1978 年出版了《科学研究纲领方法论》，尖锐地提出了以下问题：在一种新的理论取代旧有理论时，新理论有没有一种不依赖于科学家主观心理状况的优点，如果有，那这个优点又是什么？这就是拉卡托斯本人所强调的科学合理性问题。在拉卡托斯看来，如果一个理论系列的每个新理论“与其先行理论相比，有着超余的经验内容……预见了某个新颖的、至今未曾料到的事实”，那么，它就是“理论上进步的”。“如果这一超余的经验内容中有一些还得到了确认”，那么，这个理论系列就是“经验上进步的”。如果一个研究纲领“在理论上和经验上都是进步的”，拉卡托斯就称之为“进步的”研究纲领，否则就称之为“退化的”研究纲领①。

在拉卡托斯看来，科学研究纲领是由一些方法论原则构成的，其中一些原则告诉研究者要避免哪些研究道路（反面启发法），而另一些原则告诉研究者要寻求哪些道路（正面启发法）。反面启发法明确了科学研究纲领的“硬核”，也就是说，一个科学研究纲领是禁止我们去质疑“硬核”

① ［美］拉卡托斯：《科学研究纲领方法论》，兰征译，上海译文出版社 1986 年版，第 47 ~ 48 页。

的，这一“硬核”是不可反驳的。但与此同时，研究者又必须提出相应的“辅助假说”，从而在硬核周边形成“保护带”，这个保护带在对理论的检验中是可以调整的，甚至可以被全部替换以保卫理论硬核。正面启发法包括一组部分明确表达出来的建议或暗示，以说明如何改变、发展研究纲领中“可反驳的变体”，如何更改、完善“可反驳的”保护带。由于经济学是由于人类经济行为的科学，因此，对于人的经济本性的判断便理所当然地成为经济学的“理论硬核”。

（二）西方主流经济学的理论硬核及其面临的危机

经济学是西方哲学社会科学的皇冠，从方法论上来看，西方主流经济学被视为最接近于自然科学研究范式的学科，也正是在这个意义上，西方科学哲学对西方主流经济学“研究范式”进行了深入探讨，界定了西方主流经济学所谓“理论硬核”和“保护带”。目前，尽管存在一些争议，但较为普遍的意见认为：西方主流经济学是以“经济理性人”假设作为其理论硬核的①。在西方主流经济学者看来，人类的“自爱”甚至人类的“自我利益”，乃是社会进步“普遍的动力”，而这种“普遍的动力”又是最符合人类理性的行为。亚当·斯密为了说明资本主义经济的自然秩序的性质，把人的自利本性作为研究经济问题的出发点。他认为每个人的一切活动都受“利己心”支配，每个人追求个人利益会给整个社会带来共同利益，而这种个人利益的追逐者就是“经济人”。至于这种利己心的根源，西方学者的观点是将其归结到基因层面，正如理查德·道金斯所言，“我将要提出的观点是：任何成功基因的突出特征都是无情的自私性。基因的自私性通常决定了个体行为的自私性。”②

对理论硬核的界定，直接反映了该理论体系的实践主张。既然在西方主流经济学看来人是自利的，那么经济学最重要的研究问题便直指如何在有限资源的约束条件下最大限度地满足人的需求。杰文斯认为，经济学如果要成为科学，必然且必须是一种数学性质的科学，经济学是“效用和自

---

① 也有学者提出，在西方主流经济学的“理论硬核”之上，还有所谓确定性的经济社会观（傅耀，2007）、唯心主义世界观（刘凤义，2009）作为更高层次的内容，但我们认为，这已经超越了研究范式范畴而进入世界观领域，而唯心主义世界观并不是西方主流经济学所特有的世界观基础，无法通过唯心主义世界观把经济学与其他哲学社会科学区分开来，因此，不宜将唯心主义世界观作为西方主流经济学的理论硬核。

② Dawkins. R.，*The Selfish Gene*. New York：Oxford University Press，2006. P. 2.

利的力学。……以最小的努力使我们的需要得到最大的满足——以我们所厌恶的最小代价保证我们所希求的满足最大量，换言之，使快乐最大化，这就是经济学的课题。"①

作为"科学研究纲领"，西方经济学的理论硬核正面临着前所未有的诘难。亚当·斯密提出的"经济人"概念是对17、18世纪登上历史舞台的资产阶级的人格抽象，而通过杰文斯、门格尔、马歇尔、米塞斯、弗里德曼等西方学者的努力，经济人概念一跃成为彻底形式化的人性概括，成为一个超越时间空间的抽象范畴。在这一理论硬核周边，西方经济学还发展起一系列譬如"效用最大化"、"完全理性"、"私有制最优"等方法论原则，成为保卫理论硬核的保护带。但是，这一理论硬核所面临的最大诘难在于，不断地出现人类利他行为的"反常"现象，也就是说，人类利他行为与经济人假设所推导出的预期是相悖的。对于这种反常现象，西方经济学企图通过发展以下三个方面的"保护带"进行辩护。

第一种辩护企图拓展"效用"的外延。为了解释现实中出现的大量利他行为，西方经济学把所谓的"效用"范畴从物质利益拓展到心理感受和社会认同层面，形成了以下解释逻辑：经济人的利他行为其本质是一种精神上的利己，只不过是为了满足个人的心理需求和主观欲望，因此并不是真正意义的利他。但是，这种逻辑混淆了利己与利他的客观行为界限，仍然没有摆脱唯心主义的方法论窠臼②。实际上，只有从客观角度对利己和利他进行观察才是具有分析意义的，通过主观感受把利他行为全部归结于心理上的利己，这种辩护显然是诡辩，因此也必然是苍白无力的。

第二种辩护企图改变"完全理性"这一保护带。西方经济学的"经济人"是一个具有完全理性能力的精密"计算机"，会综合所有可获得的信息进行最优化计算，但在现实中却出现了很多诸如次优方案、可接受利润等经济现象，对于这些"新奇事件"，西方经济学企图引入"有限理性"概念对经济人理论硬核进行修补。"有限理性"即指经济主体受到自身认知能力的局限，并不总是进行最优化的行为决策，也就表现出非经济利益最大化的外在特征③。但是，"有限理性"并没有从根本上解除经济

① Jevens. Slanley. *The Theory of Political Economy*. New York：Kelley and Millman. 1965. P. 35.

② 程恩富：《现代马克思主义政治经济学的四大理论假设》，载于《中国社会科学》2007年第1期。

③ 参见［美］赫伯特·西蒙：《现代决策理论的基石》，杨栎、徐立译，北京经济学院出版社1989年版。

人假设所面临的困难，譬如，在家庭领域出现的大量利他行为证伪了经济人假设，但又不能为“有限理性”所解释，这是因为，家庭领域基于血亲的利他行为是普遍存在的，而很显然，这些行为并非源自人类的“有限理性”，家庭成员之间如果想要斤斤计较，至少在技术上是可行的，但现实中父母对子女晚辈的哺育、子女对父母长辈的反哺，与经济人假设中描绘的图景相差太远了。

第三种辩护提出“主观利己、客观利他”向度，企图从微观和宏观相统一的角度保护理论硬核。这种辩护源自亚当·斯密的论断，“我们期望的晚餐并非来自屠夫、酿酒师和面包师的恩惠，而是来自他们对自身利益的关切。”这一论断也造就了西方经济学“看不见的手”的神话叙事。而事实上，西方长期以来动荡不安的经济局势和愈演愈烈的经济危机，已经完全打破了这一神话。约瑟夫·斯蒂格利茨宣称：“‘看不见的手’之所以看不见，是因为这只手并不存在。现在很少人会认为，银行经理人在追求个人利益时，也促进了全球经济的福祉。”雪拉·唐和杰弗里·霍奇逊等人在回答2008年英国女王访问伦敦经济学院时向在场学者提出的问题“为什么没有人预见到信贷紧缩”时，就明确回答，“许多主流经济学家是如何将经济学变成一个与现实世界脱节的学科，也没有看到他们是如何通过不切实际的假设来支持对市场运行机制不加批判的观点。”①

从以上三个方面来看，西方经济学对“经济人”理论硬核所进行的辩护是失败的，保护带的引入并未能发挥对理论硬核的保护作用，反而引发了更多无法自圆其说的“新奇事件”。这些“新奇事件”都表明：原子般的、恒定不变的追求个人利益最大化的“经济人”在现实中根本就是不存在的，或者说，该理论硬核已经被事实证伪，也正因为其理论硬核不再成立，西方经济学整个理论体系正遭遇着前所未有的危机。

三、马克思主义政治经济学的理论硬核

（一）理论硬核（一般）与理论硬核（特殊）

19世纪中期以来，古典经济学的发展出现了分野，西方经济学和马

---

① 转引自马涛、龚剑飞：《马克思主义经济学研究范式创新的理论及现实意义》，载于《上海财经大学学报》2010年第6期。

克思主义政治经济学逐渐形成了两种理论体系，两者在研究方法论、理论硬核和保护带上都呈现出较大差异。西方经济学作为满足资产阶级统治需要的经济学科，很自然地把资本主义制度视为永恒不变的制度形式，因此，在西方经济学那里，人的经济本性也是恒定不变的。用科学研究纲领的话语来说，西方经济学的理论硬核具有历史一贯性。

对于马克思主义政治经济学而言，唯物史观方法论决定了其研究对象是根据社会经济形态的发展而变化的，因此，马克思主义政治经济学又分为资本主义政治经济学（以《资本论》为代表）和社会主义政治经济学，两者的理论硬核也是具有一定差异的。这种差异性主要体现在：马克思主义政治经济学对人的类本质的判断具有历史一贯性，但体现在不同社会经济形态，由这个一般意义上的核心假设所决定的人的经济本性是不同的，由此衍生出的社会生产目也是不同的，我们可以把前者称之为理论硬核（一般），后者称之为理论硬核（特殊）。更明确地说，理论硬核（一般）就是指马克思主义政治经济学对人的类本质的一般性把握，而理论硬核（特殊）则是指马克思主义政治经济学对不同社会经济形态中人的经济本性的判断，由于不同社会经济形态中的人的经济本性是具有差异的，因此，这也决定了不同社会经济形态的生产目的是具有差异的。因此，在后续的分析中，我们将探讨马克思主义政治经济学对人的类本质的一般性界定，在此基础上，比较资本主义生产方式和社会主义生产方式中人的经济本性的差异性。

（二）准确理解和把握马克思主义政治经济学的“社会人”理论硬核

“社会人”是马克思主义政治经济学有关人的类本质的一般性假设，可以被看作是马克思主义政治经济学的理论硬核（一般），在这里，社会性才是人最主要、最根本的属性。马克思提出，经济关系中的人“只是经济范畴的人格化，是一定的阶级关系和利益的物质承担者……不管个人在主观上怎样超脱各种关系，他在社会意义上总是这些关系的产物。”① 这就表明，“经济人”不是孤立存在的，而是由一定的社会关系将其紧密联结在一起的，任何“经济人”的行为决策都无法脱离他所处的社会条件，人的本质是人的真正的社会联系，这种“真正的社会联系并不是由反思产

① 马克思：《资本论》第1卷，人民出版社1975年版，第112页。

生的，它是由于有了个人的需要和利己主义才出现的。”①

从另一个视角来看，“社会人”同时也是一个历史的人，这是指无论个人在主观上如何超越其时代，他都无法真正意义上超脱他所处的社会历史阶段，而只能是当时那个历史阶段的各种社会关系的产物，也正是在这个意义上，历史的人同时也是“现实的人”，“这里所说的个人不是他们自己或别人想象中的那种个人，而是现实中的个人，也就是说，这些个人是从事活动的，进行物质生产的，因而是在一定的物质的，不受他们任意支配的界限、前提和条件下活动着的。”②

结合的理论硬核（一般）和理论硬核（特殊），对资本主义生产方式中人的经济本性的分析，属于马克思主义政治经济学理论硬核（特殊）的范畴，这也就涉及如何历史地理解西方经济学所提出的“经济人”假说。实际上，马克思已经指出，西方经济学中的“经济人”，只不过是18世纪资本主义生产方式产生后新兴资产阶级的人格化表象而已。“被斯密和李嘉图当作出发点的单个的孤立的猎人和渔夫，应归入18世纪鲁宾逊故事的毫无想象力的虚构……这倒是对于16世纪以来就进行准备，而在18世纪大踏步走向成熟的‘市民社会’的预感……这种18世纪的个人，一方面是封建社会形式解体的产物，另一方面是16世纪以来新兴生产力的产物，而在18世纪的预言家看来（斯密和李嘉图还完全以这些预言家为依据），这种个人是一种理想，他的存在是过去的事；在他们看来，这种个人不是历史的结果，而是历史的起点。因为，按照他们关於人类天性的看法，合乎自然的个人并不是从历史中产生的，而是由自然造成的。这样的错觉是到现在为止的每个新时代所具有的。”西方经济学“经济人”理论硬核所遭遇的危机，一方面，在于“经济人”假设过于强调人的个体特征，缺乏对人的社会关系的全面考察；另一方面，更重要的是，西方主流经济学不掌握历史唯物主义的分析方法，不能历史地看待人的经济本性，这就把“人”固化在资本主义这一特定的历史阶段，导致了对人的经济本性的严重误读。

（三）苏联社会主义政治经济学的理论硬核

作为世界历史上第一个社会主义国家，苏联对社会主义经济建设规律

---

① 马克思：《1844年经济学哲学手稿》，人民出版社2002年版，第171页。

② 《马克思恩格斯选集》第1卷，人民出版社1995年版，第29～30页。

的探索，集中体现在社会主义政治经济学理论体系的研究和构建上。从20世纪30年代开始，苏共中央开始组织编写包括社会主义部分在内的政治经济学教科书，到1940年年底，完成了政治经济学教科书的未定稿，但一方面受到战争的影响，这项工作一度停顿下来。“二战”结束后，苏联重新启动了政治经济学教科书的编写工作。1951年，苏共中央组织了针对这本未定稿的经济问题研讨会，斯大林针对大会讨论的主要理论问题发表了书面意见。1952年，以斯大林书面意见为主要内容的《苏联社会主义经济问题》出版，并成为苏联社会主义政治经济学教科书编著的重要依据。

在《苏联社会主义经济问题》中，通过对社会主义本质和社会主义经济规律进行分析研究，斯大林提出了苏联社会主义经济的生产目的，这就是“用在高度技术基础上使社会主义生产不断增长而不断完善的方法，来保证最大限度地满足整个社会经常增长的物质和文化需要。”[①] 基于这一生产目的，斯大林还指出了社会主义生产与资本主义生产之间的本质区别，这表现在三个方面：第一，社会主义生产的目的不是去追逐最大限度的利润，而是保证最大限度地满足社会的物质和文化需要。第二，社会主义生产过程不是从高涨到危机，再从危机到高涨的周期性的经济波动，而是持续性的发展。第三，社会主义生产不是伴随着技术的周期性间歇状态，而是技术的高度发展和完善[②]。

尽管斯大林的这一论断并没有直接指出苏联社会主义政治经济学的理论硬核是什么，但我们仍然可以进行反向推论。从这一论断本身来看，苏联社会主义政治经济学并未能准确把握人的本质问题，在斯大林那里，人的需求是以“社会”形式表达出来的，这就决定了发展社会生产的目的是为了“保证最大限度地满足整个社会经常增长的物质和文化需要”，而作为经济主体的“人”已经被淹没在“整个社会”之下了。也正是出于对社会性的强调，苏联政治经济学教科书提出了发展社会生产的根本原则，“各个生产部门必须有计划地结成一个统一的整体，各部门的发展必须遵循必要的比例。”[③] 而在这个整体中如何体现“人”的存在，如何满足“人”的需要呢？那也只能是冷冰冰的物质利益了。在这一点上，苏联政治经济学教科书遭到了毛泽东的激烈批评，他指出：“关于产品分配，苏

---

① 《斯大林文选》下册，人民出版社1962年版，第602页。

② 顾海良：《新编经济思想史》第8卷，经济科学出版社2016年版，第117页。

③ 苏联科学院经济研究所：《政治经济学教科书》，人民出版社1955年版，第450页。

联教科书写得最不好，要重新另写……不能像他们那样强调个人物质利益，不能把人引向‘一个爱人，一座别墅，一辆汽车，一架钢琴，一台电视机’那样为个人不为社会的道路上去。”① 也就是说，由于从根本上忽视人的本质属性问题，也就不可能形成对人的需求的准确把握，而这种需求只能是在人和社会两者之间的平衡中去寻找。“物质利益是一个重要原则，但总不是唯一的原则，总还有另外的原则……物质利益也不能单讲个人利益、暂时利益、局部利益，还应当讲集体利益、长远利益、全局利益，应当讲个人利益服从集体利益，暂时利益服从长远利益，局部利益服从全局利益。”②

总的来说，苏联政治经济学教科书尽管摆脱了西方经济学“经济人”的理论硬核，但它片面强调社会生产的整体性，将人看作是生产机器中的零部件③。在苏联社会主义政治经济学的研究范式中，质疑并摒弃了经济人完全追求个人私利的核心假设，但与此同时，苏联社会主义政治经济学又走向了另一个理论硬核的极端，这就是将人视为完全服从于物质资料再生产的“机械社会人”。④ 这种僵化的人性解读，不可避免地造成了苏联在社会生产中采用单一化的激励手段。长此以往，以物质利益为重心的激励机制难以为继，对精神激励、荣誉激励的轻视使得人的主观能动性无法发挥出来，整个政治经济学学说体系的理论硬核走向崩溃，也就不足为奇了。

四、中国特色社会主义政治经济学的理论硬核：能动的社会人

中国特色社会主义政治经济学从“经济人”和“社会人”双重层面

① 中华人民共和国国史学会：《毛泽东读社会主义政治经济学批注和谈话》，中华人民共和国国史学会 1998 年版，第 807 页。

② 中华人民共和国国史学会：《毛泽东读社会主义政治经济学批注和谈话》，中华人民共和国国史学会 1998 年版，第 431 ~432 页。

③ 实际上，西方经济学的“经济人”假设也具有机械性的一面，只不过这种机械性更多的是以“原子般的个人”的形式体现出来的。正如博兰所言：“令人遗憾的是，当理性和个人主义联系在一起时，就会产生一种颇为机械的关于决策行为的观点——也就是个人被视为一台机器”。参见［美］劳伦斯·A·博兰：《批判的经济学方法论》，经济科学出版社 2000 年版，第 229 ~230 页。

④ 1988 年出版的苏联《政治经济学》正是以“人”为中心进行理论体系构建的，甚至径直提出了“生产的人道化是时代的要求”等论断。尽管这本教材充斥了大量去意识形态化和所谓新思维的错误思潮，但从另一个视角来看，也反映出传统的苏联政治经济学并没有准确理解和把握人的经济本性。参见［苏］B. 麦德维杰夫、A. 阿巴尔金：《政治经济学》，张仁德等译，天津人民出版社 1989 年版。

把握人的经济本性，将人视为历史的、现实的社会关系的综合体，这就超越了西方经济学的“经济人”假设，也超越了苏联社会主义政治经济学的“机械社会人”假设。中国特色社会主义政治经济学的理论硬核不是孤立存在的理论概念，而是与基本方法论、理论立场、实践诉求等构成一个完整的“科学研究纲领”。

马克思强调经济学分析的范式应是“社会人”，但不否定和排斥个人对利益的追求动机。他和古典经济学家的不同在于坚持历史唯物主义的分析方法，强调个人的私欲是历史的和特定生产方式的产物。马克思在《资本论》中对资本家追逐剩余价值本性的刻画就深刻地表达了这一分析方法的精髓：“作为资本家，他只是人格化的资本。他的灵魂就是资本的灵魂。而资本只有一种生活本能，这就是增值本身，获取剩余价值。”①

中国特色社会主义政治经济学的一个鲜明特点，就是不否认个人利益和物质需求的存在及其意义，但同时又超越了单纯的“经济人”范畴。针对人的经济本性，习近平指出：“……即人不同于物，却与物结为一体；人以自我为中心，却又只能在他物、他人中去实现自我；人依赖于自然，却又在不断否定自然；人受制于必然，却又享受着自由；人的生命和流动是有限的，却又在追求着无限的未来。”② 这段话表达了三个层面的含义：人必须在利我和利他中寻找平衡；人具有理性和非理性的双重属性；人的需求是有限和无限的统一。西方经济学在分析经济问题时将“经济人”作为不可否定的前提假设，就必然导致把社会经济活动的一般物质性当成经济活动的唯一性质，否定了经济活动的特殊社会性和社会经济关系在经济活动过程中的重要作用，因此也就无法解释利他行为等各种“反常”现象，其整个范式必然陷入危机。

中国特色社会主义政治经济学不仅超越了“经济人”的理论硬核，同时也超越了苏联社会主义政治经济学的“机械的社会人”理论硬核，这种超越建立在对人的主观能动因素进行重新审视的基础上。马克思主义政治经济学虽然更为深刻地认识到了社会经济活动与人们的主观意志是密不可分的，但是，由于抽象方法的客观需要，马克思在分析资本主义生产方式时，将很多人的主观能动因素抽象掉了，而这些现实经济活动中的人的因素，在某些时候恰恰是具有决定意义的。③

---

① 马克思：《资本论》第1卷，人民出版社1975年版，第260页。

②③ 习近平：《对发展社会主义市场经济的再认识》，载于《东南学术》2001年第4期。

在超越“经济人”和“机械的社会人”的基础上，中国特色社会主义政治经济学确立了“能动的社会人”这一理论硬核，这个理论硬核包括以下几个方面内涵：第一，人的经济本性不能简单地从“利己”或“利他”的两分法出发进行界定，而是要考虑到人既具有自私自利的本性，但同时又是社会关系的整体，因此必然虑及整体利益的实现。第二，不能简单地从“理性”和“非理性”的两分法出发进行讨论，也不能简单地将人看作是社会系统中的机械零部件，而是既要认识和适应规律，同时又要把握规律、利用规律，在经济活动中充分发挥人的主观能动性。第三，在制度层面，仅仅依靠市场机制发挥经济主体的主观能动性，无法自动实现宏观上的稳定发展，因此必须更好发挥国家和政府作用，以体现“社会人”的整体利益要求。

中国特色社会主义政治经济学在理论硬核上实现了对西方经济学和苏联政治经济学的超越，这种超越的可能性很大程度上要从中国特有的文化、历史和哲学传统中寻找根源。中国自古以来就有“天人合一”的古老哲学命题，并由此形成了中国文化独特的“人—物—人”的思维框架，在这个思维框架中，人既是出发点又是落脚点，这就与西方哲学的“人—物”和马克思主义哲学的“物—人”的认识路线形成了巨大差异。“人—物—人”的思维框架表明：中国特色社会主义中的“人”，一方面是在市场经济背景下追求物质利益的经济主体；但另一方面，人的主观能动作用又对单个经济人的行为决策形成了强有力的约束和影响，正是在这种复杂的物质利益关系和主观能动因素的双重制约下，为“经济人”增添了“社会人”的属性。因此，习近平总书记指出：“将这种思维框架和道德规范引入社会经济活动之中，人就不再是抽象的人，而是活生生的人；社会经济关系也不再是西方经济理论中那种抽象为某一种类型诸如商品、资本、劳动或人物的单纯或单向关系，而是一种以复杂的人为主体的错综复杂的利益和感情关系；人的主观因素对社会经济活动的影响和作用也不再局限于个体的人或某个具体范围，可以随心所欲地渗透于社会活动的各个环节、各个方面。”①

五、中国特色社会主义政治经济学理论硬核的实践要求

在理论上将人的经济本性历史地定义为“能动的社会人”，并将这一

① 习近平：《对发展社会主义市场经济的再认识》，载于《东南学术》2001年第4期。

假设作为中国特色社会主义政治经济学的理论硬核，对社会主义经济建设实践提出了什么样的要求。习近平总书记指出："我们党执政，就是要带领全国各族人民持续解放和发展社会生产力，不断改善人民生活……这就点明了中国特色社会主义政治经济学的核心。"① 这就为上面的问题给出了实践层面的解答，中国特色社会主义政治经济学理论硬核提出了以下四个方面的实践要求。

（一）始终把"以人民为中心"作为经济实践活动的根本立场

理论硬核的界定直接决定了社会生产的目的，"经济人"的理论硬核，决定了私有制条件下生产的目的是满足拥有私有产权的单个人的物质需要，在资本主义生产方式中，进一步表现为满足资本所有者实现资本增值和获取剩余价值的需要。在苏联计划经济体制下，"机械的社会人"的理论硬核，决定了生产的目的是满足"整个社会经常增长的物质和文化需要"，人的个性化发展需求遭到忽视。"能动的社会人"的理论硬核，决定了社会主义生产的目的是"解放和发展社会生产力，不断改善人民生活"，这就要求在经济建设实践中突破单个人和单纯社会整体的范畴，真正立足"人民"主体，始终把"以人民为中心"作为经济实践活动的根本立场。

立场是由政治经济利益和地位决定的。利益为谁而谋，利益所谁所分，从来都是关系全局的大事，把握"以人民为中心"的根本立场，就是要准确理解"人民"的真正含义。这里的人民，既是历史的又是现实的，既是个体的又是社会的，既是分散的又是整体的。因此，必须全面地、辩证地把握"以人民为中心"这一根本立场和实践要求，特别是要把共享理念作为坚持以人民为中心的发展思想的实质，从以下四个方面体现逐步实现共同富裕的要求。一是共享是全民共享。这是就共享的覆盖面而言的。共享发展是人人享有、各得其所，不是少数人共享、一部分人共享。二是共享是全面共享。这是就共享的内容而言的。共享发展就要共享国家经济、政治、文化、社会、生态各方面建设成果，全面保障人民在各方面的合法权益。三是共享是共建共享。这是就共享的实现途径而言的。共建才能共享，共建的过程也是共享的过程。要充分发扬民主，广泛汇聚民智，最大激发民力，形成人人参与、人人尽力、人人都有成就感的生动局面。四是共享是渐进共享。这是就共享发展的推进进程而言的。一口吃不成胖

① 习近平：《习近平关于社会主义经济建设论述摘编》，中央文献出版社 2017 年版，第 10 页。

子，共享发展必将有一个从低级到高级、从不均衡到均衡的过程，即使达到很高的水平也会有差别。我们要立足国情、立足经济社会发展水平来思考设计共享政策，既不裹足不前、铢施两较、该花的钱也不花，也不好高骛远、寅吃卯粮、口惠而实不至①。

（二）坚持和完善中国特色社会主义基本经济制度

基本经济制度是中国特色社会主义政治经济学理论硬核最重要的“保护带”之一。经济主体具有集体意识，但这种集体意识又不是自动形成并发挥作用的，必须有一定的制度保障。

中国特色社会主义基本经济制度包括两个层面内容：一是以公有制为主体，多种所有制共同发展的生产资料所有制；二是以按劳分配为主体，多种分配方式共同发展的分配制度。这个“保护带”对“能动的社会人”发挥着重要的保护作用，一方面，必须毫不动摇地坚持生产资料公有制为主体，始终保证公有制经济在国民经济中占据数量和质量两方面的优势。坚持生产资料公有制为主体体现了“社会人”的本质要求：只有在生产资料由全体劳动者或部分劳动者共同所有的前提条件下，才能够保障社会整体利益的实现。公有制经济控制国民经济的重要部门，提供基础设施配套、公共服务和战略性高新技术，才有可能确保人民群众的整体利益不受损害并有所发展。与此同时，毫不动摇地鼓励和支持非公有制经济发展，其目的就是要通过把生产资料所有权赋予各种经济主体，调动其能动性、积极性和创造性，激发经济活力，为公有制经济发展提供竞争性的市场环境，避免“社会人”陷入僵化和机械的境地。坚持两个“毫不动摇”，就是要为社会整体利益和人的主观能动性的结合提供所有制基础。另一方面，分配制度是生产资料所有制的实现形式。坚持以按劳分配为主体，就是要在生产资料社会主义公有制条件下，对社会总产品进行各项必要的社会扣除以后，按照各人提供给社会的劳动的数量和质量分配个人消费品。坚持按劳分配原则，就是要在价值分配环节突出公平正义，实现多劳多得、少劳少得、不劳动者不得食，保证劳动者利益在“社会人”的整体层面得到最大满足。同样，鼓励多种分配方式共同发展，就是要通过适当的物质激励调动各种经济主体的能动性、积极性和创造性。坚持把按劳分配

① 习近平：《在省部级主要领导干部学习贯彻党的十八届五中全会精神专题研讨班上的讲话》，人民出版社2016年版，第27页。

和多种分配方式结合起来，就是要为社会整体利益和人的主观能动性的结合提供分配制度基础。

（三）把市场在资源配置中起决定性作用和更好发挥政府作用有机结合起来

坚持社会主义市场经济改革方向，核心问题是处理好政府和市场的关系，使市场在资源配置中起决定性作用和更好发挥政府作用。这是我们党在理论和实践上的又一重大推进。使市场在资源配置中起决定性作用，核心之道就是要激发市场蕴藏的活力，而这种活力最主要地体现在人的主观能动性上。只有充分发挥各类经济主体创新创业的主观能动性，市场机制的灵活性和激励功能才能充分显现出来。习近平总书记指出，我们要坚持社会主义市场经济改革方向，从广度和深度上推进市场化改革，减少政府对资源的直接配置，减少政府对微观经济活动的直接干预，加快建设统一开放、竞争有序的市场体系，建立公平开放透明的市场规则，把市场机制能有效调节的经济活动交给市场，把政府不该管的事交给市场，让市场在所有能够发挥作用的领域都充分发挥作用，推动资源配置实现效益最大化和效率最优化，让企业和个人有更多活力和更大空间去发展经济、创造财富①。

把“能动的社会人”作为理论硬核，一方面在实践中要发挥市场配置资源的决定性作用，激发经济主体能动性；另一方面也要注重更好发挥政府作用。中国特色市场经济体制之所以不同于西方市场经济体制，一个重要的特点就是把社会主义制度优势与市场经济有机结合起来。习近平总书记强调：我们是在中国共产党的领导和社会主义基本制度的大前提下发展市场经济，什么时候都不能忘了“社会主义”这个定语②。更好地发挥政府作用，就是要通过适当的制度安排，弥补“经济人”利益最大化行为导致的公共服务和社会保障缺失，纠正市场失灵，维护公平正义和社会稳定，促进全体人民共同富裕。

（四）在供给侧结构性改革中注重供给和需求的协调发展

供给侧结构性改革是适应经济发展新常态的战略性举措。推进供给侧

---

① 习近平：《正确发挥市场作用和政府作用　推动经济社会持续健康发展》，载于《人民日报》2014年5月28日。

② 《习近平关于社会主义经济建设论述摘编》，中央文献出版社2017年版，第64页。

结构性改革，要从生产端入手，重点是促进产能过剩有效化解，促进产业优化重组，降低企业成本，发展战略性新兴产业和现代服务业，增加公共产品和服务供给，提高供给结构对需求变化的适应性和灵活性。但特别需要注意的是，供给侧结构性改革不是单纯从供给侧推动改革，而是要把供给和需求统筹起来进行分析。习近平总书记指出：供给和需求是市场经济内在关系的两个基本方面，是既对立又统一的辩证关系，二者你离不开我、我离不开你，相互依存、互为条件。没有需求，供给就无从实现，新的需求可以催生新的供给；没有供给，需求就无法满足，新的供给可以创造新的需求①。

注重供给和需求的协调发展，体现了中国特色社会主义政治经济学理论硬核的实践要求，同时也决定了供给侧结构性改革的目的就是要通过提升供给质量，满足人民日益增长的物质文化需要，脱离了这个根本目的，供给侧结构性改革就无法取得预期效果。必须从“社会人”即人民群众整体的需求变化出发，通过深化改革能动地减少无效供给、扩大有效供给、优化供给结构，推动我国生产力水平的整体跃升，增强经济持续增长动力。

六、结　语

习近平总书记强调，坚持发展中国特色社会主义政治经济学，要以马克思主义为指导，总结和提炼我国改革开放和社会主义现代化建设的伟大实践经验，同时借鉴西方经济学的有益成分，吸收中华传统文化的优秀成果。目前，中国特色社会主义政治经济学已经初步形成理论体系，但在研究范式和理论硬核等方面还缺乏明确有力的话语体系支撑，为此，本文首先区分了马克思主义政治经济学的理论硬核（一般）和理论硬核（特殊），吸收借鉴了西方主流经济学和苏联社会主义政治经济学理论硬核中的某些合理成分，提出中国特色社会主义政治经济学的理论硬核是“能动的社会人”假设，这也决定了社会主义生产目的是“解放和发展社会生产力，不断改善人民生活”。在此基础上，本文进一步分析了“能动的社会

① 习近平：《在省部级主要领导干部学习贯彻党的十八届五中全会精神专题研讨班上的讲话》，人民出版社2016年版，第30页。

人”这一理论硬核对中国特色社会主义经济建设的指导意义和实践要求。

需要特别指出的是：中国共产党的领导是中国特色社会主义最本质的特征，是中国特色社会主义最大的政治优势。把中国特色社会主义政治经济学的理论硬核定义为“能动的社会人”，把社会主义生产目的定义为“解放和发展社会生产力，不断改善人民生活”，就是要坚持“一切为了群众，一切依靠群众，从群众中来，到群众中去”这一根本工作路线，从全局和战略高度，着眼于最广大人民根本利益，激发人民群众建设社会主义的热情和智慧，调动各个方面积极性，把中国特色社会主义伟大事业不断推向前进。

参考文献

1. 程恩富：《现代马克思主义政治经济学的四大理论假设》，载于《中国社会科学》2007 年第 1 期。

2. 傅耀：《西方主流经济学方法论的理论硬核及其当代意蕴——从理性主义的纬度透视》，载于《经济评论》2007 年第 4 期。

3. 顾海良：《新编经济思想史》第 8 卷，经济科学出版社 2016 年版。

4. 赫伯特·西蒙：《现代决策理论的基石》，杨栎、徐立译，北京经济学院出版社 1989 年版。

5. 拉卡托斯：《科学研究纲领方法论》，兰征译，上海译文出版社 1986 年版。

6. 劳伦斯·A·博兰：《批判的经济学方法论》，经济科学出版社 2000 年版。

7. 刘凤义：《西方经济学与马克思主义政治经济学关于假设运用的本质区别》，载于《社会科学研究》2009 年第 3 期。

8. 《马克思恩格斯选集》第 1 卷，人民出版社 1995 年版。

9. 马克思：《1844 年经济学哲学手稿》，人民出版社 2002 年版。

10. 马克思：《资本论》第 1 卷，人民出版社 1975 年版。

11. 马涛、龚剑飞：《马克思主义经济学研究范式创新的理论及现实意义》，载于《上海财经大学学报》2010 年第 6 期。

12. B. 麦德维杰夫、A. 阿巴尔金：《政治经济学》，张仁德等译，天津人民出版社 1989 年版。

13. 斯大林：《斯大林文选》下册，人民出版社 1962 年版。

第二篇

以人民为中心的新发展思想

马克思关于收入分配的公平正义思想与中国特色社会主义实践探索

刘　灿*

收入分配是一个社会基本经济制度和所有制结构的重要内容或表现形式，收入分配制度和分配结构直接决定一个社会的基本利益关系及社会成员之间的利益关系，马克思把它们称为生产关系。我国的社会主义初级阶段实行的是以按劳分配为主、多种收入分配方式并存的收入分配制度，其内涵是按劳分配和按生产要素贡献分配结合，其价值取向是实现公平和效率的统一。这一分配制度是同我国公有制为主体、多种所有制并存的所有制结构相适应的，体现了社会主义初级阶段生产关系的特征和要求，也体现了发展社会主义市场经济和构建社会主义和谐社会的客观要求。本文立足于构建中国特色社会主义政治经济学理论体系，从经济思想史上梳理马克思的收入分配理论和西方学者的相关思想，研究中国特色社会主义收入分配理论创新与实践探索，提出一个与市场经济相适应的、中国特色社会主义收入分配制度的核心概念和价值取向。

一、马克思的按劳分配与公平正义思想

（一）马克思的按劳分配思想

按劳分配是指社会在对社会总产品作了各项必要的扣除之后，按照劳动者提供的劳动数量和质量来分配个人消费品的制度。在 19 世纪中后期，

---

* 刘灿，西南财经大学马克思主义经济学研究院教授。本文为马克思主义工程重大项目、国家社科基金重大项目“中国特色社会主义政治经济学研究”（2015MZD006）子项目“中国特色社会主义收入分配制度研究”阶段性成果。

马克思在深刻剖析资本主义生产关系和分配关系的同时，全面考察了前人的理论成果，批判了空想社会主义者关于未来社会分配问题的错误观点，吸收了其中的合理成分，创立了科学的按劳分配理论。在马克思设想的未来社会里，个人消费品的分配原则是按劳分配。有关马克思的按劳分配思想及其理论，集中体现在1875年的《哥达纲领批判》一文中。

马克思在《哥达纲领批判》这一文献中，对未来社会的设想第一次明确区分了共产主义社会的第一阶段和高级阶段，并提出第一阶段即社会主义社会实行按劳分配原则、高级阶段则实行“各尽所能，按需分配”原则。马克思指出，“我们这里所说的是这样的共产主义社会，它不是在它自身基础上已经发展了的，恰好相反，是刚刚从资本主义社会中产生出来的，因此它在各方面，在经济、道德和精神方面都还带着它脱胎出来的那个旧社会的痕迹。”① 马克思在这里强调了共产主义的第一个阶段还带着“旧社会的痕迹”，保留了旧式分工，生产力水平还不够高，物质财富还未充分涌流，劳动仍是谋生的手段，个人还不可能得到自由全面的发展，因此，为充分发挥劳动者的积极性，促进生产力的发展，还须实行按劳分配原则，而不能实行共产主义高级阶段的按需分配。

马克思强调，按劳分配是按劳动者提供的劳动量分配个人消费品。“每一个生产者，在做了各项扣除以后，从社会方面正好领回他所给予社会的一切。他所给予社会的，就是他个人的劳动量。例如，社会劳动日是由所有的个人劳动小时构成的，每一个生产者的个人劳动时间就是社会劳动日中他所提供的部分，就是他在社会劳动日里的一份。他从社会方面领得一张证书，证明他提供了多少劳动（扣除他为社会基金而进行的劳动），而他凭这张证书从社会储存中领得和他所提供的劳动量相当的一份消费资料。他以一种形式给予社会的劳动量，又以另一种形式全部领回来。”② 这是等量劳动相交换的过程，实质上也就是按劳分配的过程，这是我们在马克思著作中所看到的对于按劳分配的最详细、最经典的论述，这段话强调了按劳分配的关键是以劳动者提供给社会的劳动（包括劳动数量和质量）为尺度来分配个人消费品，虽然没有出现“按劳分配”的字样，但这已经标志着按劳分配理论的正式形成。

---

① 《马克思恩格斯选集》第3卷，人民出版社1972年版，第10页。

② 《马克思恩格斯选集》第3卷，人民出版社1972年版，第10、11页。

（二）马克思认为生产关系（生产资料所有制）决定分配关系

马克思认为，“所谓的分配关系，是同生产过程的历史规定的特殊社会形态，以及在人们生活的再生产过程中互相所处的关系相适应的，并且是由这些形式和关系产生的。这种分配关系的历史性质，就是生产关系的历史性质，分配关系不过表示生产关系的一个方面。”① 他还指出：“一定的生产决定一定的消费、分配、交换和这些不同要素相互间的一定关系。”② 马克思的论述表明，生产和分配都存在于生产总过程中，但并非同类事物，生产关系决定分配关系，而不是相反。同时，分配关系具有客观性，因为生产关系是客观的，不以人的意志为转移的，作为生产关系重要组成部分的分配关系自然也是不以人的意志为转移的。研究生产关系是研究分配关系的基础或出发点。

马克思还研究了分配关系与生产关系各个方面之间存在的辩证关系，以及分配方式的历史暂时性。他认为，分配关系是生产关系的一个组成部分，而生产关系是一个有机的整体，生产关系（狭义的）、分配关系、交换关系、消费关系构成这一“总体的各个环节”，它们之间存在着“一个统一体内部的差别”。“分配关系的历史性即暂时性”，是指任何分配关系都不可能是永恒的，它只能与一定的社会历史条件相适应。

马克思基于上述分配原理和分配观，研究了特定社会分配方式的逻辑。他指出：“分配方式只是表现为生产要素的背面。个人以雇佣劳动的形式参与生产，就以工资形式参与生产成果的分配。分配的结构完全决定于生产的结构，分配本身就是生产的产物，不仅就对象说是如此，而且就形式说也是如此。”③ 可见，生产要素参与生产的形式决定产品分配的形式，而前者又决定于该社会生产资料的分配和生产者在各类生产之间的分配。

（三）马克思认为分配公平原则是客观的，是由生产力的发展水平决定的

公平正义是马克思按劳分配的价值取向和基本原则，但马克思认为公

---

① 《马克思恩格斯全集》第25卷，人民出版社1974年版，第998、999页。

② 《马克思恩格斯选集》第2卷，人民出版社1972年版，第102页。

③ 《马克思恩格斯选集》第2卷，人民出版社1972年版，第98页。

平分配原则和方式是客观的，而不是主观的、抽象的。分配公平与否取决于它是否与一定历史阶段由生产力水平决定的生产方式及生产关系相适应。马克思指出，所谓的分配关系，是同生产过程的历史规定的特殊社会形式，以及人们在他们生活的再生产过程中互相所处的关系相适应的，并且是由这些形式和关系产生的，分配关系不过表示生产关系的一个方面。

马克思的分配公平包含着禀赋公平（起点公平）、规则公平、结果公平这三个有机联系、辩证统一的方面。从禀赋公平来看，要求社会成员起点上拥有相同的天然禀赋，马克思将此看做公平分配的前提和出发点。马克思指出，只有在个人全面自由发展的共产主义社会，彻底废除生产资料私有制并全面实现公有制才是最终解决公平分配问题的根本性措施，只有使每个社会成员都得到全面自由发展的共产主义社会才能从根本上保证公平原则的实现和公平问题的解决。从规则公平来看，要求社会成员遵循统一的分配原则。在生产力还不是十分发达、财富还没有充分涌流的共产主义第一阶段，个人消费品实行按劳分配原则。而当生产力高度发达、财富充分涌流、劳动成为人们自我发展的第一需要以后，个人消费品的分配将在全社会公有制基础上实行公平的按需分配方式。从结果公平来看，结果公平不是公平分配范畴的全部内容，它只是起点公平与规则公平的产物，如果起点公平与规则公平都能很好地得到贯彻，那么结果公平也就能够自然实现。

二、关于公平正义的西方学术思想

（一）西方学者的公平正义思想

人们对公平问题的探讨，可以追溯到很早以前。从古希腊的卡克利斯、柏拉图和亚里士多德，到中世纪的西欧思想家，及至资产阶级革命时期的伏尔泰、孟德斯鸠、卢梭等人及其以后的马克思、恩格斯等人，都对公平问题作了许多阐述，形成了丰富的有关公平的思想。

古希腊的柏拉图将公平等同于正义；亚里士多德认为遵守法律就是公正，违法则是不公正；伊壁鸠鲁则重视由约定而产生的公平与正义。在中世纪，西欧的基督教教义提出了在上帝面前人人平等的思想，并且为了达到平等就必须按上帝的意志接受考验，救赎自己的灵魂。在 17 世纪、18

世纪欧洲的资产阶级革命时期，资产阶级思想家格劳秀斯认为，基于人类共有的理性，人们所拥有的符合人性要求的自然权利是公正的、公平的；霍布斯认为，人类在自然法支配之下，人人都是平等的，遵守自然法就是实现正义、公平、公道；伏尔泰认为，人生而是平等的，一切享有各种天赋能力的人，都是平等的。他认为平等的真谛就在于自然法面前的平等，而不是在财产所有权和社会地位上的平等；孟德斯鸠认为，公平的法律不能牺牲公民的个性，在公平的社会中，人民的安全就是最高的法律；卢梭认为，公平很重要的内容就是平等，它不是绝对的、事实上的平等，而是能够缩小贫富差别、实现法律面前的平等。19 世纪，不少资产阶级思想家提出与自然法思想相异的公平思想。边沁认为，公平的要求在于为社会谋福利。奥斯丁认为法律往往与公平、正义相分离。黑格尔则认为公平理性的东西是自在自为的法的东西。马克思和恩格斯则将公平理解为人们对社会事物进行价值评价时表现出来的观念，是现存经济关系的表现。

在现代经济学学科领域内，形成了功利主义的公平观、古典自由主义公平观和罗尔斯主义公平观等三大类①。（1）功利主义及其在经济伦理思想方面发展成为以庇古为代表的福利经济学，对国民收入极大化和收入均等化的重要命题做出了开创性的研究。庇古认为，社会经济福利在很大程度上受影响于：国民收入的大小；国民收入在社会成员间的分配。在他看来，国民收入总量愈大，社会经济福利就愈大；国民收入分配愈均等化，社会经济福利就愈大②。因此，从某种意义上讲，福利经济学的公平观着眼于分配结果，具有很强的平均主义色彩。总之，功利主义分配公平观和福利经济学将“公平”引入经济分析，弥补了实证经济学回避“公平”问题的不足，使公平作为具有社会价值判断色彩的规范经济学范畴而区别于“纯经济学”范畴。但是，由于这种公平观是以唯心主义方法论、个人主观效用为基础，遭到了其他经济学理论流派的质疑。（2）古典自由主义者从起点入手，认为公平的实质就是法律面前的平等和机会公平，也就是说，只要能充分尊重市场经济中经济主体的自由，保证其基本权利不受侵犯，不管分配结果如何，都是公平的。哈耶克和弗里德曼都批评福利国家以促进收入公平而干预社会再分配。他们认为，市场分配是一个自发过

① 刘斌：《西方经济学中收入分配公平观述评》，载于《山西大学学报（哲社版）》2004 年第 4 期。

② 庇古：《福利经济学》，商务印书馆 2002 年版，第 108 ~ 109 页。

程，它的后果是个人无法预见的，竞争性市场分配并非人们有意安排的结果。如果“分配公平的原则，一旦被采用，那么，只有当整个社会都据此原则加以组织的时候，才会实现，这就会产生一种在各方面都与自由社会相反对的社会——在这个社会中，权力机构将决定个人所应当做的事情以及个人在这种事情应当采取的方式”①，这样会破坏市场的资源配置和分配。因此，把法律上平等对待原则运用到分配领域，是一种错误。弗里德曼还指出；“把平等——即所谓的结果均等——放在自由之上，其结果既得不到平等，也得不到自由。”“另一方面，一个把自由放在首位的国家，最终作为可喜的副产品，将会得到更大的自由和更大的平等。”②所以，超越自由主义者逻辑的机会公平原则去追求社会再分配领域的公平，不仅不能实现公平，而且威胁到自由制度本身。（3）罗尔斯主义的公平思想同时重视了分配起点和分配结果，但首先强调的是结果公平，并重视社会最少受惠成员的公平。罗尔斯强调社会有责任通过教育、税收和其他途径来改变机会不平等，以排除自然和社会的偶然因素对公平分配的影响。其次，罗尔斯还批判“效率至上”原则，坚持“公平优先于效率”的观点。“如果社会基本结构是不公平的，这些原则将允许做一些可能降低状况较好者的预期的变更，因此，如果效率原则意味着只有改善所有人前景的改变才是允许的，那么民主原则就和效率原则不一致了。公平正义是优先于效率的，要求某些在这种意义上并非有效率的改变”③。

由此，我们可以看出，在不同的历史时期，不同的个人从不同的角度赋予了公平范畴不同的内涵，因此，公平范畴本身是“历史的”。正如马克思所指出，公平始终只是现存经济关系的观念化表现，是随着社会经济关系的发展变化而发展变化的。不同的时代，不同的阶级，不同的学派各有不同的公平观，抽象的、超时代的永恒公平是不存在的。公平的标准也随着历史的演进而不断更新，随着时代的变迁而不断补充新的内容，所以没有永恒的公平定则。恩格斯指出：希腊人和罗马人的公平观认为奴隶制度是公平的；1789 年资产阶级的公平规则要求废除被宣布为不公平的封建制度。在普鲁士的容克看来，甚至可怜的专区法也是破坏永恒公平的④。

---

① 哈耶克：《自由秩序原理》（上卷），三联书店 1997 年版，第 121 ~ 122 页。

② 弗里德曼：《自由选择》，商务印书馆 1998 年版，第 152 页。

③ 罗尔斯：《正义论》，中国社会科学出版社 1988 年版，第 302 ~ 303 页。

④ 《马克思恩格斯全集》第 1 卷，人民出版社 1964 年版，第 310 页。

我们认为，经济学意义上的公平，是指有关经济活动的制度、权利、机会和结果等方面的平等和合理。它是随着经济发展而变化的相对的客观的历史性的范畴，并反映出了人们对一定的社会历史条件下人与人之间利益关系的主观价值判断。公平的终极意义在于不同的人具有不同的个体自身利益，从而可以满足个人效用函数中的物质利益和非物质利益等变量，实现个人满足感，提高个人积极性、主动性和创造性，最终促进经济效率的提高①。

（二）西方马克思主义关于经济正义的思想

近年来，一些西方马克思主义者重新整理马克思的文献，梳理出了“正义”相关的论述，做出了新的解读，提出了“交易正义”、“产品分配正义”、“生产资料的分配正义”、“生产正义”、“权利正义”等正义原则②。伍德（Wood）提出了马克思经济学的“交易正义”理论，认为虽然马克思没有对正义做出完整而清晰的解释，但是其文献中对交易正义时有论述③。如马克思在《资本论》第3卷中写道：“生产当事人之间的交易的正义性在于：这种交易是从生产关系中作为自然结果产生出来的。这种经济交易作为当事人的意志行为，作为他们的共同意志的表示，作为可以由国家强加给立约双方的契约，表现在法律形式上，这些法律形式作为单纯的形式，是不能决定这个内容本身的。这些形式只是表示这个内容。这个内容，只要与生产方式相适应、相一致，就是正义的；只要与生产方式相矛盾，就是非正义的。在资本主义生产方式的基础上，奴隶制是非正义的；在商品质量上弄虚作假也是非正义的”④。可见，伍德将马克思的正义理解为以所有权为基础，建立在强制性法律约束基础上的交易正义，而交易正义的合理性来源于交易与生产方式的一致性。哈塞米（Husami）对伍德的交易正义提出了质疑，认为马克思的经济正义原则是关于产品分配正义的。他认为马克思的正义原则具有阶级性，无产阶级可以利用这个正义标准去批判资本主义的生产和分配模式，而无产阶级的正义原则具体体现在《哥达纲领批判》中马克思提出的“按劳分配”和“按需分配”

---

① 殷文伟、魏广森：《公平和效率的有限相关分析》，载于《集团经济研究》2005年第3期。

② 柳平生：《当代西方马克思主义对马克思经济正义原则的重构》，载于《经济学家》2007年第2期。

③ Wood Allen. W. Marxian Critique of Justice，*Philosophy and Public Affairs*，Vol. 1，1972，Spring.

④ 《马克思恩格斯全集》第25卷，人民出版社1974年版，第379页。

的分配原则中[①]。佩弗（Peffer）关于马克思经济正义原则的分析和哈塞米的论述具有相似性，支持产品分配的正义原则。他还继承了马克思在《哥达纲领批判》批判中提出的按劳动分配和按需分配的分配原则，并进一步细化了这些原则[②]。科恩（Cohen）基于自然权利观点，认为资本主义所有制和生产方式严重侵蚀了人们的自然权利，因此资本主义具有非正义性。要重构经济正义，就需要破除资本主义生产资料的资本家占有制，实现所有权的共有[③]。尼尔森（Nielsen）批判了伍德等的正义思想，将马克思的经济正义思想从分配领域扩展到了生产领域。他认为在资本主义私有制体制下，资本家占有生产资料，工人只能靠出买劳动力为生，资本家却无偿占有了剩余价值，这说明在生产过程中存在剥削，这是非正义的[④]。要建立社会主义的正义原则，其中的路径之一就是建立生产过程正义。生产方式决定分配方式，只有建立了生产过程正义，才能实现产品分配的正义。要建立生产过程正义，就需要将生产者和生产条件结合起来。罗默（Roemer）提出了拥有生产资料所有权的不平等是产生资本主义剥削和收入不平等的主要原因，因此实现生产资料的分配正义是实现马克思经济正义的关键[⑤]。

（三）收入不平等和财富差距：西方学者的新研究

近年来，一些西方马克思主义学者和左翼学者越来越重视收入不平等和财富差距问题。法国经济学家托马斯·皮凯蒂《21 世纪资本论》的问世，引起了各国学者对财富不平等问题的关注和讨论。一般来说，财富不平等的程度要大于收入不平等的程度[⑥]。近百年来，世界上主要发达国家居民之间财富或收入差距与经济增长的关系并没有像库兹涅茨“倒 U 型

① Husami Ziyadi. Marx on Distributive Justice, *Philosophy and Public Affairs*, Vol. 8, 1978, pp. 27 – 64.

② Peffer R. G. *Marxism*, *Morality and Social Justice*, Princeton, New Jersey: Princeton University Press, 1990, pp. 331 – 335.

③ Cohen G. A. Freedom, Justice, Capitalism, *New Left Review*, 1981, pp. 12 – 13.

④ Nilelson Kai. Marx on Justice: the Tucker – Wood Thesis Revisited, *The University of Toronto Law Journal*, Vol. 38, 1988.

⑤ Roemer John. *Free To Lose*: *An Introduction to Marxist Economic Philosophy*, Harvard University Press, 1988.

⑥ F. Martin, Social Security and the Distribution of Wealth, *Journal of the American Statistical Association*, Vol. 73, No. 356, 1976, pp. 800 – 807.

假说”所预测的那样变化，而是出现了差距不断扩大的趋势①。以美国为例，2013 年，美国财富差距达到了 30 年来的峰值，高收入家庭的财富是低收入家庭的 70 倍，造成美国财富差距扩大的主要原因是富裕家庭财产的过快增长和中产阶级收入停滞②。美国中产阶级财富规模下降和财富不平等程度上升的主要原因是房价暴跌导致房产财富在家庭财富组合中的比重下降和高的财务杠杆率使得很多家庭处于“入不敷出”的境地③。除了美国以外，很多学者研究发现英国、德国、加拿大等国家的财富差距和不平等程度也在不断扩大④。

什么原因造成了主要发达资本主义国家居民之间的财富差距在不断扩大？按照皮凯蒂的理论，造成财富差距不断扩大的原因之一是资本收入率高于经济增长率（r > g），使得财富更多地集中在高收入者（精英阶层）手中。一般认为市场收入分配的结果既受制于市场力量，也受到“资本与劳动讨价还价”的法律和社会政策的影响⑤。市场力量的不均衡，法律和政策的不公正等都会扭曲财富分配。正如 Deaton 所指出，目前全球的不平等正是现代经济增长所造成的，全球化既造就了今天的经济繁荣又形成了不平等⑥。有学者用收入税申报和资金流量表数据估算了美国 1913 年以来的财富分布趋势，认为造成美国财富不平等的原因之一是顶层财富持有者拥有的高储蓄率和高收入导致了财富的集中，财富的集中进一步形成了财

---

① T. Pikettyand E. Saez, Inequality in the long run, *Science*, Vol. 344 , No. 6186, 2014, pp. 838 – 843.

② 王晓真:《美国财富差距达 30 年来峰值》，载于《红旗文稿》2015 年第 2 期。

③ E. N. Wolff, Inequality and Rising Profitability in the United States, 1947 – 2012, *International Review of Applied Economics*, Vol. 29, No. 6, 2014, pp. 1 – 29.

④ R. Morissette and X. Zhang, Revisiting Wealth Inequality, *Perspectives on Labor and Income*, Vol. 19, No. 1, 2006, P. 6; J. Frick and M. Grabka, Wealth Inequality on the Rise in Germany, German Institute for Economic Research Weekly Report, No. 10, 2009; F. Bastagli and J. Hills, Wealth Accumulation in Great Britain 1995 – 2005: the Role of House Prices andthe Life Cycle, London School of Economics and Political Science, LSE Library, 2012; L. Arrondl , L. Bartiloro and P. FESSLER, et al. , How Do Households Allocate Their Assets? Stylised Facts from the Eurosystem Household Finance and Consumption Survey, Central Bank of Luxembourg Working Paper, 2014.

⑤ 杨春学:《如何压缩贫富差距？——美国百年历史的经验与教训》，载于《经济学动态》2013 年第 8 期。

⑥ A. Deaton, *The Great Escape: Health, and the Origins of Inequality*, New Jersey: Princeton University Press, 2013.

产性收入的集中，最终形成了不平等的“滚雪球效应”[①]。除此之外，遗产继承、家庭结构和婚姻制度也会影响财富分配的不平等[②]，财富不平等还有产生代际转移，出现富者愈富、穷者愈穷的马太效应[③]。

人们关注财富不平等问题，主要是基于道德、经济和社会因素的考虑。财富差距过大会影响一个社会的和谐与稳定，也会影响经济增长[④]，甚至会形成经济危机[⑤]。针对西方主要发达国家日益严重的财富占有的不平等，学者们提出通过征收资本税和遗产税[⑥]，实施社会保障制度等[⑦]。但是，占有财富最多的社会精英，往往又具有很强的政策影响力和避税能力，法国等国家的实践表明征收资本税和遗产税的效果可能并不佳。

三、中国特色社会主义收入分配制度的价值取向

（一）坚持对收入分配结构的政治经济学分析

马克思说：“权利永远不能超出社会的经济结构以及由经济结构所制约的社会的文化发展”。[⑧] 马克思是从经济结构和制度结构的层面分析资本主义的私有财产制度和财产结构的。马克思把财产关系作为社会生产关

---

① E. Saez and G. Zucman, Wealth inequality in the United States Since 1913: Evidence from Capitalized Income Tax data, National Bureau of Economic Research Working Paper, 2014.

② O. Bover, Wealth Inequality and Household Structure, *Review of Income and Wealth*, Vol. 56, No. 2, 2010, pp. 259 – 290; G. Howard, Why Was a Wealth Tax for the UK Abandoned? Lessons for the Policy Process and Tackling Wealth Inequality, *Journal of Social Policy*, Vol. 41, No. 2, 2012, pp. 233 – 249.

③ A. G. Isaac, The Intergenerational Propagation of Wealth Inequality, *Metroeconomica*, Vol. 65, No. 4, 2014, pp. 571 – 584.

④ J. Chesters, Wealth Inequality and Stratification in the World Capitalist Economy, *Perspectives on Global Development & Technology*, Vol. 12, No. 1, 2013, pp. 246 – 265.

⑤ P. Lysandrou, Global Inequality, Wealth Concentration and the Subprime Crisis: A Marxian Commodity Theory Analysis, *Development and Change*, Vol. 42, No. 1, 2011, pp. 183 – 208.

⑥ J. A. Yunker, Capital Wealth Taxation as a Potential Remedy for Excessive Capital Wealth Inequality, *Journal of Post Keynesian Economics*, Vol. 33, No. 1, 2010, pp. 83 – 104; T. Piketty, Capital and Wealth Taxation in the 21st Century, *National Tax Journal*, Vol. 68, No. 2, 2015, pp. 449 – 458.

⑦ K. Mcgarry and A. Davenport, *Pensions and the Distribution of Wealth*, Chicago: University of Chicago Press, 1998.

⑧ 《马克思恩格斯选集》第3卷，人民出版社1972年版，第12页。

系来研究，批判地分析了资本与劳动之间的财产占有及利益关系，揭露出资本主义财产权的核心实质是资本强权，分配的不公源于财产权占有的不平等。财产权的分配使没有财产权的成为被剥削者，财产权的缺乏使其无法参与社会生产成果的分配，更谈不上参与市场的选择权。而经济危机恰恰根源于资本主义生产关系决定的分配关系即按资本权力分配使没有资本权力的广大劳动者的收入从而消费被限制在一个最低的水平上，以及由此衍生出来的社会利益关系失衡的财产权结构。因此，资本主义市场经济内在的贫富分化和社会利益结构失衡是由它的基础生产关系决定的。我国转型期收入分配关系及其利益结构演变背后的核心逻辑是生产关系，它是社会主义初级阶段生产力发展与生产关系、经济基础与上层建筑矛盾的具体表现和在现实中的展开，因此，分配关系的调整和收入分配制度的改革要遵循生产力与生产关系、经济基础与上层建筑运动的客观规律。

（二）马克思认为所有制决定分配关系，分配关系的核心是财产所有权

马克思在自己庞大的思想体系中，建立了完整的所有制理论，同时提出了内容丰富的财产所有权理论。马克思认为所有权是一种对实际存在的经济关系进行法律确认的法权关系。所有权表面上看是人与物的关系，但实质上体现的是人与人的关系。“对象作为为了人的存在，作为人的对象性存在，同时也就是人为了他人的定在，是他同他人的人的关系，是人同人的社会关系。”[①] 资本所有权的实质是资本家与工人之间剥削与被剥削、雇佣与被雇佣的关系，体现的是资本对劳动的剥削关系。

马克思虽然强调所有制对所有权的决定作用，但他同时也承认所有制与所有权不是简单的一一对应的关系，同一所有制下可以有不同的所有权形式。“在每个历史时代中所有权是以各种不同的方式、在完全不同的社会关系下面发展起来的。因此，给资产阶级的所有权下定义不外是把资产阶级生产的全部社会关系描述一番。”[②] “以国家所有权为例，社会主义公有制国家存在国家所有权，封建社会、资本主义社会，同样也都存在国家所有权。可见，同为国家所有权的法权关系，却有着不同的经济基础。”[③]

① 《马克思恩格斯文集》第 1 卷，人民出版社 2009 年版，第 268 页。
② 《马克思恩格斯文集》第 1 卷，人民出版社 2009 年版，第 638 页。
③ 李雅云：《民商法理论与实践》，中国法制出版社 2004 年版，第 174 页。

可见，马克思始终坚持区分生产关系范畴的所有制和上层建筑范畴的所有权，认为所有制不是一种简单的生产资料的归属关系，而是生产关系的总和，主张以所有制来界定所有权。而苏联和中国传统政治经济学理论认为，所有制是一定社会生产资料归谁所有、归谁支配的基本经济制度，是生产关系的一个方面，这种观点其实是对马克思所有制理论的简单化理解。这种理解，是以上层建筑的名义确定经济基础，以财产所有权来界定所有制，认为所有制与所有权之间是一一对应的关系，即一种所有制必然反映为一种所有权，有什么样的所有制就必须有什么样的所有权；而一种法律上的所有权，也必然反映着一种所有制，有什么样的所有权就必然有什么样的所有制的“照相式反映论”。

（三）马克思认为财产权的目的是人的自由全面发展

财产占有到一定量即表现为财富。财富体现着人们自由地创造和对待自己的劳动产品的内在本性，因而必然对人的发展产生积极的影响。人的劳动创造财富，但并不仅仅为了创造财富，而是为了由此满足自身的需要和实现自身的发展；财富表现为人的作品，不仅确证了人的实践本质与社会本质，更重要的是它作为载体促进了人的全面而自由的发展，其根源在于财产占有形式使得不同人群拥有了财富实现能力的不同。

首先，财产作为载体不但证实了人的实践活动，而且给人提供了消费和享用，满足了人的需要。而财产在普遍交换中造成了个人的需要、才能、享用生产力等的普遍性，人在持续的、反复的、连续不断的劳动活动中，创造了大量的财产，从而使财产不但满足了人的需要，而且激发了人的新的需要；与此同时，在这其中，更加重要的是财产促进了人的才能的普遍性。所谓人的才能的普遍性，也就是人的内在能力的全面发展。人的劳动或实践的对象化活动并不仅仅是为了改变外部世界和获得劳动产品，最根本的是为了实现人自身的全面的发展。因此，如果说人的发展主要地表现为人的能力的发展，那么，财产就成为人的能力展示和发展的载体；个人创造的财产越多，人的发展就越发显得自由和全面。

其次，人们为了生存，就要通过实践活动来改造外部世界，对不符合人的愿望甚至压抑人的发展的外部世界进行改变和征服，创造出适合人发展的“属人世界”。在这一过程中，所获得的日益增多的劳动产品也就是社会财产，作为载体确立并实现了人们对自然力量的主体性把握。在此，马克思还特别地提到“人本身的自然力”，这实际上是马克思在《1844 年经济学哲学手稿》中论述的人的实践的“本质力量”。在马克思看来，人是自然界的一部分，由自然界长期演化而来，因而人所具有的实践本质力量是一种“自然的”力量。这里所说的“财产是人对自然力统治的充分发展”，其实就是说人在创造财产的活动中，促进了人内在的自然本质力量的充分发展。

最后，财产作为载体实现着人的创造性能力的绝对发挥。当马克思阐明的实践活动与财产意义时，还将人的“天赋的绝对发挥”与人的“这种全面的发展”相提并论地称之为“人类全部力量的全面发展”。这就是说，当马克思将“人类全部力量的全面发展”看作“目的本身”时，他已经从人的财产创造过渡到了人的全面发展。人通过劳动获得的劳动产品，原本在自然界中并不存在，因此，人的实践活动是一种创造活动，创造性是人的实践本质的根本特征。就此而言，创造就是人的内在能力，财产作为人创造的作品，以载体的形式承载着人的创造能力的发挥和发展。因此，创造不但是一种内在能力，也是一种天赋。一个人的创造能力越强，他的创造天赋就越高；一个人的创造天赋越高，他所创造的财产也就越多；一个人创造的财产越多，他的能力就发挥得越充分，它的发展也就越充分和全面。

正如人的发展可表现为人的能力的发展一样，人们创造财产的能力的充分发挥，也就是人实现了自由全面的发展。假若说人的实践活动是一种目的和手段相统一的活动，那么财产就是一种载体，而人的全面发展则是目的。也就是说，人们通过创造财产，实现的是人的自身的全面发展，财产是人们实现自身的全面发展的不可或缺的载体。正因此，马克思才说，人们创造财富“不是在某一种规定性上再生产自己，而是生产出他的全面性”，人们创造财产“不是力求停留在某种已经变成的东西上，而是处在变易的绝对运动之中”①，即不停地追求着自身的自由而全面的发展。

（四）以公平正义为核心价值构建收入分配和财产权制度

人类社会不存在普遍的正义，正义是历史的产物。一个公平正义的产权制度，其作用是要形成一个让社会绝大多数成员都感到满意，从而能激励他们的创造性劳动的制度环境，最终促进经济效率的提高。任何一个制度作为生产关系的法定表现是由生产力决定的，在收入分配和财产权构建

① 《马克思恩格斯全集》第46卷（上），人民出版社1979年版，第486页。

上，我们要选择的是这种制度与现阶段生产力发展、增进经济效率的内洽性。在社会主义市场经济条件下，产权正义原则应体现为法律承认和保护财产获得的正当性和正当财产权利的排他性。

在马克思、恩格斯对资本主义私有制的批评和对未来社会公有制的构想中，包括了深刻的产权正义公平的思想。马克思主义产权正义思想体现了追求实质正义和平等的社会主义价值观，我们在构建社会主义市场经济的财产权制度时应该坚持这种价值取向。但是，按照马克思主义的唯物史观，任何一个制度作为生产关系的法定表现是由生产力决定的。在财产权制度构建上，作为社会理性，我们要选择的是这种制度与现阶段生产力发展、促进经济效率的内洽性。

财产权制度承认和保护包括劳动在内的各种要素主体对经济的贡献以及获得财产，这是一种贡献与收益相对应的公平原则，在它是社会财富的第一次分配的意义上，又被称为“原始公正”。在不区分市场主体的个性特征而具有普遍适用性上来说，这种公平原则体现了一种形式理性和机会平等的公平，它却不能体现社会成员之间无个体差别的共享与占有。问题在于，在物质财富还没有极大丰富，劳动还是个人的谋生手段的社会主义市场经济中，不同的市场主体在个人禀赋、经营条件、机遇等方面的千差万别，注定了各市场主体之间发生实际经营结果上的差别（在分配上体现为个人财产和收入的差别），如果我们的产权制度不保护这种结果而强调全体成员共同占有和平等分享，事实上会造成一部分人占有他人劳动成果的情况，这又违背了产权正义的原则，同时还会损失效率。

社会主义市场经济中，产权正义原则应该充分体现为法律承认和保护私人财产获得的正当性及正当财产权利的排他性。自从出现私有财产制度以来，私产的正当性都是法律承认的核心。随着我国《物权法》的颁布和实施，关于《物权法》的核心精神与社会主义社会产权正义原则是否矛盾的争论继而兴起。在现阶段社会主义，产权正义的实现途径首先是形式正义，它要解决的是社会成员在获得和利用财产时权利能力的平等，这应该是财产权立法体现的基本精神。权利能力的平等是一种资格的平等，它意味着财产权主体在设定、移转和行使权利时，应当遵循共同的规则；意味着权利发生冲突或受到侵害的情况下，适用平等的规则来解决纠纷，并受到平等保护。例如在《物权法》第 4 条关于“国家、集体、私人的物权和其他权利人的物权受法律保护，任何单位和个人不得侵犯”的规定中可以看出。这意味着，不论是谁，只要他的财产是合法的，都要给予保护，任何单位或者个人都不得侵犯；不论是谁，只要他侵犯了国家的、集体的和他人的合法财产，就要依法承担法律责任。《物权法》所调整的财产利益关系，基础在于保护合法财产，但它并不能保证不同主体享有的实际权力和利益相同，因此《物权法》的平等是形式的平等。正如有法学专家指出的，要实现社会的平等理想《物权法》难以承受其重，需要整个社会主义法律体系的有机整合和合理运作。

四、构建一个与市场经济相适应的中国特色社会主义收入分配制度

（一）中国特色社会主义收入分配制度应体现的核心价值

一是财产权与经济自由。财产权是经济自由的基础。改革近40年来，随着多种所有制结构的形成，公民个人及家庭财产的积累，以及财产权利的生产性运用，人们对财产权利的诉求越来越强烈，公民个人拥有财产权利成为他能否作为市场主体、进行自由选择的基础性条件。财产权和自由也是社会信用生成的两个前提条件和重要基础。自由作为信用生成的重要源泉之一，首先指充分的自由竞争，同时又指对政府权力的某种限制和对人民自由选择权利的尊重及保护。自由机制的健全程度对信用生成具有重大作用，并且与信用在经济活动中的权威性地位呈正相关关系。特别是，社会主义市场经济中的各类非公企业、民间主体的经济活动、市场选择、利益保障等都需要确认其财产权利。

从更深层次来看，经济自由还特指对任何限制自由的权力进行限制，特别是要限制政府在市场经济中的不当行为。那么，政府在市场经济中权力的限度以什么为准则呢？哈耶克认为，在市场经济中要界定政府的强制性权力与政府的服务性职能。就前者而言，政府的行动必须被严格限于实施正当行为规则，而且在实施正当行为规则的过程中，政府不得享有任何自由裁量权；而从后者来看，政府只能够使用那些交由它掌管并专门为了资助这些服务的资源①“正当行为规则所禁止的不正义乃是指对其他个人确受保护的领域所施以的任何侵犯”，而个人确受保护的最主要领域就是

① 冯·哈耶克：《哈耶克论文集》，首都经贸大学出版社2001年版，第129～130页。

“人的生命、自由和所有权”①。

经济自由还包括尊重和保护个人的自由选择权。前已指出，财产权利若得不到保护，包括信用在内的其他权利就无从受到保护和尊重。而保护财产所有权与保护个人其他的自由是相互依存、相互促进的。社会提供给个人的自由选择的权利也是人们珍贵的财产，它能够为个人扩大和增进自己的财富创造更开放的机遇和更广阔的空间。当人们享有充分的自由选择的权利，且每个人的这种权利受到法律保护时，他们就会把自己的精力更多地用于寻求市场机遇，通过自己的诚实劳动以获得长期的收益，而不会偏离正道，通过欺骗欺诈谋求一时的利益；当自由所追求的目标——排除所有妨碍个人努力的人为障碍，越接近实现时，更多的人就会依靠自身的努力和市场机遇而获得更多的属于自己的财产。

二是的全面发展。随着人们认识的发展，财产的概念越来越宽。由“人”自身这个财产对象所引起的人的生存权、发展权、自由权等权利，既是产权，又是人权，即产权中包含着人权，这是合乎产权概念的“形式逻辑”。② 从更深意义上看，人权的本质特征要求自由平等。马克思说：“每个人的自由发展是一切人的自由发展的条件”。③ 人权的实质是每个人的自由权利和在享有各个专项权利（经济权利、政治权利、文化权利等）上的平等权利。人权无处不在，但它只是强调各人在各个专项权利上的“平等”和“自由”，“平等”和“自由”却不能代替各个专项权利本身。“人身自决权”可以而且在事实上是由“人自身的资产”来解释的。人的自由，实际上被看做是对“人自身”的财产权利的一种更有效率的制度安排，这种产权结构有利于降低人力资源配置上的信息成本。人权尤其是人的自由发展权利合乎逻辑地成为“人自身资产”产权的一个内容。

三是社会和谐与利益均衡。《中共中央关于构建社会主义和谐社会若干重大问题的决定》指出：社会公平正义是社会和谐的基本条件，制度是社会公平正义的根本保证。必须加紧建设对保障社会公平正义具有重大作用的制度，保障人民在政治、经济、文化、社会等方面的权利和利益，引导公民依法行使权利、履行义务。公平正义的收入分配和财产结构是我国所有制结构改革的目标，也是社会主义和谐社会正常运行的微观基础。这

① 冯·哈耶克：《哈耶克论文集》，首都经贸大学出版社 2001 年版，第 132～133 页。

② 武建奇：《马克思的产权思想》，中国社会科学出版社 2008 年版，第 160 页。

③ 《马克思恩格斯选集》第 3 卷，人民出版社 1972 年版，第 273 页。

种结构：一是产权获得方面，要能有效地促使和规范人们通过劳动去获得产权，或者能够促使人们以有利于他人的方式去获得产权；二是在产权保护方面，正义原则所保护的产权应当是正当的产权，这个产权既包括私有或个人产权，也包括公有产权。这个“不可侵犯”，既包括不受他人和组织的侵犯，也包括不受国家和政府的侵犯。国家和政府有保护公民产权的义务，却没有侵犯公民产权的产利；三是在产权运行方面，一方面，要保护产权主体的产利；另一方面，也必须规范产权主体的责任。

（二）要建立资本与劳动的协调、共赢机制

马克思的资本积累理论揭示了资本主义的财富分配机制和资本与劳动的根本对立。马克思正是通过资本积累进程中资本有机构成作用机制的分析，揭示了资本主义积累的一般规律：“社会的财富即执行职能的资本越大，它的增长的规模和能力越大，从而无产阶级的绝对数量和他们的劳动生产力越大，产业后备军也就越大。可供支配的劳动力同资本的膨胀力一样，是由同一些原因发展起来的。因此，产业后备军的相对量和财富的力量一同增长。但是同现役劳动军相比，这种后备军越大，常备的过剩人口也就越多，他们的贫困同他们所受的劳动折磨成反比。最后，工人阶级中贫苦阶层和产业后备军越大，官方认为需要救济的贫民也就越多。这就是资本主义积累的绝对的、一般的规律。”① 由于这一规律的作用，资本主义社会两极分化现象日益发展。“这一规律制约着同资本积累相适应的贫困积累。因此，在一极是财富的积累，同时在另一极，即在把自己的产品作为资本来生产的阶级方面，是贫困、劳动折磨、受奴役、无知、粗野和道德堕落的积累。”②

建立资本与劳动的协调、共赢机制是当代资本主义国家缓和劳资矛盾，在资本主义私有制范围内对资本主义生产关系进行微观调整的重要举措。“二战”后，由社会民主主义政治推动的集体谈判和福利国家的兴起，使工人在生产率进步的前提下分享企业剩余成为当代资本主义国家中普遍推行的实践。工人分享剩余的问题吸引了一些非马克思主义经济学的注意，并在人力资本理论的基础上得到了一定程度的分析。例如，威廉姆森（2002）曾提出，雇员可因其专用性人力资本的投资而取得准租。青木昌

① 马克思：《资本论》第1卷，人民出版社2004年版，第742页。
② 马克思：《资本论》第1卷，人民出版社2004年版，第743、744页。

彦（2005）则力图在一个合作博弈的框架里解释工人和股东如何分享组织租。如金格勒斯、布莱尔等人，进一步发展了威廉姆森和青木昌彦的观点。在他们那里，剩余索取权不再被认为专属于股东，而应由各种从事专用性投资的利益相关者分享。但是，他们并没有深入地考察企业的价值创造过程，而至多是承认，公司治理中那些影响剩余分割的条件也会通过某些渠道影响生产出来的总剩余。近年来国内一些学者也关注了这一问题的研究。孟捷从价值创造的角度提出资本与劳动可能存在的正和关系。他认为，在传统剩余价值论的架构中，劳动与资本在价值创造中只存在零和关系；如果把劳动生产率与单位时间创造的价值量成正比的理论运用于分析以技术变革和劳动复杂程度提高为基础的价值形成过程，可以证实劳动与资本之间的正和关系得以实现的经济条件。①

如何认识、对待和调整劳资关系并使其与经济社会发展目标相一致，当代资本主义国家为此经历了几个世纪的探索和改进，特别是在“二战”以后，以邓洛普（1958）、克雷格（1967）、安德森（1987）和寇肯等（1986）等为代表的产业关系学派对劳资关系调整进行了系统研究，他们的研究均试图证明，作为经济社会关系之一的劳资关系调整需要包括劳、资、政等主体在内的多方参与，并以此为基础建构起有助于一国经济社会目标达成的稳定和谐的劳资关系；在价值取向上，他们都以市场经济的劳动关系和谐为目的。他们的研究试图证明，在现代劳动关系系统内，工会组织的存在和博弈行为是维持系统正常运转、平衡劳动关系乃至社会稳定的重要社会因素。

社会主义基本经济制度和不断完善的社会主义市场经济体制为在初次分配领域解决资本与劳动的利益矛盾提供了基础条件和制度环境，其基本途径是建立资本与劳动的协调、共赢机制。恩格斯说过，“资本和劳动的关系，是我们现代全部社会体系依以旋转的轴心”②。如何在社会主义市场经济条件下构建新型的劳资关系也是我国近年来学界关注的热点。有学者提出，从市场化劳资关系调整的经验来看，建构以“劳、资、政”为代表的“三方机制”是达成目标的有效社会政策。我国的市场化经济体制虽然时间不长，但“三方机制”的架构上已基本成形。面对日益趋紧的劳资关系，“三方机制”并未彰显其在舒缓劳资冲突、平衡劳资利益、促进劳

---

① 孟捷：《劳动与资本在价值创造中的正和关系研究》，载于《经济研究》2011年第4期。

② 《马克思恩格斯全集》第16卷，人民出版社1964年版，第263页。

资和谐的应有功能①。有学者认为，在当今的中国有可能以非阶级抗争的利益协调方式化解社会冲突。还有学者认为，中国的国有企业工人并非要变革制度而是使制度能够实现赋予他们的权益，使这些制度和政策得到具体的执行和落实，从而使制度和国家政策赋予他们的权力和利益得以实现；应该格外重视中国改革中劳动者的诉求，如果其能够被制度所接纳便有利于社会的合作；尽管制度的供给者是政府，但并不意味着政府是决定制度取向的唯一主体，事实上社会本身也是制度建构的推动者。有许多实证研究表明，在总体上，工会是有助于化解群众性时代的社会矛盾甚至社会危机的。几项中国工会在转型期作用的研究都表明，其对劳动工资、劳动福利、劳动效率等都有积极影响。国际金融公司（IFC）和北京大学中国经济研究中心（CCER）在全国12个城市1268家企业的调查数据表明，工会能够显著地提高工人的小时平均工资、缩短每月平均工作时间，并提高企业养老保险覆盖率。小时平均工资提高了0.94元，月平均工作时间减少了约10小时，养老保险覆盖率提高了20%。这一结论在国内私营企业的子样本中仍是成立的。

有学者认为，与资本主义经济制度下的“劳动—资本”剥削及其对抗关系不同，中国特色社会主义“劳动—资本”关系更多体现为劳资双方对经济利益的诉求关系；当下“劳动—资本”关系的问题及其实质是劳动—资本收入分配与利益关系的扭曲问题；这一问题的根源并不是由基本经济制度所致，而是与长期以来快速却失衡的工业化和城市化推动的经济增长方式有密切关系。必须从深化市场经济体制改革和转变经济发展方式出发，重建中国特色社会主义的劳动—资本共赢与和谐之劳资关系。②

我们认为，建立资本与劳动的协调、共赢机制是社会主义市场经济中解决初次分配劳资矛盾的根本途径，这一机制的基础是社会主义初级阶段的生产关系。在市场经济条件下，初次分配关系是通过市场机制形成的，资本和劳动价格的高低决定了资本所有者和劳动及其他要素所有者的收入水平，并同时调节资源的配置过程，政府对市场机制的调节不做过多的干预。我国在构建社会主义市场经济体制的基本框架时，为保证体制的效率也提出了在初次分配领域效率优先、兼顾公平的原则。实践证明，初次分

① 常凯：《劳动关系的集体化转型与政府劳工政策的完善》，载于《中国社会科学》2013年第6期。

② 权衡、杨鹏飞：《资本与劳动共赢逻辑》，上海人民出版社2008年版，第143、144页。

配完全由市场决定既不能实现市场经济的高效率也难以实现公平。初次分配的基本格局是由资本与劳动的利益关系即生产关系决定。生产决定分配，不同的所有制关系决定不同的分配制度，这是马克思主义政治经济学的一个基本原理。资本主义市场经济中生产资料的私人占有是收入分配的两极分化和贫富差距的根本原因，据此，马克思提出了生产资料由全社会成员共同占有的设想，并把生产资料的公有制作为促进社会生产力发展，实现社会成员共同富裕的基本条件。因此，协调资本与劳动的合理关系必须坚持社会主义初级决定基本经济制度，充分发挥公有制的作用。在社会主义市场经济中，公有制经济在关系国家及民生的重要经济部门充分发挥主体和主导作用，是国民财富增长和财产利益在社会成员间合理分配、平等受益的重要保证。同样是财产权主体的多元化和收入分配方式形式的多样性，其合理结构与协调关系的所有制基础是否以公有制为主体，这是社会主义市场经济条件下解决初次分配领域各利益主体收入分配矛盾（最主要的矛盾是资本与劳动）与资本主义市场经济的根本区别。

（三）增长与共享：以新的发展理念实现公平正义

发展观决定发展的路径和举措。马克思追求的是人的全面发展，物质资料的生产和发展只不过是人的全面发展的基础。在《1857～1858年经济学手稿》中，马克思按照人的个体发展的程度把人类社会分为依次递进的三种社会形态。其中最初的社会形态是指人的依赖关系，“在这种形态下，人的生产能力只是在狭窄的范围内和孤立的地点上发展着。”[①] 这种形态相当于资本主义社会以前的诸社会形态，生产力不发达，盛行人身依附。以物的依赖性为基础的人的独立性，是第二种社会形态。在这种社会形态下，才形成普遍的社会物质变换、全面的关系，多方面的需求以及全面的能力体系。这种社会形态打破了等级制度和人身依附，是货币面前人人平等，人们有了更广阔的实现自我价值的选择空间和多方面的选择自由，较之第一种社会形态是一个伟大的历史进步，相当于马克思所讲的资本主义社会或通常意义上的市场经济。“建立在个人全面发展和他们共同的社会生产能力成为他们的社会财富这一基础上的自由个性，是第三阶段”，在这个阶段，人的个体得到了全面的、充分的发展，它相当于马克思所讲的社会主义和共产主义社会。马克思强调，“第二个阶段为第三个

---

① 《马克思恩格斯全集》第46卷（上），人民出版社1979年版，第104页。

阶段准备条件。”马克思所讲的条件既包括物质条件，又包括精神条件。物质条件包括资本主义市场经济造就的强大的生产力，即经济本身的发展和物质的丰富。对于资本主义市场经济形成的巨大生产力，马克思、恩格斯在《共产党宣言》里给予了充分的肯定。他们写道：“资产阶级在它的不到一百年的阶级统治中所创造的生产力，比过去一切世代所创造的全部生产力还要多，还要大。自然力的征服，机器的采用，整个大陆的开垦，河川的通航，仿佛用法术从地下唤出来的大量人口，……过去哪一个世纪能够料想到有这样的生产力潜伏在社会劳动里呢？”[①]与这样的生产力和生产方式相适应的精神方面的准备就是公平、平等、自由选择和竞争，是人的自我价值较之此前的社会得到了更充分的实现，才能得到了更为淋漓尽致的发挥。在马克思的经济发展理论里，生产力的发展只是手段，人的全面、自由发展才是目的。

经济生活中的发展如果背离了发展是为了人的发展观，发展将是不可持续的。先期发展的国家存在着这种现象，造成了环境污染的严重后果。1973年，美国学者加尔布雷思曾经批评道，把经济增长作为主要目标，对物的关注胜过于对人的关注，结果“从商品的生产和消费两个方面都会发生对环境的损害——发电厂对空气的影响，由此产生的氛对视力的影响……造纸厂不能推卸它的责任，而汽车主对于汽车的使用所产生的一切后果可以表示遗憾，却不存在个人的责任感，因为他个人在总的损害中所增加的一份是微不足道的。”[②]加尔布雷思认为，应当改变这种现象，应当对人本身给予充分关注，确立和追求公共利益或最大限度地满足公众需求的公共目标。

1998年诺贝尔经济学奖得主阿马蒂亚·森在其颇具影响的《以自由看待发展》一书中，同样批评了将发展等同于国民生产总值的增长，或个人收入的提高，或工业化与技术进步，或社会现代化等的观点，认为这些都是狭隘的发展观，最多属于工具性范畴，是为人的发展服务的。进入2000年，世界各国领导人在联合国千年首脑会议上商定了一套时限为15年的目标和价值指标，强调自由、平等、共济、宽容、尊重大自然和共同承担责任，最终是为了人的发展。

中国立足于改革开放以后的经济增长与发展实践，在丰富的实践经验

---

① 《马克思恩格斯选集》第1卷，人民出版社1972年版，第256页。

② 加尔布雷思：《经济学和公共目标》，商务印书馆1980年版，第28页。

基础上，形成了以人民为中心的发展思想。习近平指出，“要坚持以人民为中心的发展思想，这是马克思主义政治经济学的根本立场。要坚持把增进人民福祉、促进人的发展、朝着共同富裕方向稳步前进作为经济发展的出发点和落脚点，部署经济工作、制定经济政策、推动经济发展都牢牢坚持这个根本立场。”① 以人民为中心的发展，其关键是实现共享发展，体现逐步实现共同富裕的要求。

收入不平等与经济增长之间的关系，一直以来都是经济学家们关注的焦点。就收入不平等而言，存在两个层次，一个是国家间人均收入的不平等，另一个是一国内部个人收入的不平等。前者尤其体现于经济增长理论之中，特别是新经济增长理论更是试图解释国家间人均收入差异。关于一国内部个人收入不平等与经济增长的关系，最早就此问题进行系统研究的是库兹涅茨（1955）。库兹涅茨利用一些小样本数据，得出了描绘人均收入与收入分配不平等之间关系的“库兹涅茨倒 U 字型曲线”。他发现在人均收入低的国家中，相对富裕的国家收入分配较为不平等；而在人均收入高的国家中，相对贫穷的国家收入分配较为不平等。这一结论说明了一个国家的收入分配状况可能会随着这个国家的增长阶段变化。“库兹涅茨倒 U 字型曲线”假说此后便成为了经济学界争论的热点话题之一，虽然其结论受到了早期实证研究的支持，但随后持反对意见的学者越来越多。这些学者不仅批评了由于其早期研究样本容量较小带来的误导性结论，而且指出其主要分析了不同国家间的收入差异，而没有对一国内部收入不平等状况进行动态的分析。相对而言，基于一国内部的收入分配状况与经济增长关系的研究更具有研究价值，并且现有的许多实证研究结果表明并不存在“库兹涅茨倒 U 字型曲线”。特别是 20 世纪 90 年代之后的经验研究表明，发达国家在 70 年代以前所经历的不平等下降趋势在最近 30 年间发生了逆转。②

人均收入及收入的分布极大地决定了一国居民的福利水平。经济增长与发展理论认为，一国人均收入的高低取决于该国的长期经济增长。同样，增长理论与各国发展的历史经验表明长期经济增长关键是实现经济的

① 《立足于我国国情和我国发展实践，发展当代中国马克思主义政治经济学》，载于《人民日报》2015 年 11 月 25 日第 1 版。

② 沈尤佳、马君实：《收入分配差距问题研究新进展》，载于《经济学动态》2008 年第 1 期。

转型，即实现从传统马尔萨斯陷阱向现代持续经济增长的转变。长期经济增长的进程必然经历经济成果的分配过程，该过程是收入分配理论研究的主要内容。不同的收入分配必然造成收入的不同分布，并进而影响一国的经济福利。收入不平等是衡量收入分布福利水平的重要指标。因此，经济转型、收入不平等及其二者的关系对于理解一国国民的福利的决定因素具有重要的意义。

改革开放以来，我国在保持经济高速增长的同时保持了社会稳定，但是在这一过程中收入差距扩大和社会财富分配不公问题却未能得到不能有效遏制，这将成为一个潜在危险的因素而影响我国在经济新常态下实现稳定、高质量增长和社会长期稳定。“尽管中国经济正在经历不可思议的增长和经济趋同，然而不应该忽视的是，与其他发达国家一样，不平等问题与中国息息相关，而且在接下来的几十年里，不平等问题将越来越突出，因为经济增长最终将不可避免地放缓。”①

“在过去的几十年里，中国立足于本国国情，并从19世纪到20世纪的西方历史经验里吸取教训，试图在资本主义和共产主义之间找到一条融合二者优点的道路，并建立起适合自己的发展模式。……调和经济效率、社会公平和个体自由的矛盾，防止全球化以及贸易和金融开放所带来的利益被少数人独占，阻止我们的自然资源被彻底破坏等诸如此类的问题，无论我们身处何地，都需要共同面对。”②

我国转型期个人收入和财产分布差距扩大的原因是复杂多样的，总的来说，一方面是来自深化改革，另一方面来自发展过程。通过不断完善社会主义市场经济体制和深化改革，处理好市场经济中政府与市场的关系，可以在一定程度上抑制住差距扩大的趋势，而在今后相当长的时间内保持较高速度的经济增长，实现共享经济发展，对于抑制和缩小差距具有更加重要的意义。我们的道路选择应该是以包容性经济增长和共享式发展来解决收入分配领域中的矛盾，来解决社会公平正义问题。

参考文献

1. 刘斌：《西方经济学中收入分配公平观述评》，载于《山西大学学报（哲社版）》2004年第4期。

---

①② 李实、岳希明：《〈21世纪资本论〉到底发现了什么》，中国财政经济出版社2016年版，第3页。

2. 庇古：《福利经济学》，商务印书馆 2002 年版。

3. 哈耶克：《自由秩序原理（上卷）》，三联书店 1997 年版。

4. 弗里德曼：《自由选择》，商务印书馆 1998 年版。

5. 罗尔斯：《正义论》，中国社会科学出版社 1988 年版。

6. 殷文伟、魏广森：《公平和效率的有限相关分析》，载于《集团经济研究》2005 年第 3 期。

7. 柳平生：《当代西方马克思主义对马克思经济正义原则的重构》，载于《经济学家》2007 年第 2 期。

8. 杨春学：《如何压缩贫富差距？——美国百年历史的经验与教训》，载于《经济学动态》2013 年第 8 期。

9. 《马克思恩格斯文集》第 1 卷，人民出版社 2009 年版。

10. 李雅云：《民商法理论与实践》，中国法制出版社 2004 年版。

11. 冯·哈耶克：《哈耶克论文集》，首都经贸大学出版社 2001 年版。

12. 武建奇：《马克思的产权思想》，中国社会科学出版社 2008 年版。

13. 《马克思恩格斯选集》第 1 卷、第 2 卷、第 3 卷，人民出版社 1972 年版。

14. 权衡、杨鹏飞：《资本与劳动共赢逻辑》，上海人民出版社 2008 年版。

15. 托马斯·皮凯蒂：《21 世纪资本论》，巴曙松等译，中信出版社 2014 年版。

16. 李实、岳希明：《〈21 世纪资本论〉到底发现了什么》，中国财政经济出版社 2016 年版。

深刻认识社会主义生产目的新内涵

黄　瑾　李建平*

任何社会的生产都有一定的目的，生产目的体现了社会生产关系的本质。社会主义生产目的是社会主义政治经济学一个重要的理论问题。习近平总书记指出："从政治经济学的角度看，供给侧结构性改革的根本，是使我国供给能力更好满足广大人民日益增长、不断升级、个性化的物质文化和生态环境需要，从而实现社会主义生产目的。"① 习总书记赋予社会主义生产目的新内涵，具有鲜明的时代性和针对性，深刻体现了"以人民为中心的发展思想"。

一、要重视对社会主义生产目的的研究

（一）社会主义生产目的是马克思主义的一个重要原理

法国空想社会主义者圣西门把"满足人们的需要"规定为新的社会组织的"唯一的和固定的目的"。"在新的政治制度下，社会的唯一的和固定的目的应当是尽善尽美地运用科学、艺术和手工业所取得的知识来满足人们的需要，推广、发展和尽可能积累这些知识，就是把科学、艺术和手工业方面的一切工作尽可能有效地结合起来。"② 空想社会主义者尽管设

---

* 黄瑾，福建师范大学经济学院教授；李建平，福建师范大学经济学院和马克思主义学院教授。本文系2016年度马克思主义理论研究和建设工程重大项目和国家社科基金重大项目"中国特色社会主义政治经济学读本编写"（批准号为2016MZD002）的阶段性成果。

① 《习近平在省部级主要领导干部学习贯彻党的十八届五中全会精神专题研讨班上的讲话》，载于《人民日报》2016年5月10日。

② 《圣西门选集》第1卷，商务印书馆1962年版，第260页。

想了未来社会的生产目的，但由于未找到创造新社会的社会力量，其未来设想终归只是“空想”。

由于生产力发展水平和社会经济主要矛盾的差异，马克思主义经典作家对社会主义生产目的存在不同的阐述。

马克思、恩格斯在对资本主义生产目的的批判中概括了未来社会生产目的的内涵。“资本主义生产的直接目的不是生产商品，而是生产剩余价值或利润（在其发展的形式上）；不是产品，而是剩余产品。……工人本身就像他们在资本主义生产中表现的那样，只是生产资料，而不是目的本身，也不是生产的目的。”① 与之对比，未来社会“一旦社会占有了生产资料”，“通过社会生产，不仅可能保证一切社会成员有富足的和一天比一天充裕的物质生活，而且还可能保证他们的体力和智力获得充分的自由的发展和运用。”② 富足的生活与人的自由全面发展是马克思和恩格斯所认为的未来社会生产目的的基本要义。

在探索苏联社会主义革命和建设实践的过程中，列宁指出：“工人阶级要获得真正的解放，必须进行资本主义全部发展所准备起来的社会革命，即消灭生产资料私有制，把它们变为公有财产，组织由整个社会承担的社会主义的产品生产代替资本主义商品生产，以保证社会全体成员的充分福利和自由的全面发展。”③ “推行和真正支配根据科学原则进行的产品的社会生产和分配，以便使所有劳动者过最美好、最幸福的生活。”④ 斯大林继承并发展了以上认识，首次明确提出了社会主义生产目的的概念。他在《苏联社会主义经济问题》中明确指出：“保证最大限度地满足整个社会经常增长的物质和文化的需要，就是社会主义生产的目的；在高度技术基础上使社会主义生产不断增长和不断完善，就是达到这一目的的手段。”⑤ 在此基础上，他指出：“社会主义基本经济规律的主要特点和要求，可以大致表述如下：用在高度技术基础上使社会主义生产不断增长和不断完善的办法，来保证最大限度地满足整个社会经常增长的物质和文化的需要。”⑥ 由此，斯大林开创了把社会主义生产目的和实现目的的手段

---

① 《马克思恩格斯全集》第26卷Ⅱ，人民出版社1973年版，第624~625页。

② 《马克思恩格斯全集》第20卷，人民出版社1971年版，第307页。

③ 《列宁全集》第6卷，人民出版社1986年版，第193页。

④ 《列宁选集》第3卷，人民出版社2012年版，第546页。

⑤ 斯大林：《苏联社会主义经济问题》，人民出版社1952年版，第62页。

⑥ 斯大林：《苏联社会主义经济问题》，人民出版社1952年版，第31页。

有机统一作为社会主义基本经济规律主要内容的传统。斯大林的上述认识是在与当时苏联流行的为生产而生产的错误观点斗争中明确的。斯大林批评了雅罗申柯“把生产手段变成了目的，结果弄成了生产增长是为了生产增长、生产的目的本身，而人及其需要就从雅罗申柯同志的视野中消失了。所以，毫不奇怪，作为社会主义生产目的的人既已消失，雅罗申柯同志‘概念’里剩下的一点点马克思主义也随之消失了。”① 斯大林的“满足社会需要”理论是其社会主义生产目的的核心内容，也成为其后社会主义国家有关生产目的的经典表述。

毛泽东明确地指出社会主义革命和建设的根本目的是为了解放和发展生产力，以提高人民日益增长的物质和文化需要。“我们的目标是要使我国比现在大为发展，大为富、大为强。”“这个富，是共同的富，这个强，是共同的强。”② 在社会主义改造基本完成后，毛泽东又指出社会主义建设的任务是“要使几亿人口的中国人生活得好，要把我们这个经济落后、文化落后的国家，建设成为富裕的、强盛的、具有高度文化的国家。”③

基于“我国所要解决的主要矛盾，是人民日益增长的物质文化需要同落后的社会生产之间的矛盾”④，我们党明确了发展生产力以满足人民需要的奋斗目标。正如邓小平所强调的，“搞社会主义，一定要使生产力发达，贫穷不是社会主义”。⑤ “社会主义的本质是解放生产力、发展生产力，消除两极分化，最终达到共同富裕。”⑥ 但生产力的发展并不必然带来广大人民需要的满足，而可能是少数人财富的积累；生产力的发展并不必然实现共同富裕，而可能导致两极分化。2012 年，习近平在担任总书记伊始就十分明确地宣告：人民对美好生活的向往，就是我们的奋斗目标。党的十八届五中全会首次提出以人民为中心的发展思想，强调把实现人民幸福作为生产的目的和归宿，这是对社会主义生产目的的新认识。2016 年，习近平总书记强调供给侧结构性改革体现了新时期社会主义生产目的的新要求。他指出：“从政治经济学的角度看，供给侧结构性改革的根本，

① 斯大林：《苏联社会主义经济问题》，人民出版社 1952 年版，第 62 ~63 页。

② 《毛泽东传（1949 - 1976）》（上），中央文献出版社 2003 年版，第 444 ~445 页。

③ 《毛泽东文集》第 7 卷，人民出版社 1999 年版，第 275 页。

④ 《关于建国以来党的若干历史问题的决议》，中国共产党历次全国代表大会数据库，http：//cpc. people. com. cn/GB/64162/64168/64563/65374/4526455. html。

⑤ 《邓小平文选》第 3 卷，人民出版社 1993 年版，第 63 ~64 页。

⑥ 《邓小平文选》第 3 卷，人民出版社 1993 年版，第 373 页。

是使我国供给能力更好满足广大人民日益增长、不断升级和个性化的物质文化和生态环境需要，从而实现社会主义生产目的。”在不同的历史阶段，马克思主义经典作家和我党领导人都对社会主义生产目的问题进行了深入思考，不断丰富与完善了这一政治经济学的重要理论。

（二）社会主义生产目的体现社会主义道路自信

社会主义与资本主义的根本区别不仅体现在基本经济制度上，体现在分配制度上，也体现在社会主义生产目的上。更大程度地满足人民的物质文化需求、实现共同富裕是社会主义制度优越于资本主义制度的重要标志。

在资本主义市场经济条件下，资本一方面促进了生产力的发展，“资产阶级在它的不到一百年的阶级统治中所创造的生产力，比过去一切世代创造的全部生产力还要多，还要大。”① 另一方面，资本只见“物”不见“人”，一切活动只服从于追求最大剩余价值的目的。“作为剩余劳动的榨取者和劳动力的剥削者，资本在精力、贪婪和效率方面，远远超过了以往一切以直接强制劳动为基础的生产制度”。“他的动机，也就不是使用价值和享受，而是交换价值和交换价值的增殖了。作为价值增殖的狂热追求者，他肆无忌惮地迫使人类去为生产而生产。”② 与外部物质世界极大丰富相伴随的是人作为生产手段的牺牲。“这些不得不自己零星出卖的工人，像其他任何货物一样，也是一种商品……工人变成了机器的单纯的附属品”③，人民成为生产剩余价值的工具。

在社会主义市场经济条件下，社会主义生产目的与资本主义生产目的的本质区别不在于获取最大限度的利润，而在于保证最大限度地满足社会的物质和文化的需要；不在于发展生产力，而在于财富归谁占有和支配，为满足谁的需要服务。一种新的社会制度之所以能够最终战胜和代替旧的社会制度，重要的原因在于新社会制度能够创造比旧社会制度更高的劳动生产率，这是社会主义基本经济规律在生产方面的基本要求。正是在这个根本意义上，列宁明确指出：“劳动生产率，归根到底是保证新社会制度胜利的最重要最主要的东西。”④ 但是，社会主义的意义绝不仅仅在于能

① 《马克思恩格斯选集》第 1 卷，人民出版社 1995 年版，第 277 页。

② 马克思：《资本论》第 1 卷，人民出版社 2004 年版，第 683 页。

③ 《马克思恩格斯选集》第 1 卷，人民出版社 1995 年版，第 279 页。

④ 《列宁选集》第 4 卷，人民出版社 2012 年版，第 16 页。

够实现更高、更快的社会生产力发展，更在于实现了生产目的和手段的有机统一，从而能够在一个更高的水平、更大的范围、更大的力度、更长的时间内不断地提高广大人民的物质文化生活水平，使广大人民群众充分地享受经济发展和社会进步所带来的成果。而在资本主义社会中，劳动者的个人生活消费完全从属于资本主义的生产消费。在马克思的年代，资本家从维持劳动力再生产的角度出发来考虑和设计劳动者的个人生活消费，从而极大限制了劳动者个人消费的内容、范围和水平。“工人生产得越多，他能够消费得越少；他创造价值越多，他自己越没有价值、越低贱；工人的产品越完美，工人自己越畸形；工人创造的对象越文明，工人自己越野蛮；劳动越有力量，工人越无力；劳动越机巧，工人越愚钝，越成为自然界的奴隶”。[①] 随着生产的发展，“有时候，物的变化反映了一个既定社会阶层上升了的地位，物是对这一上升地位的积极指认；而有的时候则相反，物成为了对那些无法变动的个人或者群体的一种补偿，他们对于试图变化的希望破灭了，于是物通过一种装饰、人为的变动来指认这一点。”[②] 被称为消费社会的现代资本主义社会恰恰属于后者，劳动者享有越来越丰富的消费品，但与之相伴的却是越来越加快的工作节奏，生产与消费的异化越来越严重。因此可以认为，在现代资本主义社会，尽管生产力水平不断提高，生产关系进行了重大调整，但劳动者个人消费水平的提高不是资本主义社会生产的目的，劳动对资本的依附关系越来越严重。而社会主义的生产以满足全体劳动人民的需要为目的，不仅可以让人民过上幸福美满的生活，而且可以极大地调动人民群众的积极性、主动性和创造性，形成人人参与、人人尽力、人人享有的生动局面，为生产力发展提供源源不断的动力，从而体现出社会主义制度的优越性。

（三）研究社会主义生产目的，不仅是理论上的内在需要，也是当代实践和人民群众的迫切要求

从理论上说，斯大林提出的社会主义生产目的论还有很多需要讨论和研究的问题。比如，什么是整个社会，它是否等同或包括全体社会成员即现实的个人；我们除了物质文化需要外，还有什么其他需要要满足；实现这个需要的手段除了高度科学技术外，是否还有其他手段？关于社会主义

① 《马克思恩格斯全集》第42卷，人民出版社1979年版，第90页。

② 让·鲍德里亚：《符号政治经济学批判》，南京大学出版社2009年版，第28页。

生产目的，我国理论界有过几次讨论，影响较大的是发生在 20 世纪 70 年代末 80 年代初的大讨论。它明确了社会主义生产目的不是为生产而生产，也不是先生产后生活，而是为了满足人民的物质文化需要。这样的认识为自觉贯彻十一届三中全会以来的方针政策作了理论和思想上的准备。后来学术界也陆续有文章论述社会主义生产目的，但为数不多，而且存在着论述比较宽泛、与实际联系不够密切的问题。

从实践上说，自改革开放以来，我国社会生产力虽然获得巨大发展，但也存在很多问题，为此必须阐明为何发展，为谁生产。即全部经济活动的目的究竟是什么，整个社会生产的出发点是什么，衡量国民经济成就的标准是什么。不论从微观主体还是从宏观政策的角度看，我国仍然存在一些为生产而生产，为追求经济增长而发展生产力的错误倾向，导致人民不断变化的需要难以满足。主要表现在：第一，单纯追求 GDP 目标，忽视社会发展目标。随着经济的发展，人民对高品质生活的需求越来越强烈，如饮食更加注重安全、健康和绿色，居住更加注重品质、环境和周边配套，出行更加注重安全、环保和便捷，但现实中一些地方和部门过分追求物质财富的增长，忽视教育、医疗与社会保障事业的发展；一些企业盲目追求数量增长，忽视内涵发展，市场上有影响力的产品和品牌缺乏，一些产品质量不高，甚至危及生命安全；一些地方和企业片面强调产值提高，忽视环境保护，导致污染严重，资源约束紧张，人口、资源、环境矛盾突出。这些都说明我国数量扩张型生产越来越难以适应人民日益增长的提高生活质量的需求。第二，在扩大生产规模的同时，忽视经济结构的平衡。集中表现为产业结构失衡，即第二产业内部，高耗能高污染行业的产能过剩和竞争力强高附加值行业的产能不足并存；第三产业内部，现代服务业发展缓慢；在对外贸易结构中货物贸易和服务业贸易不平衡。城乡结构失衡，即农村生产力发展缓慢，而城市现代化发展快速，正在实现工业化信息化融合推进。区域结构失衡，即东部大部分地区已步入工业化后期和后工业化阶段，而中西部尚处于工业化中期阶段。市场竞争结构失衡，即市场集中度低，中小企业竞争力不强，缺乏有国际影响力的大公司。第三，在要素投入驱动的同时，创新动力不足。传统产能过剩与很多关键核心技术、关键零部件等还依赖进口和外资企业并存；在研发资金和人才投入等要素数量增加的同时，多部门、多领域、多空间的创新生态系统尚需改善；技术水平虽有提升，但支撑产业升级的技术储备和研发明显不足。第四，在收入总量提高的同时，贫富差距也在不断扩大。基尼系数从改革开放初的0.3左右上升到2008年的0.491，尽管之后实现了“六连降”，但2014年基尼系数仍高达0.469。更为严重的是，贫富差距出现了代际转移，跨代贫穷取代了暂时贫困，威胁着经济的可持续发展。为解决以上经济问题，就必须在指导思想上进一步正视与明确社会主义生产的目的。

二、当前研究社会主义生产目的，要注意历史条件发生的变化

（一）我国正处在社会主义初级阶段

马克思、恩格斯设想的社会主义是产生于生产力高度发达的资本主义，而经济落后的国家在无产阶级取得政权后怎样建设社会主义经济，则是一个没有现成答案的理论和实践问题。新中国脱胎于半殖民地半封建社会，尽管国家工业化建设取得了重大成就，但总体生产力水平依然落后于发达的资本主义国家，因此发展社会主义需要经过一个社会主义初级阶段，把发展生产力作为根本任务。邓小平指出：“中国社会主义是处在一个什么阶段，就是处在初级阶段，是初级阶段的社会主义。社会主义本身是共产主义的初级阶段，而我们中国又处在社会主义的初级阶段，就是不发达的阶段。一切都要从这个实际出发，根据这个实际来制订规划。”① 党的十八大报告指出：“我国仍处于并将长期处于社会主义初级阶段的基本国情没有变，人民日益增长的物质文化需要同落后的社会生产之间的矛盾这一社会主要矛盾没有变，我国是世界最大发展中国家的国际地位没有变。在任何情况下，都要牢牢把握社会主义初级阶段这个最大国情，推进任何方面的改革都要牢牢立足社会主义初级阶段这个最大的实际。”② 习近平总书记指出，解决我国发展面临的一系列突出矛盾和问题，实现经济社会持续健康发展，不断改善人民生活，要求全面深化改革。中国共产党人干革命、搞建设、抓改革，从来都是为了解决中国的现实问题。

研究和应用社会主义生产目的也要牢牢把握“这个最大的实际”与

① 《邓小平文选》第3卷，人民出版社1993年版，第252页。

② 《十八大报告辅导读本》，人民出版社2013年版，第16页。

“现实问题”。新中国成立以来我国经济发展取得了巨大的成就，尤其是经过近40年的改革开放，我国贫困落后的面貌得到根本改变。2015年中国人均GDP为5.2万元（约合8 016美元），正好位于中等偏上收入国家范围。但需要清醒地认识到，我国仍处于并将长期处于社会主义初级阶段的基本国情没有变，人民日益增长的物质文化需要同落后的社会生产之间的矛盾这一社会主要矛盾没有变，我国是世界最大发展中国家的国际地位没有变。在这种状况下，一方面，由于生产力水平还相对不发达，劳动还是人们谋生的手段，分配领域还难以实现按需分配。因此，对社会主义生产目的的定位显然不能超越了生产力的发展基础。另一方面，面对经济发展方式仍然存在的不平衡、不协调、不可持续问题，要在更高层次上实现社会主义生产目的，发展仍然是硬道理。

至于如何发展生产力，新中国近70年的经济发展实践曾发生两种偏差，留下了宝贵的经验教训。一种是片面强调发展社会主义生产关系，忽视生产力的发展和人民生活水平的提高；另一种是片面强调生产力的发展，忽视生产关系的改革与发展。为此，在社会主义初级阶段，既要保证生产力的发展，又要发展和完善社会主义生产关系。一方面，社会生产力的发展来源于三个方面：“归结为发挥着作用的劳动的社会性质，归结为社会内部的分工，归结为智力劳动特别是自然科学的发展。”① 2013年5月24日，习近平总书记在主持中共中央政治局第六次集体学习时强调：“牢固树立保护生态环境就是保护生产力、改善生态环境就是发展生产力的理念。”可以认为，劳动的社会生产力、劳动的科学技术生产力和劳动的自然生产力三个部分共同构成了推动社会劳动生产力发展的源泉体系，也形成了实现社会主义生产目的现实基础。② 另一方面，把坚持公有制作为根本保证，坚持做优做强做大国有经济。根据初级阶段的社会主义的本质要求，邓小平强调不能只讲发展生产力，应该把解放生产力和发展生产力两个方面讲全了。所谓解放生产力，就是根据我国所处的社会主义发展阶段的特征，推进改革开放，调整生产关系，改变束缚生产力发展的经济体制，包括基本经济制度、基本分配制度、资源配置方式、宏观调控体系的改革和完善等。特别要坚持公有经济的主体地位和国有经济的主导作用，批判形形色色的私有化理论和政策，“公有制主体地位不能动摇，国

---

① 马克思：《资本论》第3卷，人民出版社2004年版，第96页。

② 王岩：《马克思主义可持续发展观的当代审视》，载于《人民论坛》2011年第33期。

有经济主导作用不能动摇，这是保证我国各族人民共享发展成果的制度性保证，也是巩固党的执政地位、坚持我国社会主义制度的重要保证。”①总之，在社会主义初级阶段，一方面要不断提高生产力水平，才能生产出越来越多、越来越好的物质文化产品；另一方面必须以社会主义生产关系规定的生产目的引领生产力的发展，才能使发展成果更公平地惠及全体人民，才能真正体现社会主义特征和性质。

（二）我国告别了计划经济，建立了社会主义市场经济

在经典作家的设想中，社会主义生产目的的实现既依赖于更好更快地发展生产力，又依靠于有计划地组织生产，即“按照社会总体和每个成员的需要对生产进行的社会的有计划的调节”②。在社会主义市场经济条件下如何实现社会主义生产目的则是社会主义实践的新课题。应该说，市场经济在解放生产力、发展生产力上发挥了巨大的促进作用。但是市场经济也有其负面作用。马克思在《资本论》中对资本主义市场经济的内在缺陷作了深刻的揭示。只要实行市场经济体制，商品经济的一般规律（价值规律、供求规律和竞争规律）与资本运动的三大规律（价值增殖规律、生产过剩规律和收入分配差距扩大导致两极分化规律）就必然要发挥作用，③现实经济生活中出现的背信弃义、弄虚作假、敲诈勒索、假冒伪劣等非道德甚至违法行为；乱砍滥伐、狂挖乱采、掠夺性开发等破坏生态环境的行为；恶性竞争、经济危机、两极分化等资源浪费与低效的行为，在一定程度上正是经济主体追求利润最大化的结果。资本的逐利性还导致公共产品供给的不足。资本所追求的是私人利益，而不是不能纳入资本利润核算范围的社会利益，因此，以利润为目的的资本会限制具有外部性特征的公共产品的生产。

只要实行市场经济体制，不论是公有制还是私有制企业都不可避免地受到以上商品和资本运动规律的影响，从而与社会主义生产目的和社会主义基本经济规律产生矛盾。私有制企业追求利润最大化的目的自不待言。就公有制企业来说，公有制由于全体社会成员是生产资料的共同主人，所

① 习近平：《立足我国国情和我国发展实践发展当代中国马克思主义政治经济学》，载于《人民日报》2015年11月25日。

② 《马克思恩格斯文集》第3卷，人民出版社2009年版，第561页。

③ 李建平：《认识和掌握社会主义市场经济三个层次的规律》，载于《经济研究》2016年第3期。

以生产目的是满足全体社会成员的需要，但是，在市场经济条件下，如果任由经济主体之间进行盲目的的市场竞争、追求自身利益最大化，那么，微观方面，公有制企业不仅不能满足全体社会成员的需要，甚至可能由公有制蜕化为集团所有制、部门所有制，最后沦为私人所有制；宏观方面，以公有制为主体的社会主义基本经济制度就可能被资本势力所瓦解。分配方面，市场竞争必然导致两极分化的趋势，必然与社会主义共同富裕的本质相矛盾。为此，研究和应用社会主义生产目的就要正视这些规律的存在，既要遵循市场经济的一般规定，又要体现公有制的要求；既要发挥市场经济的长处，又要彰显社会主义制度的优越性。① 一方面，使市场在资源配置中起决定作用，充分发挥市场机制在信息搜集、效率提高、激励有效、调节灵活等方面的长处，增强微观经济主体发展生产的动力与活力；另一方面，在宏观经济和社会发展层面更好地发挥政府的作用。比如从全社会利益出发，从整体和战略高度制定国民经济发展中长期规划；为满足全社会的基本需要，生产与提供公共物品与公共服务；保障公平的竞争环境，加强市场监管，维护正常的市场秩序等。总之，社会主义市场经济不可能完全建立在自发市场的基础上，要满足社会主义生产目的，国家的宏观调控必须以生产资料的公有制为基础；除财政政策与货币政策外，宏观调节手段还包括制订发展计划、协调区域结构、创建战略性产业、推动科技创新、监管国有资本等。

（三）我国告别了短缺经济，推进供给侧结构性改革

社会主义国家在发展之初，由于落后的技术条件、低水平的劳动力素质、有限的资本，以及资本主义社会的国际压力，所以选择了资源高能耗和资本高投入的重工业优先发展战略。改革开放确立了社会主义市场经济的改革取向，极大地发展了生产力，我国告别了普遍供给不足的短缺经济，进入到普遍供给过剩的阶段。与此同时，由于利润最大化目标与社会主义生产目的的矛盾，我国生产与供给层面积累了较多问题。在生产的增长方面，往往只注意到单一的经济增长目标，而忽视了自然与社会发展目标，资源短缺、环境污染、生态恶化等问题日益严重，社会矛盾日趋突出；在生产的对象方面，往往只注意到物质资料的丰富，而忽视人的精神文化素质和体魄健康水平的提高，社会道德日益滑坡、食品药品安全与民

① 张宇：《论公有制与市场经济的有机结合》，载于《经济研究》2016 年第 6 期。

生建设等无法保障；在生产的结构方面，满足初级消费市场的中低端产品过剩，由消费转型升级引发的高端产品供给不足。

从2011年起我国经济增速告别9%以上的增长率，2015年增速下降至7%以下，中高速增长成为经济发展的新常态。2015年11月，习近平总书记在中央财经领导小组第十一次会议上强调："在适度扩大总需求的同时，着力加强供给侧结构性改革，着力提高供给体系质量和效率，增强经济持续增长动力，推动我国社会生产力水平实现整体跃升"。2015年12月18日至21日，中央经济工作会议指出："推进供给侧结构性改革，是适应和引领经济发展新常态的重大创新"。2016年1月，习近平总书记在重庆调研时指出："党的十八届五中全会提出创新、协调、绿色、开放、共享的发展理念，是针对我国经济发展进入新常态、世界经济复苏低迷开出的药方。"也就是说，要克服以往为生产而生产的弊端，必须正确回答"实现什么样的发展，怎样发展"的问题；唯有落实五大发展理念，推进供给侧结构性改革，转变经济发展方式，调整经济结构，才能在更高层次上提高社会生产力发展水平，才能更好地实现社会主义生产目的。

总之，马克思认为，理论要随着实践的发展而发展，不可能一成不变。他在《资本论》第1卷第二版跋中引用俄国经济学家考夫曼一段话："有人会说，经济生活的一般规律，不管是应用于现在或过去，都是一样的。马克思否认的正是这一点。在他看来，这样的抽象规律是不存在的……根据他的意见，恰恰相反，每个历史时期都有它自己的规律。一旦生活经过了一定的发展时期，由一定阶段进入另一阶段时，它就开始受另外的规律支配……旧经济学家不懂得经济规律的性质，他们把经济规律同物理学定律和化学定律相比拟"。[①] 马克思很赞赏考夫曼的论述，认为他描述得"这样恰当"，体现了马克思的"辩证法"。所以，对社会主义生产目的要根据变化的历史条件作相应的修改和补充。

三、社会主义生产目的在当代中国的新表述

在版本繁多的政治经济学社会主义部分的教科书里，社会主义生产目的的表述通常是："不断满足人民日益增长的物质和文化需要"。或者，直

① 马克思：《资本论》第1卷，人民出版社2004年版，第21页。

接沿用斯大林的说法："保证最大限度地满足整个社会经常增长的物质和文化需要"。但这样的表述在理论上和实践中会产生一些问题，主要有：(1) 在"谁的"需要的问题上，不能正确区分人类社会生产的一般目的和特定社会的生产目的，只描述了社会生产对无差别的人的需要的满足。(2) 在"什么样的"需要的问题上，不能正确区分社会主义与资本主义的本质区别。有人认为，社会主义生产作为商品生产，必然同资本主义生产一样，要以利润最大化为目的，甚至把"金钱至上"当作社会主义市场经济的普适价值，把两极分化当作社会主义市场经济发展的必然结果。这样的认识一方面把企业经营发展的目的等同于社会生产的目的，抹杀了个人需要与社会需要的区别，另一方面混淆了社会主义和资本主义生产关系的本质差别，难以体现社会主义制度的优越性。为此，有必要进一步讨论社会主义生产目的问题。社会主义生产目的不是放之四海而皆准的，它既有一般性，也有特殊性，而"中国特色"尤其强调要从当代中国的实践出发。在准确表述当代中国的社会主义生产目的时，必须考虑下列三个因素：

（一）社会主义生产要突出现实的人的需要

斯大林在谈到社会主义生产目的时，批评雅罗申柯忽视"人及其需要"，并尖锐指出："作为社会主义生产目的的人既已消失，雅罗申柯同志'概念'里剩下的一点点马克思主义也随之消失了。"① 遗憾的是，斯大林本人以及他的后继者都犯了同样的错误，忽视"人及其需要"。

社会主义生产目的要重视现实中的个人的需要，不能以整体来否定、代替个体。传统社会主义生产目的强调的是满足"全体人民"日益增长的物质文化需要，而忽略了每一个社会成员追求自身发展所产生的物质文化需要，甚至在强调"全体人民"利益的同时，极力排斥、压抑、打击合理的个性发展要求。早在1844年，马克思、恩格斯在《神圣家族》中就发出警戒："应该严格地分清：群众对目的究竟'关注'到什么程度，群众对这些目的究竟怀有多大'热情'。'思想'一旦离开了'利益'，就一定会使自己出丑。"② 这实际表明了物质利益需求与人们生产活动的密切关系。在社会主义初级阶段，如果搞否认利益差别的平均主义大锅饭，那么

① 斯大林：《苏联社会主义经济问题》，人民出版社1952年版，第63页。

② 《马克思恩格斯文集》第1卷，人民出版社2009年版，第286页。

就不利于激发人们去付出更多劳动以创造更多价值、为社会作出更大贡献。所以，社会主义生产目的“不是一个抽象的、玄奥的概念，不能只停留在口头小、止步于思想环节，”① 而是体现为社会全体成员每个个体现实的、具体的需要，由此才能真正体现中国特色社会主义理论的彻底性。

人的生命安全和身心健康是生存的底线，也是生产的底线。马克思说：“我们首先应当确定一切人类生存的第一个前提也就是一切历史的第一个前提，这个前提就是：人们为了能够‘创造历史’，必须能够生活。但是为了生活，首先就需要衣、食、住以及其他东西。因此第一个历史活动就是生产满足这些需要的资料，即生产物质生活本身。”② 这里所说的衣、食、住等物质生活资料，其潜在前提是，它们是合格的、安全的、放心的，这是底线。但在当代中国，我们的一些产品特别是一些食品突破了这一底线，人民群众热切期盼吃得更放心、更健康。所以，讨论社会主义生产目的，不能唱高调、空议论，而是要从现实人的需要出发、从产品的底线出发、从人的生存与生命安全出发。社会主义生产首先要保障人的生命安全和身心健康。

社会主义生产目的满足的是以劳动群众为主体的人民的需要，在生产领域要具体体现为国有企业职工参与民主管理。在社会主义初级阶段，人民不是马克思曾经表述过的自由全面发展的每一个个人。人民指的只是社会中占绝大多数、以劳动群众为主体的社会基本成员，他们通过社会主义生产活动来要满足生存和发展需要。人民在社会生产活动中的主人翁地位是由生产资料所有制决定的，同时又体现在生产资料和劳动者相结合的特定方式上。马克思指出：“不论生产的社会形式如何，劳动者和生产资料始终是生产的因素……凡要进行生产，就必须使它们结合起来。实行这种结合的特殊方式和方法，使社会结构区分为各个不同的经济时期。”国有经济实现了作为企业主人的劳动者与归全民所有的生产资料的结合，因而具有社会主义性质，它要具体表现为国有企业职工真正成为企业的主人，充分发挥职工最广泛的参与与首创精神，具有知情权、参与权、监督权以及重大决策等的投票决定权。③

---

① 习近平在省部级主要领导干部学习贯彻党的十八届五中全会精神专题研讨班上的讲话（2016 年 1 月 18 日），http：//cpc. people. com. cn/n1/2016/0510/c64094 – 28337020 – 2. html。

② 《马克思恩格斯全集》第 3 卷，人民出版社 1960 年版，第 31 页。

③ 卫兴华：《企业性质不仅仅取决于所有制》，载于《人民日报》2015 年 5 月 11 日。

（二）社会主义生产要满足人民不断升级和个性化的物质文化和生态环境的需要

随着生产力的发展、人民生活水平的提高，诸如公共安全、社会稳定、良好的自然环境、优质的教育资源、完备的医疗体系等具有外部性特征的产品和服务逐渐构成人的社会生活的十分重要的部分，在人的需求结构中占据着越来越重要的地位。习近平总书记在十八届中央政治局常委同中外记者见面会上就指出："我们的人民热爱生活，期盼有更好的教育、更稳定的工作、更满意的收入、更可靠的社会保障、更高水平的医疗卫生服务、更舒适的居住条件、更优美的环境，期盼孩子们能成长得更好、工作得更好、生活得更好。人民对美好生活的向往，就是我们的奋斗目标。"① 这些具有社会公共利益的产品和服务既是人的需要的一部分，也同经济发展有着密切关系。比如自然环境，"劳动生产率是同自然条件相联系的。这些自然条件都可以归结为人本身的自然（如人种等）和人的周围的自然。"② 土壤自然肥力越大，气候越好，劳动生产率就越高。从这一意义上说，环境和生态本身就是财富，青山绿水就是金山银山，是可持续发展的必要条件和人民对美好生活追求的重要体现。在社会主义市场经济中，生产必须考虑到资源环境生态、社会公共安全等在人的需求结构中越来越重要的地位，积极推动形成绿色发展方式，"让良好生态环境成为人民生活的增长点、成为展现我国良好形象的发力点，让老百姓呼吸上新鲜的空气、喝上干净的水、吃上放心的食物、生活在宜居的环境中、切实感受到经济发展带来的实实在在的环境效益。"③

（三）社会主义生产要实现共享发展、共同富裕

一切剥削阶级占统治地位社会的生产目的与社会主义社会（以及共产主义社会）的本质区别不仅在于：前者是为了满足剥削阶级的消费需要，而后者是为了满足全体劳动人民日益增长的消费需要；更深层次的区别在于：前者生产目的导致两极分化，而后者则以实现共享发展和共同富裕为

① 《习近平谈治国理政》，外文出版社 2014 年版，第 4 页。

② 马克思：《资本论》第 1 卷，人民出版社 2004 年版，第 586 页。

③ 习近平在省部级主要领导干部学习贯彻党的十八届五中全会精神专题研讨班上的讲话（2016 年 1 月 18 日），http：//cpc. people. com. cn/n1/2016/0510/c64094 - 28337020 - 2. html。

本质特征。170 多年前，马克思主义经典作家就说过："过去的一切运动都是少数人的，或者为少数人谋利益的运动。无产阶级的运动是绝大多数人的，为绝大多数人谋利益的独立的运动。"① 无产阶级夺取政权以后，其阶级利益代表全体人民的根本利益。列宁在谈到社会主义生产目的时指出："在这种社会制度里，共同劳动所创造的财富将归全体劳动者而不是一小撮富人享用。"② 邓小平从社会主义本质的高度把社会主义生产目的概括为逐步实现全体人民的共同富裕。他明确指出："社会主义与资本主义不同的特点就是共同富裕，不搞两极分化。"③ 党的十八大报告把共同富裕确定为中国特色社会主义的根本原则和全国人民群众共同坚守的信念之一。习近平总书记坚定指出："我们的责任，就是要团结带领全党全国各族人民，继续解放思想，坚持改革开放，不断解放和发展社会生产力，努力解决群众的生产生活困难，坚定不移走共同富裕的道路。"④ 十八届五中全会明确提出要体现公平正义，逐步实现共同富裕的要求。"必须坚持发展为了人民、发展依靠人民、发展成果由人民共享，作出更有效的制度安排，使全体人民在共建共享发展中有更多的获得感"。可见，明确社会主义生产目的是为"全体劳动者"的物质文化需要，而不是为"一小撮人"的需要；是把人民幸福作为发展目的和归宿，而不是为了 GDP 的增长；是为了实现全体人民的共享发展、共同富裕，而不是搞两极分化，是社会主义生产目的最基本的内在规定性，也集中体现了新时期我们党对社会主义生产目的的新认识。

针对以上实践中出现的新情况，当代中国社会主义生产目的可以表述为：以人民为中心，最大限度地满足广大人民日益增长的、不断升级和个性化的物质文化、生态环境和生命安全的需要，逐步达到全面共享、共同富裕。

参考文献

1. 白永秀：《创新当代中国社会主义生产目的理论及其实现途径》，载于《经济研究》2016 年第 3 期。

2. 洪银兴：《以创新的理论构建中国特色社会主义政治经济学的理论体系》，载于

① 《马克思恩格斯文集》第 2 卷，人民出版社 2009 年版，第 42 页。

② 《列宁全集》第 8 卷，人民出版社 1986 年版，第 193 页。

③ 《邓小平文选》第 3 卷，人民出版社 1993 年版，第 123 页。

④ 《习近平谈治国理政》，外文出版社 2014 年版，第 4 页。

《经济研究》2016 年第 4 期。

3. 吴宣恭：《五大发展理念是社会主义基本经济规律内涵的深化拓宽和高度概括》，载于《马克思主义研究》2016 年第 5 期。

4. 张昆仑、程海亮：《传统社会主义生产目的表述的七大缺陷》，载于《当代经济研究》2001 年第 9 期。

5. 张宇：《对社会主义生产目的的新认识》，载于《人民日报》2017 年 2 月 17 日。

要素分工、开放发展与长三角全面小康建设的基本经验

张二震　戴　翔*

在全面建设小康社会中，经济建设处于核心和关键地位。改革开放以来，长三角地区经济发展取得了令世界震惊和瞩目的巨大成就乃至“增长奇迹”，在全面建成小康社会中走在了全国前列。我们固然可以从不同角度和层面去回顾和总结长三角地区所取得的这一伟大“成就”，但作为我国改革开放的先行地区之一，在全球要素分工深度演进条件下，长三角依托优越的地理位置、完善的基础设施和廉价优质的劳动力等比较优势，毅然决然地融入国际分工体系，抓住了全球要素分工带来的战略机遇，以开放促发展，在不断扩大开放中寻求发展机会，通过引进国外先进生产要素、承接产业和产品生产环节的国际梯度转移、大力发展对外贸易等方式不断增强经济竞争能力，无疑是长三角地区全面建设小康社会最宝贵的基本经验之一。当前，面临国内国际环境的深刻变化，长三角地区开放发展正面临严峻挑战，既面临着稳增长、调结构、转动力的艰巨任务，同时也担负着借助发展更高水平开放型经济率先迈向基本现代化的使命。因此，系统总结要素分工条件下长三角全面建设小康社会中开放发展的经验，深入分析当前国际国内环境变化所带来的挑战和机遇，进而适时调整长三角地区开放发展战略，对于抓住全球要素分工进一步深度演进的战略机遇，实现长三角地区由全面小康到率先实现基本现代化的宏伟目标，具有极其重要的意义，也是长三角所必须面对的重大课题。

---

* 张二震，南京大学经济学院教授；戴翔，南京审计大学教授。基金项目：教育部人文社会科学研究基地重大项目“长江三角洲全面建设小康社会中的开放发展研究”（16JJD790025）阶段性成果。本文未特别标明的数据均为作者根据《中国统计年鉴》各期计算而成。

一、要素分工、开放发展与全面小康建设的理论逻辑

全面建设小康社会包括经济、社会、文化等各个层面，其中经济建设是关键也是其他方面实现的前提条件，具有决定性意义。经济发展通常有两条基本的路径：封闭发展和开放发展。世界经济发展的实践提供了这样一个经验性结论：开放不一定发展，但封闭一定落后。因为一个不开放、封闭型的国家，将出现低水平结构的超稳定性，封闭系统的自我均衡导致低水平发展。而对外开放是打破这种封闭状态下的自我均衡以实现面对外部发达经济系统交换的共享均衡，这种新的共享均衡有着特定的实现条件，只要能够准确把握，就能够促进经济发展。从经济学的角度分析，要素分工条件下，发展中国家和地区通过扩大对外开放和对外交流，有助于本地区吸引和聚集国际资金、技术、人才、信息等要素，促进该国或地区全面参与国际经济大循环，进而提升区域经济发展水平，为推进全面小康社会建设奠定经济发展的基础。概括而言，要素分工条件下，实施开放发展战略可以从以下几个方面来推动经济增长从而推动一个国家或地区的全面小康建设进程：一是通过对外贸易；二是通过外商直接投资（FDI）；三是通过对外直接投资（OFDI）；四是通过加快推进工业化进程；五是通过加快技术转移。

（一）对外贸易促进经济增长

对外贸易能够促进一国的经济增长，其作用机理在于：一方面，因为各国按比较成本规律进行国际贸易，通过两优取其更优、两劣取其次劣的办法进行专业化分工，使资源得到更有效的配置，增加了产量。通过交换，各国都得到了多于自己生产的消费量。他认为这是对外贸易的直接利益。另一方面，也是最重要的方面，就是对外贸易产生间接的动态利益，即随着对外贸易的发展，通过一系列的动态转换过程，把经济增长传递到国内各个经济部门，从而带动国民经济的全面增长。更为重要的是，知识、技术和信息等高端要素能够通过国际贸易而产生强烈的外溢性，通过国际贸易，一国研发部门能够获取国外的外溢效应，从而有助于培养本国的消化吸收再创新能力以及在此基础上形成的自主创新能力，最终提高本国的全要素生产率（陈继勇和梁柱，2011）。针对上述作用机理，无论是

马克思主义经典作家的生产与交换理论，还是亚当·斯密的分工理论；无论是规模经济及不完全竞争理论；还是贸易的知识（或技术）外溢模型，无不进行了大量的探讨和论证，较为一致的观点基本认为对外贸易会通过诸如上述一些主要的作用机制和渠道影响着经济增长。要素分工条件下，对外贸易不仅限于最终产品，更重要的是存在着大量的中间产品，从而使得上述作用机制更为明显，对经济增长的促进作用更大（方勇等，2013）。

（二）外商直接投资（FDI）促进东道国经济增长

要素分工的一个突出特征是生产要素的跨国流动性日益增强，主要表现为FDI带动的诸如技术、知识、管理等一揽子生产要素的跨国流动。因此要素跨国流动对东道国经济增长的促进作用，现有文献多集中于FDI的分析和探讨。主流经济学围绕FDI能够促进东道国经济增长论题的逻辑推论主要有两个视角：一个是将FDI视为单纯的生产要素，认为FDI的流入无疑会改变一国或地区的要素禀赋结构和要素存量水平，确切地说，会提高资本存量水平和提高资本/劳动比率，从而引起经济增长；另一个是强调FDI的知识溢出效应，认为FDI不仅仅是单纯的生产要素，而且FDI的流动还会带动从一般意义技术到管理等宽泛的技术知识的一揽子生产要素的流动，从而改变FDI流入国和地区的要素存量水平，而这些高端生产要素的流入会带来显著的溢出效应，从而促进经济增长。学术界大部分观点认为，外商直接投资是通过引进国外先进生产技术，基于学习效应外溢到国内产业，从而对东道国利用外资实现制造业全要素生产率提高仍可能存在影响。但由于这种作用受到样本个体差异的影响，仅对于学习效应良好的国家和产业有显著作用，因此，通过全要素生产率提高而作用于经济增长，也是其重要的作用机制之一。

（三）对外直接投资（OFDI）促进母国经济增长

关于OFDI与母国经济增长的关系，尤其是对于发展中国家而言，已有的观点主要梳理了以下几个方面的作用机制和渠道。一是技术学习效应。坎特威尔和托伦惕诺的技术创新产业升级理论是从对外直接投资的动态角度说明了发展中国家对外直接投资技术进步的原理。发展中国家可以通过国内有较强实力的产业对发达国家进行逆向投资，设立研发中心、开办科技型企业以及收购或兼并当地科技型企业，获取最新的技术和管理经验形成自己的核心竞争力。二是资源获取机制。随着一国经济的持续高速成长，许多重要自然资源的短缺现象日趋严重，供求缺口不断扩大，尤其是石油、天然气等关系国计民生的战略资源，进口依存度迅速增大。为避免国内的资源枯竭和国外的受制于人，利用其他国家和地区的资源优势，以重要资源开发为导向的对外投资是解决发展资源“瓶颈”的现实需要。相关实证研究结果表明，OFDI 通过“R&D 费用分摊机制”、“研发成果反馈机制”、“逆向技术转移机制”和“外围研发剥离机制”等机理（赵伟等，2006），可以给母国带来技术进步效应、技术外溢效应以及产业升级效应等多重效应，进而可以促进母国经济增长。

（四）对外开放促进工业化进程

不管是老牌工业化国家还是新兴工业化国家，一般而言，工业化发展进程都是与对外开放密切联系在一起的。“二战”结束后初期，虽然有很多发展中国家的经济学者普遍认为，由于发展中国家处于工业化初期阶段，即工业产业属于“幼稚产业”，如果在开放条件下与发达国家的成熟工业相竞争，会面临着夭折的风险和挑战。因此大多发展中国家经济学者建议实施贸易保护和进口替代战略，通过保护本国的“幼稚工业”以及“边干边学”来推动发展中国家的工业化进程。然而实践证明这一战略并没有起到应有作用，反而阻碍了工业化发展，比如所谓的“拉美病”就是这一失败战略的典型案例。20 世纪 90 年代末以后，经济学家开始注意到对外开放对促进发展中国家经济发展的重要作用。他们认为，经济发展不仅伴随着“边干边学”的过程，同时也伴随着“学习效应”。这种学习效应不仅来自于国内以往生产产品经验的积累，而且也可以来自于从国外进口的工业品。近几十年实行对外开放的国家中，亚洲“四小龙”和“四小虎”由于政府实行了较为有效的开放战略，推动了这些国家和地区走上了快速的工业化发展道路，就是成功的典型案例（马颖和余官胜，2010）。

（五）对外开放加快国际技术转移

从现有的国际分工格局和技术实力来看，由于大多数新技术大都是来自于发达国家，因此借助于对外开放来吸纳新技术是发展中国家赶超发达国家的一种快捷方式，这也是要素分工条件下的新机遇。通过技术引进，有利于缩短技术开发周期、节约技术开发资金、降低使用新技术的风险、增强本国经济和技术的竞争力，加速本国或本地区的现代化进程。具体来说，技术的国际转移对技术引进国家或地区有以下积极作用：（1）促进东道国企业的技术竞争。跨国公司作为技术创新的推动者和拥有者，当本土企业面临跨国公司的技术竞争时，原先处于国内领先地位的企业为了保持市场竞争力，就会加速技术开发的速度。（2）推动东道国相关企业技术进步。跨国公司通过对上下游的当地企业提供产品演示培训以及使用方面的指导与帮助，使本土企业提高产品质量和生产效率，从而对提高本土企业的技术水平产生积极影响。（3）促进东道国人才的培养。人力资源“本土化”战略是跨国公司的一个重要战略。从跨国公司对雇员的培训来看，在跨国公司雇员中存在着人力资本技能的积累。通过学习跨国公司的先进技术和先进的知识管理、创新管理方法，可以大大缩短东道国与母国在管理水平上的差距。至于对外开放条件下国际技术转移的机制，概括而言主要有直接和间接两大类：（1）直接学习国外先进技术。主要通过与国外进行技术交流或者向国外购买技术来实现。（2）采用国外已经发明的专门化投入品或者高级的中间投入品。这是间接获得国外先进技术的重要方式。

二、要素分工条件下长三角开放发展的基本特征和效益

改革开放以来，长三角地区开放发展模式的形成，是全球要素分工快速发展、国际分工体系演变与国内和长三角地区特殊环境耦合的必然结果。换言之，从国际环境来看，经济全球化与全球要素分工下的产业和产品生产环节的国际梯度转移等国际环境，以及长三角地区特有的区位优势与地方政府的政策等区域环境，促成了长三角地区的开放型经济发展格局。概括而言，长三角地区融入全球要素分工体系发展开放型经济具体表现为以下几个特征。

第一，在贸易方式方面，加工贸易主导着长三角地区开放型经济发展。加工贸易在长三角地区从无到有，从小到大，特别在“八五”期间，得益于FDI的大量流入，加工贸易得以快速发展。作为中国开放程度最高地区之一的长三角地区，自20世纪90年代以来的加工贸易总额一直占了其全部贸易总额的60%左右。虽然近年来随着贸易发展方式的转变，但加工贸易所具有的举足轻重的地位并未根本改变。加工贸易的快速发展，实质上正是融入全球要素分工体系的典型表现和结果，即在产品生产国际分割的背景下，长三角地区发挥比较优势而专业化于产品生产环节和阶段，实现了对外贸易的快速发展。

第二，在经济主体方面，外资代工企业是加工贸易的主力军。承接国际产业和产品增值环节的国际梯度转移，实际上有两种方式。一种是本土企业承接国际大买家订单进行产品生产从而催生了本土相应产业发展，二是以 FDI 的形式推动的产业跨国转移。长三角地区通过大量利用外资，是开放发展发展的突出特征之一，也是融入全球要素分工体系的典型表现，因为这体现了要素流动，也体现了参与产品内分工。跨国公司在长三角地区设立的子公司以及中外合资、合作企业则依靠当地丰裕廉价的劳动力和税收优惠占据了对外贸易的先头阵地，进而成为加工贸易的主力军。特别是在加工贸易主体中，外商投资企业所占比重一直较高，主导着长三角地区的加工贸易。

第三，在产品结构方面，专注于劳动密集型产品与工序的加工制造。1991 年以前，在长三角的加工贸易主要集中在服装、鞋帽、纺织、玩具等劳动密集型行业产品的“来料加工”和“进料加工”上。近年来，加工贸易出口中劳动密集型产品所占的比重越来越低，而以机电产品为代表的资本及技术密集型产品所占的比重大幅上升。但从价值链来看，长三角地区的制造业仍然集中于资本、技术密集型产业中的劳动密集型环节，从事劳动密集型产品与工序的加工制造与出口。这与长三角地区现行比较优势有关，符合全球要素分工体系下产品价值链区位配置的基本原理。

在中国改革开放的宏观环境下，正是由于长三角地区实施了开放发展战略，抓住了全球要素分工的战略机遇，充分发挥自身比较优势，充分利用国内外两种资源、两个市场，使得长三角地区获得了巨大发展效益。这不仅表现在对外贸易的蓬勃发展和外资的大量流入方面，更表现为由此所带动的经济快速发展方面。

在利用外资方面。自从实施开放型经济发展战略以来，长三角地区在不放弃自主发展的同时，大力吸引外资，特别是自从 21 世纪以来，上海和江苏加大了利用外资的力度，浙江也开始重视并加快利用外资的步伐。到目前为止，长三角地区利用外资的数量不断增加，利用外资的质量日益提升，最终使地区的技术水平和竞争力都大大地提升。有关统计数据表明，2000 年长三角地区实际利用外资 111. 96 亿美元，2003 年突破 200 亿美元达到 212. 52 亿美元；2007 年突破 400 亿美元达到了 401. 78 亿美元；2012 年突破 600 亿美元达到了 640. 14 亿美元，2015 年累计利用外商直接投资额为 6 525. 66 亿美元。其中，2002 年长三角利用外商直接投资占全国比重为25.65%，之后一路上升，2003年至2007年的占比分别达到了39.72%、41.83%、46.01%、53.04%、53.74%，即2006年和2007年流入长三角地区的外商直接投资超过了全国一半。由此可见长三角地区参与全球要素分工确实走在了全国前列，这是开放发展效益的表现之一。

在对外贸易方面。融入全球要素分工体系使得长三角地区对外贸易一直保持高速发展态势，也使其在全国对外贸易中的地位不断提升。有关统计数据表明，长三角地区进出口总额占全国进出口总额的比重，自1996年到2008年全球金融危机爆发期间，一直处于不断提高的发展态势。比如，1996年长三角地区进出口总额占全国进出口总额的比重就已经达到了20.82%，也就是占全国土地1.1%、全国人口6.3%的长三角地区，在1996年就创造了全国超过1/5的对外贸易总量。之后，这一比重一路攀升，2007年达到了37.18%，创造了全国超过1/3的对外贸易总量。由此可见，长三角地区的进出口贸易在全国确实具有十分重要的地位，从对外贸易方面看，也是走在了中国对外开放的前列。

在经济增长方面。在开放型经济发展带动下，长三角地区的国内生产总值日益增加。有关统计数据表明，1996年长三角整体GDP为13 150亿元，2003年增加到28 842亿元，2005年增加到首次突破30 000亿元，达到33 963亿元，2007年达到57 266亿元；2011年首次突破10万亿元大关，达到了100 624亿元。在1996～2015年间增加了大概10.5倍。正是由于长三角经济的高速增长，整个地区GDP在全国GDP中的占比也是一路攀升，其中在全球金融危机爆发前的2007年达到了23.06%的峰值。如果将长三角地区经济增长的巨大成绩完全归功于外资的大量利用和对外贸易的高速增长，可能不免有夸大之嫌，但大概无人否认，其经济的高速增长确实与开放发展战略密切相关。

当然，长三角开放发展的实际效益不仅表现在上述几个方面，在增加就业、提高工资水平、提高人民生活水平、增加政府财政收入等方面，均表现出开放发展的优越性和良好的效益。总之，融入全球要素分工体系，不论是从对外贸易的快速发展看，还是从利用外商直接投资的规模和增速速度看，长三角地区实施的开放发展战略的确走在了全国前列，引领着全国开放型经济发展，由此也实现了长三角地区经济的快速发展，奠定了实现全面小康社会建设的经济基础。

三、要素分工演进新趋势与长三角开放发展新机遇

在全球要素分工条件下，长三角实施的开放发展战略虽然成功地实现了带动经济高速增长等巨大效益，但从其动力和支撑条件来看主要还是低端要素的数量扩张，由此所形成的突出特征是：生产高度依赖外商直接投资企业，市场高度依赖出口，产业高度集中制造业，增长依靠大规模的劳动和资本投入。然而，伴随长三角资源禀赋条件、经济发展水平、国内政策和全球竞争环境的变化，以不断增加投入要素为特征的粗放型经济增长方式的固有缺陷和脆弱性日益显现，长三角面临着前所未有的资源短缺和环境恶化难题，制造业发展临着大而不强的困境和挑战日益明显，产业结构不合理、创新能力不足、产品附加价值偏低等因素阻碍长三角竞争力的进一步提高。但与此同时，我们也应该看到，全球要素分工进一步深度演进带来了新的战略机遇，而长三角地区经过多年开放发展所奠定的现实基础，决定了其有能力抓住新机遇，只要把握得到，就能在进一步融入全球要素分工体系中发展更高层次的开放型经济。概括而言，全球要素分工演进呈现出以下几个方面的趋势特征，为长三角发展高水平开放型经济带来了新的战略机遇。

第一，伴随信息通信科技的突飞猛进以及产品生产分割技术的快速发展，价值链的“全球长度”仍在进一步延伸。无论是以FDI还是以外包为表现形式的产品生产环节的分解程度，通常都取决于两个决定性因素，一是决定产品生产过程可分离性的产品生产分割技术发展情况；二是决定分割后的产品生产阶段是否能够被置于不同国家和地区进行生产的交易成本变化。毋庸置疑，产品生产过程分解越细，交易频率及由此所带来的交易成本就越高。因此，分工深入演进的动力来自分工细化的好处超过了交易成本相应上升的程度。从当前经济全球化发展的实践来看，信息、通信等技术进步在使得产品生产可分割程度越来越高的同时，也在不断地促进有形交易的下降，与此同时，多边和双边的经济规则和制度安排等也在促使交易成本不断下降。这就使得基于全球战略的跨国公司会从效率提升角度出发，将产品价值链进行进一步分解以拓展全球生产网络。联合国贸易发展报告的有关调查研究发现，近年来诸如汽车业、金属家具制造业、电子设备制造业以及纺织服装业等，其全球碎片化生产的趋势特征越来越显

著，全球价值链长度有进一步延伸之势。

第二，要素分工下的“贸易投资一体化”发展趋势更为明显，并且不断向服务业领域拓展。关于要素跨国流动与商品贸易之间关系传统国际经济理论主要有两种观点，一是替代关系，二是互补关系。传统理论的解释仍然局限于以最终产品为界限的传统分工模式，虽然考虑到了要素跨国流动，但并未考虑到产品价值链的分解问题。在全球要素分工体系下，要素流动和商品流动之间的关系已远远超越了简单的替代或互补关系，而升级为融合和一体化关系。实际上，全球对外直接投资流量额及存量额的迅速增加，以及全球贸易量的迅猛增长，二者之间所呈现的一致性变化趋势已经在一定程度上说明了问题。一个不争的事实是，FDI 主导的全球价值链成为全球贸易增长的重要驱动因素；全球贸易中的 80% 属于全球生产网络内的商品贸易，并且这一趋势仍在继续。更为重要的是，当前全球对外直接投资从产业流向来看，正有传统的制造业加快向服务业聚集，不仅说明跨国公司主导的全球生产网络在国际分工中的作用仍在进一步加强，也说明要素分工在向服务业领域拓展。这是全球要素分工进一步深入发展的又一典型特征。

第三，当前全球经济格局的变化，促使跨国公司采取的“逆向创新”将成为未来的普遍战略。进入 21 世纪以来，全球经济重心正在发生着由西向东的转移。尤其是自 2008 年全球金融危机后，相对于身处“重灾区”的西方发达经济体而言，新兴市场经济体相对优异的表现，使得这一对比性变化更为突出。全球经济重心的转移，正在极大地改变着全球经济和产业竞争格局。在全球价值链分工快速发展的很长一段时期内，发达经济体的财富和经济权力在全球经济中占据着绝对压倒性的比重，从而使得跨国公司的全球战略也主要是“瞄准”发达经济体市场。即发达国家跨国公司的产品创新主要是基于发达经济体的市场需求，创新活动也主要源自接近市场需求的发达经济体内部，并以此为基础将其推往全球市场（张二震和戴翔，2015）。伴随新兴市场经济体的崛起及其财富和经济权力的逐渐“东移”，跨国公司会将更多的创新活动置于新兴市场经济体，然后将创新性产品再销往包括发达经济体的全球市场。这一变化称之为“逆向创新”（Reverse Innovation），以区别于以往基于发达经济市场需求进行的创新性产品生产进而销往全球市场的模式。这是全球价值链分工进一步深入发展的另一典型特征。

全球要素分工深入演进呈现的上述三个趋势，对于长三角地区进一步融入国际分工发展高水平开放型经济带来了新的战略机遇。价值链全球长度的延伸，意味着在“归核化”发展战略下，发达国家跨国公司必然将以往“核心”环节进行进一步分解，具有更高技术和知识密集度的生产环节、工序和服务流程，将会被配置到发展中经济体；要素流动与商品贸易的日益融合，意味着一国产业结构将会随着流入要素质量的提高而不断升级；而全球经济格局变化下的跨国公司“逆向创新”战略，无疑为发展中经济体攀升全球产业链高端提供了新的发展机遇（戴翔和张为付，2017）。总之，开放发展是长三角收获巨大效益的经验所在，面临全球要素分工进一步深度演进所带来的战略机遇，只要能够准确把握，长三角必然能够在更高层次上融入国际分工体系、发展高水平开放型经济，为从全面小康社会建设到率先实现现代化奠定更为坚实的经济基础。

四、对策建议

面临国内外环境的深刻变化，以及考虑到长三角开放型经济发展所处的现实阶段，提升开放型经济发展水平，以更好地服务于全面小康社会建设乃至率先现代化的实现，需要在顺应全球经济和要素分工发展大势条件下，适时调整开放发展战略。

第一，要素引进应由数量扩张向质量提升转变。引进国际先进生产要素，是长三角发展开放型经济的经验所在。面临国内国际环境的深刻变化，我们应正确把握国际产业重组、资本流动、要素转移、技术合作和人才流动等重要战略机遇，在继续大力引进国际先进生产要素、提升国际先进要素聚集能力的同时，注重提升整合各类先进要素进行创新活动的能力。在前一轮开放中，长三角引进国际先进要素主要还是侧重在利用外资方面，并且主要处于数量型扩张阶段。在新一轮的对外开放中，应该在扩大利用外资规模的同时，提高利用外资的质量，并且要确立“全要素”的发展理念，充分发挥通过“引资”带动其他先进要素向长三角地区集聚的功能。以“引资”带动引进先进技术、先进管理经验、高级管理人才、研发结构，实现由引资向引进全面优质生产要素的转变。通过集聚更为全面优质生产要素，尤其是高级管理人才和科技型人才等“外智”，提升长三角在发展开放型经济中提升整合各类先进要素进行创新活动的能力。

第二，从主要依托外需向“内外并重”方向转变。目前，中国已经成为全球第二大经济体，而长三角地区作为中国开放型经济最发达的地区，巨大的潜在需求市场规模，理应成为吸引全球先进生产要素的可依托优势。在跨国公司“逆向创新”战略调整趋势下，长三角地区应将市场规模优势转化为融入全球要素分工体系的新优势，吸引发达国家跨国公司在长三角地区进行“逆向创新”，提升长三角地区参与更高层次国际分工的核心竞争力。如果说之前以低成本要素优势还只能“吸引”国际相对低端的要素向长三角集聚的话，那么利用潜在的巨大市场规模优势则更能“吸引”国际高端要素向长三角集聚。因此，在新一轮开放中，长三角应准确把握跨国公司战略调整的动向并及时抓住机遇，努力将可依托的经济规模优势转化为对外经济合作的新优势，提高先进要素的“引进来”能力。如此，就一定会有一大批研发中心和营销中心乃至跨国公司总部转移到长三角地区来，由此带动开放型经济发展的转型升级。

第三，从制造业开放为主向制造业和服务业并重的方向转变。长三角前一轮开放型经济发展主要侧重于制造业领域。但从全球产业链分工的角度来看，目前，长三角地区的制造业仍然处于全球产业链的中低端，面临着向产业链高端攀升的紧要任务。而从社会分工和产业演进的规律来看，一方面，制造业和服务业尤其是生产者服务业之间的融合越来越深，从而服务业间接地规定着制造业的国际竞争力。另一方面，从全球产业结构调整和基于比较优势的国际分工角度来看，以美国、英国、西欧等为代表的发达国家产业结构逐渐趋于软化，而诸如中国等发展中国家和新兴经济体则通过承接国际制造业转移，仍然处于制造业发展的重要时期。而我们不得不承认的一个客观事实是，目前长三角服务业尤其是高级生产者服务业发展还比较“滞后”，难以发挥“引领”制造业转型升级的战略需要。因此，通过扩大服务业开放以弥补自身比较劣势，从而可以起到带动制造业效率提升，进而促进先进制造业发展的作用。长三角服务业的发展，可以借鉴制造业发展的经验，即通过融入全球要素分工体系，在扩大开放中求发展。实际上，在全球要素分工背景下，进一步扩大服务业对外开放，不仅能够有效解决制造业攀升价值链高端面临的“供给”不足的约束问题，也能带动服务业自身高级化发展。

第四，从简单融入的“被整合”向提升整合全球优质要素能力的“整合者”转变。自改革开放以来，长三角地区企业由于并不熟悉国际市场的操作经验，因此在融入经济全球化进程中，主要是通过引进外国直接投资，为外商直接投资进行配套，或者是接受发达国家跨国公司发出的订单而融入国际分工体系，实质上处于全球要素分工下的“被整合者”。在全球要素分工背景下，决定现在和未来一国或地区产业国际竞争力主要取决于以什么样的要素、什么层次的要素参与国际分工，参与了什么层次的国际分工，对整个价值链的控制能力有多大（金京等，2013）。尽管依托各种优势和经过多年的努力，长三角开放型经济形成了一定的要素集聚优势，也是国际生产要素聚集最多的地区之一，并在一定程度上促进了产业发展及转型升级，但是我们也清醒地看到，到目前为止，整合这些资源进行国际化生产、获益最多的，大都是外资企业。因此，从上述意义上来说，长三角产业发展是在发达国家跨国公司引领下的一种被动式发展。培养具有整合全球资源能力的企业和企业家，已经是当务之急，这不仅是加快长三角产业发展和转型升级的需要，也是提升自主发展能力和提升开放型经济发展水平的必由之路。

参考文献

1. 陈继勇、梁柱：《贸易开放与经济增长的内生性研究新进展》，载于《经济评论》2011 年第 6 期。

2. 戴翔、张为付：《全球价值链、供给侧结构性改革与外贸发展方式转变》，载于《经济学家》2017 年第 1 期。

3. 方勇、戴翔、张二震：《要素分工论》，载于《江海学刊》2014 年第 4 期。

4. 金京、戴翔、张二震：《全球要素分工背景下的中国产业转型升级》，载于《中国工业经济》2013 年第 11 期。

5. 马颖、余官胜：《对外开放与经济发展关系研究新进展》，载于《经济学动态》2010 年第 4 期。

6. 张二震、戴翔：《全球价值链下的贸易应对之策》，载于《中国国情国力》2015 年总第 265 期。

7. 赵伟、古广东、何元庆：《外向 FDI 与中国技术进步：机理分析与尝试性实证》，载于《管理世界》2006 年第 7 期。

中国最低工资增长及其就业效应的马克思主义经济学解释

李怡乐　肖　翰*

一、引　言

近年来我国各地最低工资标准显著提升，2010 年当年全国有 30 个省份调高了最低工资，平均增幅达到 24%。2010 ~ 2016 年间全国所有省级行政区域基本可以做到最低工资至多两年上调一次，京、津、沪等发达地区的最低工资标准则逐年上涨，上述三地最低工资的年均增速分别达到 12%、13% 和 11.8%。即使在经济增速放缓的背景下，2013 ~ 2015 年全国最低工资平均增幅依然可以达到约 10%，几乎与同期城镇单位就业人员工资增速持平，在扣除 2015 年 1.4% 的 CPI 增速后，最低工资实际增长约为 8.6%，高于 6.4% 的人均 GDP 增长。① 那么，近年来最低工资提升的原因是什么？从外生政策干预的角度来看，有学者认为最低工资增长与 2008 年《劳动合同法》的正式出台相关联，是政府对劳动者权益保护力度的增强，但是可能造成劳动力成本快速上升从而抑制投资和就业增长。从社会与经济环境的内生变化来看：一方面，最低工资上涨与刘易斯转折点背景下普通技能劳动者增量供给减少、农民工市民化进程加速带动劳动

---

* 李怡乐，西南财经大学经济学院讲师；肖翰，西南财经大学经济学基地班 2014 级本科生。
基金项目：国家社科重大项目“中国特色社会主义政治经济学探索”（2016ZDA002）；西南财经大学中央高校青年教师成长项目“生存工资、资本积累与劳资博弈——中国工人工资决定的马克思主义经济学研究”（JBK160139）。

① 以上数值及其计算根据国家统计局、人力资源和社会保障部发布的相关统计公报。

再生产成本提升相关联，这就使得最低工资增长成为吸引潜在劳动力供给的必要选择；另一方面，2008 年经济危机之后制造业出口市场压缩，总需求结构更为倚重由普通劳动者增收带来的国内消费市场扩张，因而最低工资增长与经济结构的调整方向是一致的。然而，伴随中国经济进入新常态，经济增速减缓、实体经济发展不景气，推动就业增长与促进劳动者增收间的协同匹配关系也在遭受更严峻的挑战，最低工资标准提升是否有确实的物质基础，又是否会导致失业增加值得持续关注。

在新古典经济学研究视域中，最低工资制度被视为一种典型的外生政策干预，如果政府出于劳动保护的目的将工资抬高到市场出清价格以上，就可能造成就业的减少并导致工资提升不可持续。尽管近年来有不少国内、外学者论及并在经验分析中发现，当存在劳动力市场买方垄断时，最低工资提升可能促进劳动力供给增加、对就业产生正的效应，但因为选取样本、历史背景和采用实证方法的差异，“经济学界对最低工资就业效应的方向还远未达成共识”①。基于马克思主义经济学工资理论的研究视角，最低工资的标准变化并非绝对外生的政策导入，而是现实经济运行过程中，劳动者生存工资、资本积累条件以及劳资间力量博弈关系影响下的综合产物。最低工资制度同时也是政府引导的劳动与资本关系的协调，反映了劳动力再生产环境与资本积累所面临的历史条件的变动。如上所述，当前的社会与经济背景，同时包含了支持最低工资上升的条件与限制其增长的矛盾因素。本文的研究将首先对马克思主义经济学视角的最低工资理论做系统阐释；并剖析中国近年来最低工资标准变动的原因以及可能的趋势；进而在实证分析中检验微观层面——最低工资标准变动对青年劳动力供给的影响，以及宏观层面——最低工资与地区间失业率变动的关联。

二、马克思主义经济学视角下的最低工资理论

马克思关于最低工资的研究建立在对古典经济学相关理论的借鉴基础之上，但同时融入了对异化劳动的批判和对劳动力再生产质量的关注，并逐渐引入由资本积累规律塑造劳动力供求并作用于工资分配的机制。在马克思写作的时期，最低工资尚未作为一项正式的劳动保护制度进入到现代

---

① Neumark，D. and W. Wascher. *Minimum Wages*. Cambridge：MIT Press，2008.

国家的经济法规体系。然而，伴随资本关系无限度扩张对社会再生产系统的挑战，以及工人阶级斗争性的增强，国家作为资本积累体制的调节者出台相应法规以协调积累的制度环境的呼声日渐高涨。1894 年之后，各国陆续出台有关最低工资的法律，成为对劳资间分配关系的强制约束。后马克思时代，在马克思工资理论思想的基础上，左翼经济学的研究者倾向于将最低工资标准的变动视为劳资间相对力量和资本积累体制变化的反映，关注最低工资影响收入分配且进一步改变积累路径的机制。这就与新古典边际分析视角下，工资反映劳动的边际生产率水平，高于市场供求“均衡”的最低工资引致失业的观点从根本上相区别。下面对马克思主义经济学“最低工资”理论的演进与应用做具体阐释。

（一）资本运动规律影响下作为劳动力自然价格的最低工资——马克思与古典经济学的对话

古典经济学阶段的最低工资大致等同于劳动者维持生计的基本生存工资。斯密、李嘉图等学者都曾提及过马克思意义上“历史和道德”因素对生存工资的作用，并认可市场竞争机制会使得平均工资围绕其“自然价格”波动。然而，在穆勒、马尔萨斯等人的演绎中，受竞争调节和人口规律的作用，劳动的自然价格被等价于趋向绝对最低生存标准的工资水平，事实上抛弃了从重农学派，到斯密、李嘉图所暗含的工资受劳资双方讨价还价以及道德标准影响的观点。“自然价格”即“最低工资”的论调，与“最低工资”即“工资下限的立法保护”的认识彻底相悖，前一种界定事实上认为后一种概念将造成失业的增加。时至今日，通过简单的劳动力供求模型反对最低工资的看法，亦不过是拉萨尔工资铁律的延续。① 劳动力商品的特殊性、最低工资与收入分配以及与宏观经济运行的复杂联动并未真正涉及。

在马克思的早期文献中，工资也曾被等价为满足基本生计的最低工资。然而，相比古典经济学家，此时马克思对最低工资的两个重要观点，奠定了其工资理论的显著特征。首先，让工资趋于劳动者生存绝对最低限度的，并非作为一种自然秩序的人口规律和市场机制，而是资本主义生产方式中的分工与竞争，让工人处于弱势，并陷入到永久性的相对贫困。其次，尽管马克思认可劳动力供求在工资调节中的作用，但并不认为所谓人

① 谢富胜、陈瑞琳：《马克思的最低工资学说》，载于《教学与研究》2016 年第 8 期。

口规律必然将工资引向最低值，反而生产资本的增长有可能推动实际工资提升。[①] 这两点看法，事实上就将阶级力量对比和资本积累引入，与生存工资一同构成了后来马克思工资决定机制的三大要素。[②] 以1867年《资本论》第一卷的出版为标志，马克思的工资理论走向最终成熟，并在劳动力商品理论、剩余价值理论与资本积累理论之间构筑起有机关联。至此，作为劳动力价值货币表现形式的工资，不再是古典经济学意义上，受劳动力供求条件影响趋向于最低水平的自然价格，而是随着劳动力再生产环境、技术进步和资本积累诉求的转变而变动。

（二）反向运动过程中作为劳动力再生产保护机制的最低工资——波兰尼对马克思的补充

客观来说，在马克思的文本中，由于工人阶级的再生产，特别是家庭结构以及后来的福利国家，对劳动力再生产起到的作用没有得到专门阐释，劳动力价值的决定被进行了简化处理。乃至于有不少研究者认为，马克思沿用了古典经济学意义上的最低工资作为剩余价值分析的前提条件；同时，由于没有特别论及阶级斗争在社会再生产和资本积累进程中的自主性，也就使得莱博维奇提出，马克思资本积累视角下的工资理论，与古典经济学的人口论决裂的并不彻底。[③] 产业后备军的存在提供了保证工资不脱离劳动力价值变化的引力中心，似乎亦支持了工资上升导致失业增加的强制调节过程，并且在对于马克思工资理论的传统解读中，由于更多强调资本积累对于选择技术类型具有绝对权力，就限制了工人阶级斗争寻求收入改善的自主性空间。在莱博维奇看来，这是源于《资本论》以资本为中心的观察视角，若从雇佣劳动的角度出发，阶级斗争影响了分配的过程与结果[④]，也就改变了宏观经济后续的运行轨迹。

值得注意的是，研究者们往往忽略了成熟时期马克思工资理论明确区分的“工资的最低限度”（Wage Minimum）是针对工人阶级的稳定再生产而言的，一个“合理的”最低工资标准要确保工资不至滑落到威胁劳动力

① 谢富胜、陈瑞琳：《马克思的最低工资学说》，载于《教学与研究》2016年第8期。

② 方敏、赵奎：《解读马克思的工资理论》，载于《政治经济学评论》2012年第3期。

③ 孟捷：《劳动力价值再定义与剩余价值论的重构》，载于《政治经济学评论》2015年第4期。

④ 莱博维奇：《超越〈资本论〉——马克思的工人阶级政治经济学》，经济科学出版社2007年版。

生存的生活资料标准之下，确立这一标准对于资本关系的再生产而言同样是重要的，并因此会受到国家的干预和调节。[①] 这就与后来的波兰尼、奥康纳等学者的观点形成了呼应——为了保证劳动力这种关键“生产条件”的再生产不被损坏，国家政策会给予劳动力再生产、价值决定和使用价值发挥一定的保护。对于工厂法、失业保险，以及工人运动的结果，波兰尼提出，他压根不会去辩称这些制度没有影响到劳动力市场的流动和工资涨落，他承认，哪怕失业就是源于政府和工会的政策指向了与现有生产率不相协调的工资水平，也必须有工资、工作环境标准等保护劳动力商品之人的特性，才能让劳动力市场正常发挥功能，因为这些制度的目标本就是要干预劳动力的供求法则，使其从市场轨道中脱离出去。[②] 波兰尼这样一种看似不仅反市场原教旨主义，甚至反一般供求规律的观点，却表现为19世纪末以工人运动升级和劳动立法改进为代表的“社会保护运动”的发生，事实上推动了20世纪资本主义积累体制的演进，劳资间在生产与分配领域的妥协，为适应于大规模生产的技术标准的引入和消费市场扩张提供了可能。

（三）资本积累体制演变中体现劳工力量与收入分配的最低工资——当代西方马克思主义经济学的拓展

结合马克思与波兰尼的视角，当代社会中最低工资标准是经由市场力量与社会保护运动互动形成的，对劳动者生存所需及其劳动贡献的一种认同。因而，作为一项重要的劳动制度，最低工资标准的变化是劳资间相对权力关系演变的体现，历史经验显示，它也反映了一定时期一国收入分配状况的基本特征。

在戈登的论述中，最低工资下降是美国经济进入新自由主义时期以后资本权力上升、工资挤压加剧的典型表现。战后黄金年代（1948～1968年之间），美国的实际最低工资上升了50%。此后，由于资方持续向议会施压，在1979～1989年的十年中，最低工资下降了约1/3，最低工资相对于制造业平均工资的比例，从1979年的43%下降到1989年的32%。而最低工资对工人平均收入状况的影响，一度并未得到应有的关注，究其原因在于，最低工资时常被认为只是与由青年人从事的兼职性工作有关。然而，戈登引述的

① 谢富胜、陈瑞琳：《马克思的最低工资学说》，载于《教学与研究》2016年第8期。

② 卡尔·波兰尼：《大转型：我们时代的政治与经济起源》，浙江人民出版社2007年版。

大量资料却显示，20世纪80年代至90年代初，最低工资变动及其产生的涟漪效应（Ripple Effect）影响到了约1/4的非农就业人口。1979～1988年最低工资的下降甚至解释了同期收入不平等状况上升的1/3。[①] 与此同时，尽管存在影响程度和范围的差异，最低工资增长对提升平均工资或抑制分配差距的正向作用，在国内外的经验研究中都得到了较为普遍的认同。[②]

从战后黄金年代到新自由主义阶段，实际最低工资从快速上升到明显下降，与之呼应的是，工人阶级的力量也经历了先上升后下降的历史变化。福特主义积累体制下，工人阶级收入增长、带动消费需求提升和生产扩张的良性循环机制；让位于劳资间分配冲突加剧、资本转向逐底竞争的全球化生产，以及倚靠金融修复短暂恢复利润的新自由主义积累体制。

(四) 最低工资标准变动在宏观经济运行中的传导——激进政治经济学与后凯恩斯主义的综合

正如前文所述，最低工资上涨的就业效应并未取得一致的经验结果。[③] 在新古典经济学的边际分析视野下，工资变动对个人劳动供给的影响需要区分替代效应与收入效应各自的大小；市场本身的竞争或垄断程度，以及劳动力需求曲线是否会随着宏观经济背景发生移动，都将对最低工资变动后就业的实际变化产生不确定影响。相比较新古典，在马克思主义的工资理论中，劳动力的供给和需求本身受资本积累进程的塑造，劳动力供给的多少并非基于抽象理性人的计算，而是积累体制和劳动力再生产环境变化的结果。[④] 从这个意义上讲，产业后备军也并非只是用于平抑工资波动的被动存在，工资标准变动之后的生产效率提升和需求市场扩大，同样是维系资本循环的重要条件。事实上，当代激进政治经济学与后凯恩斯主义经济学之于最低工资的研究，也是以这一机制为核心进路的，包含着效率工

---

① Gordon, D., *Fat and Mean: the Corporate Squeeze of Working Americans and Myth of Managerial "downsizing"*. New York: Martin Kessler Books, the Free Press, 1996.

② 这一主题的研究可参阅 D. Neumark and M. W. Wascher, Minimum Wage Effects throughout the Wage Distribution, *The Journal of Human Resources*, 2004, 39 (2): pp. 425－450. 权衡、李凌：《上海提高最低工资标准的收入分配效应：实证与模拟》，载于《上海经济研究》2011年第4期；以及马双、张劼、朱喜：《最低工资对中国就业和工资水平的影响》，载于《经济研究》2012年第5期。

③ Neumark, D. and W. Wascher. *Minimum Wages*. Cambridge: MIT Press, 2008.

④ Harvey, D., *The limits to Capital*. Chicago: The University of Chicago Press, 1982: pp. 381－384.

资的供给效应和产能利用率提升的需求效应两个方面。

在激进政治经济学的研究中，影响劳动与资本相对权力变化的制度因素塑造了生产过程中的劳动强度与实际工资大小，① 以较高的最低工资为代表的更为和谐的劳资关系能够更显著地推动劳动生产率的长期增长与内生的技术创新。② 近年来，在后凯恩斯主义经济学的一些代表性研究中，工资提升对劳动生产率产生正面作用、通过供给效应推动长期增长的机制也得到了有力的验证。③④ 实证中只是因为实际工资与劳动生产率之间的格兰杰因果关系往往难以确定，使得工资增长对生产率提升的供给效应时常被掩盖。工资增长带来的正向供给效应，有助于改善劳资间分配的物质基础，从而避免了工资上升造成利润挤压，进一步导致投资缩减、失业率提升与工资下降的负向调整过程。

与此同时，资本积累塑造劳动力供求的视角意味着，失业率水平更主要的取决于总需求状况，而非实际工资。这也就提出了改善工人的收入水平、扩张总需求与减少失业间可以形成良性循环体系。在垄断资本学派的代表人物福斯特看来，当代资本主义经济本身是以垄断定价和产能过剩为主要特征的，如果工会与垄断部门的谈判使工资份额上升，而工资份额上涨推动产能利用率提高和利润率上涨，则将抵销工资份额上升对投资的负面作用。⑤ 作为后凯恩斯主义经济学的代表人物，马克・拉沃曾提出劳动力的名义需求取决于劳动生产率，有效需求则源于市场繁荣状况，收入分配向工人的倾斜，将通过增加有效劳动需求提升就业。⑥ 在近期的研究中，他还注意到采取了一系列亲资本（Pro-capital）制度的国家，例如，削弱

---

① Bowles, S., and H. Gintis. The Revenge of Homo Economicus: Contested Exchange and the Revival of Political Economy. *The Journal of Economic Perspective*, 1993, 7 (1): pp. 83 - 102.

② Buchele and Christiansen. Labor Relations and Productivity Growth in Advanced Capitalist Economies. *Review of Radical Political Economics*, 1999, 31 (1): pp. 87 - 110.

③ Hein, E. and Tarassow, A. Distribution, Aggregate Demand and Productivity Growth: Theory and Empirical Results for Six OECD Countries Based on a Post - Kaleckian Model. *Cambridge Journal of Economics*, 2010, 34 (4): pp. 727 - 754.

④ Vergeer, R. and Kleinknecht, A. The Impact of Labor Market Deregulation on Productivity: a Panel Data Analysis of 19 OECD countries (1960 - 2004). *Journal of Post Keynesian Economics*, 2010, 33 (2): pp. 371 - 408.

⑤ 福斯特：《马克思、卡莱茨基与社会主义策略》，载于《中国人民大学学报》2014 年第 2 期。

⑥ Lavoie, M. Real Wages and Unemployment with Effective and Notional Demand for Labor. *Review of Radical Political Economics*, 2003, 35 (2): pp. 166 - 82.

最低工资立法、提升劳动力市场灵活性，以及抑制集体议价，其结果是工资增长缓慢，工资份额下降，收入差距的扩大，这样的做法尽管可以在出口市场竞争中取得优势，但是当面临海外市场整体经济不景气时则无以为继。[①] 学者奥纳兰和加拉尼斯（Onaran and Galanis）的研究甚至发现，在美国、日本、韩国以及欧元区的几乎所有国家，都存在利润份额上升时，总需求下降的现象。[②] 这也呼应了在全球性生产相对过剩的垄断资本主义时代，利润份额上升对投资带来的正面激励，会被工资份额减少、消费停滞和产能利用率下降对实现利润率的负面影响所抵消。

综上，立足于马克思主义经济学的视角分析最低工资标准变动的成因及其就业效应，就个人的劳动供给这一微观视角而言，需要比较最低工资标准与劳动力再生产成本、工人阶级的议价能力的相对变化，从而分析工人选择变化背后的经济与社会成因；就整体失业率变化这一宏观视角来看，要避免将工资仅仅视为成本、将劳动力市场视为一般商品市场的做法，而是考虑到工资上涨带来的正向的供给与需求效应。

三、近年来我国最低工资标准增长的成因与未来趋势

在2004年颁布《最低工资规定》时，我国的劳动保障部门曾给出了最低工资标准的确定方法：综合考虑城镇居民的生活费用、职工平均工资、社保和公积金缴纳情况，以及失业率和经济发展水平。常用的计算方法是以某一地区最低收入20%家庭的人均收入乘以就业者负担人口系数，或是以贫困家庭食物消费金额除以恩格尔系数形成基准，适度调节；同时参考国际上月最低工资标准相当于月平均工资40% ~60%这一标准。以2006年和2007年数据为基础，宁光杰曾考察过中国各地最低工资标准的设定依据，发现最低工资与失业率、人均GDP、平均工资、外商投资占比、企业利润等指标的关系较为紧密。[③] 也就是说，我国各地的最低工资

---

① Lavoie, M. and Stockhamme, E., *Wage-led Growth*: *An Equitable Strategy for Economic Recovery*. Basingstokeand Geneva: Palgrave and ILO, 2013.

② Onaran, Ö. and Galanis, G. Is Aggregate Demand Wage-led or Profit-led? A Global model' in M. Lavoie and E. Stockhammer (eds), *Wage-led Growth*: *An Equitable Strategy for Economic Recovery*. Basingstokeand Geneva: Palgrave Macmillan and ILO, 2013.

③ 宁光杰：《中国最低工资标准制定和调整依据的实证分析》，载于《中国人口科学》2011年第1期。

标准主要取决于与地方经济发展水平相关联的劳动者维生的最低标准，并且会受到投资提升和企业经营状况改善的积极影响。而近年来，我国各地最低工资的明显上涨取决于相互强化作用的两重背景：首先是经济增长体制转变更趋向于倚重内部需求扩张，并挖掘专业分工深化之供给侧创新动能；其次，最低工资制度的落实与其他的劳动以及社会保障制度协同，提升了劳动者的议价能力和工资水平，而这一政策变化又是在原有宏观经济失衡、刘易斯转折点背景下的积极调节，巩固了上述增长体制演变的必然。

20 世纪 90 年代中后期起，在中国经济的持续增长过程中，实际工资增速曾长期落后于劳动生产率的增长，致使工资份额在 1995 ~ 2007 年间以年均 5% 的速度下降，但是因为有出口需求的支持，入世后至 2007 年净出口对 GDP 增长的年均贡献率为 10%，工业企业产能利用率在此期间年均增速为 7.1%，使得企业利润率、投资也持续增长，中国一度建立起有效的利润驱动型增长体制。然而，以 2008 年为拐点，美国经济危机波及全球市场的萧条（2008 ~ 2015 年间中国净出口对 GDP 的贡献有 5 年为负，年均贡献为 -8.67%），[①] 提示中国经济增长更趋向于以国内消费市场扩大和供给创新能力提升为核心动力。在奥纳兰和加拉尼斯的研究中，所有经济体，无论总需求是由利润驱动还是由需求驱动，在排除净出口以后，国内需求增长必然是工资驱动的。[②] 事实上，扭转工资增长长期低于劳动生产率增长造成的宏观经济失衡，在 2008 年前后也是学界的重要呼声。[③④] 海外市场萧条，与中国劳动保障制度改进、劳动力供求条件变化在时间点上的大致契合，加速了中国经济增长体制调整的进程。

从 1994 年建立，到 2006 ~ 2007 年基本完善并落实[⑤]，最低工资保障

---

① 根据国家统计局发布的相关数据测算。

② Onaran, Ö. and Galanis, G. Is Aggregate Demand Wage-led or Profit-led? A Global model' in M. Lavoie and E. Stockhammer (eds), Wage-led Growth: An Equitable Strategy for Economic Recovery [M]. Basingstokeand Geneva: Palgrave Macmillan and ILO, 2013.

③ 徐长生、刘望辉：《劳动力市场扭曲与中国宏观经济失衡》，载于《统计研究》2008 年第 5 期。

④ 龚刚、杨光：《从功能性收入看中国收入分配的不平等》，载于《中国社会科学》2010 年第 2 期。

⑤ 1994 年我国劳动部首次向各地区劳动部门提出了拟定最低工资标准的要求，直至 2003 年全国 31 个省（自治区、直辖市）建立起最低工资保障制度，更为翔实的《最低工资规定》于 2004 年才正式出台，2006 年起国务院明确要求最低工资标准每两年至少调整一次，并在此后将最低工资制度的严格执行作为一项重要的劳动监察内容。2007 年作为标志性的一年，当年全国有 29 个省（区、市）调整了最低工资标准。

制度与2008年《劳动合同法》的出台相匹配，成为中国劳动立法乃至经济发展过程中的标志性的历史事件。此后，劳动合同签订比例有所提升，工人维权意识增强，2010年当年全国发生的工人维权活动出现一个小高峰。而在社会保障领域，不仅就业人口的参保比例快速增长，2007年城镇医保也正式覆盖到无正规就业岗位或未就业的一般居民，农村医疗和养老保障亦开始建立。与劳动和社会保障相关的制度改进，一定程度上提升了工人与市场风险对抗的能力。与此同时，随着对中国刘易斯拐点临近的讨论增加，劳动力成本上升的预期加强。以人保部发布的我国城市劳动力市场上的岗位空缺与求职人数比来看，2001～2015年间，尽管该比例曾于2008～2009年因经济危机有短暂下跌，但还是从2001年的0.71逐步攀升至2015年第一季度的1.12。作为一种回应，农业转移人口市民化的重大历史工程，不仅是让现代城市的公共服务和福利待遇惠及全体劳动者所必需的，客观上也为支撑产业发展起到了稳定劳动力供给的作用。与此相关联，劳动力再生产环境的转变，尽管将推动工资增长，却也将提供巨大的消费增量，在劳动力成本上升的同时，辅助消化因海外市场缩水积压的过剩产能。

在上述背景下，2008年之后工资份额出现回升，2010～2015年第二产业和第三产业劳动生产率的年均增速为8%，低于城镇单位就业人员的年均工资增速（11.2%）和最低工资年均增速（约12%～15%）。然而，如上所述，这样的相对变化比例并不一定代表着对工资增长的物质基础的耗竭，而是对原本失衡的增长结构的调节。因为此轮工资增长，乃至于最低工资标准的提升，本就是基于已有劳动力供需条件和经济结构内生变化的结果，工资增长与近年来中国经济增长体制转变的方向相一致，政策调整只是基于宏观经济环境起到助推力的作用。

同时值得注意的是，尽管在2010～2015年间，各地最低工资年增速几乎都大于平均工资增速，但是由于初始值过低，其绝对值水平并未超过低收入家庭的一般生存所需。表1以城镇居民收入五等份中最低收入20%家庭的人均可支配收入，乘以家庭中每一就业者的平均负担人数，得到劳动者的基本生存工资，对照同时期上海和成都两地的最低工资可以发现，目前处在全国最高和中等偏上水平的最低工资尚没有达到负担全国平均水平的最低收入家庭生存的标准。① 上述5年间，城镇低收入家庭人均可支

---

① 考虑到一般的最低工资标准没有包含企业为工人缴纳的社会保险、住房公积金，以及发放的其他福利。此处，选择以全国较高水平的最低工资比照平均水平的可支配收入。

配收入的增速为11%，最低工资增长只是略高于这一标准。与此同时，尽管近年来各地最低工资相对平均工资增速较快，最低工资与平均工资之比有所提升，劳动者内部工资收入差距有一定程度的下降，但是2015年全国各省级行政区域最低工资的最高标准比当年各省平均工资的均值约为31%，其中北京仅为18.5%，上海为22%，四川为27%，尚远低于该比例40%~60%的国际标准。因而，当前最低工资的上涨首先是对过去绝对和相对水平都过低状态的一种补课，最低工资依然有相对更快速增长的空间。

表1　　生存工资、城镇职工工资、最低工资标准的比较

指标 年份	城镇最低收入20%家庭年人均可支配收入	就业者负担人口系数	最低收入20%家庭月生存工资（元）	法定月最低工资（上海）（元）	法定月最低工资（成都）（元）	城镇单位就业人员平均工资（元）
2010	7 605	1.99	1 261	1 120	580	3 045
2011	8 789	1.98	1 450	1 280	850	3 483
2012	10 353	1.95	1 682	1 450	1 050	3 897
2013	9 895	1.95	1 608	1 620	1 200	4 290
2014	11 219	1.95	1 823	1 820	1 400	4 697
2015	12 230	1.95	1 987	2 020	1 500	5 169

资料来源：根据《中国统计年鉴》以及人社部发布相关数据计算和整理。

四、最低工资增长与青年劳动力供给、地区失业率间的经验关联

最低工资变动的就业效应是劳动经济学经验研究的传统问题。然而，即使在新古典经济学的视域中，受劳动力市场结构特征的影响、监督力度的不同，乃至于数据样本和实证方法的差异，都使得最低工资的就业效应存在大量相反的经验结果。①

与既往研究一般将“最低工资标准”视为绝对的外生政策导入不同的

① 丁守海：《最低工资管制的就业效应分析——兼论〈劳动合同法〉的交互影响》，载于《中国社会科学》2010年第1期。

是，在前述经济增长体制转变、劳动力供求结构及其议价能力变化的背景下，我们判断，最低工资的增长是顺应于经济结构调整的合理演变，这一变化将有助于推动潜在劳动力供给，特别是保留工资相对更高的新生代农民工劳动力供给；同时，依照前文所述激进政治经济学和后凯恩斯主义经济学的观点，最低工资提升也是收入分配状况向普通劳动者倾斜的表现，如能带动工资驱动型增长体制的良性循环，就将对投资、就业与增长产生正面的影响。因而，我们分别关注最低工资对青年劳动力供给的直接效应，以及与地区间失业率间可能的关联。

（一）最低工资对青年劳动力供给的直接效应

基于中国家庭金融调查（CHFS）2013 年的数据，关注 16～30 岁之间经济活动人口中受雇佣群体劳动参与的真实意愿，剔除学历为硕士及以上的样本。[①] 表 2 提供了样本中青年劳动力的个人特征（平均年龄为 24 岁，42% 为农村户籍，就业率为 59%，劳动参与意愿为 63.7%）、家庭特征，以及匹配的 80 个区县的地域特征[②]宏观变量的描述统计。

表 2　　16～30 岁青年样本特征变量描述统计

微观变量	平均值	标准差	宏观变量	平均值	标准差
是否就业	0.594	0.491	2012 年月最低工资	962.5	193.6
去年劳动时间（小时）	1 981	1 029	2012 年小时最低工资	8.960	1.726
劳动参与意愿	0.637	0.481	2012 年人均 GDP	64 009	67 475
有劳动能力者劳动参与意愿	0.879	0.326	2012 年登记失业率	0.0441	0.0241
受雇佣的有劳动能力者劳动参与意愿	0.845	0.362	2012 年 CHFS 数据失业率	0.0565	0.0480

① 特别选择青年劳动力作为研究对象，是因为青年劳动力进入劳动力市场时间普遍较短，且受其劳动技能、工作经验等限制，收入和劳动供给尚具有不稳定性，最低工资对这一群体影响可能更大。同时排除这一年龄段中受最低工资直接影响可能较小的硕士及以上高学历群体，以及就业选择受限的在校学生群体。

② 由于 CHFS 调查以调查年份的前一年为对象，故使用《中国城市统计年鉴（2012）》数据进行匹配。

续表

微观变量	平均值	标准差	宏观变量	平均值	标准差
农村户籍	0.422	0.494	2012年人口自然增长率(‰)	5.960	5.552
已婚	0.381	0.486	2012年平均工资	46 936	14 928
男性	0.500	0	2012年固定投资增长率	0.319	0.969
小学	0.0656	0.248	2012年GDP增长率	9.870	8.803
初中	0.320	0.467	2012年工资增长率	0.112	0.0672
高中及以上（不包括硕士及以上）	0.589	0.492			
年龄	23.50	4.072			
所在家庭有工作的人数	2.721	1.343			
所在家庭总人数	4.573	1.752			
0～6岁人口数	0.653	0.888			
65岁以上人口数	0.257	0.558			
所在家庭高等教育人数	0.376	0.677			
所在家庭净资产	656 483	1.547e+06			

采用（1）式所示的Logit模式，在控制个人和家庭特征影响的同时，考察最低工资对个人劳动力市场参与意愿的影响。

$$LFPR = \beta_0 + \beta_1 X_i + \beta_2 P_i + \beta_3 Q_i + \theta \ln(MW_j) + \varepsilon \quad (1)$$

其中，LFPR表示劳动参与，为二元离散变量，$\ln(MW_j)$为所在地区j的最低工资标准对数，结合学界对我国劳动供给一般影响因素的研究，引入的控制变量个人特征X_i包括年龄、受教育程度、户籍以及婚姻状况；家庭特征P_i包括家庭总人数、0～6岁人口数、65岁以上人口数、家庭高等教育人口、有工作人数和净资产。同时，为避免最低工资对劳动供给的影响被地区间的差异覆盖，引入的地域特征Q_i包括人口自然增长率、2012～2013年当地工资增长率、CHFS2013调查得出的地区失业率、GDP增长率。表3对（1）式回归结果的总结显示，在逐步控制了个体、家庭、地域特征后，最低工资提升对青年劳动力的供给意愿存在显著的正向影响，并且回归系数以及标准误变化较小，表明结果的稳健性较高。

表3　最低工资标准对16~30岁人群劳动意愿的影响（Logit模型估计结果）

变量名	单因素	加入个体特征	加入家庭特征	加入地域特征
最低工资标准对数	0.13*** (0.03)	0.07* (0.04)	0.08** (0.04)	0.08** (0.04)
个人特征	—	是	是	是
家庭特征	—	—	是	是
地域变量	—	—	—	是
准 R^2	0.0052	0.1158	0.2717	0.2719
样本量	3 038	3 038	2 952	2 934

注：本表回归系数已由边际效应的系数替代，括号中为标准差；***、**、*分别表示在1%、5%及10%水平下显著。

上述实证结果与我们的预期一致，并且提供了重要的政策依据。在劳动力需求缺口扩大、潜在供给增长有限，且2008年以来劳动法规和社会保障体系一定程度提升劳动者议价能力这一重大历史背景下，青年劳动力的保留工资增长，而原本过低的工资标准限制了其劳动力再生产的正常进行。根据国家统计局发布的“2016年农民工监测调查报告”，近年来由于青年劳动力供给的不足，农民工的平均年龄不断提升，但同时1980年及以后出生的新生代农民工已逐渐成为农民工的主体，占当年全国农民工总量的49.7%。以这一群体为观察对象，与上一代农民工相比，从职业技能来看，他们的受教育水平更高，更关注在城市的长期职业发展而不懂得农业生产，但是却往往以频繁的职业流动和“短工化”作为对工作环境、待遇不满的反抗；① 从就业选择来看，他们的外出倾向更强，更愿意在大城市打工，在城市定居的意愿也更高，但主要受制于较低的收入和过高的住房成本；② 从身份认同来看，他们与新生代城市工人的职业生涯、消费特征区别缩小，由于参照系差异，他们对自身经济社会地

① 据统计，2000年以后进入劳动力市场的农民工，其每份工作的平均持续时间为3.80年，而2008年开始工作的农民工每份工作的平均持续时间却只有1.4年。从出生年份看，1981年和1991年出生的农民工，每份工作的平均持续时间分别为2.68年和0.93年。资料来源：汪建华：《新生代农民工的城市生活图景》，载于《文化纵横》2016年第3期。

② 国家统计局住户调查办公室：新生代农民工的数量、结构和特点，http://www.stats.gov.cn/ztjc/ztfx/fxbg/201103/t20110310_16148.html。

位的认同甚至高于新生代城市工人;[①] 从行为模式来看，他们的消费倾向更高、反抗意识更强烈，集体行动更为频繁;[②] 从经济发展的历史背景来看，第一代农民工表现为资本积累进程中完全的剩余创造者，而新生代农民工在父、母辈创造的物质财富基础上，有了相对更大的职业选择与发展空间，经济增长结构的调整也推动他们从完全的生产者向消费者转变。从国家发展战略的角度看，早在 2010 年的中央一号文件，就将新生代农民工的市民化纳入了重要议事日程，并成为 2014 年以来新型城镇化的重要突破口，不仅因为这有助于推动青年劳动力供给，也将提供新常态下消费增长和专业分工深化的持续动力。因此，以提高最低工资标准为代表，改善低收入和青年就业者群体工资水平的举措，事实上成为与市民化进程和增长战略转变相一致的必然选择；而下面的经验分析显示，当前最低工资的增长亦不足以威胁积累的正常进程并导致失业率提升。

（二）最低工资标准与地区失业率的关联

基于 2010 ~ 2013 年四年间《中国城市统计年鉴》的数据，考察 252 个地级市最低工资、人均 GDP、失业率、人口自然增长率、固定投资增长率、各产业增长率及占比等宏观数据，构筑面板数据。

$$UR = \beta_0 + \beta_j Q_j + \theta \ln(MW_j) + Z_{jt} + \varepsilon \tag{2}$$

（2）式通过固定效应回归测量最低工资变动与失业率水平的关系（见表 4）。其中 UR 为失业率，$\ln(MW_j)$ 为所在地区 j 的最低工资标准对数，Q_j 为控制变量，Z_{jt} 为时间趋势变量。控制变量组包含经济指标变量和其他变量，其中经济指标变量包括 GDP 增长率、人均 GDP、外商投资、固定投资、房地产投资、第二产业比重、第三产业比重，以控制经济繁荣程度和产业结构对失业的影响；其他变量为人口自然增长率和平均工资水平。[③]

---

① 李培林、田丰：《中国新生代农民工：社会态度和行为选择》，载于《社会》2011 年第 3 期。

② 卢晖林、潘毅：《当代中国第二代农民工的身份认同、情感与集体行动》，载于《社会》2014 年第 4 期。

③ 人均 GDP，外商投资，固定投资，房地产投资，工业企业数和平均工资均进行取对数处理。

表4　　最低工资标准对失业率的影响（固定效应模型估计结果）

变量名	单因素	加入经济指标	加入其他变量
月最低工资对数	-0.0284*** (0.00479)	-0.0306*** (0.00476)	-0.0199*** (0.00472)
经济水平变量	—	是	是
其他变量	—	—	是
时间趋势	是	是	是
常数项	0.249*** (0.0316)	0.426*** (0.0983)	0.407*** (0.124)
样本数	1 006	999	993
拟合优度	0.099	0.113	0.088

注：括号中为标准差；***、**、*分别表示在1%、5%及10%水平下显著。

固定效应模型提供的经验结果显示：与认为最低工资提升导致资本外移、对普通劳动力技术替代，从而失业增长的观点相悖，近年来月最低工资标准提升10%，失业率反而在原有水平上降低0.21%左右。尽管失业率的下降程度不高，但是这一结果在控制了GDP与投资增速、产业结构、人口自然增长率等因素后依然是显著的，表现出较强的稳健性。这意味着，高最低工资与较低失业率的组合不仅仅是因为某地的经济发展状况繁荣提供了更多就业岗位和更优厚的分配基础，上述结果同时验证了当前我国最低工资标准的提升，至少不会直接导致失业率增长，并且与前一个微观层次的实证结果相呼应，即高最低工资通过吸引普通劳动者供给意愿增强、配合农民工市民化的历史进程，稳定劳动力供给，扩大消费市场，进而可能带动投资增长和就业增加，形成一个良性循环体系。

五、结论与启示

学者瓦尔德曼曾在一篇关于最低工资的综述文章中提出，最低工资增长带来失业提升的“正统”观点事实上一直遭受着理论和实证研究的挑战，但却给决策者和公众制造了根深蒂固的直观印象。其中关键的原因在于：主流经济学研究“反劳工”和“亲资本”的意识形态在20世纪80年代以后愈加盛行，反对一切市场干预的有效性，且对于所谓“效率”的关注远大于对人的生存状况和民主的关注。[①] 在最近关于“不平等”问题的研究中，也有学者提出不仅是经济学导论课程让简单的劳动力市场供求模型深入人心，高度依赖廉价劳动力的行业作为既得利益群体一直试图让最低工资保持在低水平，如果最低工资上涨后劳动密集型行业的失业率没有增长，意味着这些企业一直在享受低工资带来的“超额利润”。[②]

回归马克思主义经济学的视角，劳动力商品的特殊性意味着最低工资标准不仅是一种对于劳动力再生产的保护机制，也是劳资间相对权力关系制度化的表现，工人的存在不仅是作为剩余的创造者，也是消费增长与创新升级的源泉。最低工资提升标示着的劳动力再生产环境改善与劳资间的妥协，也可能带动生产与消费更合理的对接，助推就业增长，表现为资本积累体制的重构。

在当前中国改革的时点上，最低工资标准提升与农民工市民化进程中劳动力再生产成本的变化、刘易斯转折点背景下劳动力供求结构改变以及公共政策保护性增强相关联；并且当前最低工资较快的提升是对过去过低标准的补课，尚没有达到国际上一般的最低工资制定标准。当然，由于最低工资标准在各地区执行力度的差异，企业可能通过加班来弥补月最低工资上涨造成的收益损失，以及登记失业率可能存在对真实失业情况的低估，本文经验结果的稳健性有必要随调查数据升级进一步检验，但还是为我们提供了以下重要的政策启示：

首先，面对传统人口红利消失、新生代农民工市场力量和行为模式的变化，普通劳动力成本提升是经济新常态下的常态趋势。顺应经济与社会发展的现实推力，合理提升最低工资标准，并保证其严格落实，是挖缺潜在劳动力供给的基本需要。

其次，尽管最低工资提升及其带动的平均工资增长拉高了企业运营成本，但是目前并没有充分的证据显示，企业可以普遍地通过劳动替代型技术及资本外移，提升失业率水平。反倒是全球性的生产相对过剩和海外市场萎缩，提示经济增长体制进一步发掘内部市场的分工深化与创

---

① Levin - Waldman, Oren M. Why the Minimum Wage Orthodoxy Reigns Supreme. *Challenge*, 2015, 58 (1): pp. 29 - 50.

② Kwak, J. Economism: Bad Economics and the Rise of Inequality. New York: Pantheon Books, 2017.

新动力，这又与推动普通劳动者增收和推动农民工市民化的进程具有一致性。

综上，当前中国经济体的内生变化使得最低工资标准提升势不可当，而上述变动对劳动力供给和就业市场产生的正向影响，将助推新常态下中国经济增长的动力机制进一步向工资驱动型增长转变。

中国金融发展与城乡收入差距

——基于门槛效应的实证分析

盖凯程　于　平*

一、引　言

随着中国经济持续高速发展，居民收入水平不断提高，但居民间的收入差距也在不断扩大。金融作为现代经济的核心，在经济发展中的表现越来越活跃，对资源配置和收入调节的影响也越来越重要。金融在融通资金的同时能否起到调节收入分配的作用？

格林伍德和约万诺维奇（Greenwood and Jovanovic）最早提出了金融发展与收入不平等之间存在倒“U”型关系，简称 C－J 模型。模型表明，金融发展早期，由于穷人进入金融市场存在门槛，金融发展加剧了收入的不平等，随着金融发展的深化，穷人进入金融市场的门槛降低，一部分穷人进入金融市场，收入不平等缩小①。不同阶段的金融发展对收入差距的影响是否不同？金融发展影响收入差距的门槛效应如何？

由统计年鉴历史数据可知，城镇居民人均可支配收入由 1978 年的 343.4 元上涨到 2014 年的 29 381.0 元，增长了 86 倍；农村居民人均纯收入由 1978 年的 133.6 元上涨到 2014 年的 9 892.0 元，增长了 74 倍。以城镇居民人均可支配收入与农村居民人均纯收入的比值粗略估算，1978 年城

* 盖凯程，西南财经大学经济学院教授；于平，西南财经大学经济学院博士研究生。

① Greenwood J., Jovanovic B.. Financial Development, Growth, and the Distribution of Income [J]. *Journal of Political Economy*, 1990, 98 (5): pp. 1076－1107.

乡居民收入差距为2.57，2014年扩大到2.97，扩大了1.16倍。张宏彦等（2012）指出，中国居民收入差距，特别是城乡居民收入差距呈不断扩大趋势[①]。陈宗胜、周云波（2002）关于收入分配的研究表明，在中国居民收入差距的增加值中，城乡差别的贡献率最大，达到104.58%[②]。

二、文献综述

自格林伍德和约万诺维奇开创金融发展与收入差距的模型（C－J模型）的先河以来，学界对该话题的关注一直持续不断。阿吉翁和博尔顿（Aghion and Bolton，1997）、马塔拉米（Matsuyam，2002）等通过对资本市场和信贷市场"涓流效应"（Trickle－Down Effects）的分析，得出了与C－J模型相同的结论。汤森德和上田（Townsend and Ueda，2006）通过对G－J模型的动态改造，证实了金融发展与收入差距之间的倒"U"型关系。当然，也有许多学者并不赞同上述观点。如贾立连和柯克帕特里克（Jalilian and Kirkpatrick，2005）、让纳内和科帕达（Jeanneney and Kopdar，2005）、多拉尔和克雷（Dollar and Kraay，2006）、贝克、德米居奇－匡特和莱文（Beck，Demirguc－Kunt and Levine，2007）、哈诺汉和约德（Honohan and Yoder，2010）等认为，金融发展与收入差距之间存在一种单向关系，即金融发展要么扩大收入差距，要么缩小收入差距。

相比国外学者的理论阐释，国内学者主要从实证经验方面研究了金融发展与收入差距的关系。邓伟、刘萍萍（2016）指出，城乡收入差距是构成中国居民收入差距的重要方面，因而国内有关金融发展与收入分配关系的实证研究主要集中在金融发展对城乡收入差距的影响。章奇等（2004）首次以银行信贷占GDP比重衡量金融发展同城乡收入差距的关系进行了实证分析，研究发现金融发展显著地扩大了城乡收入差距。温涛等（2005）的研究表明，我国金融发展同样扩大了城乡收入差距。姚耀军（2005）认为，金融发展规模的扩大会拉大城乡收入差距，而金融发展效率的提高会缩小城乡收入差距。刘敏楼（2006）通过实证研究发现，我国

① 陈宗胜、周云波：《再论改革与发展中的收入分配》，经济科学出版社2002年版。

② 张宏彦、何清、余倩：《中国农村金融发展对城乡收入差距影响的实证研究》，载于《中南财经政法大学学报》2013年第1期。

金融发展与城乡收入差距呈倒“U”型关系。胡金焱、卢立香（2009）运用我国1986～2007年28省统计数据对金融发展与城乡收入差距的关系进行了格兰杰因果检验，结果表明金融发展水平与城乡收入差距长期内因果关系不显著，短期内金融发展规模与城乡收入差距存在双向因果关系，而金融发展效率与城乡收入差距因果关系不显著。郭志仪、赵小克（2012）根据甘肃省1978～2011年的数据，运用协整检验、误差修正模型以及格兰杰因果检验对金融发展与城乡收入差距进行了实证分析，结果表明金融发展规模的扩大加剧了城乡收入差距。

目前，有关金融发展与收入差距的关系主要形成了四种观点：金融发展与收入差距存在倒“U”型关系（沈坤荣、方文全，2005；Kim Dong，Lin Shu，2011）。金融发展缩小了收入差距（Clarke，Xu，Zhou，2003；Beck，Kunt，Levine，2004；苏基溶、廖进中，2009；张文、许林，2010；李志军、奚君羊，2012）。金融发展扩大了收入差距（张立军、湛泳，2006；叶志强等，2011；李志阳、刘振中，2011；余玲铮、魏下海，2012）。金融发展与收入差距的关系不确定（Banerjee & Newman，1993；陆铭、陈钊，2004；尹希果等，2007）。

从金融发展与城乡收入差距的国内研究来看，现有文献较多从金融发展与城乡收入差距的线性关系出发，运用全国、区域面板数据或某省份的时间序列数据对二者的关系进行研究，通过格兰杰因果检验、协整检验等方法得出金融发展扩大城乡收入差距，或金融发展缩小城乡收入差距的观点。目前研究较少关注金融发展与城乡收入差距的非线性关系。本文从面板门槛模型入手，研究金融发展对城乡收入差距的非线性影响。改革开放以来，我国经济、金融发生了一系列巨大的变化，随着每一阶段的改革与发展，金融对经济、收入分配的影响也存在不同的特征，由此形成门槛效应，固定参数分析方法不存在门槛值的估计，因此难以刻画金融发展的不同阶段对收入的影响特征，从而得出片面的线性正相关或负相关关系。冉光和、鲁钊阳（2011）指出，经济决定金融，金融服务经济；经济发展差距必然造成金融发展差异，金融发展差异必然带来经济发展差距；自然，金融发展差异必然会对作为经济发展差距重要体现的城乡收入差距带来影响。因此，考虑金融发展的门槛效应，进一步研究金融发展与城乡收入差距的非线性关系，对当前我国金融体制改革、新型城镇化建设以及城乡一体化发展都有着重要的理论意义和实践意义。

三、理论框架

从马克思主义经济学的视角看金融非均衡发展与城乡收入差距的关系，资本有机构成从本质来讲是由技术水平决定的，但是定量资本和与之相应的劳动量并非固定不变，而且由于信息不对称和交易成本的客观存在，从新技术的应用到金融市场与劳动力市场的平衡是一个长期演变的过程。进一步假定，劳动力的投放作为可变要素，资本作为不变要素，依据“边际生产力理论”，在一定的资本量下，劳动力逐步投入的边际产品收益先增后减，最终回到边际成本点。这一过程劳动力边际生产力的加总可以看作固定资本对劳动力要素的容积力。由于城乡部门资本有机构成不同，城市部门资本有机构成更高，需要的资本更多，劳动边际生产力也更高，因此，城乡部门的资本容积力不同。[①] 假定劳动力提供的边际成本固定不变，期初城市部门劳动力成本明显高于农村部门，二者呈先增大后减小的趋势。当二者相同时，固定资本量下，劳动力的吸纳达到饱和。进一步假定城乡部门的劳动力市场和产品市场均为完全竞争市场，此时劳动力的边际产出即劳动力的需求曲线。同时，公认农村剩余劳动力为无限供给，即农村劳动力供给曲线为水平直线，但城市劳动力供给存在结构性短缺，主要表现为地区性、部门性、年龄性和技能性短缺，故城市劳动力供给曲线相比农村劳动力供给曲线较为陡峭，则农村部门和城市部门劳动力市场认定的竞争性工资水平不同，城乡人均工资存在差异。将各种各样的机器设备称为物质资本，用来购买机器设备或维持企业经营的货币称为金融资本，金融中介（尤其是银行）是融资的主要渠道，金融中介的发展对物质资本的积累有着不可替代的作用，相应的金融资源在城乡的配置很大程度上决定了城乡的资本积累水平。金融集聚理论认为，金融资源在城乡的空间配置是金融产业成长与发展，进而在一定地理空间形成金融产业集聚的过程与结果，配置状态取决于金融资源集聚与扩散的程度和阶段。

结合中国二元经济特征，从金融集聚理论出发，观察和分析金融资源城

---

① 胡宗义、刘亦文：《金融非均衡发展与城乡收入差距的库兹涅茨效应研究——基于中国县域截面数据的实证分析》，载于《统计研究》2010 年第 5 期。

乡配置结构的演变过程进而金融发展影响城乡收入差距的内在机理①，可以发现，随着金融发展水平的提高，金融集聚经历四个阶段——初期、集聚、后期和扩散（见图1）。

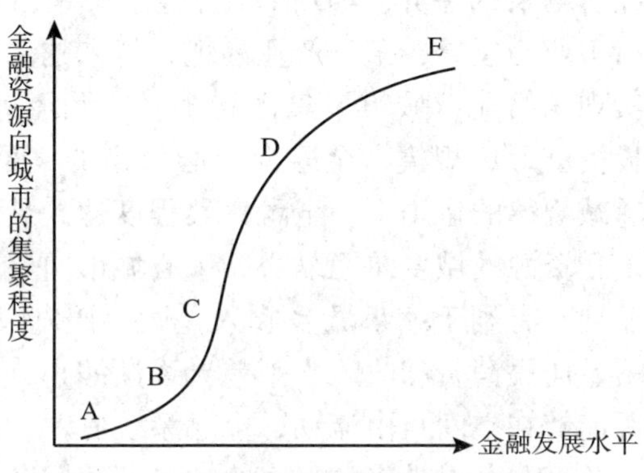

图1　金融资源向城市集聚的运动轨迹

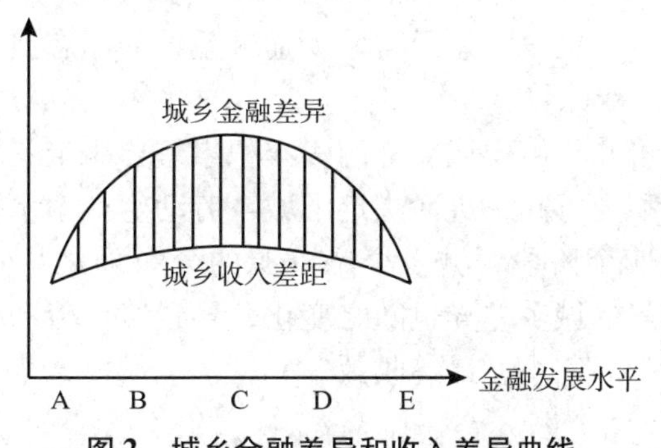

图2　城乡金融差异和收入差异曲线

图1中，AB阶段为金融集聚的初期，经济以农业发展为主，不存在现代城市工业，二元经济特征不明显。金融在产业结构中的比重较小，无法形成储蓄和投资规模，资金在空间上的流动微弱，金融集聚缓慢，金融资源在城乡间的差距较小。BC阶段为金融集聚阶段，曲线由B点陡升至C点。经济由传统农业经济开始向商品经济或市场经济转变，商品生产和交换的规模扩大，出现“城市中心—农村边缘”的空间结构，二元经济特征显现且不断强化。金融业成为经济增长的推动力。同时，储蓄和投资规

① 乔海曙、陈力：《金融发展与城乡收入差距倒“U”型关系再检验——基于中国县域截面数据的实证分析》，载于《中国农村经济》2009年第7期。

模扩大，资金在空间上的流动加快，随着城市工业化的发展，城市资本积累和技术水平显著高于农村，使得资金和金融机构迅速向城市集聚，城市中心金融集聚明显，农村边缘金融业衰落，城乡金融资源差距迅速扩大，进一步推动城乡经济增长的差异。CD 阶段为金融集聚后期，曲线由陡升转为折状。经济以工业为主导，第三产业涌现，越来越多的资本投入到扩大再生产，交通实现网络化，城市聚集区增多。二元经济结构开始转变，城乡居民储蓄和投资已形成规模，金融向中心城市的集聚开始减速上升，在资本边际效益递减规律的作用下，金融集聚程度达到最大，金融资源开始向农村扩散，金融资源的城乡差距缩小，中心城市向周边农村经济增长的辐射效应开始显现，有利于缩小城乡收入差距。DE 阶段为金融扩散阶段，城乡经济水平、居民消费和收入水平差异逐渐缩小，二元经济转向一元经济，金融资源能够在空间自由流动，金融系统有序、健康发展，周边农村居民和企业能够享受金融带来的财富收益和便捷服务，同时，在扩散效益的作用下，区域城乡差异缩小。图 2 展示了城乡金融差异与居民收入差距的内在关系，居民收入差距与城乡金融差异的动态演变趋同，二者均呈现倒“U”型演变趋势。

从前文分析可知，由于城乡部门资本积累差异决定了城乡部门固定资本对劳动力的容积力不同，进而决定了城乡劳动生产率水平的差异。金融资源集聚经历了四个阶段，城乡金融资源的分布随之从不平衡到逐渐收敛，引发资本积累的城乡差异也随之变化，导致城乡劳动力报酬差异先扩大，达到一定水平后缩小，最终收敛。

四、实证研究

（一）变量选取与数据来源

1. 金融发展指标

有关金融发展的衡量，现有文献主要从金融发展规模和金融发展效率展开（武小龙、刘祖云，2014；赵昕等，2016）。本研究中，金融发展规模以金融业增加值与地区 GDP 的比值衡量，根据国家统计局给出的定义，金融业增加值是指按市场价格计算的一个国家（或地区）所有常住单位在一定时期内从事金融业生产活动的最终成果。任明珠（2015）认为，金融业增加值比较综合地反映了我国金融业发展的整体形势，优于麦氏指标（M2/GDP）和戈式金融相关率指标（FIR）。此外，金融发展效率以金融机构年末贷款余额与金融机构年末存款余额的比值衡量，这是因为目前我国金融市场仍是银行业占据主导地位，银行存贷比在很大程度上能够反映我国金融业发展的效率。

2. 城乡收入差距指标

目前，关于城乡居民收入差距的衡量指标主要有三种：基尼系数（陈昌兵，2007）；泰尔指数（王少平、欧阳志刚，2007；孙永强、万玉琳，2011）；城乡居民收入比，城镇居民人均可支配收入与农村居民人均纯收入之比（黄志淋、赖小琼，2011）。鉴于城乡收入比具有可比性和连续性，本文选择城乡居民收入比衡量城乡收入差距。此外，为消除通货膨胀的影响，城乡居民收入分别由城乡居民消费水平平减得到。

3. 其他变量与数据来源

其他变量包括经济增长、产业结构、城镇化和外贸依存。一直以来，金融发展与城乡收入差距的关系隐含在经济增长与城乡收入差距的关系中，随着经济金融化进程的加快，金融发展对城乡收入差距的影响逐渐凸显，研究金融发展与城乡收入差距，同样离不开经济增长与二者的关系。文中经济增长以人均 GDP 衡量。产业结构以第二、第三产业占 GDP 的比重来衡量，产业结构升级能够优化产业布局，吸纳劳动力，增加居民收入。城镇化以城镇人口占总人口比重衡量，城镇化加快了农民向市民转变，主观上能够缩小城乡收入差距。外贸依存以进出口贸易总额占 GDP 比重衡量，外贸依存较大的地区居民收入高。

金融发展原始数据来源于历年《金融统计年鉴》，城乡收入差距原始数据来源于历年《中国统计年鉴》，其他变量来源于《EPS 全球统计分析平台》。样本期为 2000 ~ 2014 年。变量定义与基本统计性质如表 1 所示。

表 1　　变量定义与统计性质

变量	定义	观测数	均值	标准差	最小值	最大值
EG	经济增长 = ln(人均 GDP)	465	9.84	0.80	7.89	11.56
URIG	城乡收入差距 = 城镇居民人均可支配收入/农村居民人均纯收入	465	3.05	0.65	1.80	5.58
SFD	金融发展规模 = 金融业增加值/GDP	465	0.04	0.03	0.01	0.17

续表

变量	定义	观测数	均值	标准差	最小值	最大值
FDE	金融发展效率 = 金融机构贷款余额/金融机构存款余额	465	0.72	0.15	0.24	1.19
IS2	产业结构Ⅱ = 第二产业/GDP	465	0.46	0.08	0.20	0.66
IS3	产业结构Ⅲ = 第三产业/GDP	465	0.40	0.08	0.27	0.78
URZ	城镇化 = 城镇人口/总人口	465	0.47	0.15	0.14	0.90
FTD	外贸依存 = 进出口贸易总额/GDP	465	0.32	0.40	0.04	1.72

（二）金融发展与城乡收入差距的门槛效应分析

1. 面板门槛模型

本文依据汉森（Hansen，1999）的非动态面板门槛模型回归思路，以金融发展水平为门槛变量，研究城乡收入差距、金融发展与经济增长的关系，即当金融发展存在门槛效应时，城乡收入差距如何通过金融发展对经济增长产生影响。设单一门槛模型为：

$$y_{it}=\mu_i+\beta'_1x_{it}I(q_{it}\leqslant\gamma)+\beta'_2x_{it}I(q_{it}>\gamma)+\varepsilon_{it} \tag{1}$$

其中，下标 i、t 分别表示地区和时期，q_{it} 为门槛变量，γ 为特定的门槛值，$I(\cdot)$ 为示性函数，μ_i 反映个体未观测特征，$\varepsilon_{it}\sim iid.N(0,\sigma^2)$ 为随机扰动项。采用矩阵形式可表示为：

$$y_{it}=\mu_i+\beta'x_{it}(\gamma)+\varepsilon_{it} \tag{2}$$

首先消除个体效应 μ_i 的影响，对式（2）取组内平均，之后由式（2）减各自组内平均，得到：

$$y_{it}^*=\beta'x_{it}^*(\gamma)+\varepsilon_{it}^* \tag{3}$$

将所有观测值堆积，式（3）变换为矩阵形式：

$$Y^*=X^*(\gamma)\beta+e^* \tag{4}$$

对任一给定的 γ 均可通过 OLS 估计式（4）得到 β 的估计值：

$$\hat{\beta}(\gamma)=(X^*(\gamma)'X^*(\gamma))^{-1}X^*(\gamma)'Y^* \tag{5}$$

相应的残差平方和为：

$$\begin{aligned}S_1(\gamma)&=\hat{e}^*(\gamma)'\hat{e}^*(\gamma)\\&=Y^{*\prime}(I-X^*(\gamma))'[X^*(\gamma)'X^*(\gamma)]^{-1}X^*(\gamma)'Y^*\end{aligned} \tag{6}$$

进一步，采用逐步搜索法最小化 $S_1(\gamma)$ 求得对应的门槛值 γ：

$$\hat{\gamma} = \arg\min S_1(\gamma) \tag{7}$$

最终得到：

$$\hat{\beta} = \hat{\beta}(\hat{\gamma}) \quad \hat{e}^* = \hat{e}^*(\hat{\gamma}) \tag{8}$$

面板门槛模型估计主要分三步：第一步，对计量方程进行参数估计，通过固定效应模型转换，在求得门槛值 γ 的同时估计斜率系数；第二，检验门槛效应是否显著；第三，检验门槛值，构建门槛值的置信区间。在确定存在一个门槛效应的基础上，检验是否存在第二个门槛效应，方法同上，只是在第一个门槛效应的基础上进行。如此往复，直到第 n+1 个门槛值检验不显著时，则可确定有 n 个门槛值。门槛效应显著性检验和门槛值真实性检验分别采用“自举抽样法（Bootstrap）”通过构建渐进分布和似然比统计量 LR 进行。

2. 门槛效应估计

首先对门槛效应进行检验，检验结果如表 2 所示。表 2 显示了三种假设下进行门槛检验得到的 F 值和 P 值。由表 2 可知，金融发展规模单门槛效应和双门槛效应均在 1% 显著性水平上显著，多门槛效应不显著，故金融发展规模存在双门槛效应。金融发展效率单门槛效应在 1% 显著性水平上显著，双门槛效应不显著，故金融发展效率存在单门槛效应。

表 2　　门槛效应检验

	门槛变量：SFD				
	F 统计值	P 值	10% 临界值	5% 临界值	1% 临界值
单门槛	103.27***	0.006	45.9896	53.8331	90.917
双门槛	55.6***	0.004	24.6492	28.4554	41.1845
多门槛	23.88	0.778	97.8994	149.8003	194.6433
	门槛变量：FDE				
	F 统计值	P 值	10% 临界值	5% 临界值	1% 临界值
单门槛	42.45***	0.01	23.4826	28.7873	41.7763
双门槛	15.42	0.162	19.3748	23.3596	53.2027

注：P 值和临界值均由 Bootstrap 反复抽样 500 次得到。*** 表示在 1% 显著性水平上通过检验。

其次，对门槛值进行估计。表 3 显示了门槛值估计结果和门槛值的 95% 置信区间。由表 3 可知，金融发展规模的双门槛值分别为 0.0142 和 0.0413，金融发展规模影响城乡收入差距和经济增长存在三个不同阶段。

金融发展效率单门槛值为0.7736，金融发展效率对城乡收入差距和经济增长的影响存在两个不同阶段。

表3　　门槛值估计结果

	门槛估计值	95%置信区间	门槛估计值	95%置信区间
SFD	0.0142	[0.0139，0.0145]	0.0413	[0.0404，0.0413]
FDE	0.7736	[0.7652，0.7739]		

最后，对面板门槛模型的参数进行估计。参数估计结果如表4所示。

表4　　面板门槛模型参数估计结果

门槛变量：SFD				
门槛值			r1 =0.0142	r2 =0.0413
		系数估计值	标准差	t值
URIG	q≤r1	-0.40***	0.08	-4.87
	r1 < q≤r2	0.02	0.06	0.34
	q > r2	0.14**	0.07	2.10
IS2		7.72***	0.46	16.63
IS3		3.94***	0.49	8.00
URZ		2.81***	0.21	13.49
FTD		-0.51***	0.18	-2.79
门槛变量：FDE				
门槛值			s =0.7736	
		系数估计值	标准差	t值
URIG	q≤s	-0.05	0.07	-0.70
	q > s	-0.15**	0.07	-2.14
IS2		7.51***	0.51	14.80
IS3		5.20***	0.52	9.90
URZ		2.61***	0.22	11.60
FTD		-0.50**	0.20	-2.51

注：*、**、***分别表示在10%、5%、1%显著性水平上通过检验。

由表 4 可知：当门槛变量为金融发展规模时，面板门槛模型控制变量均在 1% 显著性水平上显著。产业结构、城镇化对经济增长的影响为正向，即优化产业结构和促进城镇化建设有助于加快经济增长。而外贸依存对经济增长的影响为负向，表明依靠进出口贸易拉动经济增长的方式难以为继，当前经济状况下刺激消费、扩大内需势在必行。金融发展规模小于门槛值 0.0142 时，城乡收入差距对经济增长的影响是显著的，为负向影响。金融发展规模大于门槛值 0.0142 而小于门槛值 0.0413 时，城乡收入差距对经济增长的影响不显著。金融发展规模大于门槛值 0.0413 时，城乡收入差距对经济增长的影响是显著的，为正向影响。从直接影响来看，城乡收入差距对经济增长的影响因门槛变量金融发展规模的存在而不同。从间接影响来看，金融发展规模对城乡收入差距和经济增长的影响存在阶段性，当金融发展规模较小时，城乡收入差距越小，经济增长越快。当金融发展规模较大时，城乡收入差距越小，经济增长越慢。即金融发展规模一味扩大，不利于缩小城乡收入差距，抑制了经济的增长。

当门槛变量为金融发展效率时，产业结构、城镇化在 1% 显著性水平上显著。外贸依存在 5% 显著性水平上显著。同样，产业结构、城镇化对经济增长的影响为正向，而外贸依存对经济增长的影响为负向。金融发展效率小于门槛值 0.7736 时，城乡收入差距对经济增长的影响不显著。金融发展效率大于门槛值 0.7736 时，城乡收入差距在 5% 显著性水平上显著，两种状态下城乡收入差距对经济增长的影响均为负向，即城乡收入差距越小，经济增长越快，表明金融发展效率的持续提升有助于缩小城乡收入差距，促进经济的增长。

五、结论与政策建议

文章首先构建理论分析框架阐释了金融发展与城乡收入差距之间的倒“U”型关系。由于金融资源集聚先后经历了初期、集聚、后期和扩散四个阶段，城乡金融资源分布随之从不平衡到逐渐收敛，引发资本积累的城乡差异随之变化，最终导致城乡劳动力报酬差异先扩大，达到一定水平后缩小，直至收敛，即随着金融发展逐步深化，城乡收入差距呈现先扩大后缩小的态势。

其次，构建面板门槛模型对金融发展与城乡收入差距的关系进行实证检验。研究结果表明，金融发展与城乡收入差距之间存在非线性关系，即金融发展对城乡收入差距的影响存在门槛效应：金融发展规模存在双门槛效应，金融发展效率存在单门槛效应。当金融发展规模较小时，城乡收入差距越小，经济增长越快。当金融发展规模较大时，城乡收入差距越小，经济增长越慢。不同阶段的金融发展效率都有助于缩小城乡收入差距，促进经济的增长。研究结果进一步表明，一味扩大金融发展规模不利于缩小城乡收入差距，但持续提升金融发展效率有助于缩小城乡收入差距。

基于上述研究结论，提出以下几点建议：第一，改革开放近 40 年，中国经济高速发展的同时伴随着城乡收入差距的扩大，主要原因是中国广大农民未能分享到经济发展带来的好处。增加农民收入、改善农村民生、加快农村经济发展是未来经济发展的重中之重。第二，由于城乡二元金融体制的存在，使得农村金融机构减少，农村资金流向城市，严重制约了农民收入水平的提高。积极改变城乡二元金融结构，加快农村金融体制改革，引导金融资金向农村倾斜，规范农村非正规金融发展，降低农民融资成本和融资门槛，鼓励农村金融创新，快速提升金融发展效率，努力增加农民财产性收入。第三，完善农村交通设施，促进城乡之间、区域之间的要素流动和经济联系，优化产业布局，合理引导劳动密集型产业向城市周边和农村地区推移，吸纳农村劳动力，增加农民劳动报酬，缩小城乡收入差距。

参考文献

1. 陈昌兵：《各地区居民收入基尼系数计算及其非参数计量模型分析》，载于《数量经济技术经济研究》2007 年第 1 期。

2. 陈宗胜、周云波：《再论改革与发展中的收入分配》，经济科学出版社 2002 年版。

3. 邓伟、刘萍萍：《金融发展、企业家精神与城乡收入差距》，载于《浙江工商大学学报》2016 年第 4 期。

4. 郭志仪、赵小克：《甘肃省金融发展与城乡收入差距的实证研究——基于 1978 ~ 2011 年的时间序列数据》，载于《西北人口》2012 年第 6 期。

5. 胡金焱、卢立香：《地区金融发展与城乡收入差距的因应：1986 ~ 2007》，载于《改革》2009 年第 2 期。

6. 胡宗义、刘亦文：《金融非均衡发展与城乡收入差距的库兹涅茨效应研究——基于中国县域截面数据的实证分析》，载于《统计研究》2010 年第 5 期。

7. 黄志淋、赖小琼：《中国转型期通货膨胀对城乡收入差距的影响》，载于《数量经济技术经济研究》2011 年第 1 期。

8. 李志军、奚君羊：《中国金融发展与收入差距的倒 U 关系分析》，载于《上海经济研究》2012 年第 9 期。

9. 李志阳、刘振中：《中国金融发展与城乡收入不平等：理论和经验解释》，载于《经济科学》2011 年第 6 期。

10. 林光平、龙志和、吴梅：《中国地区经济收敛的空间计量实证分析：1978 ~ 2002 年》，载于《经济学（季刊）》2005 年第 A1 期。

11. 刘敏楼：《金融发展的收入分配效应——基于中国地区截面数据的分析》，载于《上海金融》2006 年第 1 期。

12. 陆铭、陈钊：《城市化、城市倾向的经济政策与城乡收入差距》，载于《经济研究》2004 年第 6 期。

13. 乔海曙、陈力：《金融发展与城乡收入差距倒“U”型关系再检验——基于中国县域截面数据的实证分析》，载于《中国农村经济》2009 年第 9 期。

14. 冉光和、鲁钊阳：《金融发展、外商直接投资与城乡收入差距——基于我国省级面板数据的门槛模型分析》，载于《系统工程》2011 年第 7 期。

15. 任明珠：《金融发展与中国城乡收入差距——基于省级面板数据的分析》，载于《改革与战略》2015 年第 4 期。

16. 沈坤荣、方文全：《中国收入差距与金融发展关系的实证分析》，第五届中国经济学年会论文，2005 年。

17. 苏基溶、廖进中：《中国金融发展与收入分配、贫困关系的经验分析》，载于《财经科学》2009 年第 12 期。

18. 孙永强、万玉琳：《金融发展、对外开放与城乡居民收入差距》，载于《金融研究》2011 年第 1 期。

19. 王少平、欧阳志刚：《我国城乡收入差距的度量及其对经济增长的效应》，载于《经济研究》2007 年第 10 期。

20. 温涛、冉光和、熊德平：《中国金融发展与农民收入增长》，载于《经济研究》2005 年第 9 期。

21. 武小龙、刘祖云：《中国城乡收入差距影响因素研究——基于 2002 ~ 2011 年省级 Panel Data 的分析》，载于《当代经济科学》2014 年第 1 期。

22. 熊薇、徐逸伦、王迎英：《江苏省县域经济差异时空演变》，载于《地理科学进展》2011 年第 2 期。

23. 姚耀军：《金融发展与城乡收入差距关系的经验分析》，载于《财经研究》2005 年第 2 期。

24. 叶明确、方莹：《出口与中国全要素生产率增长的关系：基于空间杜宾模型》，载于《国际贸易问题》2013 年第 5 期。

25. 叶志强、陈习定、张顺明：《金融发展能减少城乡收入差距吗？——来自中国的证据》，载于《金融研究》2011 年第 2 期。

26. 尹希果、陈刚、程世骑：《中国金融发展与城乡收入差距关系的再检验——基于面板单位根和 VAR 模型的估计》，载于《当代经济科学》2007 年第 1 期。

27. 余玲铮、魏下海：《金融发展加剧了中国收入不平等吗？——基于门槛回归模型的证据》，载于《财经研究》2012 年第 2 期。

28. 张宏彦、何清、余倩：《中国农村金融发展对城乡收入差距影响的实证研究》，载于《中南财经政法大学学报》2013 年第 1 期。

29. 张立军、湛泳：《金融发展影响城乡收入差距的三大效应分析及其检验》，载于《数量经济技术经济研究》2006 年第 12 期。

30. 张文、许林：《金融发展与收入分配不平等：回到 G – Z 假说》，载于《当代财经》2010 年第 11 期。

31. 章奇、刘明兴、陶然：《中国的金融中介增长与城乡收入差距》，载于《中国金融学》2004 年第 1 期。

32. 赵昕、吴曼华、王涛：《金融发展与城乡收入差距动态关系的实证检验》，载于《统计与决策》2016 年第 13 期。

33. Aghion P，Bolton P. A Theory of Trickle-down Growth and Development. *Review of Economic Studies*，1997，64（2）：pp. 151 – 172.

34. Banerjee A. V. and A. F. Newman. Occupational Choice and the Process of Development. *The Journal of Political Economy*，1993，Vol. 101：pp. 274 – 298.

35. Beck T.，Kunt A. D.，Levine R.. Finance，Inequality and Poverty：Cross-country Evidence. NBER Working Paper，2004.

36. Beck，T.，Demirguc – Kunt，A.，Levine，R. Finance，Inequality and the Poor. *Journal of Economic Growth*，2007，38（12）：pp. 27 – 49.

37. Clarke G.，Xu L. C.，Zhou H. F.. Finace and Income Inequality，Test of Alternative Theories. World Bank of Policy Research Working Paper，2003.

38. Dollar David and Kraay Aart. Neither a Borrower Nor a Lender：Does China's Zero Net Foreign Asset Position Make Economic Sense？. *Journal of Monetary Economics*，2006，53（5）：pp. 943 – 971.

39. Greenwood J.，Jovanovic B.. Financial Development，Growth，and the Distribution of Income. *Journal of Political Economy*，1990，98（5）：pp. 1076 – 1107.

40. Honohan，Patrick and Yoder，Sean. Financial Transactions Tax：Panacea，Threat，or Damp Squib？. Policy Research Working Paper：the World Bank，2010，No. 5230.

41. Jalilian Hossein and Kirkpatrick Colin. Does Financial Development Contribute to Poverty Deduction？. *Journal of Development Studies*，2005，41（5）：pp. 636 – 656.

42. Jeanneney，S. G. and K. Kpodar. Financial Development，Financial Instability and Poverty. CSAE Working Paper WPS/2005 – 09，Oxford：Centre for the Study of African

Economies.

43. Kim Dong H., Lin Shu C.. Nonlinearity in the Financial Development-income Inequality Nexus. *Journal of Comparative Economics*, 2011, 39 (3): pp. 310 – 325.

44. Matsuyama, Kiminori. The Rise of Mass Consumption Societies. *Journal of Political Economy*, 2002, 11 (10): pp. 35 – 107.

45. Townsend, R. and K. Ueda. Financial Deepening, Inequality and Growth. *Review of Economic Studies*, 2006, 73 (1): 251 – 273.

第三篇

实现强国目标的新发展理念

驱动企业创新的金融发展模式研究

——基于熊彼特模型的分析

范从来　胡恒强*

一、引　言

2014年5月，习近平总书记首次正式提出中国经济新常态的概念，从速度、结构、动力三个维度概括出中国经济的三个特点，即增长速度从高速转向中高速，经济结构不断优化升级，发展动力从要素驱动、投资驱动转向创新驱动。2015年11月，基于经济新常态的判断，习近平总书记进一步提出在适度扩大总需求的同时，着力加强供给侧结构性改革。他强调，"供给侧结构性改革，重点是解放和发展社会生产力，用改革的办法推进结构调整，减少无效和低端供给，扩大有效和中高端供给，增强供给结构对需求变化的适应性和灵活性，提高全要素生产率。"①

如何看待经济新常态和供给侧结构性改革？或者说如何看待中国经济从经济新常态走向供给侧结构性改革？我们认为，总需求管理和总供给管理是宏观经济管理的两个方面。我国过去仅注重需求管理而长期忽视供给管理显然是片面的。宏观调控从短期来看，主要是为了抑制经济波动，促进实际产出尽可能接近潜在产出，这可以从需求侧和供给侧两端同时发

---

* 范从来，南京大学商学院教授；胡恒强，南京大学商学院博士研究生。基金项目：教育部长江学者与创新团队发展计划项目（IRT13020）、国家自科基金项目（71673132）、南京大学研究生跨学科科研创新项目（2016CW02）。

① 习近平在省部级主要领导干部学习贯彻党的十八届五中全会精神专题研讨班上的讲话，载于《人民日报》2016年5月10日02版。

力。而从长期来看，由于价格机制的调节，需求和供给能够实现动态平衡，宏观调控的主要任务转变为促进潜在产出的增长，这就只能依靠供给管理来实现了。经济新常态显然是从长期视角对我国经济做出的判断，它从速度、结构、动力三个维度概括出我国经济运行的基本特征。供给侧结构性改革则试图从后两个维度寻求解决中国经济长期问题的办法，它强调解放和发展生产力，强调结构调整，强调提高全要素生产率，实际上是强调从科技进步到结构升级再到提高全要素生产率的改革实现路径。这样来看，提高全要素生产率是改革的目标和落脚点，结构升级是改革的中间环节，科技进步是改革的出发点和着力点。而创新，尤其是企业创新，则成为推动结构升级和提高全要素生产率的关键。可以说，供给侧结构性改革将中国经济的长期问题凝聚到了一个维度，即创新驱动全要素生产率的提高，也即经济新常态的动力维度。

从经济新常态到供给侧结构性改革，从速度、结构、动力的三个维度凝聚到发展动力的一个维度，中央对中国经济问题的认识进一步深入，越发明确解决中国经济问题的关键是通过创新来驱动经济增长。也正因为如此，2016 年 3 月公布的“十三五”规划在主要架构上较“十二五”规划出现了一个重要变化，即将创新发展置于前所未有的新高度，提出创新、协调、绿色、开放、共享五大发展理念，创新居于首位。现在，我们都认识到创新应该成为驱动我国经济增长的核心动力。接下来，我们还应该思考怎样的制度环境才能够驱动创新，具体到金融层面，则需要思考怎样的金融发展模式能使得创新行为得以实现。

提出这一思考，其本身也反映出我国当前的金融发展模式并不能够有效地驱动企业创新。近年来，我国利率在逐步降低，货币增长率在稳步提高，但大量资金并没有落地生根。以中长期贷款为例，5 年以上人民币贷款基准利率从 2011 年 7 月 7 日的 7.05% 已逐步降至 2015 年 10 月 24 日的 4.9%。到 2016 年二季度，广义货币量 M2 已超过 149 万亿元，相比于 2002 年初的 16 万亿元，增长超过 9 倍。2015 年末，M2 与 GDP 之比超过 200%，且 M2 增长率与名义 GDP 增长率之差在持续扩大，社会融资规模增长率亦持续高于名义 GDP 增长率。这些数据表明，在我国货币资金供给较为宽松的情况下，新增货币中的很大一部分并未流入实体经济，而是停留在金融部门，甚至被用于催生资产价格泡沫。可以说，我国现阶段的金融表现出资金宽松与企业融资难并存的特征。

为什么大量资金没有流入实体经济，没有能够落地生根？我们认为是当前的融资机制出现了问题。这也是我国当前金融发展模式不能有效驱动企业创新的原因所在。改革开放近40年来，我国经济发展取得了巨大成就，科技水平也有了很大提高。但随着与世界技术前沿的趋近，我国可以引进的先进技术在逐渐减少，再加上环境资源、劳动力成本等制约以及投资回报率的降低，使得我国经济发展越来越迫切需要转向创新驱动。然而，创新是有代价的，不是所有的创新都会成功，事实上多数的创新都以失败而告终。创新型项目，其风险收益特征是有很大的概率出现很低的收益甚至亏损，同时有很小的概率出现较高收益。资金能不能进入创新型项目，就取决于资金投入者在承担高风险的同时有没有获取高回报的制度安排。本文正是从这个角度，探讨驱动企业创新行为得以实现的金融发展模式的选择问题。

现在，进一步来讨论为创新融资的问题。我们可以将金融分为两类：债务型和资本型。债务型金融，以还本付息为交易形式，无法获取可能的高额回报，自然要努力降低风险，并不适宜于创新型项目，比较适宜于模仿型项目。资本型金融，形成资本、股权，对剩余收益有索取权，能够体现风险与收益的对称性，最适宜于创新型项目。[①] 显然，我国当前以银行为主导的债务型金融体制并不利于创新型项目的开展，发展资本型金融应该成为我国金融体制改革的方向。对此，本文余下各节将做进一步的论述。

二、文献综述

1912年，熊彼特首次正式提出“创新理论”，并以此解释资本主义的本质特征，解释资本主义发生、发展和趋于灭亡的结局，在经济学界引起巨大轰动。熊彼特将创新界定为建立一种新的生产函数，也即把一种从来没有过的关于生产要素和生产条件的“新组合”引入生产体系。经济发展则被界定为执行这种新的组合，包括五种情况：（1）采用一种新的产品；（2）采用一种新的方法；（3）开辟一个新的市场；（4）掠夺或控制原材料或半制成品的一种新的供应来源；（5）实现任何一种工业的新的组织。尤为引人关注的是，熊彼特把那种“不断地从内部革新经济结构，即不断

① 范从来：《建立驱动创新的融资体系》，载于《光明日报》2016年11月2日第15版。

地破坏旧的、不断地创造新的结构”的过程称为“产业突变”，并指出“这种创造性的破坏过程是关于资本主义的本质性事实，应特别予以注重。”①

后来随着经济学的发展，以罗默（Romer）、卢卡斯（Lucas）、格罗斯曼（Grossman）和赫尔普曼（Helpman）、阿吉翁（Aghion）和霍依特（Howitt）等为代表的学者们进一步提出了内生增长理论，将创新置于新的高度。整体来看，基于创新的内生增长理论主要分属于两条平行的研究路线：水平创新与垂直创新。前者以罗默（1990）的研究为代表，构建了产品多样化模型，强调引起生产率增长的创新形式是不断制造出新的产品种类，而不是强调对原产品的改进。这一模型源自新国际贸易理论，强调的是技术外溢效应。后一条研究路线以阿吉翁和霍依特（1992，1998）的研究为代表，构建了熊彼特模型，关注质量改进型创新，这种创新使得旧产品过时，与熊彼特“创造性破坏”的思想一致。当前，我国引进国外先进技术的空间在逐渐缩小，经济发展越来越需要创新尤其自主创新来驱动。因此，本文理论研究的关注焦点并不在于技术的外溢效应，而在于对旧产品的破坏性创新。这样，后一条研究路线的熊彼特模型，将成为本文模型构建的理论基础。

以上两类模型并没有考虑金融因素，主要是为了直接考察增长过程的根本机制。但金融对实体经济的影响一直是学术界的关注焦点。金和莱文（King and Levine，1993）构建的内生增长模型就指出，GDP 增长的关键在于金融中介能够辨别出更有能力的创新者。可见，创新是连接金融与增长的桥梁。也正如熊彼特（2015）所言，没有信用，现代工业的结构就不可能创立，而且不论是从推理来说，还是从历史事实的证明来说，信用对于创新都是首要的。英国经济史学家希克斯（Hicks，1969）指出，英国工业革命中使用的技术在工业革命前就已经发明出来，真正引发工业革命的是当时英国全球领先的金融体系，并断言“工业革命不得不等候金融革命”。国内也有学者指出，最新的研究已转向关注金融因素和企业创新投入之间的内在联系与作用机制。②

针对金融发展对企业创新投入的影响，国内外的相关研究主要从融资

---

① 约瑟夫·熊彼特：《经济发展理论》，何畏、易家详等译，商务印书馆 2015 年版。

② 易信、刘凤良：《金融发展、技术创新与产业结构转型——多部门内生增长理论分析框架》，载于《管理世界》2015 年第 10 期。

渠道、融资约束和产业或行业特征三个角度进行论述。从融资渠道的角度看，我们知道自熊彼特对“创新理论”的开创性研究以来，内源融资是企业创新投入的主要来源便得到学者们的一致认可。内源融资主要由企业的留存收益和折旧构成，即企业将自己的储蓄转化成投资。但霍尔（Hall，2002）指出，由于企业研发活动具有巨额的前期投入和沉淀成本的特征，所以即便存在收益不确定性以及逆向选择和道德风险问题，外源融资仍然越来越成为企业创新投入不可或缺的重要来源，外源融资的重要性日益凸显。解维敏和方红星（2011）认为，创新投入需要一定时间内的稳定收入，商业周期导致的利润波动，使得单纯依靠内部资金融资无法满足企业创新投入的需要。布朗、法兹泽瑞和皮特森（Brown，Fazzari and Petersen，2009）、温军、冯根福和刘志勇（2011）、张杰等（2012）、吴淑娥等（2016）等研究了异质性融资来源对企业创新投入的影响。例如，布朗、法兹泽瑞和皮特森的研究表明，无论是内源还是外源权益性融资都对年轻的高科技企业的创新投入有显著影响。艾伦、钱军和钱美君（Allen，Qian and Qian，2005）的研究则表明，由于中国的金融体系和制度环境不够完善，以商业信贷为代表的非正规金融对中小企业的发展起到了重要的支撑作用。商业信用成为中小企业创新投入的一个重要的融资来源。①

从融资约束的角度看，金融发展对企业创新投入的影响可以通过缓解融资约束这一微观机制来起作用。法兹泽瑞、哈伯德和皮特森（Fazzari，Hubbard and Petersen，1988）将融资约束界定为，由于市场不完备而导致企业外源融资成本过高，并因此使得企业投资无法达到最优水平的情况。我们认为，企业性质和规模的不同、金融市场结构的不同都可能导致企业面临的融资约束不同，并最终影响企业的创新投入。张杰等（2012）的研究表明，融资约束对企业 R&D 投入有负面作用，并且在集体和私人所有性质的民营企业中，融资约束对企业 R&D 投入呈现出显著的抑制效应。解维敏和方红星（2011）的研究表明，银行业市场化改革和地区金融发展积极推动了我国上市公司的 R&D 投入，并且金融发展水平对企业 R&D 投入的正向影响对小规模和私有产权控制企业更为明显。唐清泉和巫岑（2015）探讨了银行竞争性的市场结构对于企业 R&D 融资约束的影响和作用机理，发现银行业竞争性的市场结构有助于缓解企业 R&D 投入的融资

① 张杰、芦哲、郑文平、陈志远：《融资约束、融资渠道与企业 R&D 投入》，载于《世界经济》2012 年第 10 期。

约束，该影响分别在民营、高科技、小型企业中表现更加显著。

从产业或行业特征的角度看，金融发展对分属不同产业的企业创新投入有异质性影响。拉詹和津加莱斯（Rajan and Zingales，1998）通过这一微观视角进行了开创性研究，他们利用跨产业和跨国数据来评价金融发展对严重依赖于外部融资和不严重依赖于外部融资的产业增长的异质性影响。为处理内生性问题，他们在实证分析时引入了国家发展水平和产业外部融资依赖程度的交叉项，这一想法的实质是，企业在美国不会受到金融约束，从而这一外部依赖程度的度量可以被认为是独立于金融发展的，而仅仅依赖于技术的因素。① 布朗、马丁松和皮特森（Brown，Martinsson and Petersen，2013）、苏、田和徐（Hsu，Tian and Xu，2014）、钟腾和汪昌云等（2016）在拉詹和津加莱斯（1998）的基础上进行了拓展性研究。如钟腾和汪昌云（2016）借鉴拉詹和津加莱斯（1998）的做法，将行业特征作为调节变量加入回归模型来捕捉股票市场影响创新的渠道。他们的研究表明，股票市场可以有针对性地促进外部融资依赖性行业的创新产出，而银行业规模无法有针对性地促进外部融资依赖型产业的创新产出。

综合来看，国内外学者往往将融资渠道、融资约束和产业或行业特征等分别结合起来进行研究。这些分析思路为本文提供了很多有益的参考。但现有研究还很少在理论层面上对不同金融发展模式进行比较，很少从“适宜制度”的角度出发来构建模型以研究金融、创新与增长之间的关系，即很少基于“适宜制度”的经济学思想将异质性金融发展模式引入内生增长模型并进行比较分析。“适宜制度”这一概念最早由格申克龙（Gerschenkron，1962）提出，他认为通过引入适宜的制度，那些相对落后的经济体可以更加迅速地赶上那些较发达的国家。这些制度在发展的早期阶段和晚期阶段对经济增长的作用并不相同，即制度仅仅对于处于技术发展的某一特定阶段的国家才是促进增长的。② 因此每个国家可以根据经济发展的不同阶段采取不同的制度。

阿西莫格鲁等（Acemoglu，Aghion and Zilibotti，2006）的研究是第一篇尝试系统地为“适宜制度”概念和“制度陷阱”概念构建模型的文章，他们的研究说明了失于适应技术发展的制度如何产生了非收敛的陷阱。范登伯斯奇和阿吉翁等（Vandenbussche，Aghion and Meghir，2006）、巴苏

①② P. Aghion and P. Howitt，The Economics of Growth，Cambridge，MA：MIT Press，2009.

等（Basu and Mehra，2014）则基于“适宜制度”的经济学思想，从教育开支的构成出发构建了一个熊彼特模型，研究高等教育投资和低等教育投资对生产率增长率的影响。邵宜航、刘仕保和张朝阳（2015）在范登伯斯奇和阿吉翁等（2006）简化模型的基础上，借鉴金和莱文（1993）关于金融市场的建模思路，将范登伯斯奇和阿吉翁等（2006）模型中的劳动力市场替换成金融市场，研究了金融深化和金融宽化对经济增长的影响。这一建模思路具有较强的启示意义。

本文则试图基于“适宜制度”的经济学思想，借鉴范登伯斯奇和阿吉翁等（2006）、邵宜航、刘仕保和张朝阳（2015）、金和莱文（1993）的建模思路，结合上文所提到的融资渠道和融资约束两个方面，从融资结构的角度探讨不同金融发展模式对经济增长的影响。具体来说，本文将从微观视角，深入研究企业在异质性创新活动中的异质性融资行为，进而上升到宏观视角，在理论层面上构建一个驱动企业创新的熊彼特模型，以探讨金融发展模式的选择问题，继而在理论指导下进行实证分析。

三、理论模型

本文首先将企业创新分为两类：模仿（Imitation）和创新（Innovation），然后将金融发展模式也分为两类：债务型和资本型。债务型金融，以还本付息为交易形式，无法获取可能的高额回报，要求努力降低风险，更适宜于模仿型项目。资本型金融，形成资本、股权，对剩余收益有索取权，体现风险与收益的对称性，更适宜于创新型项目。在此概念划分的基础上，本文试图结合已有理论，构建一个驱动企业创新的熊彼特模型，来研究不同金融发展模式对生产率增长率的影响。

借鉴邵宜航、刘仕保和张朝阳（2015）的分析思路，我们将范登伯斯奇和阿吉翁等（2006）、巴苏等（2014）中的劳动力市场替换成金融市场，不同的是我们将异质性劳动对模仿和创新的作用替换成异质性融资来源的企业 R&D 投入对模仿和创新的作用。这一做法的实质是将生产率增长函数中的异质性劳动替换成异质性资本，又由于是分析它们对模仿和创新的作用，所以这些资本的体现形式为企业 R&D 投入。具体来说，我们将非技术劳动替换成源于债务型融资的企业 R&D 投入，将技术劳动替换成源于资本型融资的企业 R&D 投入，目的是将范登伯斯奇和阿吉翁等

(2006)、巴苏等（2014）对人力资本结构的分析思路用于我们对融资结构的分析，从而将教育投资方向的选择问题转化为金融发展模式的选择问题。

（一）生产与利润

假设经济使用连续统的中间产品来生产最终产品，中间产品 $i\in[0,\ 1]$，则最终产品的生产函数为：

$$Y_t = \int_0^1 A_{it}^{1-\alpha} x_{it}^{\alpha} di \tag{1}$$

其中，Y_t 表示 t 时刻的最终产品，A_{it} 为中间产品厂商 i 的生产率参数，x_{it} 为使用的中间产品 i 的数量。再假设最终产品厂商面临完全竞争的市场环境，而中间产品厂商具有垄断权，则中间产品的价格等于其边际产量：

$$p_{it} = \frac{\partial Y_t}{\partial x_{it}} = \alpha A_{it}^{1-\alpha} x_{it}^{\alpha-1}$$

其中，p_{it} 为中间产品 i 的价格。中间产品厂商 i 通过选择 x_{it} 来最大化他的利润：

$$\prod\nolimits_{it} = p_{it} x_{it} - x_{it}$$

于是，中间产品 i 的均衡数量为：

$$x_{it} = \alpha^{\frac{2}{1-\alpha}} A_{it}$$

均衡利润为：

$$\prod\nolimits_{it} = (p_{it} - 1) x_{it} = \left(\frac{1}{\alpha} - 1\right) \alpha^{\frac{2}{1-\alpha}} A_{it} = \delta A_{it} \tag{2}$$

其中，$\delta \equiv \left(\frac{1}{\alpha} - 1\right)\alpha^{\frac{2}{1-\alpha}}$。

（二）生产率

中间产品厂商可以通过两种途径来提高生产率，分别是模仿和创新，即模仿前沿技术和在已有技术基础上创新。然而，由于企业融资来源多样化，不同投资主体对模仿和创新的倾向程度和作用力度不同，不同融资来源的 R&D 投入在模仿和创新方面的表现并不一致。我们认为，源于债务型融资的 R&D 投入更倾向于模仿，源于资本型融资的 R&D 投入更倾向于创新。中间产品厂商 i 的生产率增长函数如下：

$$A_{it} - A_{it-1} = F(\bar{A}_{t-1} - A_{t-1}, A_{t-1}, d_{mit}, k_{mit}, d_{nit}, k_{nit})$$

其中，$\bar{A}_{t-1}$为 t－1 时刻的世界技术前沿，A_{t-1}为区域技术前沿，d_{mit}和k_{mit}分别表示用于模仿的债务型资金和资本型资金，d_{nit}和k_{nit}分别表示用于创新的债务型资金和资本型资金。则$R_{mt} = d_{mit} + k_{mit}$为用于模仿的 R&D 投入，$R_{nt} = d_{nit} + k_{nit}$为用于创新的 R&D 投入，$D_{it} = d_{mit} + d_{nit}$为债务型融资总额，$K_{it} = k_{mit} + k_{nit}$为资本型融资总额。

借鉴范登伯斯奇和阿吉翁等（2006）、巴苏等（2014）等，将生产率增长函数具体刻画为：

$$A_{it} - A_{it-1} = \lambda[d_{mit}^{\sigma} k_{mit}^{1-\sigma}(\bar{A}_{t-1} - A_{t-1}) + \gamma d_{nit}^{\phi} k_{nit}^{1-\phi} A_{t-1}] \quad (3)$$

其中，σ 和 φ 分别表示债务型金融在模仿和创新中的弹性，$\gamma > 0$ 度量在引起生产率增长方面，创新与模仿的相对效率，$\lambda > 0$ 度量整体技术改进的效率。式（3）也可以写成如下形式：

$$A_{it} - A_{it-1} = \lambda[d_{mit}^{\sigma} k_{mit}^{1-\sigma}(1 - a_{t-1}) + \gamma d_{nit}^{\phi} k_{nit}^{1-\phi} a_{t-1}]\bar{A}_{t-1} \quad (4)$$

其中，$a_{t-1} = A_{t-1}/\bar{A}_{t-1}$表示国家或地区与世界技术前沿的接近程度，也即国家或地区在 t－1 时刻与世界技术前沿的距离的倒数。

为反映资本型金融对创新的驱动强度比对模仿的更大，我们做出如下假定：

假定 1：资本型金融在创新中的弹性较在模仿中的弹性更高，债务型金融则相反，即 $\phi < \sigma$。

（三）金融市场

无论是模仿还是创新都需要一定时期内的稳定投入，而内源性融资往往难以满足研发的资金需求，所以需要依赖银行、债市、股市、机构投资等外源性融资。我们将外源性融资分为两类，即债务型融资方式和资本型融资方式，也即债务型金融和资本型金融。对金融市场的具体刻画主要借鉴金和莱文（1993）并有所改进。

因为如果将资金投入到不可行的项目上将不会获得任何回报，所以投资主体必须支付一定成本来筛选项目才能确定项目是否可行。假设模仿型项目获得成功的概率为 θ_m，创新型项目获得成功的概率为 θ_n。对于任意一个模仿型项目，债务型投资者需要支付 $f_d d_{mit}$ 的成本才能确定是否投资，资本型投资者需要支付 $f_k k_{mit}$ 的成本，他们的回报分别为 $f_d d_{mit}/\theta_m$ 和 $f_k k_{mit}/\theta_m$。对于任意一个创新型项目，债务型投资者需要支付 $f_d d_{nit}$ 的成本才能确定是否投资，资本型投资者需要支付 $f_k k_{nit}$ 的成本，他们的回报分别为

$f_d d_{nit}/\theta_n$ 和 $f_k k_{nit}/\theta_n$。

一方面，由于模仿型项目相对创新型项目更加成熟且风险更低，所以可以假定模仿型项目成功的概率更高。另一方面，当前我国社会融资主要以债务型为主，且债务型融资主要以银行贷款为主，银行决定借贷的成本较资本型投资者在股票市场上的交易成本更高，且银行相对机构投资者而言，在筛选项目方面更加缺乏专业性，所以可以假定债务型投资者的筛选成本比资本型投资者的更大。综合以上两个方面，可以得到如下假定：

假定 2：模仿型项目成功的概率比创新型项目的更高，即 $\theta_m > \theta_n$，债务型投资者的筛选成本比资本型投资者的更大，即 $f_d > f_k$。

（四）分析结果

对于中间产品厂商而言，最终回报为利润减去总的 R&D 投入以及对投资者的回报，最大化问题为：

$$\max_{d_{mit},k_{mit},d_{nit},k_{nit}} \lambda\delta[d_{mit}^{\sigma}k_{mit}^{1-\sigma}(1-a_{t-1})+\gamma d_{nit}^{\phi}k_{nit}^{1-\phi}a_{t-1}]\bar{A}_{t-1}-d_{mit}-k_{mit}-d_{nit}-k_{nit}-\frac{f_d d_{mit}}{\theta_m}-\frac{f_k k_{mit}}{\theta_m}-\frac{f_d d_{nit}}{\theta_n}-\frac{f_k k_{nit}}{\theta_n} \quad (5)$$

考虑到所有中间产品厂商面临同样的最大化问题，所以有：

$$d_{mit}=d_{mt};\ d_{nit}=d_{nt};\ D_{it}=D_t;$$
$$k_{mit}=k_{mt};\ k_{nit}=k_{nt};\ K_{it}=K_t;$$

求解上述最大化问题的一阶条件，得：

$$\sigma d_{mt}^{\sigma-1}k_{mt}^{1-\sigma}(1-a_{t-1})=\gamma\phi d_{nt}^{\phi-1}k_{nt}^{1-\phi}a_{t-1}\frac{1+f_d/\theta_m}{1+f_d/\theta_n} \quad (6)$$

$$(1-\sigma)d_{mt}^{\sigma}k_{mt}^{-\sigma}(1-a_{t-1})=\gamma(1-\phi)d_{nt}^{\phi}k_{nt}^{-\phi}a_{t-1}\frac{1+f_k/\theta_m}{1+f_k/\theta_n} \quad (7)$$

式（6）除以式（7）得：

$$\frac{\sigma}{1-\sigma}d_{mt}^{-1}k_{mt}=\frac{\phi}{1-\phi}d_{nt}^{-1}k_{nt}\frac{1+f_d/\theta_m}{1+f_d/\theta_n}\frac{1+f_k/\theta_n}{1+f_k/\theta_m}$$

进一步可以写为：

$$\frac{d_{mt}}{k_{mt}}=\frac{\sigma(1-\phi)}{\phi(1-\sigma)}\frac{1+f_d/\theta_n}{1+f_d/\theta_m}\frac{1+f_k/\theta_m}{1+f_k/\theta_n}\frac{d_{nt}}{k_{nt}}=\psi_1\psi_2\frac{d_{nt}}{k_{nt}}=\psi\frac{d_{nt}}{k_{nt}} \quad (8)$$

其中，$\psi_1=\frac{\sigma(1-\phi)}{\phi(1-\sigma)}$，$\psi_2=\frac{1+f_d/\theta_n}{1+f_d/\theta_m}\frac{1+f_k/\theta_m}{1+f_k/\theta_n}$，$\psi=\psi_1\psi_2$。由假定 1 可得 $\psi_1>1$，由假定 2 可得 $\psi_2>1$，从而可得 $\psi>1$。上式表明，债务型金融

与资本型金融的比率是成比例的。

由式（8）我们可以将 d_{mt} 表示成 k_{mt} 的函数：

$$d_{mt}=\frac{\psi D_t k_{mt}}{K_t+(\psi-1)k_{mt}} \tag{9}$$

将式（9）代入式（6），得：

$$(\psi-1)k_{mt}=h(a_{t-1})D_t-K_t \tag{10}$$

其中，$h(a_{t-1})=\left[\frac{(1-\sigma)\psi^{\sigma}1+f_k/\theta_n 1-a_{t-1}}{(1-\phi)\gamma 1+f_k/\theta_m \quad a_{t-1}}\right]^{\frac{1}{\sigma-\phi}}$，是 a_{t-1} 的单调递减函数。$\frac{1-a_{t-1}}{a_{t-1}}$ 度量国家或地区与世界技术前沿的相对距离。

如果假定债务型金融和资本型金融的总量不变，即 $D_t=D$、$K_t=K$，由于 $h(a_{t-1})$ 是 a_{t-1} 的递减函数，根据式（9）和式（10）可知 k_{mt} 和 d_{mt} 也是 a_{t-1} 的递减函数，从而 $R_{mt}=d_{mt}+k_{mt}$ 随 a_{t-1} 的增大而减小，$R_{nt}=d_{nt}+k_{nt}$ 随 a_{t-1} 的增大而增大。即在债务型金融和资本型金融总量不变的条件下，随着国家或地区与世界技术前沿的距离逐渐缩短，用于模仿的 R&D 投入将逐渐减少，用于创新的 R&D 投入将逐渐增加。

由式（9）和式（10）可得模仿和创新活动中两类资金的密集度：

$$\frac{d_{mt}}{k_{mt}}=\frac{\psi}{h(a_{t-1})} \tag{11}$$

$$\frac{d_{nt}}{k_{nt}}=\frac{1}{h(a_{t-1})} \tag{12}$$

接下来，我们将分析债务型金融和资本型金融分别对生产率增长率的影响。生产率的增长率为：

$$g_t=\int_0^1\frac{A_{it}-A_{t-1}}{A_{t-1}}di=\int_0^1\frac{A_{it}-A_{it-1}}{A_{t-1}}di$$

将式（3）和式（8）代入，得：

$$g_t=\lambda\left(\frac{d_{nt}}{k_{nt}}\right)^{\phi}\left[\psi^{\sigma}\left(\frac{d_{nt}}{k_{nt}}\right)^{\sigma-\phi}k_{mt}\left(\frac{1-a_{t-1}}{a_{t-1}}\right)+\gamma k_{nt}\right]$$

再将式（12）代入，得：

$$g_t=\lambda\gamma[\Phi h(a_{t-1})^{1-\phi}D_t+(1-\Phi)h(a_{t-1})^{-\phi}K_t] \tag{13}$$

其中，$\Phi=\left(\frac{1-\phi}{1-\sigma}\frac{1+f_k/\theta_m}{1+f_k/\theta_n}-1\right)\frac{1}{\psi-1}=\frac{\frac{1-\phi}{1-\sigma}\frac{1+f_k/\theta_m}{1+f_k/\theta_n}-1}{\left(\frac{1-\phi}{1-\sigma}\frac{1+f_k/\theta_m}{1+f_k/\theta_n}\right)\left(\frac{\sigma}{\phi}\frac{1+f_d/\theta_n}{1+f_d/\theta_m}\right)-1}$。

由式（13）可得：

$$\frac{\partial g_t}{\partial a_{t-1}} = \lambda\gamma[\Phi(1-\phi)h(a_{t-1})^{-\phi}D_t h(a_{t-1})' + (1-\Phi)(-\phi)h(a_{t-1})^{-\phi-1}K_t h(a_{t-1})'] \quad (14)$$

$$\frac{\partial g_t}{\partial K_t} = \lambda\gamma(1-\Phi)h(a_{t-1})^{-\phi} \quad (15)$$

$$\frac{\partial g_t}{\partial D_t} = \lambda\gamma\Phi\, h(a_{t-1})^{1-\phi} \quad (16)$$

$$\frac{\partial^2 g_t}{\partial K_t \partial a_{t-1}} = \frac{\partial^2 g_t}{\partial a_{t-1}\partial K_t} = \lambda\gamma(1-\Phi)(-\phi)h(a_{t-1})^{-\phi-1}h(a_{t-1})' \quad (17)$$

$$\frac{\partial^2 g_t}{\partial D_t \partial a_{t-1}} = \frac{\partial^2 g_t}{\partial a_{t-1}\partial D_t} = \lambda\gamma\Phi(1-\phi)h(a_{t-1})^{-\phi}h(a_{t-1})' \quad (18)$$

由假定1和假定2，我们知道 $\sigma > \phi$、$\theta_m > \theta_n$，所以$\frac{\sigma}{\phi} \cdot \frac{1+f_d/\theta_n}{1+f_d/\theta_m} > 1$，$\Phi < 1$，从而得到：

$$\frac{\partial g_t}{\partial K_t} > 0,\quad \frac{\partial^2 g_t}{\partial K_t \partial a_{t-1}} > 0$$

即资本型金融的发展对生产率增长有促进作用，且随着国家或地区与世界技术前沿越近，资本型金融的边际增加对于生产率增长的促进程度越高。在给定债务型金融和国家或地区与世界技术前沿的距离下，如果1单位资本型金融被创新活动而不是模仿活动所使用，则资本型金融对于生产率增长的贡献相对更大（假定1），于是创新活动对于额外的资本型金融的需求也较高。这一过程也使得债务型金融在创新活动中的边际生产率较模仿活动中增加更多，债务型金融将从模仿流向创新。

另一方面，在现有假定下，我们无法直接判定$\frac{\partial g_t}{\partial D_t}$和$\frac{\partial^2 g_t}{\partial D_t \partial a_{t-1}}$的符号，这取决于 Φ 是否大于0，也即取决于$\frac{1-\phi}{1-\sigma} \cdot \frac{1+f_k/\theta_m}{1+f_k/\theta_n}$是否大于1。由假定1可知$\frac{1-\phi}{1-\sigma} > 1$，由假定2可知$\frac{1+f_k/\theta_m}{1+f_k/\theta_n} < 1$，因此无法直接判定$\frac{1-\phi}{1-\sigma} \cdot \frac{1+f_k/\theta_m}{1+f_k/\theta_n}$是否大于1，这取决于 ϕ、σ、θ_m、θ_n、f_k 之间数值关系的比较。所以通过本文构建的理论模型，我们无法简单判定出债务型金融对生产率增长率的作用方向。

但进一步分析可以发现，当 $\Phi<0$ 时，$\frac{\partial g_t}{\partial D_t}<0$ 而 $\frac{\partial^2 g_t}{\partial D_t \partial a_{t-1}}>0$，说明随着 a_{t-1} 的增大，$\frac{\partial g_t}{\partial D_t}$ 增大，从而 D_t 对 g_t 的负向作用减小；当 $\Phi>0$ 时，$\frac{\partial g_t}{\partial D_t}>0$ 而 $\frac{\partial^2 g_t}{\partial D_t \partial a_{t-1}}<0$，说明随着 a_{t-1} 的增大，$\frac{\partial g_t}{\partial D_t}$ 减小，从而 D_t 对 g_t 的正向作用减小。所以，无论债务型金融对生产率增长率的作用方向如何，我们可以肯定的是，其作用程度都在降低。

四、实证分析

（一）计量模型

大多数关于金融和增长的实证研究关注如下方程的跨国（省际）回归或者面板回归：

$$g_{jt}=\beta_0+\beta_1 Findev_{jt}+\beta_2 X_{jt}+u_{jt} \tag{19}$$

其中，g_{jt} 表示国家或地区 j 在相应时期的平均增长率，$Findev_{jt}$ 表示国家或地区的金融发展水平（时期初的水平或整个时期内的平均水平），X_{jt} 是由控制变量组成的向量，u_{jt} 为噪声项。

由于本文的实证分析是在理论研究指导下进行的，而理论研究部分涉及一个关键变量，即国家或地区与世界技术前沿的接近程度 $a_{t-1}=A_{t-1}/\bar{A}_{t-1}$，所以实证分析部分的方程应拓展为：

$$\begin{aligned} g_{jt}=&\beta_0+\beta_1 Prox_{jt-1}+\beta_2 Findev_{jt}+\beta_3(Prox_{jt-1}*Findev_{jt})\\ &+\beta_4 X_{jt}+v_j+u_{jt} \end{aligned}$$

其中，$g_{jt}=\ln A_{jt}-\ln A_{jt-1}$，$A_{jt}$ 为国家或地区 j 的全要素生产率，$Prox_{jt-1}=\ln A_{jt-1}-\ln\bar{A}_{t-1}$，表示国家或地区 j 在时刻 t－1 时接近世界技术前沿的程度，v_j 表示国家或地区 j 的固定效应。再结合本文对债务型金融和资本型金融的划分，以及生产率增长率的具体决定方程式（13），本文最终的计量模型如下：

$$\begin{aligned} g_{jt}=&\beta_0+\beta_1 Prox_{jt-1}+\beta_2 Debdev_{jt}+\beta_3 Kapdev_{jt}+\beta_4(Prox_{jt-1}*Debdev_{jt})\\ &+\beta_5(Prox_{jt-1}*Kapdev_{jt})+v_j+u_{jt} \end{aligned} \tag{20}$$

其中，$Debdev_{jt}$ 表示债务型金融的发展水平，$Kapdev_{jt}$ 表示资本型金融的发展水平。根据生产率增长方程，式（20）不包含控制变量。

（二）数据处理

在进行实证分析之前，首先要寻找到合适的数据来度量债务型金融和资本型金融的发展程度。根据前文从异质性融资方式角度对二者的界定，债务型金融和资本型金融分别对应微观层面上企业外源融资的负债和所有者权益，上升到宏观层面，则可以用社会融资规模中的债务部分和权益部分分别加以表示。由于本文采用的是省际面板，所以需要用到地区社会融资规模中的各类债务和权益数据。

2011 年 4 月，社会融资规模指标首次公布，成为我国宏观调控重点关注的一项新指标。2014 年 2 月，中国人民银行再次公布了地区社会融资规模指标。地区社会融资规模是指一定时期和一定区域内实体经济从金融体系获得的资金总额，是一个增量概念，是全面反映一定时期内金融对某一地区实体经济的资金支持以及金融与区域经济关系的总量指标。从地区社会融资规模的构成看，该指标包含 10 个子项，分别是：人民币贷款、外币贷款、委托贷款、信托贷款、未贴现银行承兑汇票、企业债券、非金融企业境内股票融资、保险公司赔偿、保险公司投资性房地产、其他融资。我们将前 6 项归纳为债务型融资，第 7 项非金融企业境内股票融资为资本型融资，后三项为其他。现有该指标 2013 年的年度数据和 2014 年一季度到 2016 年二季度的季度数据，数据来源中国人民银行调查统计司统计数据或 Wind 数据库。通过计算 2014 年和 2015 年各省份（直辖市、自治区）各季度不同类型融资占各省份一年内各类型融资的平均权重，从而得到 2013 年一季度到 2016 年二季度地区债务型融资规模和地区资本型融资规模，进一步分别除以地区 GDP 得到债务型金融和资本型金融发展程度的季度面板数据①。

本文的理论模型和计量模型还涉及各省份全要素生产率增长率和各省份与世界技术前沿接近程度这两个变量。为度量各省份各季度全要素生产率，首先需要度量各省份各季度的实际资本存量。对于实际资本存量，我们采用“永续盘存法”进行测算。资本积累方程如下：$K_{jt} = K_{jt-1}(1 - \delta_{jt-1}) + I_{jt}$。其中，$K_{jt}$、$I_{jt}$、$\delta_{jt}$ 分别表示省份 j 在 t 时期的实际资本存量、实际投资和实际资本折旧率。各省份初始实际资本存量（2012 年一季度）

① 本文原始数据在进行计算之前，都经过 X12 季节调整。

根据张军、吴桂英和张吉鹏（2004）的估计结果进行折算。实际投资采用各省份各季度剔除价格因素（根据各省份固定资产投资价格指数测算）的固定资产投资完成额来代替，数据来源 Wind 数据库。实际资本折旧率采用张健华和王鹏（2012）估计得到的 1993～2010 年分省份的差异化资本折旧率进行校准，季度折旧率等于年度折旧率除以 4。

根据范登伯斯奇和阿吉翁等（2006），全要素生产率等于实际人均产出减去实际人均资本与资本份额的乘积。实际人均产出用实际人均 GDP 来衡量，而实际人均 GDP 等于名义 GDP 比上 GDP 平减指数再比上总人口。我们从 Wind 数据库得到各省份各季度名义 GDP、各月度居民消费价格指数 CPI 以及各年度总人口数据，对各省份各季度的实际人均 GDP 进行了测算。由于缺乏各省份总人口的季度数据，我们用年度数据来代替，2016 年一、二季度的总人口用 2015 年数据代替。对于各省份的资本份额，采用王小鲁和樊纲（2000）对全国层面数据的估计结果，统一取 0.5。

我们将各省份与世界技术前沿的接近程度界定为各省份全要素生产率占美国全要素生产率的比重，实证分析时取对数。为度量美国各季度全要素生产率，我们同样需要先用“永续盘存法”来测算其实际资本存量。对于美国初始实际资本存量（1990），我们参照范登伯斯奇和阿洪等（2006）、张军、吴桂英和张吉鹏（2004）进行计算，计算公式为 $K_{1990}=I_{1991}/(g+0.06)$。$K_{1990}$为美国 1990 年的实际资本存量，$I_{1991}$为美国 1991 年实际国内投资总额，0.06 为年度折旧率，g 为 1990～2000 年美国实际 GDP 增长率，经计算 $g=0.028$。再结合 1990～2011 年美国实际国内投资净额，计算得到 2011 年美国实际资本存量。进一步，结合 2012 年一季度至 2016 年二季度美国实际国内投资净额，计算得到 2012 年一季度至 2016 年二季度美国实际资本存量。其间涉及的价格因素，通过美国消费者物价指数（CPI：1982～1984 年 =100）的月度数据进行测算，基期为 2012 年一季度。再利用美国总人口、美元兑人民币汇率、中国居民消费价格指数、中国固定资产投资价格指数等数据测算出用人民币计价的美国实际人均 GDP，基期同样为 2012 年一季度，数据来源 Wind 数据库。最后利用实际人均 GDP 减去实际人均资本与资本份额的乘积，可以得到美国全要素生产率。美国的资本份额参照范登伯斯奇和阿洪等（2006）等取 0.3。

由于海南、西藏和重庆的部分统计数据缺失，故本文的样本只包含中国内地 28 个省、自治区和直辖市的数据，其中重庆并入四川。相关变量的描述性统计如表 1 所示。

表 1　　　　变量描述性统计

变量名称	定义说明	均值	标准差	最小值	最大值
g	全要素生产率增长率	-0.0078	0.0545	-0.3150	0.2879
gg	实际人均 GDP 增长率	0.0133	0.0552	-0.2877	0.3126
Prox	与世界技术前沿的接近程度，滞后一期	-2.0446	0.3091	-2.6752	-1.3732
Debdev	债务型金融（债务型融资规模/GDP）	0.2339	0.1303	-0.1314	0.8782
Kapdev	资本型金融（资本型融资规模/GDP）	0.0080	0.0123	-0.0267	0.0878
Prox × Debdev	与世界技术前沿接近程度和债务型金融的交叉项	-0.4741	0.2693	-2.0211	0.2346
Prox × Kapdev	与世界技术前沿接近程度和资本型金融的交叉项	-0.0156	0.0228	-0.2155	0.0375

由表 1 可知，2013 年一季度至 2016 年二季度，我国实际人均 GDP 增长率的均值虽然为正，但全要素生产率增长率的均值为负。这意味着，进入新常态以来，我国经济虽然仍保持中高速增长，但全要素生产率在下滑，我国经济增长仍然更多地依赖投资拉动，增长动力着实迫切需要从要素驱动、投资驱动，转向创新驱动。表 1 同时也反映出，相对于债务型金融，我国资本金融的发展程度仍然较低。此外，注意变量 Prox 的数值为负。

（三）实证结果

对生产率增长方程式（20）的估计结果如表 2 所示。为控制不随时间而变但随个体而异的因素，我们引入了个体固定效应；为控制不随个体而变但随时间而变的因素，我们引入了时间固定效应。我们从最简单的回归开始，对实证结果进行讨论。第（1）列的回归结果表明，债务型金融的估计系数为负，但并不显著；资本型金融的估计系数为 0.4509，且在 5% 的显著性水平下显著，表明资本型金融对生产率增长有促进作用。第（2）列在第（1）列的基础上引入了与世界技术前沿的接近程度，其估计系数

为 -0.7370，且在 1% 的显著性水平下显著，表明与世界技术前沿的接近程度对生产率增长有抑制作用，即各省份生产技术水平越接近世界技术前沿，其增长率越可能呈现下降趋势。第（2）列的回归结果还表明，债务型金融的估计系数仍然为负且仍不显著；资本型金融的估计系数为 0.5321，且在 1% 的显著性水平下显著，估计系数和显著性水平都稍有提高。第（3）列着重于对债务型金融的考察。回归结果表明，债务型金融的估计系数为负，与世界技术前沿的接近程度和债务型金融的交叉项的估计系数也为负，但二者都不显著。接近程度的估计系数为 -0.7216，在 1% 的显著性水平下显著。第（4）列着重于对资本型金融的考察。回归结果表明，资本型金融的估计系数为 3.2469，较第（1）列和第（2）列的估计结果有大幅提高，但方向一致都为正，且在 1% 的显著性水平下显著，与世界技术前沿的接近程度和资本型金融的交叉项的估计系数为 1.4011，方向为正且在 5% 的显著性水平下显著，其估计系数的 p 值为 0.0100。这表明，资本型金融对生产率增长有促进作用，且随着各省份与世界技术前沿的接近，资本型金融的边际增加对于生产率增长的促进程度越高。此处回归结果与理论研究结论一致。接近程度的估计系数为 -0.8015，且在 1% 的显著性水平下显著。第（5）列是对生产率增长方程式（20）的估计，也是对第（1）、（2）、（3）、（4）列的综合。回归结果表明，与世界技术前沿的接近程度的估计系数为 -0.7921，且在 1% 的显著性水平下显著，表明各省份生产技术水平越接近世界技术前沿，其增长率越可能降低；债务型金融的估计系数为负，与世界技术前沿的接近程度和债务型金融的交叉项的估计系数也为负，但两者都不显著；资本型金融的估计系数为 3.2047，与世界技术前沿的接近程度和资本型金融的交叉项的估计系数为 1.3873，两者都在 5% 的显著性水平下显著，表明资本型金融对生产率增长有促进作用，且随着与世界技术前沿的接近，促进作用更强。

表 2　　生产率增长方程的回归结果

被解释变量 g	（1）	（2）	（3）	（4）	（5）
解释变量	FE	FE	FE	FE	FE
Prox		-0.7370 [-5.02]***	-0.7216 [-4.65]***	-0.8015 [-4.86]***	-0.7921 [-4.69]***

续表

被解释变量 g	（1）	（2）	（3）	（4）	（5）
Debdev	-0.0630 [-0.94]	-0.0102 [-0.20]	-0.2020 [-1.22]		-0.1113 [-0.66]
Kapdev	0.4509 [2.07]**	0.5321 [3.19]***		3.2469 [3.08]***	3.2047 [2.70]**
Prox × Debdev			-0.0926 [-0.99]		-0.0457 [-0.47]
Prox × Kapdev				1.4011 [2.79]**	1.3873 [2.44]**
观测值	392	392	392	392	392
R - squared	0.2422	0.5104	0.5034	0.5227	0.5236

注：方括号内的数值是估计系数的 t 值，*、**、*** 分别表示在 10%、5% 和 1% 的显著性水平下拒绝系数为零的原假设。此处回归采用面板固定效应模型，同时考虑了个体固定效应和时间固定效应，此外采用了省份聚集的稳健标准误差。

实际人均 GDP 增长率是研究经济增长所需重点关注的指标，我们将其作为被解释变量进行了与表 2 中相似的回归，回归结果如表 3 所示。整体而言，表 3 中的估计结果与表 2 中的估计结果相差不大，研究结论亦基本一致。我们直接分析第（5）列的回归结果。与世界技术前沿的接近程度的估计系数为 -0.7797，且在 1% 的显著性水平下显著，表明与世界技术前沿的接近程度对实际人均 GDP 的增长有抑制作用，即各省份生产技术水平越接近世界技术前沿，实际人均 GDP 增长率越可能降低；债务型金融的估计系数为负，与世界技术前沿的接近程度和债务型金融的交叉项的估计系数也为负，但两者都不显著；资本型金融的估计系数为 3.3037，与世界技术前沿的接近程度和资本型金融的交叉项的估计系数为 1.4314，两者都在 5% 的显著性水平下显著，表明资本型金融对实际人均 GDP 的增长有促进作用，且随着各省份与世界技术前沿的接近，资本型金融的边际增加对于实际人均 GDP 的增长的促进作用更强。此处回归没有同时使用各省份与美国实际人均 GDP 之差来度量各省份与世界技术前沿的接近程度，主要是因为样本期内全要素生产率和实际人均 GDP 的变化方向在整体上并不一致（由表 1 可知全要素生产率增长率的均值为负，而实际人均 GDP 增长率的均值为正）。

表 3　　实际人均 GDP 增长率的回归结果

被解释变量 gg	(1)	(2)	(3)	(4)	(5)
解释变量	FE	FE	FE	FE	FE
Prox		-0.7228 [-4.83]***	-0.7071 [-4.49]***	-0.7895 [-4.71]***	-0.7797 [-4.56]***
Debdev	-0.0632 [-0.93]	-0.0114 [-0.22]	-0.2086 [-1.20]		-0.1153 [-0.65]
Kapdev	0.4664 [2.16]**	0.5461 [3.24]***		3.3452 [3.12]***	3.3037 [2.75]**
Prox × Debdev			-0.0952 [-0.99]		-0.0469 [-0.47]
Prox × Kapdev				1.4446 [2.83]***	1.4314 [2.48]**
观测值	392	392	392	392	392
R - squared	0.2566	0.5074	0.5003	0.5201	0.5210

注：方括号内的数值是估计系数的 t 值，*、**、*** 分别表示在 10%、5% 和 1% 的显著性水平下拒绝系数为零的原假设。此处回归采用面板固定效应模型，同时考虑了个体固定效应和时间固定效应，此外采用了省份聚集的稳健标准误差。

五、结论与启示

无论是理论界还是实务界对创新应该成为驱动经济增长的核心动力这一观点已经基本达成共识。进一步仍需思考的问题是，如何才能够驱动创新，具体到金融层面则是，怎样的金融发展模式有利于驱动创新。带着对这一问题的深入思考，本文在已有理论和实证研究的基础上，将企业技术创新分为模仿和创新，将金融分为债务型和资本型，然后基于格申克龙(Gerschenkron)“适宜制度”的经济学思想，构建了一个驱动企业创新的熊彼特模型来研究金融发展模式的选择问题。具体来说，本文认为债务型金融，以还本付息为交易形式，无法获取可能的高额回报，要求努力降低风险，更适宜于模仿型项目。资本型金融，形成资本、股权，对剩余收益有索取权，体现风险与收益的对称性，更适宜于创新型项目。在此概念划分的基础上，本文将范登伯斯奇和阿吉翁等（2006）、巴苏等（2014）模型中的劳动力市场替换成金融市场，将异质性劳动对异质性创新的不同作用替换成异质性融资来源的企业 R&D 投入对异质性创新的不同作用，即将非技术劳动替换成源于债务型融资的企业 R&D 投入，将技术劳动替换成源于资本型融资的企业 R&D 投入来进行研究。在理论研究的指导下，本文用地区社会融资规模中的债务部分和权益部分与地区 GDP 的比值来度量中国内地 28 个省份债务型金融和资本型金融的发展程度，并在测算出各省份全要素生产率增长率和各省份与世界技术前沿接近程度这两个变量的基础上进行了实证分析。

理论研究表明：（1）在债务型金融和资本型金融总量不变的条件下，随着国家或地区与世界技术前沿的接近，用于模仿的 R&D 投入将逐渐减少，用于创新的 R&D 投入将逐渐增加；（2）资本型金融的发展对生产率增长有促进作用，且随着国家或地区与世界技术前沿越近，资本型金融的边际增加对于生产率增长的促进程度越高；（3）虽然通过本文构建的理论模型，我们无法简单判定出债务型金融对生产率增长率的作用方向，但无论该作用方向如何，其作用程度都随着国家或地区与世界技术前沿的趋近而降低。实证分析表明：（1）与世界技术前沿的接近程度的估计系数显著为负，表明各省份生产技术水平越接近世界技术前沿，其增长率越可能降低；（2）债务型金融的估计系数为负，与世界技术前沿的接近程度和债务型金融的交叉项的估计系数也为负，但两者都不显著；（3）资本型金融的估计系数显著为正，与世界技术前沿的接近程度和资本型金融的交叉项的估计系数也显著为正，表明资本型金融对生产率增长有促进作用，且随着与世界技术前沿的接近，这种促进作用更强。

从本文的分析思路来看，创新驱动经济增长，金融发展驱动创新，最后是金融发展模式的选择。从本文理论和实证研究的结论来看，不同金融发展模式进而不同金融体制也确实会影响一个国家或地区的创新模式，并最终影响一国或地区的全要素生产率。就我国异质性金融发展程度而言，资本型金融比债务型金融要低很多，这亦反映出我国金融体制的现状，即我国现阶段的金融体制仍然以银行为主导，社会融资规模中直接融资占比较低，股权融资占比更低。然而发展程度较低的资本型金融对于驱动企业创新，进而提高我国全要素生产率至关重要，着实需要重点关注。本文认为，在经济新常态和供给侧改革的背景下，党中央提出的完善金融市场体系的改革大思路，在具体贯彻实施中应更加关注我国资本市场的发展情况，建设多层次资本市场应该成为新一轮金融体制改革的主线。多层次资本市场的健全和发展可以为 VC/PE 等股权投资提供良好平台，为金融市场创新和对外开放奠定稳固基础，有利于促进我国资本型金融的发展和培养我国金融市场的内生性力量，也有利于形成驱动企业创新的新的金融体制。

最后需要指出的是，就统计指标而言，地区社会融资规模中的权益部分只能是资本型金融的一部分，宏观层面的一些股权融资并没有被很好地统计与收集，这也反映出本文实证研究的一些不足。进一步从微观企业层面探讨 VC/PE 及异质性基金组织形式对企业创新的影响是下一步的研究方向。

参考文献

1. 解维敏、方红星：《金融发展、融资约束与企业研发收入》，载于《金融研究》2011 年第 5 期。

2. 邵宜航、刘仕保、张朝阳：《创新差异下的金融发展模式与经济增长：理论与实证》，载于《管理世界》2015 年第 11 期。

3. 唐清泉、巫岑：《银行业结构与企业创新活动的融资约束》，载于《金融研究》2015 年第 7 期。

4. 王小鲁、樊纲：《我国工业增长的可持续性》，经济科学出版社 2000 年版。

5. 温军、冯根福、刘志勇：《异质债务、企业规模与 R&D 投入》，载于《金融研究》2011 年第 1 期。

6. 吴淑娥、仲伟周、卫剑波、黄振雷：《融资来源、现金持有与研发平滑——来自我国生物医药制造业的经验证据》，载于《经济学（季刊）》2016 年第 2 期。

7. 易信、刘凤良：《金融发展、技术创新与产业结构转型——多部门内生增长理论分析框架》，载于《管理世界》2015 年第 10 期。

8. 约瑟夫·熊彼特：《经济发展理论》，何畏、易家详等译，商务印书馆 2015 年版。

9. 张健华、王鹏：《中国全要素生产率：基于分省份资本折旧率的再估计》，载于《管理世界》2012 年第 10 期。

10. 张杰、芦哲、郑文平、陈志远：《融资约束、融资渠道与企业 R&D 投入》，载于《世界经济》2012 年第 10 期。

11. 张军、吴桂英、张吉鹏：《中国省际物质资本存量估计：1952 ~ 2000》，载于《经济研究》2004 年第 10 期。

12. 钟腾、汪昌云：《金融发展与企业创新产出——基于不同融资模式对比视角》，经济研究工作论文，2016 年。

13. A. Gerschenkron, *Economic Backwardness in Historical Perspective*: *A Book of Essay*, Cambridge, MA: Belknap Press of Harvard University Press, 1962.

14. B. H. Hall, The Financing of Research and Development, *Oxford Review of Economic Policy*, Vol. 18, No. 1, 2002, pp. 35 – 51.

15. D. Acemoglu, P. Aghion and F. Zilibotti, Distance to Frontier, Selection, and Economic Growth, *Journal of the European Economic Association*, Vol. 4, No. 1, 2006, pp. 37 – 74.

16. F. Allen, J. Qian and M. Qian, Law, Finance and Economic Growth in China, *Journal of Financial Economics*, Vol. 77, No. 1, 2005, pp. 57 – 116.

17. Hicks John, *A Theory of Economic History*, Oxford: Clarendon Press, 1969.

18. J. R. Brown, G. Martinsson and B. C. Petersen, Law, Stock Markets, and Innovation, *Journal of Finance*, Vol. 68, No. 4, 2013, pp. 1517 – 1549.

19. J. R. Brown, S. M. Fazzari and B. C. Petersen, Financing Innovation and Growth: Cash Flow, External Equity, and the 1990s R&D Boom, *Journal of Finance*, Vol. 64, No. 1, 2009, pp. 151 – 185.

20. J. Vandenbussche, P. Aghion and C. Meghir, Growth, Distance to Frontier and Composition of Human Capital, *Journal of Economic Growth*, Vol. 11, No. 2, 2006, pp. 97 – 127.

21. P. Aghion and P. Howitt, A Model of Growth through Creative Destruction, *Econometrica*, Vol. 60, No. 2, 1992, pp. 323 – 351.

22. P. Aghion and P. Howitt, *Endogenous Growth Theory*, Cambridge, MA: MIT Press, 1998.

23. P. Aghion and P. Howitt, *The Economics of Growth*, Cambridge, MA: MIT Press, 2009.

24. Po-Hsuan Hsu, X. Tian and Y. Xu, Financial Development and Innovation: Cross-country Evidence, *Journal of Financial Economics*, Vol. 112, No. 1, 2014, pp. 116 – 135.

25. P. Romer, Endogenous Technological Change, *Journal of Political Economy*, Vol. 98, No. 5, 1990, pp. 71 – 102.

26. R. G. King and R. Levine, Finance, Entrepreneurship, and Growth: Theory and Evidence, *Journal of Monetary Economics*, Vol. 32, No. 3, 1993, pp. 513 – 542.

27. R. G. Rajan and L. Zingales, Financial Dependence and Growth, *American Economic Review*, Vol. 88, No. 3, 1998, pp. 559 – 586.

28. S. Basu and M. K. Mehra, Endogenous Human Capital Formation, Distance to Frontier and Growth, *Research in Economics*, Vol. 68, No. 2, 2014, pp. 117 – 132.

29. S. Fazzari, R. Hubbard and B. Petersen, Financing Constraints and Corporate Investment, Brookings Papers on Economic Activity, No. 1, 1988, pp. 141 – 206.

技术进步与经济增长：一个马克思主义政治经济学的分析

唐 永 范 欣*

一、引 言

马克思作为一名关注资本主义经济长期增长和发展趋势的经济学家，十分重视技术进步对资本主义经济增长的影响。在马克思看来，“科学是一种在历史上起推动作用的、革命的力量。”① 虽然没有关于技术进步对经济影响的专门著作，但是关于技术进步及其与经济增长关系的探讨一直贯穿于马克思的各种著作，如《资本论》《1844年经济学哲学手稿》《雇佣劳动与资本》《机器、自然力和科学的应用》等，在他的许多手稿、笔记、书信和谈话中，也能看到他对该问题的论述。在马克思的著作中，机器的运用、生产力的发展、劳动资料的革命、资本有机构成提高等都是技术进步的相似概念；财富的增长、社会总产品的增加、社会总资本的扩大再生产等都是经济增长的同义表述。

在技术进步与经济增长关系的研究中，绝大多数学者都是从西方现代经济增长理论视角来研究这一问题，基本都认同经济增长与技术进步正相关，技术进步对经济增长贡献极大（吴汉洪、王强，2001；易纲等，2003；张军、施少华，2003；郭庆旺、贾俊雪，2005；孙琳琳、任若恩，2005；郭晔，2007；苏基溶、廖进中，2009；苏治、徐淑丹，2015等）。

---

* 唐永，中国人民大学经济学院博士研究生；范欣，吉林大学经济学院副教授。

① 《马克思恩格斯文集》第3卷，人民出版社2009年版，第602页。

而从马克思主义政治经济学视角研究该问题的文献相对较少，且他们对技术进步在经济增长中的作用认识存在分歧。分歧之一是技术进步能否促进经济增长。莱博曼（Laibman，1981），唐国华、许成安（2011）认为技术进步长期来看对经济增长有阻碍作用。施生旭等（2014）不认同此观点，他们认为技术进步对经济增长既有正效应也有负效应，但是技术进步对经济增长的促进作用大于阻碍作用，技术进步最终会促进经济增长。沈炳珍（2009）却认为技术进步对经济增长影响具有不确定性。技术进步可否带来经济增长的关键是技术进步的同时，资本有机构成能否跟着提高。分歧之二是技术进步是否会导致经济失衡。杨继国（2002，2010）认为在其他条件不变只是存在技术进步的情况下，经济的长期增长趋势会不断降低，达到一定程度会出现危机，资本有机构成的提高是导致经济危机的直接变量。李永军等（2010）不认同杨继国的观点，他们将内生经济增长理论中的技术进步、知识积累、人力资本等因素引入了马克思增长模型，扩展了资本有机构成的概念，说明了马克思的经济增长模型与内生增长模型具有相通性，从而论证了经济增长的稳定性和均衡性。之所以会产生这些分歧，重要的原因是他们的分析基本都是基于理论或者模型的定性分析，除了施生旭等（2014）尝试了定量分析外，基本没有从定量分析视角具体分析技术进步对经济增长的作用机制和效应。而施生旭等的研究也存在不足：一是理论分析与实证结果存在矛盾。他们的理论分析认为技术进步可以使得利润率提高从而促进经济增长，但实证检验结果却表明利润率与经济增长之间存在统计上显著的负相关。尽管他们随后将时间段缩短为1994～2010年，得出了二者正相关的结论，但其只是单独检验了利润率与经济增长率之间的关系，并没有结合其他因素进行多元回归，且只有17个时间序列观测值很难具有说服力。二是实证检验结果显示技术进步对经济增长的效应只有0.018，作用效果很小，与其他经验研究结果以及经济发展事实相差甚远。因此，本文旨在克服这些缺陷，将技术进步引入模型分析，基于马克思主义政治经济学视角构建一个全新的马克思主义经济增长模型，并结合中国1979～2015年的经验数据定量分析技术进步对经济增长的作用机制和效应。

二、马克思的技术进步理论

在马克思看来，技术具有自然和社会双重属性：一方面表现为人与自然之间的关系；另一方面表现为阶级关系、生产关系决定的社会关系。技术进步是人类认识世界和改造世界的能力、智力、工具、手段不断更替与进步的过程。在马克思的著作中最能体现资本主义技术进步的是机器的大规模使用，除此之外，生产工艺的改进、生产组织方式的进步、知识经验的积累等也可以看做是技术进步的体现。

马克思将技术进步分为两种类型：劳动节约型技术进步和资本节约型技术进步。他认为劳动节约型技术进步和资本节约型技术进步是同时进行的，而非相互排斥。随着资本主义生产力的发展和技术进步，“资本主义生产方式一方面促进社会劳动生产力的发展，另一方面也促进不变资本使用上的节约”[①]，前者表现为技术进步下的劳动节约，后者表现为技术进步下的资本节约。资本主义生产方式由简单协作到工场手工业再到机器大工业，单位不变资本所支配的可变资本具有不断下降趋势，“对劳动的需求，同总资本量相比相对地减少，并且随着总资本量的增长以递增的速度减少”[②]，这种使得劳动力节约的技术进步称为劳动节约型技术进步。在《资本论》第3卷第五章中，马克思专门论述了资本节约型技术进步。技术进步下的资本节约有以下几方面的体现：一是生产资料共同使用使得生产资料的节约；二是生产资料集中使得建筑物的节省；三是废料的循环利用使得原料的节约；四是劳动生产率提高使得资本品的相对便宜；五是机器的改良使得不变资本的节约；六是流通时间的缩短使得不变资本的节约；七是科技发明而产生的节约；八是工人知识经验积累使得生产资料的节约。[③]

技术进步可以促进经济增长。资本主义社会中技术进步最集中的体现为机器的大规模使用，这会使得资本主义生产力提高，从而促进资本主义经济增长。“资产阶级在它的不到一百年的阶级统治中所创造的生产力，比过去一切世代创造的全部生产力还要多，还要大。自然力的征服，机器的采用，化学在工业和农业中的应用，轮船的行驶，铁路的通行，电报的使用，整个整个大陆的开垦，河川的通航，仿佛用法术从地下呼唤出来的大量人口——过去哪一个世纪料想到在社会劳动里蕴藏有这样的生产力呢?”[④] 马克思分析了第一次工业革命以后技术进步的状况，得出了经济

① 马克思:《资本论》第3卷，人民出版社2004年版，第101页。

② 马克思:《资本论》第1卷，人民出版社2004年版，第726页。

③ 马克思:《资本论》第3卷，人民出版社2004年版，第93~119页。

④ 《马克思恩格斯文集》第2卷，人民出版社2009年版，第36页。

增长（财富的创造）取决于技术进步与科学水平的结论。“随着大工业的发展，现实财富的创造较少地取决于劳动时间和已耗费的劳动量，较多地取决于在劳动时间内所运用的作用物的力量，而这种作用物自身——它们的巨大效率——又和生产它们所花费的直接劳动时间不成比例，而是取决于科学的一般水平和技术进步，或者说取决于这种科学在生产上的应用。”① 首先，技术进步促进社会财富数量的增长。一方面，技术进步可以提高劳动生产率，从而促进社会财富量的增长。“大工业把巨大的自然力和自然科学并入生产过程，必然大大提高劳动生产率”②，这“使得一个小孩在今天所生产的东西，比以前的一百年成年人所生产的还要多。”③ 另一方面，技术进步可以节约资本，提高资本利用效率，从而促进经济增长。废物再利用是资本节约的一个很好的例子。“机器的改良，使那些在原有形式上本来不能利用的物质，获得一种在新的生产中可以利用的形态；科学的进步，特别是化学的进步，发现了那些废物的有用性质。”④ 其次，技术进步可以拓宽社会财富的种类，从而促进社会财富的增长。马克思认为技术进步可以增加社会财富的种类，人类劳动借助于技术进步产生的新机器可以创造出新的东西。“要从一切方面去探索地球，以便发现新的有用物体和原有物体的新的使用属性，如原有物体作为原料等的新的属性；因此，要把自然科学发展到它的最高点。”⑤ 在社会总资本的扩大再生产模型中，马克思也指出随着技术的进步，资本有机构成会有提高的趋势，这会使得社会生产力提高，从而有利于资本主义经济增长。

技术进步也可能导致经济危机的爆发。首先，技术进步可能使得供需失衡，导致生产过剩。马克思认为，在没有快速技术进步之前，产品的供需是大致平衡的。只有在出现了快速技术进步的情况下，生产力的快速发展会使得劳动生产率的巨大提高，导致生产扩张的速度快于消费增长的速度，从而使得资本主义相对生产过剩成为可能，这是资本主义经济危机爆发的重要原因。其次，技术进步使产品实现变得困难。一方面，随着技术进步，需要实现的价值和剩余价值在不断增长，这使得产品的实现变得愈发困难。另一方面，技术进步会使得资本有机构成提高，导致利润率有不

① 《马克思恩格斯文集》第8卷，人民出版社2009年版，第195~196页。

② 马克思：《资本论》第1卷，人民出版社2004年版，第444页。

③ 《马克思恩格斯选集》第3卷，人民出版社1972年版，第458页。

④ 马克思：《资本论》第3卷，人民出版社2004年版，第115页。

⑤ 《马克思恩格斯文集》第8卷，人民出版社2009年版，第89~90页。

断下降的趋势，这使得单位资本所带来的剩余价值减少，加剧了产品实现的可能性。总之，技术进步不仅破坏了生产与消费之间的平衡，导致生产相对过剩，而且也使得产品的实现变得更加困难，最终导致了资本主义危机的周期性爆发。

三、技术进步条件下马克思经济增长模型的构建

（一）马克思经济增长模型的创立与拓展

马克思在经济思想史上第一次制定了社会总资本再生产和流通的科学理论体系。① 社会资本扩大再生产理论是在批判和继承英国与法国古典政治经济学的基础上建立的，是属于“马克思的独创”②。该理论抓住了研究社会资本扩大再生产的核心问题即社会总产品的实现问题，包括实物补偿和价值补偿。首先马克思在《资本论》第1卷第三篇绝对剩余价值生产中区分了不变资本和可变资本，提出了剩余价值率的概念，解决了旧价值转移和新价值创造的问题，这为马克思创立社会总资本扩大再生产理论准备了基础。其次，马克思在《资本论》第2卷第三篇社会总资本的再生产和流通中，对斯密教条进行了批判，一方面批判斯密在实物形式上混淆了个人消费和生产消费；另一方面批判了斯密在价值形式上漏掉了不变资本，即“商品价值 = v + m”③。此外，在社会总资本的再生产和流通这一篇中，马克思还对李嘉图、约翰·穆勒、拉姆赛、萨伊、普鲁东、施托尔希、西斯蒙第、巴顿、拉姆赛和舍尔比利埃进行了批判与评述，认为李嘉图、约翰·穆勒“几乎重复着斯密的理论”④，“巴顿、拉姆赛和舍尔比利埃没能区分不变资本价值和可变资本”⑤，“施托尔希在原则上也接受亚·斯密的学说”⑥，而“拉姆赛正确注意到了全部产品不仅分为工资和利润，

① 吴易风：《马克思的经济增长理论模型》，载于《经济研究》2007年第9期。

② 张衔：《马克思的社会资本再生产模型：一个技术性补充》，载于《当代经济研究》2015年第8期。

③ 《马克思恩格斯文集》第6卷，人民出版社2009年版，第410页。

④ 《马克思恩格斯文集》第6卷，人民出版社2009年版，第432、434页。

⑤ 《马克思恩格斯文集》第6卷，人民出版社2009年版，第434页。

⑥ 《马克思恩格斯文集》第6卷，人民出版社2009年版，第433页。

而且还必须有一部分补偿固定资本”①。马克思克服了曾经长期困扰英国和法国古典政治经济学家的难题，建立了社会总资本扩大再生产的两个基本前提：一是在价值形式上，社会总产品由不变资本（C）、可变资本（V）和剩余价值（M）三个部分构成；二是在实物形式上社会生产部门由生产生产资料的第Ⅰ部类和生产消费资料的第Ⅱ部类构成。在此基础上，马克思从分析简单再生产开始，深入分析了扩大再生产的前提条件与实现条件，两部门内部以及部门之间的交换过程，扩大再生产顺利进行所需的平衡关系，从而创立了社会资本扩大再生产理论，即马克思的经济增长理论模型。

马克思增长模型建立以后，学者们基本沿着四条路径拓展该模型：一是维持原模型假设基础上的再解释与再分析（刘国光，1962；宋则行，1962；董辅礽，1963；吴树青，1981；白暴力，2000；张忠任，2004 等）。二是放宽原模型假设条件的拓展研究（Harris，1972；Roemer，1978；宋则行，1995；何练、麻彦春，2014；李子联，2015 等）。三是马克思经济增长模型的数理化（菲尔德曼，1928；李拉亚，1985；刘惠林、冯世则，1986；朱殊洋，2008；李海明、祝志勇，2012；孙世强、大西広，2015 等）。四是与西方经济增长理论的比较研究（宋则行，1995；杨继国，2001；吴易风，2000、2002；郭俊华，2010 等）。本文的研究就是沿着第二条路径拓展马克思经济增长模型，放宽马克思原模型技术进步不变的假设，将技术进步引入分析，构建一个全新的经济增长模型，分析技术进步对经济增长的具体作用机制与效应。

（二）不同技术进步类型下的资本增长率

马克思经济增长模型中假设社会生产由生产生产资料的第Ⅰ部类和生产消费资料的第Ⅱ部类构成；每一部类的年产品的价值由不变资本（C）、可变资本（V）和剩余价值（S）三部分组成；社会只有资产阶级（资本家）和工人阶级两个对立阶级；整个经济为封闭系统，不涉及对外贸易与跨国要素流动；资本家储蓄率为 α，工人没有储蓄，剩余价值率或者价值增值率为 e，两大部类资本有机构成为 k。本文分析中将沿用这些基本假设。下面首先分析不同技术进步类型下资本增长率的区别。

技术进步类型的划分存在不同观点。马克思根据技术进步对劳动和资

① 《马克思恩格斯文集》第 6 卷，人民出版社 2009 年版，第 432 ~ 433 页。

本的不同影响将技术进步分为两种类型：劳动节约型技术进步和资本节约型技术进步。英国经济学家希克斯（1932）在著作《工资理论》中，根据资本边际产量与劳动边际产量的比率的相对变化，将技术进步分为三类：节约劳动的技术进步、节约资本的技术进步和中性技术进步。这一划分也成为划分技术进步类型的常用形式。王林辉、董直庆（2012）将技术进步分为资本体现式和非体现式技术进步两个类型。李长风（1996）进一步将中性技术进步细分为产出增长型、要素扩张型、产出附加型和要素附加型。本文对技术进步类型的划分基于马克思的方法，并结合希克斯的分类方式，将技术进步划分为劳动节约型技术进步、资本节约型技术进步和中性技术进步。只是依据不变资本增长率（G_C）和可变资本增长率（G_V）的差别来划分三种技术进步类型。[①] 若 G_C 大于 G_V，则为劳动节约型技术进步；G_C 小于 G_V，则为资本节约型技术进步；G_C 等于 G_V，则为中性技术进步。

对于一个经济体，第 t 期末社会总产品和社会总资本的价值分别表示为：

$$W_t = C_t + V_t + S_t \tag{1}$$

$$K_t = C_t + V_t \tag{2}$$

第 t－1 期末社会总产品和社会总资本的价值分别表示为：

$$W_{t-1} = C_{t-1} + V_{t-1} + S_{t-1} \tag{3}$$

$$K_{t-1} = C_{t-1} + V_{t-1} \tag{4}$$

第 t 期初追加的总资本的价值为：

$$\Delta K_t = \Delta C_t + \Delta V_t = \alpha \cdot S_{n-1} \tag{5}$$

根据社会总资本构成公式：

$$\frac{C_t}{V_t} = \frac{\Delta C_t}{\Delta V_t} = K_t \tag{6}$$

由公式（5）、公式（6）可得：

$$\Delta V_t = \frac{\alpha \cdot S_{t-1}}{1 + K_t} \tag{7}$$

$$\Delta C_t = \frac{k_t \cdot \alpha \cdot S_{t-1}}{1 + K_t} \tag{8}$$

① 依据不变资本增长率与可变资本增长率的差别来划分技术进步类型，实质与希克斯的划分依据类似，可以从资本边际产量与劳动边际产量的比率的相对变化推导出来。

由公式（5）、公式（6）、公式（7）、公式（8）可得总资本增长率、可变资本增长率和不变资本增长率分别为：

$$G_K=\frac{\Delta K_t}{K_{t-1}}=\frac{\alpha\cdot S_{t-1}}{C_{t-1}+V_{t-1}}=\frac{\alpha\cdot e_{t-1}}{1+K_{t-1}} \tag{9}$$

$$G_V=\frac{\Delta V_t}{V_{t-1}}=\frac{\alpha\cdot S_{t-1}}{(1+K_t)\cdot V_{t-1}}=\frac{\alpha\cdot e_{t-1}}{1+K_t} \tag{10}$$

$$G_C=\frac{\Delta C_t}{C_{t-1}}=\frac{K_t\cdot\alpha\cdot S_{t-1}}{(1+K_t)\cdot C_{t-1}}=\left(\frac{K_t}{K_{t-1}}\right)\cdot\frac{\alpha\cdot e_{t-1}}{1+K_t} \tag{11}$$

根据可变资本与不变资本的增长率差别，由公式（9）、公式（10）、公式（11）比较不同技术进步类型下资本增长率的情况，可以得到以下几个结论：

结论一：在中性技术进步条件下，有 $G_C=G_V$，则资本有机构成 $K_n/K_{n-1}=1$，即资本有机构成保持不变，那么有：

$$G_C=C_V=G_K \tag{12}$$

结论二：在劳动节约型技术进步条件下，有 $G_C>G_V$，则资本有机构成 $K_n/K_{n-1}>1$，即资本有机构成逐年增大，那么有：

$$G_C>G_K>G_V \tag{13}$$

结论三：在资本节约型技术进步条件下，有 $G_C<G_V$，则资本有机构成 $K_n/K_{n-1}<1$，即资本有机构成逐年减小，那么有：

$$G_C<G_K<G_V \tag{14}$$

（三）技术进步条件下的经济增长率及其影响因素

我们下面从马克思的扩大再生产公式着手，保持原有的假设条件，推导经济增长率公式：

$$\begin{aligned}G&=\frac{W_t-W_{t-1}}{W_{t-1}}\\&=\frac{\Delta C_t+\Delta V_t+\Delta S_t}{C_{t-1}+V_{t-1}+S_{t-1}}\\&=\frac{\Delta C_t+\Delta V_t+(e_t\cdot V_t-e_{t-1}\cdot V_{t-1})}{C_{t-1}+V_{t-1}+S_{t-1}}\\&=\frac{\Delta C_t+\Delta V_t+[e_t\cdot(V_{t-1}+\Delta V_t)-e_{t-1}\cdot V_{t-1}]}{V_{t-1}\cdot(1+e_{t-1}+K_{t-1})}\\&=\frac{\Delta V_t(1+e_t+K_t)+V_{t-1}\cdot(e_t-e_{t-1})}{V_{t-1}\cdot(1+e_{t-1}+K_{t-1})}\end{aligned}$$

$$=\frac{\Delta V_t\cdot(1+e_t+K_t)}{V_{t-1}(1+e_{t-1}+K_{t-1})}+\frac{V_{t-1}\cdot(e_t-e_{t-1})}{V_{t-1}\cdot(1+e_{t-1}+K_{t-1})}$$

$$G=\frac{\Delta V_t}{V_{t-1}}\cdot\frac{1+e_t+K_t}{1+e_{t-1}+K_{t-1}}+\frac{e_t-e_{t-1}}{e_{t-1}}\cdot\frac{e_{t-1}}{1+e_{t-1}+K_{t-1}} \tag{15}$$

将公式（10）、公式（11）代入公式（12）可得：

$$G=\frac{1+e_t+K_t}{1+e_{t-1}+K_{t-1}}\cdot\frac{K_{t-1}}{K_t}\cdot G_C+\frac{e_t-e_{t-1}}{e_{t-1}}\cdot\frac{e_{t-1}}{1+e_{t-1}+K_{t-1}} \tag{16}$$

在这里，我们令：

$$c_{tp}=\frac{1+e_t+K_t}{1+e_{t-1}+K_{t-1}};\ \beta=\frac{e_{t-1}}{1+e_{t-1}+K_{t-1}};\ d=\frac{K_{t-1}}{K_t};\ G_e=\frac{e_t-e_{t-1}}{e_{t-1}}$$

这样公式（16）可以简化表示为：

$$G=d\cdot c_{tp}\cdot G_C+\beta G_e \tag{17}$$

在公式（17）中，d 表示技术技术进步类型：$d=1$ 表示中性技术进步，$d<1$ 表示劳动节约型技术进步，$d>1$ 表示资本节约型技术进步。c_{tp} 表示技术进步系数，不同的技术进步类型下有着不用的技术进步系数。β 表示技术水平系数，取值为 $0<\beta<1$，由特定年份的剩余价值率和资本有机构成决定，随着生产时期的不同而变化。G_e 表示剩余价值率（剥削率）的增长率。G_C 表示不变资本增长率。

在马克思的理论中，不变资本的增长率提高来自于积累的增长，积累的增长来自于剩余价值的提高，剩余价值提高主要依赖于两种方式即绝对剩余价值生产和相对剩余价值生产，“相对剩余价值的生产以特殊的资本主义的生产方式为前提”①，这种特殊的资本主义的生产方式“一旦掌握整整一个生产部门……成了生产过程的普遍的、在社会上占统治地位的形式。”② 因此，相对剩余价值生产是资本主义生产方式占统治地位的生产方式，相对剩余价值的提高“又以劳动生产率或者劳动强度的变化为前提”③，技术进步是促进劳动生产率提高的最重要因素。由此可知，剩余价值率的提高以及不变资本的增长最终都取决于技术进步。所以，可以将公式（17）表示为技术进步的函数：

$$G=d\cdot c_{tp}\cdot G_C(t_p)+\beta G_e(t_p) \tag{18}$$

公式（18）即为经济增长方程，经济增长率受不变资本增长率

① 马克思：《资本论》第 1 卷，人民出版社 2004 年版，第 583 页。

② 马克思：《资本论》第 1 卷，人民出版社 2004 年版，第 584 页。

③ 马克思：《资本论》第 1 卷，人民出版社 2004 年版，第 585 页。

（G_C）、剩余价值率增长率（G_e）、技术进步系数（c_{tp}）、技术水平系数（β）、技术进步类型（d）的影响，而且最终都是由技术进步（t_p）决定的。接下来的部分将详细分析技术进步对经济增长的影响机制。

四、技术进步对经济增长的影响机制

由公式（18）可知，从定性分析角度看，技术进步可以分为三种不同类型：劳动节约型技术进步、资本节约型技术进步和中性技术进步。在其他条件不变的情况下，资本节约型技术进步（$d>1$）对经济增长的促进作用比劳动节约型技术进步（$d<1$）更大，中性技术进步的作用（$d=1$）居中。技术进步对经济增长的作用机制包括直接影响机制和间接影响机制。一方面，技术进步表现为技术进步系数（c_{tp}）和技术水平系数（β）直接影响经济增长。另一方面，技术进步可以通过不变资本增长率（G_C）和剩余价值率增长率（G_e）间接影响经济增长。技术进步是经济增长的最重要决定因素之一，但是生产关系对上述各因素以及整个作用过程都会造成影响。具体影响机制如图1所示。

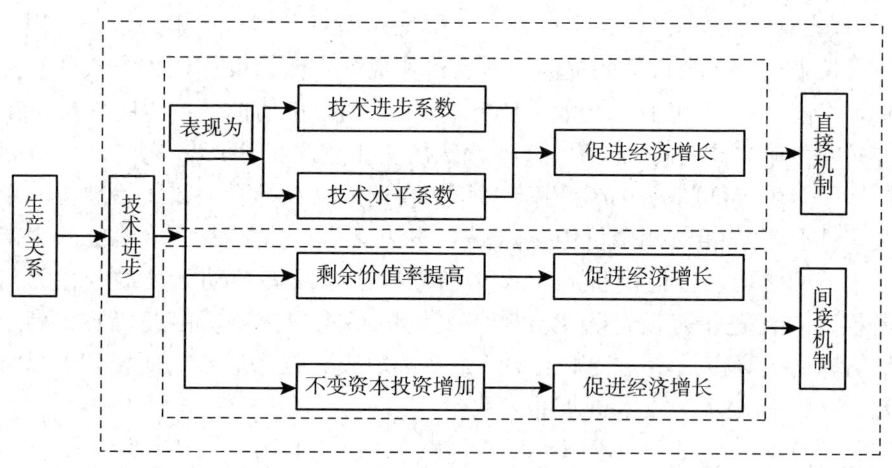

图1　技术进步对经济增长的影响机制

（一）直接影响机制

技术进步可以直接促进经济增长。由公式（18）和图1可以看出，技术进步体现为技术进步系数（c_{tp}）和技术水平系数（β）直接作用于经济增长。一方面，技术进步可以表现为技术进步系数直接影响经济增长。技术进步系数取决于剩余价值率以及资本有机构成的相对变化，假设剩余价值率保持不变，则技术进步系数就取决于资本有机构成的相对变化。因此，在中性技术进步条件下，资本有机构成不变，技术进步系数是等于1的系数；在资本节约型技术进步条件下，资本有机构成具有下降趋势，技术进步系数为小于1的系数；在劳动节约型技术进步条件下，资本有机构成具有上升趋势，技术进步系数为大于1的系数。在不考虑其他因素的条件下，劳动节约型技术进步系数大于中性技术进步系数大于资本节约型技术进步进步系数，这说明仅从技术进步系数来看，劳动节约型技术进步对经济增长的促进作用最大，其次是中性技术进步，最后是资本节约型技术进步。另一方面，技术进步也体现为技术水平系数直接影响经济增长。技术水平系数取决于给定社会条件下某一特定时期的剩余价值率和资本有机构成，因此，与社会某一时期的劳资关系、阶级状况和生产力水平有关，并受到生产关系的制约。假设社会的剩余价值率保持不变，那么技术进步就会使得资本有机构成发生变化，从而影响技术水平系数。具体来讲，资本节约型技术进步的技术水平系数最大，中性技术进步的技术水平系数次之，劳动节约型技术进步的技术水平系数最小。也就是说，仅从技术水平系数来考虑，资本节约型技术进步条件下技术进步通过技术水平系数对经济增长的促进作用最大，劳动节约型技术进步条件下的技术水平系数影响效应最小。总之，技术进步可以体现为技术进步系数和技术水平系数，反映不同技术进步类型对经济增长的直接影响。

（二）间接影响机制

由公式（18）可知，技术进步除了表现为技术进步系数和技术水平系数直接影响经济增长外，还可以通过不变资本增长率（G_C）和剩余价值率增长率（G_e）间接影响经济增长。

1. 技术进步通过不变资本增长率间接影响经济增长

不变资本增长率主要取决于投资率（积累率），经济增长表现为社会资本的不断扩大再生产，扩大再生产的基础是剩余价值的不断积累和投资。一方面，技术进步可以直接促进不变资本增长率的提高，从而影响经济增长。“资本主义生产的发展，使投入工业企业的资本有不断增长的必要……竞争迫使他不断扩大自己的资本来维持自己的资本，而他扩大资本只能靠累进的积累。”[①] “剩余价值一部分由资本家作为收入消费，另一部分用作资本或积累起来。……在其他一切条件不变的情况下，这种分割的比例决定着积累量。而谁进行这种分割呢？是剩余价值的所有者资本家。因此，这是他的意志行为。”[②] 技术进步会给资本家带一个更高的价值增值预期，使得资本家将更多的剩余价值投资于不变资本，“不是使用价值和享受，而是交换价值和交换价值的增殖”[③]决定了资本家的积累动机。不变资本投资的增加使得不变资本增长率不断提高，从而促进社会财富的增长。另一方面，技术进步可以提高劳动生产率，从而提高投资率，影响经济增长。“劳动生产率的增长，表现为劳动的量比它所推动的生产资料的量相对减少，或者说，表现为劳动过程的主观因素的量比它的客观因素的量相对减少。”[④] 这意味着技术进步条件下劳动生产率的提高一般伴随着资本有机构成的提高，使得不变资本上的投资率会高于可变资本的投资率。此外，社会生产率的发展会使得资本积累的增长。“一旦资本主义制度的一般基础奠定下来，在积累过程中就一定会出现一个时刻，那时社会劳动生产率的发展成为积累的最强有力的杠杆。”[⑤] 总之，技术进步不仅可以直接使得不变资本增长率提高，而且可以通过提高社会劳动生产率间接提高积累率，促进不变资本投资增加。不变资本增长率的提高最终会促进社会经济增长。

2. 技术进步通过剩余价值率间接影响经济增长

技术进步可以提高剩余价值率，进而促进经济增长。在马克思所处的资本主义社会，技术进步的最大特征为机器的大规模使用，这为剩余价值率的提高提供了更多手段。首先，机器大规模运用使得对廉价劳动力的占有成为现实。一方面，使得妇女和儿童加入到资本主义生产过程。“机器成了一种使用没有肌肉力或身体发育不成熟而四肢比较灵活的工人的手段。因此，资本主义使用机器的第一个口号是妇女劳动和儿童劳动！”[⑥] 另一方面，使得成年男性劳动力的价值贬值。劳动力的价值不仅取决于维持成年工人所必需的劳动时间，而且决定于维持工人家庭所必需的劳动时间。“机器把工人家庭的全体成员都抛到劳动市场上，就把男劳动力的价

---

①③ 马克思：《资本论》第1卷，人民出版社2004年版，第683页。

② 马克思：《资本论》第1卷，人民出版社2004年版，第682～683页。

④ 马克思：《资本论》第1卷，人民出版社2004年版，第718页。

⑤ 马克思：《资本论》第1卷，人民出版社2004年版，第717页。

⑥ 马克思：《资本论》第1卷，人民出版社2004年版，第453页。

值分到他全家人身上了。因此，机器使男劳动力贬值了。”① 而且机器的大规模使用，还使得同一劳动所支配的生产资料增加，劳动力的需求相对或者绝对减少，造成大批劳动力后备大军，这为资本家降低工人工资提供了条件。其次，机器的大规模运用使得工作日的延长成为现实。机器作为“资本的承担者，首先在它直接占领的工业中，成了把工作日延长到超过一切自然界限的最有力的手段。”② 一方面，机器的使用创造了无限度地延长工作日的新的强大动机。另一方面，机器的运用使得资本可以支配更大范围的工人，也可以将一部分工人排挤出生产过程，产生过剩的劳动人口，使工人必须听命于资本家强加的规律。因此，“产生了现代工业史上一种值得注意的现象，即机器消灭了工作日的一切道德界限和自然界限。”③ 最后，机器的大规模运用使得劳动强度不断提高。劳动时间的延长不是无限的，会受到生理和道德界限的限制，绝对剩余价值的生产已经无法满足资本家对于资本增值的欲望，“当法律使资本永远不能延长工作日时，资本就力图不断提高劳动强度来补偿，并且把机器的每一改进变成一种加紧吮吸劳动力的手段”④ 因此，机器的大规模运用使得相对剩余价值生产成为资本家提高剩余价值率的又一手段。“不言而喻，随着机器的进步和机器工人这一特殊类别工人的经验积累，劳动的速度，从而劳动的强度，自然也会增加。”⑤ 总之，技术进步进而机器的大规模使用会从劳动力廉价化、工作日延长、劳动强度增加三个方面促使剩余价值率的提高，从而促进资本主义财富的增加。

五、中国技术进步影响经济增长的经验证据

由马克思的扩大再生产公式推导出的经济增长模型，从公式的视角定性分析了技术进步对经济增长的影响机制，既有直接影响也有间接影响。下面将从具体的经验数据入手，定量分析技术进步对经济增长的影响机制及其效应。

① 马克思：《资本论》第1卷，人民出版社2004年版，第454页。
② 马克思：《资本论》第1卷，人民出版社2004年版，第463页。
③ 马克思：《资本论》第1卷，人民出版社2004年版，第469页。
④ 马克思：《资本论》第1卷，人民出版社2004年版，第480页。
⑤ 马克思：《资本论》第1卷，人民出版社2004年版，第471页。

（一）变量及数据来源

根据公式（18）以及第四部分的分析可知，技术进步可以直接作用于经济增长，也可以通过不变资本增长率、剩余价值率增长率间接作用于经济增长。其中涉及四个变量：GDP 增长率，不变资本增长率（GC），剩余价值率增长率（GE），全要素生产率增长率（TFP）。考虑到经济增长率还可能受到利润率（PR）、资本有机构成（K）的影响，下文分析中也将这两个变量纳入分析。

关于变量的指标选取。重点是技术进步指标的选取。技术进步衡量指标有多种，如 TFP 增长率（孙敬水，1996；颜鹏飞、王兵，2004；Lagos，2006；Hsieh & Klenow，2007；方福前、马学俊，2016）、劳动生产率（周方，1994a、1994b、1997）、就业者资本装备率（段宾、张瑞，1993）、资本有机构成（施生旭等，2014）等，由于劳动生产率指标无法全面衡量技术进步的贡献，就业者资本装备率只能衡量劳动节约型技术进步，大多数学者倾向于用 TFP 增长率衡量技术进步，因此本文也选取该指标衡量技术进步。经济增长率用 GDP 增长率衡量。不变资本增长率 GC 用固定资本投资增速衡量，剩余价值率增长率用规模以上工业企业利润与工人工资的比值增长率衡量。资本有机构成用全社会固定资产投资额与工资总额之比近似代替。利润率沿用马克思的定义方法（$p = m/1 + k$）计算得到。

关于数据的选取。本文分析选取了 1979 ~ 2015 年中国 GDP 增长率、TFP 增长率、不变资本增长率、剩余价值率增长率的时间序列数据，由于各个时间变量都是增长率数据，因此起始年份为 1979 年而非 1978 年。GDP 增长率数据来源于历年《中国统计年鉴》；TFP 增长率数据 1979 ~ 2009 年来源于赵志耘、杨朝峰（2011）的研究，2010 ~ 2015 年数据根据他们的测算方法计算得到。不变资本增长率数据用固定资本投资增速衡量，来源于历年《中国统计年鉴》。剩余价值率增长率的数据获得较难，虽然姬旭辉、邱海平（2015），谢富胜、李直（2016）利用中国的投入产出表数据和《中国统计年鉴》数据对剩余价值率 1995 ~ 2009 年和 1994 ~ 2011 年分别进行了测算，但鉴于中国投入产出的数据可得性，很难测算 1979 ~ 1994 年的剩余价值率数据，本文采用了另一方法近似计算中国的剩余价值率增长率，即用规模以上工业企业利润与工人工资的比值增长率来衡量，数据来源于历年《中国统计年鉴》。1979 ~ 2010 年资本有机构成和利润率的数据来源于施生旭等（2014）的研究，2011 ~ 2015 年的数据根据他们的计算方法计算得到。

（二）模型选取

公式（18）给出了经济增长的数理模型，经济增长率受到全要素生产率增长率、不变资本增长率和剩余价值增长率的影响，由此我们可以构建如下的多元线性回归方程：

$$y_t = \beta_0 + \beta_1 GC_t + \beta_2 GE_t + \beta_3 TFP_t + \varepsilon_t \tag{19}$$

其中，y 为经济增长率，GC 为不变资本增长率，GE 为剩余价值率增长率，TFP 为全要素生产率增长率。通过该方程可以定量估计出不变资本增长率、剩余价值率增长率以及全要素生产率增长率对经济增长的直接影响效应。除了这三个因素以外，利润率、资本有机构成等也可能对经济增长率造成影响①。为了得到更加符合现实的计量模型及结果，将利润率、资本有机构成两个因素纳入分析，先对计量模型的选取进行检验。不同模型的计量结果如表 1 所示。

表 1　不同计量模型结果比较

自变量	模型				
	1 - 1	1 - 2	1 - 3	1 - 4	1 - 5
β_0	8.0845 *** (21.4331)	6.7750 *** (10.5143)	6.9458 *** (12.2754)	6.8244 *** (5.0799)	7.6486 *** (8.5653)
TFP	0.6902 *** (7.0266)	—	0.7558 *** (6.5819)	—	0.7306 *** (7.2153)
GC	0.0371 ** (1.8105)	0.1383 *** (5.8242)	0.0547 ** (2.3398)	0.1719 *** (7.5221)	0.0371 ** (1.8885)
GE	0.0745 *** (3.9972)	0.0944 *** (2.7957)	—	—	0.0676 *** (2.6933)
K	—	0.0568 (0.3443)	—	-0.1825 (-0.9090)	-0.0711 (-0.4523)
PR	—	—	2.1562 ** (1.7107)	-0.1569 (-0.0660)	1.7643 (1.1500)
模型解释力					
R^2	0.8707	0.6783	0.8237	0.6022	0.8817

注：括号中的数字为 t 值，** 和 *** 分别代表 5% 和 1% 的显著水平。

① 施生旭等（2014）的计量模型中就将资本有机构成和利润率视作经济增长率的解释变量。

模型1－1是根据本文的数理模型构建的计量模型，模型1－2用变量K替换变量TFP，可以看出K的系数不显著，且模型解释力也不及模型1－1；模型1－3用变量PR替换变量GE，可以看出GE的系数虽然在5%水平上显著，但是模型解释力却不及模型1－1；模型1－4用变量K和PR分别替换变量TFP和GE，可以看出K和PR的系数都不显著，且模型解释力远低于模型1－1；从模型1－1到模型1－4可以看出，在不增加解释变量的前提下进行变量的替换，模型1－1的系数显著性及解释力均是最优的。模型1－5在模型1－1的基础上增加了K和PR两个解释变量，结果显示K和PR的系数均不显著。因此，不论是在原模型基础上进行变量替换还是增加解释变量，计量结果都显示原模型的构建是最优的，且TFP增长率相对于资本有机构成来说更适宜用于衡量技术进步。

（三）实证检验

根据公式（19）的回归模型可以定量测算出技术进步对经济增长的直接效应，由之前的分析可知，技术进步还可以通过不变资本增长率和剩余价值率增长率间接作用于经济增长。由此，可以用如下的回归方程分别估计技术进步对不变资本增长率和剩余价值率增长率的作用。

$$M_t = \gamma_0 + \gamma_1 TFP_t + \varepsilon_t \tag{20}$$

其中，TFP为全要素生产率增长率；M为中间变量，这里主要指不变资本增长率与剩余价值率增长率。通过公式（20）可以估计出全要素生产率增长率分别对不变资本增长率和剩余价值率增长率的作用效应，再结合公式（19）的结果，可以估计出技术进步对经济增长的间接效应。

在对时间序列进行平稳性检验后，对计量方程（19）和方程（20）运用OLS估计，得出表2所示的估计结果。

表2　　模型估计结果

自变量＼因变量	GC	GE	GDP
β_0	15.4047*** （10.1560）	－2.8790** （－1.7244）	8.0845*** （21.4331）
TFP	3.7301*** （7.0344）	1.4455*** （2.4766）	0.6902*** （7.0266）

续表

自变量＼因变量	GC	GE	GDP
GC	—	—	0.0371** (1.8105)
GE	—	—	0.0745*** (3.9972)

注：括号中的数字为t值，** 和 *** 分别代表5%和1%的显著水平。

由表2的模型估计结果，可以计算出技术进步对经济增长的直接影响效应和间接影响效应，具体如表3所示。

表3　　技术进步对经济增长的影响效应

作用机制	影响效应	总间接效应	总效应
直接：TFP→GDP	0.6902	—	0.9363
间接：TFP→GC→GDP	0.1384	0.2461	
间接：TFP→GE→GDP	0.1077		

注：技术进步对经济增长的总间接效应为3.7301×0.0371+1.4455×0.0745=0.2461；总效应（0.9363）等于直接效应（0.6902）+总间接效应（0.2461）。

由表2和表3可知，技术进步对经济增长的直接效应为统计上显著的0.6902，即技术进步每增加1个百分点，经济增长率增加0.6902个百分点。技术进步对经济增长的间接效应为统计上显著的0.2461，即技术进步每增加1个百分点，可以通过不变资本增长率和剩余价值率间接地促使经济增长率提高0.2461个百分点。技术进步对经济增长总效应为直接效应与间接效应之和等于0.9363，即技术进步每提高1个百分点，可以使得经济增长率提高0.9363个百分点。因此，技术进步在经济增长中扮演着关键角色。

六、主要结论与政策建议

本文在马克思扩大再生产模型的基础上，放宽了技术进步不变的假设，构建了一个全新的马克思经济增长模型，分析了技术进步对经济增长的具体影响机制，并结合中国数据定量分析了技术进步对经济增长的影响效应。得出了如下几个结论：第一，不同技术进步类型下，不变资本、可变资本和总资本的增长率不同。劳动节约型技术进步条件下有 $G_C > G_K > G_V$；资本节约型技术进步条件下有 $G_V > G_K > G_C$；中性技术进步条件下有 $G_C = G_K = G_V$。第二，技术进步不仅可以表现为技术进步系数和技术水平系数直接作用于经济增长，而且可以通过不变资本增长率和剩余价值率间接影响经济增长。第三，技术进步对经济增长的直接效应为统计上显著的0.6902，即技术进步每增加1个百分点，经济增长率增加0.6902个百分点。技术进步对经济增长的间接效应为统计上显著的0.2461，即技术进步每增加1个百分点，可以通过不变资本增长率和剩余价值率间接地促使经济增长率提高0.2461个百分点。技术进步对经济增长总效应为0.9363，即技术进步每提高1个百分点，可以使得经济增长率提高0.9363个百分点。

本文的分析表明，不论从定性分析还是定量分析的视角都说明技术进步对经济增长至关重要。基于此，我们提出如下的政策建议：首先，提升自主创新能力，培养国家自主创新体系。中国要从技术引进和技术模仿，转向自主创新，需要国家在政策、资金、人才、制度等方面协调推进，构建国家自主创新体系。其次，加大企业自主创新的支持力度，增强企业技术进步的动力。国家应该制定利于企业技术进步的政策、法律、法规，创造利于企业技术进步的竞争环境，在资源分配、税收优惠等方面对企业技术创新进行激励。再次，加大研发经费投入，创新人才培养机制。技术进步需要资金与人才的支持，国家应该根据经济实际加大科研经费投入，改革与完善人才培养与聘用机制，为技术进步培养创新型人才。最后，提升科技成果转化率，加快科技成果商品化步伐。鼓励科研机构与企业合作，加大企业自主创新部门的投入，建立合理高效的科技成果评价与转化机制，加速科技成果商品化，从而提升企业经济效益，促进经济增长。

参考文献

1. 白暴力：《两大部类比例变化的理论分析》，载于《经济评论》2000年第2期。

2. 董辅礽：《从社会产品生产和使用统一的角度探索马克思再生产公式具体化问题》，载于《经济研究》1963年第3期。

3. 方福前、马学俊：《中国经济减速的原因与出路》，载于《中国人民大学学报》

2016 年第 6 期。

4. Г. А. 菲尔德曼著，李省龙译：《论国民收入增长速度——基于苏联国民经济的视角》，载于《经济思想史评论》2010 年第 2 期。

5. 郭俊华：《马克思经济学与西方经济学经济增长理论比较研究》，载于《经济纵横》2010 年第 11 期。

6. 郭庆旺、贾俊雪：《中国全要素生产率的估算：1979 ~ 2004》，载于《经济研究》2005 年第 6 期。

7. 郭晔：《能源、技术与经济增长——基于中国与印度的比较分析》，载于《数量经济技术经济研究》2007 年第 6 期。

8. 何练、麻彦春：《论社会再生产和利润率平均化的理论衔接》，载于《当代经济研究》2014 年第 12 期。

9. 姬旭辉、邱海平：《中国经济剩余价值率的估算：1995 ~ 2009——兼论国民收入的初次分配》，载于《当代经济研究》2015 年第 6 期。

10. 李长风：《中性技术进步与技术进步类型研究》，载于《财经研究》1996 年第 4 期。

11. 李海明、祝志勇：《扩大再生产的动态最优模型——马克思经济增长理论的一个解说》，载于《经济科学》2012 年第 6 期。

12. 李拉亚：《马克思扩大再生产图式的动态模型及其稳定性分析》，载于《数量经济技术经济研究》1985 年第 10 期。

13. 李永军、郭鑫、贺慧玲：《马克思经济增长理论与内生经济增长理论的融合——基于资本有机构成的新解释》，载于《财经理论研究》2010 年第 4 期。

14. 李子联：《分配与增长：一个马克思主义经济学的分析》，载于《马克思主义研究》2015 年第 4 期。

15. 刘国光：《关于社会主义再生产比例和速度的数量关系的初步探讨》，载于《经济研究》1962 年第 4 期。

16. 刘惠林、冯世则：《马克思经济学中的最优增长理论》，载于《中国社会科学》1986 年第 6 期。

17. 沈炳珍：《制度与技术协同演化：马克思经济增长理论及其启示》，载于《演化与创新经济学评论》2009 年第 1 期。

18. 施生旭、郑逸芳、石礼忠：《技术进步对经济增长的效应分析及实证研究——基于马克思经济增长模型》，载于《理论月刊》2014 年第 3 期。

19. 宋则行：《关于社会生产两大部类之间数量关系的几个问题》，载于《经济研究》1962 年第 8 期。

20. 宋则行：《马克思经济增长理论探索——兼与西方现代经济增长模式比较》，载于《当代经济研究》1995 年第 1 期。

21. 苏基溶、廖进中：《开放条件下的金融发展、技术进步与经济增长》，载于

《世界经济文汇》2009 年第 5 期。

22. 苏治、徐淑丹：《中国技术进步与经济增长收敛性测度——基于创新与效率的视角》，载于《中国社会科学》2015 年第 7 期。

23. 孙敬水：《TFP 增长率的测定与分解》，载于《数量经济技术经济研究》1996 年第 9 期。

24. 孙琳琳、任若恩：《中国资本投入和全要素生产率的估算》，载于《世界经济》2005 年第 12 期。

25. 孙世强、大西广：《马克思经济学》，中国经济出版社 2015 年版。

26. 唐国华、许成安：《马克思经济增长理论与中国经济发展方式的转变》，载于《当代经济研究》2011 年第 7 期。

27. 王林辉、董直庆：《资本体现式技术进步、技术合意结构和我国生产率增长来源》，载于《数量经济技术经济研究》2012 年第 5 期。

28. 吴汉洪、王强：《贸易、技术与经济增长》，载于《教学与研究》2001 年第 10 期。

29. 吴树青：《正确认识和运用生产资料优先增长的原理》，载于《经济理论与经济管理》1981 年第 2 期。

30. 吴易风：《经济增长理论：从马克思的增长模型到现代西方经济学家的增长模型》，载于《当代经济研究》2000 年第 8 期。

31. 吴易风：《西方经济学家论马克思主义经济增长理论》，载于《中国人民大学学报》2002 年第 6 期。

32. 武文风：《马克思技术进步理论研究》，南开大学博士论文，2013。

33. 谢富胜、李直：《中国经济中的一般利润率：1994 ~ 2011》，载于《财经理论研究》2016 年第 3 期。

34. 颜鹏飞、王兵：《技术效率、技术进步与生产率增长：基于 DEA 的实证分析》，载于《经济研究》2004 年第 12 期。

35. 杨继国：《对扩大再生产模型的“扩展”研究——从马克思主义经济学视角看宏观经济均衡增长条件》，载于《厦门大学学报（哲学社会科学版）》2002 年第 2 期。

36. 杨继国：《基于马克思经济增长理论的经济危机机理分析》，载于《经济学家》2010 年第 2 期。

37. 杨继国：《马克思的增长理论与现代增长理论比较研究》，载于《南开经济研究》2001 年第 4 期。

38. 易纲、樊纲、李岩：《关于中国经济增长与全要素生产率的理论思考》，载于《经济研究》2003 年第 8 期。

39. 张军、施少华：《中国经济全要素生产率变动：1952 ~ 1998》，载于《世界经济文汇》2003 年第 2 期。

40. 张忠任：《马克思再生产公式的模型化与两大部类的最优比例问题》，载于《政治经济学评论》2004 年第 2 期。

41. 赵峰：《马克思的增长理论》，载于《政治经济学评论》2004 年第 2 期。

42. 赵志耘、杨朝峰：《中国全要素生产率的测算与解释：1979 ~ 2009 年》，载于《财经问题研究》2011 年第 9 期。

43. 周方：《广义技术进步与产出增长因素分解：对“Solow 余值法”的反思》，载于《数量经济技术经济研究》1994 年第 8 期。

44. 周方：《广义技术进步与产出增长因素分解（续）》，载于《数量经济技术经济研究》1994 年第 12 期。

45. 周方：《“科技进步”及其对经济增长贡献的测算方法》，载于《数量经济技术经济研究》1997 年第 1 期。

46. 朱殊洋：《就业变动下马克思宏观经济系统的动力学分析》，载于《马克思主义研究》2008 年第 2 期。

47. Harris D J. , On Marx's Scheme of Reproduction and Accumulation, *Journal of Political Economy*, Vol. 80, No. 3, 1972.

48. Hsieh C T. Klenow P J. , Misallocation and Manufacturing TFP in China and India, *Quarterly Journal of Economics*, Vol. 124, No. 4, 2007.

49. Lagos R. , A Model of TFP, *Review of Economic Studies*, Vol. 73, No. 4, 2006.

50. Laibman D, Two – Sector Growth with Endogeneous Technical Change: A Marxian Simulation Model, *Quarterly Journal of Economics*, Vol. 96, No. 96, 1981.

51. Roemer J E. , Marxian models of reproduction and accumulation, *Cambridge Journal of Economics*, Vol. 2, No. 1, 1978.

不确定性是实行产业政策的主因

——基于企业家追求创业机会的视角

李　政　艾尼瓦尔*

一、引　　言

2016 年下半年，林毅夫教授和张维迎教授之间爆发了一场针对产业政策的激烈争论。林毅夫教授主张积极的产业政策，其理由是，推动经济发展的技术创新和产业升级既需要企业家的个人努力，也需要有政府帮助企业家解决企业家自身所难以克服的外部性和相应软硬基础设施完善的协调问题。张维迎教授则反对任何形式的产业政策，其主要的理由之一是，创新和新产业是不可预见的，因为创新过程充满一系列的不确定性，创新的不确定性使得我们没有办法预见求索的结果并预先制定一条通往特定目标的路径。也就是说，张维迎教授把不确定性作为反对产业政策的主要原因。在张维迎教授看来，只要政府减少对市场的干预、保护好产权、维持好社会秩序，那么总会有人发现并开发创造更多价值的机会。这种“必然会有人在市场上行动”的观点，实际上是在否定不确定性，并且使得个人经历的决策过程显得无关紧要。本文则认为，正是由于存在不确定性，所以才需要产业政策。首先，市场本身提供的激励不足以让潜在企业家去承担新领域和创新活动固有的高度不确定性，政府需要给“第一个吃螃蟹的企业家”提供正向激励。其次，产业政策本身作为一种制度起到直接减少不确定性的作用，为更多潜在企业家创造适于进行试验和探索的环境，提

* 李政，吉林大学经济学院教授；艾尼瓦尔，吉林大学经济学院博士研究生。

高经济结构升级的可能性。最后，政府可以借助一些产业政策激发各种组织的知识创造行为以及协调组织间的信息交流和战略合作，起到间接减少不确定性与提升经济效率的作用。

在反对产业政策的过程中，张维迎教授把企业家或企业在创新过程中所面临的不确定性等同于近似完全无知的状态。把不确定性等同于完全无知是不正确的，虽然我们不能消除不确定性，但可以借助多种途径减少不确定性。本文第二部分就对不确定性的内涵、来源以及可减少性等问题进行说明，以便对不确定性有更正确更深刻的认识。此外，在张维迎教授看来，产业政策与企业家精神之间存在冲突，产业政策会阻碍企业家的创新。相反，产业政策的根本在于激励企业家精神，补充市场的力量。认识这一点，需要正确理解创新创业活动出现的条件，不能过分夸大政府不干预条件下企业家承担不确定性的意愿。本文第三部分就对不确定性条件下创业活动出现的条件以及企业家创业行为的特征进行说明。第四部分再对产业政策所发挥的三点作用进行详细说明。最后一部分是本文的结论与建议。

二、不确定性

不确定性是大多数企业家理论的核心概念。① 著名经济学家，坎蒂隆、奈特、米塞斯、柯兹纳等都特别强调不确定性。② 法国经济学家坎蒂隆在《商业性质概论》一书中提出了首个企业家理论，他对企业家的论述就伴随着“不确定性”概念。按照坎蒂隆的观点，企业家在不确定性下进行商业判断，他们以某一既定价格购买商品，在另一不确定的价格下出售商品，商品差价是他们的利润或亏损。奈特认为，不确定性是利润存在的基础，企业家就是通过识别不确定性中蕴含的机会，并通过对资源整合来把握和利用这些机会获得利润。③ 对企业家来讲，不确定性最直接的根源是预期其他生产者的供给量以及消费者的需求和购买力。米塞斯也强调，企

① Mcmullen, Jeffery S, and D. A. Shepherd, Entrepreneurial Action and the Role of Uncertainty in the Theory of the Entrepreneur, *Academy of Management Review*, Vol. 31, No. 1, 2006, pp. 132 – 152.

② Wennekers, S., et al., Uncertainty Avoidance and the Rate of Business Ownership Across 22 OECD Countries, *Papers on Entrepreneurship Growth & Public Policy*, Vol. 17, No. 2, 2007, pp. 133 – 160.

③ 富兰克·奈特：《风险、不确定性和利润》，王宇等译，中国人民大学出版社 2005 年版。

业家追求利润的行为是在不确定性下发生的，如果企业家能知晓未来，那么他就无须作出选择和采取行动。不确定性的存在意味着企业家需要依靠其想象力、预测力对不断变化的市场信息作出反应。在米塞斯看来，每一个行为都指向一种未知的未来，人的行为和未来的不确定性，决非两个相互独立之事物。可以说，在动态的真实世界中，不确定性是一种普遍现象，企业家必须在经济决策中不断地应对不确定性。[①]

（一）不确定性的内涵

奈特在1921年出版的《风险、不确定性和利润》一书中，对风险和不确定性作了区分，从此区分风险与不确定性已成为社会科学中的通用用法。根据奈特的观点，风险是一种能够推导出结果的概率分布的状态，通过计算的先验概率或以往经验的统计，因此可以对这种状态进行保险。不确定性是一种不能够推导出结果的概率分布的状态，因为其涉及的情况具有高度唯一性，对事例进行分类是不可能的，因此不可保险。其实，不确定性的这种定义包含两种意思：一是可能出现的结果是已知的，但它们的概率分布是未知的；二是可能出现的结果及它们的概率分布都是未知的。现在通常用模糊性表示前者，用不确定性表示后者。[②] 在社会经济环境中，由于人类有意识或无意识的行为的结果，未来在相当程度上是不可知的。世界的状态并非独立于人的行为，人具有创造性，新行为模式的出现，会使事物间的联系发生上变化，一种全新的世界状态会出现。我们有限的认知能力也不能立即把握这种变化以及这种变化产生的影响。

不确定性构成了有效决策的主要障碍。[③] 奈特认为，面对不可度量和不可保险的不确定性，企业家的主要职能就是进行判断决策，决定做什么和如何做，并承担决策的后果。实际上，不确定性与决策密不可分。根据韦氏新大学词典，一个不确定的状态是不明确的、疑难的、可疑的和难以预料的；英语的“certain”一词源自拉丁语“certus”，“certus”是

① Hébert, Robert F., and A. N. Link, In Search of the Meaning of Entrepreneurship, *Small Business Economics*, Vol. 1, No. 1, 1989, pp. 39-49.

② Dequech, David, Uncertainty: A Typology and Refinements of Existing Concepts, *Journal of Economic Issues*, Vol. 45, No. 3, 2011, pp. 621-640.

③ Lipshitz, Raanan, and Strauss, Orna, Coping with Uncertainty: A Naturalistic Decision-making Analysis, *Organizational Behavior & Human Decision Processes*, Vol. 69, No. 2, 2007, pp. 149-163.

“cernere”的过去分词，意指“筛选、识别或决定”。① 从词源的紧密联系就可以看出不确定性是一种需要决策的状态。仅就从个体进行决策再到产生结果的关系来考察，如果个体在作出决策的时刻，与决策相关联的可能出现的结果以及那些结果的概率是未知的，那么这种决策情景可称之为不确定的。如果个体作出决策的时刻，与决策相关的可能的结果以及每一种结果的概率是已知的，那么这种决策情景可称之为风险的。这种概率分布就可以用来引导决策。如果个体作出决策的时刻，与决策相关的可能的结果是已知的，但结果的概率是未知的，那么这种决策情景可称之为模糊的。

（二）不确定性的来源

许多学者探讨了不确定性的来源问题，他们对此有不同的观点。阿尔钦认为，不确定性至少源于两个方面：一是不完美远见；二是人类没有能力去解决包含许多种变量的复杂问题。② 乔伊认为，不确定性源自这样四个方面的因素：一是计算的相对复杂性；二是未来的不可预测性；三是人类行为的相互依赖性；四是心理过程的性质。③ 利普希茨和斯特劳斯把不完全信息、不充分理解和无差异的选择（同样有吸引力或不具有吸引力）归结为不确定性的来源。④ 综合这些观点，不确定性的来源可以概括为三方面：一是，我们所处的是一个不断变化的非各态历经的世界，社会环境会发生不可预知的结构性变化，如制度变迁、技术创新；二是，不完全信息，我们不可能毫无成本的收集到决策所需的所有信息，也不可能提前知道影响未来的未来知识与信息；三是，人类认知能力和计算能力的局限性，即使相关信息是可获得的，我们也无法识别和完全正确地解读相关信息。正如奈特所说，我们不能够完美地感知实际上的现在和它的全部，也不能以某种高度可靠的经验来根据现在推断未来，自然也不能准确地知道

① Choi, Young B., *Paradigms and Conventions: Uncertainty, Decision Making, and Entrepreneurship*, Ann Arbor: University of Michigan Press, 1993.

② Alchian, Armen A., Uncertainty, Evolution, and Economic Theory, *Journal of Political Economy*, Vol. 58, No. 3, 1950, pp. 211 – 221.

③ Choi, Young B., *Paradigms and Conventions: Uncertainty, Decision Making, and Entrepreneurship*, Ann Arbor: University of Michigan Press, 1993.

④ Lipshitz, Raanan, and Strauss, Orna, Coping with Uncertainty: A Naturalistic Decision-making Analysis, *Organizational Behavior & Human Decision Processes*, Vol. 69, No. 2, 2007, pp. 149 – 163.

我们行为的结果。我们理解现实的概率远比正确理解现实的概率大得多。诺思指出，即使我们在任何时刻都有完美的理解力，随着时间的推移系统性关系可能以不可预测的方式发生变化，我们的知识会贬值，我们同样无法准确地知道行为的结果。[①] 从以上关于不确定性来源的讨论可以看出，不确定性具有认识论和存在论的维度，一方面它涉及我们自身认识的性质，另一方面它涉及现实世界的性质。新古典经济学的一个隐含的假设是我们所处的世界是简单的（各态历经的），或者人类具有超强的认知能力，这样就不存在不确定性问题。用索洛的话来说，经济学好比是社会物理学，存在一个关于世界的单一的、普遍有效的模型。[②]

（三）不确定性的可减少性

知识与制度具有减少不确定性的作用。[③] 不确定性并不等同于完全无知，不确定性可分级，可用序数来表示不确定性的程度。我们能够说一种情形比另一种情形涉及较少的不确定性。不同的个体在相同的情形下，也可能体验到不同程度的不确定性。[④] 不确定性的程度问题具有重要的政策意义，如果不确定性意味着完全无知，那么政策制定者无法预期公众对政策的反应，并且也不能期望某些政策会比其他政策更好。根据阿罗和卢卡斯的观点，在不确定性下建立理论是不可能的。只有把不确定性等同于完全无知，这种观点才是成立的。正是由于不确定性具有不同程度，我们虽然不能消除不确定性，但可以借助于多种多样的方法来减少不确定性。首先，关于自然环境与人类行为特征的信息的增加和知识存量的提高，能够大大减少我们进行决策时所面临的不确定性。奈特也指出，我们可以运用知识，仍有可能采取富有智慧的行动，从而在很大程度上抵消无知。每当我们遇到问题拿不定主意的时候，我们渴望积累更多的信息，以便对自己所处的状态有更深的认识，虽然不是完全的认识。其次，制度减少不确定性的作用主要涉及社会环境方面。制度具有规范和约束人类行为的功能，

---

① 道格拉斯·诺思：《理解经济变迁过程》，钟正生等译，中国人民大学出版社 2007 年版。

② Solow, Robert M., Economic History and Economics, *American Economic Review*, Vol. 75, No. 2, 1985, pp. 328 – 331.

③ Dequech, David, Fundamental Uncertainty and Ambiguity, *Eastern Economic Journal*, Vol. 26, No. 1, 2000, pp. 41 – 60.

④ Duncan, Robert B., Characteristics of Organizational Environments and Perceived Environmental Uncertainty, *Administrative Science Quarterly*, Vol. 17, No. 3, 1972, pp. 313 – 327.

我们可以借助制度预测其他人的行为。虽然人具有创造性，但人不会以完全不稳定的方式行事，制度使人的思想和行为具有稳定性。诺思在《理解经济变迁过程》一书中多处提到“减少不确定性”，这说明在他看来不确定性是有多与少之分的。① 他指出人类减少环境不确定性的努力无处不在，正式和非正式制度就是这种努力的结果。人类普遍存在着使自身环境更易于预测的动力，这种动力促使人类构造一些规则来限制选择的灵活性，把选择导向一个更小的行动集。

三、不确定性条件下追求机会的企业家

对企业家的定义通常与机会紧密联系。兰德斯等认为，“企业家”就是那些能够敏锐洞察机会而主动从事某项经济活动以增加自身财富、权力或声望的人。② 阿尔瓦雷斯等对企业家的定义更为简洁，他们认为，企业家就是那些为了创造财富而尝试开发机会的经济行为主体。③ 把企业家与机会联系在一起的做法由来已久。柯兹纳认为，企业家对机会具有高度警觉性，企业家所感知到的利润机会是推动其创业行为的重要因素。他又指出，在充满不确定性的世界中，一个所谓的能想象到世界如何通过一种创新而得到改善的机会发现者，如果缺乏承担风险的必要勇气和主动性，那么他实际上还没有真正发现一个可用的、吸引人的创新机会。④ 也就是说，发现机会是创业的必要条件，但不是充分条件，只有当感知到的机会与承担不确定性的意愿相结合时，创业行为才会出现。在现实中，发现或想到创业机会的人总比实际创业的人多。另一个现象是，我们能观察到的模仿者总比创新者多，因为不确定性是模仿那些成功企业的最好理由。如果推动经济体持续增长的新领域里广泛的创业活动没有出现，原因不在于缺乏创业机会，而是缺乏愿意承担不确定性的企业家。从创业的语境出发，可

---

① 道格拉斯·诺思：《理解经济变迁过程》，钟正生等译，中国人民大学出版社2007年版。

② 戴维·兰德斯等：《历史上的企业家精神》，姜井勇译，中信出版社2016年版。

③ Alvarez, Sharon A., J. B. Barney, and P. Anderson, Forming and Exploiting Opportunities: The Implications of Discovery and Creation Processes for Entrepreneurial and Organizational Research, *Organization Science*, Vol. 24, No. 24, 2013, pp. 301 – 317.

④ Kirzner I M., Creativity and/or Alertness: A Reconsideration of the Schumpeterian Entrepreneur, *The Review of Austrian Economics*, Vol. 11, No. 1, 1999, pp. 5 – 17.

以把这句“机会总是留给有准备的人”转换为“机会总是留给有勇气承担不确定性的人”。

（一）创业机会的存在

创业是一个发现、评估和开发机会的过程，首先从发现创业机会开始，然后对创业机会的可行性进行评估，最后集合必要的财力和人力去开发机会。① 所谓创业机会是指，新产品、新服务、新原料、新市场以及新的组织方法可以通过新的手段、目的或手段—目的关系被引进的情形。② 大多数学者认为，机会的出现是因为产品或要素市场存在的非完美竞争。柯兹纳指出，机会是由前期“错误”的创业行为引起的，警觉的企业家发现“错误”，并纠正它，从而使市场趋向均衡状态。但是，品位、资源和技术的持续变化会阻碍市场均衡的完全实现。谢恩和文卡塔拉曼认为，技术、政治、社会、监管和其他类型的变化，不断提供关于资源不同利用方式的新信息，这些新信息被企业家们解读为生产新产品或新服务的创业机会。③ 卡森和韦德森也认为，机会是经济变动的自然结果。④ 抽象地说，“机会”概念反映了一种观念，即一个经济体系从来没有达到它的全部潜力，也就是说，它的自然状态是未均衡的。因此，总是有更加接近这一潜力的行动空间。⑤ 一方面，外界变化提供新的信息；另一方面，机会并非独立于企业家个人的感知，个人生活经验、在社会网络中所处的位置、搜寻过程的性质、吸收能力、智力和认知特征都能影响企业家对机会的感知。⑥

---

① Shane, Scott, Edwin A. Locke, and Christopher J. Collins, Entrepreneurial Motivation, *Human Resource Management Review*, Vol. 13, No. 2, 2003, pp. 257 – 279.

② Eckhardt, Jonathan T., and S. A. Shane, Opportunities and Entrepreneurship, *Journal of Management*, Vol. 29, No. 3, 2003, pp. 333 – 349.

③ Shane, Scott, and S. Venkataraman, The Promise of Entrepreneurship as a Field of Research, *Academy of Management Review*, 2000, Vol. 25, No. 1, 2000, pp. 217 – 226.

④ Casson, Mark, and N. Wadeson, The Discovery of Opportunities: Extending the Economic Theory of the Entrepreneur, *Small Business Economics*, Vol. 28, No. 4, 2007, pp. 285 – 300.

⑤ Dimov, Dimo, Grappling With the Unbearable Elusiveness of Entrepreneurial Opportunities, *Entrepreneurship Theory & Practice*, Vol. 35, No. 1, 2011, pp. 57 – 81.

⑥ Alvarez, Sharon A., and J. B. Barney, Discovery and Creation: Alternative Theories of Entrepreneurial Action, *Strategic Entrepreneurship Journal*, Vol. 1, No. 1 – 2, 2007, pp. 11 – 26.

（二）承担不确定性

如前所述，机会是推动企业家创业行为的重要因素。然而，只有当企业家越过一定的不确定性门槛以及愿意承担所感知到的不确定性时，创业行为才会出现。虽然说不确定性是利润存在的基础，但不能忽略不确定性对个体行为的影响，它也会阻碍潜在创业行为的出现。利普希茨和斯特劳斯指出，在行为的语境中，不确定性是一种阻止或拖延行为的疑惑感。[①] 处于疑惑状态的个体一般会尝试理解自己面临的特定情况，并且寻求使他能够处理特定情况的想法，只有当这样的想法已获得时搜索会终止，最后再根据想法采取行动。[②] 对于企业家来讲，即使他发现了一个潜在的机会，并且认为该机会对其他人也存在，由不确定性引起的疑惑感仍有可能抑制行动。[③]

对于不确定性条件下为什么潜在的企业家会选择开发机会有两种解释：第一种观点认为，潜在创业行为的出现是因为企业家比别人感知到了较少的不确定性，企业家“知道”该做什么，他比那些没有行动的人拥有更真实的现实图景；第二种观点认为，潜在创业行为的出现不是因为企业家比别人感知到了较少的不确定性，而是更加愿意承担不确定性，他被渴望获得利润、获得成功和获得社会地位的动机所驱使。[④] 前一种观点只强调了知识因素，后一种观点只强调了动机因素。事实上，承担不确定性的意愿源自知识因素和动机因素共同作用的结果。未来是不可知的，但不是不可想象的，面对不确定性，企业家按照自己对未来的信念行事，如果他相信采取某种行动方案将产生某种结果（知识因素的影响），并且认为该结果是合意的（动机因素的影响），那么创业行为会出现。信念越来越被公认为理解创业认知和战略行为的基础。信念在人类行为模型中起着核心作用，它能帮助企业家摆脱无知以及克服疑惑感。[⑤]

---

① Lipshitz，Raanan，and Strauss，Orna，Coping with Uncertainty：A Naturalistic Decision-making Analysis，*Organizational Behavior & Human Decision Processes*，Vol. 69，No. 2，2007，pp. 149 – 163.

② Choi，Young B.，*Paradigms and Conventions*：*Uncertainty*，*Decision Making*，*and Entrepreneurship*，Ann Arbor：University of Michigan Press，1993.

③⑤ Shepherd，Dean A.，J. S. Mcmullen，and P. D. Jennings，The Formation of Opportunity Beliefs：Overcoming Ignorance and Reducing doubt，*Strategic Entrepreneurship Journal*，Vol. 1，No. 1 – 2，2007，pp. 75 – 95.

④ Mcmullen，Jeffery S，and D. A. Shepherd，Entrepreneurial Action and the Role of Uncertainty in the Theory of the Entrepreneur，*Academy of Management Review*，Vol. 31，No. 1，2006，pp. 132 – 152.

机会开发离不开企业家的行动，决定追求机会的企业家必须将其时间、精力和财力投入到开发机会的活动中。在投资之初，企业家并不知道自己的投资回报率是多少，也不知道什么是利润最大化的途径。① 除此之外，企业家也不能够计算出与自己的行动相关联的机会成本。② 此时企业家考虑的是“可接受的损失”。③ 可接受的损失指的是企业家开发机会的行动未能成功时，他所愿意放弃的经济价值和个人价值。如果预期的损失超过“可接受的”范围，那么最坚决的企业家也不会去尝试开发他所感知到的机会。④ 在投资回报率和机会成本未知的情况下，企业家开发机会的行动具有探索的、试验的特性。企业家在开发机会的过程中，难以避免错误的决策，他会根据新的信息做出适当的调整，改变开发机会的方法。克莱因认为，创业好比是一个做实验的过程，企业家为了验证自己的想法——感知到的机会，利用异质性资源不断去尝试实现新组合。⑤ 在不确定的世界里，企业家不可能预知哪一种选择是“正确”的。面对新情况做出的一些探索性反应会被证明是“正确”的，也就是说，这些决策会使企业家获得利润。

四、不确定性条件下产业政策的作用

产业政策在世界各地普遍存在，无论是发达国家还是发展中国家，都在以明确的或者不明确的方式使用产业政策。即使是高度崇尚自由市场经

---

① Alchian, Armen A., Uncertainty, Evolution, and Economic Theory, *Journal of Political Economy*, Vol. 58, No. 3, 1950, pp. 211 - 221.

② Alvarez, Sharon A., and J. B. Barney, Discovery and Creation: Alternative Theories of Entrepreneurial Action, *Strategic Entrepreneurship Journal*, Vol. 1, No. 1 - 2, 2007, pp. 11 - 26.

③ Sarasvathy, Saras D, Causation and Effectuation: Toward a Theoretical Shift from Economic Inevitability to Entrepreneurial Contingency, *Academy of Management Review*, Vol. 26, No. 2, 2001, pp. 243 - 263.

④ Alvarez, Sharon A., J. B. Barney, and P. Anderson, Forming and Exploiting Opportunities: The Implications of Discovery and Creation Processes for Entrepreneurial and Organizational Research, *Organization Science*, Vol. 24, No. 24, 2013, pp. 301 - 317.

⑤ Klein, Peter G., Opportunity Discovery, Entrepreneurial Action, and Economic Organization, *Strategic Entrepreneurship Journal*, Vol. 2, No. 3, 2008, pp. 175 - 190.

济的美国，纵观其经济发展史，随处能见到产业政策的影子。美国独立后，金融、运输和通信领域出现的创新均涉及某种程度上的政府参与。在20世纪，美国政府直接或间接主导了互联网、半导体、高温超导等一系列重要科技产品的研发。就像兰德斯等所指出的，尽管美国的政治经济辩论认为不应由政府决定赢家和输家，但国防预算和未披露的分配到知识界的大量美金，事实上有选择地创造了吸引和聚集绝大多数国家动态资源的技术型产业。[①]

安布斯和瓦兹阿格用许多国家的横截面数据研究了产业集中和分散的演变模式问题，他们发现，大多数国家在其发展道路上都经历了产业多样化的过程，当一个穷国开始变富时，各个产业的产出和就业就呈现出更少的集中和更多的分散。[②] 据此，罗德里克认为，经济发展的驱动力是通过参与更广泛的生产活动获得的，而不是仅仅专注于自己最擅长的生产活动。[③] 产业多样化或生产多样化意味着新领域里必须涌现出大量的创业活动。然而，新领域里广泛的创业活动并不会自发地出现，原因并不是不存在创业机会，而是新领域里普遍存在的不确定性会抑制潜在企业家开发创业机会的意愿。罗德里克也指出，有关新产品生产能否盈利的不确定性成了经济结构调整的关键障碍。应对这一现实问题，产业政策发挥不可或缺的作用。在不确定性条件下，产业政策的作用可以归纳为以下三方面：一是产业政策能够激发企业家承担不确定性的意愿；二是某些产业政策能够减少特定行业内的企业所面临的不确定性；三是产业政策能够促进信息和知识的产生、传播与积累。

（一）激发企业家承担不确定性的意愿

经济结构升级需要足够多的企业家投身于创新活动中。但创新是一个高投入高风险的活动，其过程充满较高程度的不确定性，创新活动失败时所产生的损失超过多数人可接受的范围。此外，有些创新活动具有较强的外部性，创新成功时实现的社会收益远高于企业家个人回报。诺德豪斯用美国非农就业部门的数据对创新的溢出效应进行估算，结果表明在创新产

---

① 戴维·兰德斯等：《历史上的企业家精神》，姜井勇译，中信出版社2016年版。

② Imbs，Jean M，and R. T. Wacziarg，Stages of Diversification，*Social Science Electronic Publishing*，Vol. 93，No. 1，2003，pp. 63－86.

③ 丹尼·罗德里克：《一种经济学，多种药方》，张军扩等译，中信出版社2016年版。

生的全部剩余中，创新者只能获得2.2%左右。[①] 因此，在没有政府干预的情况下，很难确保有足够多的企业家从事创新创业活动。产业政策不是要确保每一个企业家都能获得成功，而是要降低企业家失败时所承担的损失，给那些愿意承担不确定性的企业家做实验的机会，导出私人部门对创新创业活动的投资。如前所述，在不确定性条件下，企业家在开发机会之前考虑的是可接受的损失，只有当预期的损失在可接受的范围内时，企业家才会从事开发机会的活动。政府补贴、金融支持、税收优惠等产业政策措施能够减少企业家失败时所承担的损失，也就是说，降低了试错的成本，从而能够激发企业家承担不确定性的意愿。

（二）减少不确定性

有些产业政策能够减少特定行业内的企业所面临的不确定性，例如针对新产品的政府采购、针对幼稚产业的贸易保护政策。在发展新领域的早期阶段，政府部门可以通过采购的方式为企业新产品创造市场，从而减少来自需求方面的不确定性。大多数发达国家都非常重视高新技术产业市场的培育和引导，其中以政府采购来支持科技企业是通用的做法。美国的政府采购政策对计算机、半导体和集成电路等工业的兴起和发展起到了很重要的作用。美国半导体和计算机工业发展的早期，由国防部和国家宇航局出面采购，有效地降低了这些产品早期进入市场的风险。2013年，美国政府采购支出占GDP的10%以上，欧盟的政府采购支出几乎达到GDP的14%。针对幼稚产业的贸易保护政策，为本国企业减少了伴随国际竞争而出现的不确定性，促进了私人部门对幼稚产业的投资意愿。此外，政府部门还能协调幼稚产业的早期投资，保证上游和下游同时进行大规模投资，减少早期进入者面临的不确定性因素。日本的机床、汽车以及许多工业部门，都是依靠政府的关税及贸易限制而发展起来的。在巴西，钢铁、飞机和制鞋业在很大程度上都是过去进口替代政策的产物。还有墨西哥的摩托车和计算机制造行业最初也是由进口替代政策带来的。

（三）促进知识的生产与有效利用

一个经济体系的有效运作依赖于最大限度地利用散布在社会成员之中

---

① Nordhaus, William D., Schumpeterian Profits in the American Economy: Theory and Measurement, *Cowles Foundation Discussion Papers*, 2004.

的知识。[①] 而分散知识的充分利用需要比价格体系更复杂的体系来保证。政府凭借制度供给和组织创建方面的优势，对分散知识的整合程度起关键作用。

企业的信息搜集、人才引进、人员培训和技术研发等活动，不仅能提高自身的创新效率，而且为其他企业提供有价值的信息和知识，具有正外部性。把这些活动作为支持对象的产业政策能够强化企业的自我学习和知识创造意愿。罗德里克也指出，政府支持必须针对具有溢出效应和示范效应的活动。美国、德国、日本等发达国家的结构性产业政策通常与企业的技术研发活动相挂钩，这种做法会激励企业加大对新兴技术的投入，其产出是体现为知识产权的创新性科技成果。此外，如果针对企业具体活动的政策扶持指向产业内的所有企业，将形成较强的溢出效应，政策效果会更好。阿吉翁等认为，面向某个产业中所有企业的分散型扶助政策，促进企业对技能和知识的投资，有助于全要素生产率的提升。[②] 他们基于中国数据的计量分析也证实了这一观点。不确定性需要系统范围的试错过程，处在同一环境中的大量企业可以更好地应付不确定性，因为它们能够尝试各种不同的途径。

政府不仅能为企业的特殊活动提供正向激励，而且还能协调企业与其他组织之间的关系。一个企业通常不会孤立地进行创新，它需要和其他相关企业、科研机构、大学、咨询机构等进行交流与合作。企业与其他组织的互动过程，有助于减少自身面临的不确定性。市场只能在有限的程度上协调组织之间的关系，政府可以用多种方法协调它们之间的关系。例如，政府通过设立科研基金，支持企业与科研机构协作进行基础科研；也可以以资金支持相关产业的企业组成共用技术研发平台，攻关突破共用技术瓶颈。此外，政府通过创建创业孵化器、产业园区等形式，间接促进信息和知识的产生、传播与积累。政府的这些活动并不会扰乱市场秩序，而是有助于市场秩序的创建。

---

① Hayek F A., The Use of Knowledge in Society, *American Economic Review*, Vol. 35, No. 4, 1945, pp. 519 – 530.

② Aghion P, et al., Industrial Policy and Competition, *American Economic Journal: Macroeconomics*, Vol. 7, No. 4, 2015, pp. 1 – 32.

五、结论与建议

综上所述，不确定性并不能成为反对产业政策的理由。正是由于新领域和创新活动具有高度不确定性，才使得产业政策有了用武之地。产业政策是一个政府部门与私人部门共同协作来应对不确定性的互动过程。产业政策降低试错成本、减少不确定性、促进知识传播积累的作用，可以补充市场的力量，激发企业家精神，为经济结构的升级营造良好的创业环境。所以，不能简单地把产业政策与企业家、企业家精神对立起来。

因此，本文提出下面几点建议，以便于更好地发挥产业政策对经济结构升级的促进作用。

首先，政策制定者要明确由哪些因素引起的不确定性制约了经济结构的调整。诺思从减少不确定性的角度出发，提出了这样三种不确定性：一是，给定现有的知识存量，可以通过增加信息的方式来减少的不确定性；二是，在现有的制度框架中，可以通过增加知识存量的方式来减少的不确定性；三是，只有通过改变制度框架才能减少的不确定性。[①] 这种分法对产业政策的制定有重要的指导意义，因为政策制定者在制定产业政策之前要明确是哪个因素或哪些因素综合引起的不确定性阻碍了产业升级。如果不确定性源自信息方面，产业政策的目标应该是畅通信息流通渠道、为信息交流提供便利、降低信息获取成本以及鼓励企业搜集相关信息的活动等。如果不确定性源自知识方面，如特定技术、组织管理和流程等方面的知识，政策目标应该是为增加知识存量的活动提供激励。如果不确定性是现有制度方面因素引起的，如金融、税收、产权等方面的制度缺陷引起的，那么政策制定者需要及时弥补制度缺陷。

其次，应当把知识溢出效应较强的产业和生产活动作为政策扶持的主要对象。知识溢出不仅可以减少产业范围内各企业面临的不确定性，并且可以提高整体经济效率。格林沃尔德和斯蒂格利茨主张，产业政策要以创建“学习型社会”为目标，政府应当把那些具有较大学习外部性的产业作为激励对象，要大力支持包含更多学习、更具外部性、更能提升学习能力

---

① 道格拉斯·诺思：《理解经济变迁过程》，钟正生等译，中国人民大学出版社2007年版。

的产品生产活动。① 他们认为，发展中国家与发达国家的基本差别不在于资源之差，而在于知识之差。发展中国家需要通过各种合理的经济政策去促进知识生产、传播和积累，以便缩小自己与发达国家之间的知识之差。

再次，完善整体制度框架。产业政策本身固然重要，但合理的整体制度框架显得更为重要。现行制度安排不仅影响不确定性的程度，而且在决定收益结构中扮演着重要角色。所谓收益结构是指从事社会中的不同活动所带来的相对报酬。按照鲍莫尔的观点，合理的制度框架能够使生产性活动（创造财富）的报酬高于非生产性活动（再分配财富）的报酬，进而促进了生产性企业家的供给。对一个社会而言，最有希望推动创新活动的方式是提高生产性活动的收益，而减少非生产性活动的收益。一些拉美发展中国家特定产业政策的失败，并不是因为产业政策的目标和设计有问题，而是那些国家本身缺乏或没有形成把企业家才能配置到生产性活动的正式和非正式的通行规则。我国在发展过程中塑造了越来越适合生产性企业家成长的制度环境，许多产业政策取得良好的绩效跟生产性企业家的供给相辅相成。

最后，政府部门要提升自身政策制定与政策执行的能力。有效发挥产业政策的上述作用，离不开政府部门的能力构建。政策制定者跟企业家一样，同样受到不完全信息和有限理性的限制，因此，也需要不断地学习和积累相关信息。好的经济政策依赖于对经济结构和过程的坚实的理解。跟创业一样，实施产业政策的过程也类似于做实验的过程。为了发现促进产业升级的有效途径，政策制定者需要不断地尝试。在这个过程中，政府部门必须与私人部门建立良好的互动关系，保证双方信息沟通渠道的畅通。这有利于政府部门及时掌握私人部门面临的问题，并根据相关问题作出与私人部门的决策相兼容的调整。

参考文献

1. 戴维·兰德斯等：《历史上的企业家精神》，姜井勇译，中信出版社 2016 年版。

2. 丹尼·罗德里克：《一种经济学，多种药方》，张军扩等译，中信出版社 2016 年版。

3. 道格拉斯·诺思：《理解经济变迁过程》，钟正生等译，中国人民大学出版社

① Greenwald, Bruce, and J. E. Stiglitz, Industrial Policies, the Creation of a Learning Society, and Economic Development, in Stiglitz, Joseph E., and J. Y. Lin, eds., *The Industrial Policy Revolution I: The Role of Government Beyond Ideology.*, UK: Palgrave Macmillan, 2013, pp. 43 – 71.

2007 年版。

4. 富兰克·奈特：《风险、不确定性和利润》，王宇等译，中国人民大学出版社 2005 年版。

5. Aghion P. , et al. , Industrial Policy and Competition, *American Economic Journal: Macroeconomics*. Vol. 7, No. 4, 2015, pp. 1 – 32.

6. Alchian, Armen A. . Uncertainty, Evolution, and Economic Theory, *Journal of Political Economy*. Vol. 58, No. 3, 1950, pp. 211 – 221.

7. Alvarez, Sharon A. , and J. B. Barney, Discovery and Creation: Alternative Theories of Entrepreneurial Action. *Strategic Entrepreneurship Journal*. Vol. 1, No. 1 – 2, 2007, pp. 11 – 26.

8. Alvarez, Sharon A. , J. B. Barney, and P. Anderson. Forming and Exploiting Opportunities: The Implications of Discovery and Creation Processes for Entrepreneurial and Organizational Research. *Organization Science*, Vol. 24, No. 24, 2013, pp. 301 – 317.

9. Casson, Mark, and N. Wadeson. The Discovery of Opportunities: Extending the Economic Theory of the Entrepreneur. *Small Business Economics*, Vol. 28, No. 4, 2007, pp. 285 – 300.

10. Choi, Young B. . *Paradigms and Conventions: Uncertainty, Decision Making, and Entrepreneurship*. Ann Arbor: University of Michigan Press, 1993.

11. Dequech, David. Fundamental Uncertainty and Ambiguity. *Eastern Economic Journal*, Vol. 26, No. 1, 2000, pp. 41 – 60.

12. Dequech, David. Uncertainty: A Typology and Refinements of Existing Concepts, *Journal of Economic Issues*. Vol. 45, No. 3, 2011, pp. 621 – 640.

13. Dimov, Dimo. Grappling With the Unbearable Elusiveness of Entrepreneurial Opportunities. *Entrepreneurship Theory & Practice*, Vol. 35, No. 1, 2011, pp. 57 – 81.

14. Duncan, Robert B. . Characteristics of Organizational Environments and Perceived Environmental Uncertainty. *Administrative Science Quarterly*, Vol. 17, No. 3, 1972, pp. 313 – 327.

15. Eckhardt, Jonathan T. , and S. A. Shane. Opportunities and Entrepreneurship. *Journal of Management*, Vol. 29, No. 3, 2003, pp. 333 – 349.

16. Greenwald, Bruce, and J. E. Stiglitz. Industrial Policies, the Creation of a Learning Society, and Economic Development. in Stiglitz, Joseph E. , and J. Y. Lin, eds. *The Industrial Policy Revolution I: The Role of Government Beyond Ideology*. UK: Palgrave Macmillan, 2013, pp. 43 – 71.

17. Hayek F A. . The Use of Knowledge in Society. *American Economic Review*, Vol. 35, No. 4, 1945, pp. 519 – 530.

18. Hébert, Robert F. , and A. N. Link. In Search of the Meaning of Entrepreneur-

ship. *Small Business Economics*, Vol. 1, No. 1, 1989, pp. 39 – 49.

19. Imbs, Jean M, and R. T. Wacziarg. Stages of Diversification. *Social Science Electronic Publishing*. Vol. 93, No. 1, 2003, pp. 63 – 86.

20. Kirzner I M. . Creativity and/or Alertness: A Reconsideration of the Schumpeterian Entrepreneur. *The Review of Austrian Economics*, Vol. 11, No. 1, 1999, pp. 5 – 17.

21. Klein, Peter G. . Opportunity Discovery, Entrepreneurial Action, and Economic Organization. *Strategic Entrepreneurship Journal*, Vol. 2, No. 3, 2008, pp. 175 – 190.

22. Lipshitz, Raanan, and Strauss, Orna. Coping with Uncertainty: A Naturalistic Decision-making Analysis. *Organizational Behavior & Human Decision Processes*, Vol. 69, No. 2, 2007, pp. 149 – 163.

23. Mcmullen, Jeffery S, and D. A. Shepherd. Entrepreneurial Action and the Role of Uncertainty in the Theory of the Entrepreneur. *Academy of Management Review*, Vol. 31, No. 1, 2006, pp. 132 – 152.

24. Nordhaus, William D. . Schumpeterian Profits in the American Economy: Theory and Measurement. Cowles Foundation Discussion Papers, 2004.

25. Sarasvathy, Saras D. . Causation and Effectuation: Toward a Theoretical Shift from Economic Inevitability to Entrepreneurial Contingency. *Academy of Management Review*, Vol. 26, No. 2, 2001, pp. 243 – 263.

26. Shane, Scott, and S. Venkataraman. The Promise of Entrepreneurship as a Field of Research. *Academy of Management Review*, 2000, Vol. 25, No. 1, 2000, pp. 217 – 226.

27. Shane, Scott, Edwin A. Locke, and Christopher J. Collins. Entrepreneurial Motivation. *Human Resource Management Review*, Vol. 13, No. 2, 2003, pp. 257 – 279.

28. Shepherd, Dean A. , J. S. Mcmullen, and P. D. Jennings. The Formation of Opportunity Beliefs: Overcoming Ignorance and Reducing Doubt. *Strategic Entrepreneurship Journal*, Vol. 1, No. 1 – 2, 2007, pp. 75 – 95.

29. Solow, Robert M. . Economic History and Economics. *American Economic Review*, Vol. 75, No. 2, 1985, pp. 328 – 331.

30. Wennekers, S. , et al. . Uncertainty Avoidance and the Rate of Business Ownership Across 22 OECD Countries. *Papers on Entrepreneurship Growth & Public Policy*, Vol. 17, No. 2, 2007, pp. 133 – 160.

马克思主义绿色发展观与当代中国的绿色发展

——兼评环境与发展不相容论

黄茂兴　叶　琪*

近30多年的高速发展使我国经济总量步入了世界前列，但也带来了严重的生态环境问题，建立在资源要素大量消耗和污染物任意排放基础上的粗放型生产方式，不仅使我国付出了沉重的环境代价，而且也对经济可持续发展形成了巨大压力。如何统筹协调好经济发展与生态环境保护的关系是新常态下我国经济转型面临的重大考验。然而，不乏有一些悲观的言论认为中国比西方国家的环境污染更严重、更广泛、更长久，中国的环境与发展是不相容的，要保持一定的经济增长速度，中国的环境会进一步恶化。还有一些西方国家以“环保卫士”自居，认为中国带来了大量的超越国界的生态环境问题，提出了所谓的“中国生态环境威胁论”，故意借环境问题来排挤中国，损害中国的国际形象。中国有必要通过实际行动来回击这些言论，通过中国特有的环境保护理念和特色的行动方案增强信心。党的十八届五中全会提出了绿色发展的重要理念，和创新、协调、开放、共享一起构成“十三五”乃至更长时期我国经济社会发展的“五大基本理念”，描绘出我国全面建设小康社会的宏伟蓝图。绿色是大自然的底色，是生命的气息，代表了万物生长的欣欣向荣，绿色发展表达的就是人与自然和谐共处的最高境界。绿色发展理念是对长期以来人类处理人与自然关系的规律性认识的高度凝结，是对千百年来人类对人与自然关系思想认识的升华，是对马克思主义绿色发展观的传承和创新，更是明确了我国生态文明建设的路径和方向。在这一理念指引下的中国绿色发展必将为全球探

---

* 黄茂兴，福建师范大学经济学院教授；叶琪，福建师范大学经济学院副教授。基金项目：国家社科基金青年项目“生态文明视阈下中国环境竞争力问题研究”（14CKS013）。

索永续发展奉献“中国样本”。

一、绿色发展是人类探寻永续发展进程中的重大理论创新

适应环境变化的物种进化产生了人类这一伟大的物群，最早的原始人对自然充满了恐惧和敬畏，但是生存的欲念使人类逐渐学会利用自然和改造自然，从树枝石刀到钻木取火，从采集狩猎到刀耕火种，人类在用自然资源编织文明的同时也破坏了自然。在社会生产力水平提升的过程中总是交织着人与自然关系的失衡和再平衡的调整，这种调整并不是简单的循环反复，也不可能回到原点，因为人与自然的关系是不可逆的，每一次的失衡都会使自然环境变得更加脆弱，而每一次的修复也只是人与自然关系的暂时弥合。于是，人类便陷入了经济越发展，环境越恶化，治理代价越大的怪圈之中。在探索人与自然和谐发展的进程中，人类的认识也得到不断深化。

在农业革命以前，人类对环境的影响极为有限，环境基本上是按照自然规律变化的。随着人类进入农业社会，出现了历史上第一次人口爆炸性增长，人口的剧增加大了对食物的需求。然而，受制于落后的生产力，人类主要通过大面积砍伐森林、开垦草原来扩大耕种面积，大片肥沃的土地由此也逐渐变成了不毛之地。农业文明的发展不当引发生态环境恶化催生出人类最早的保护环境思想。古希腊思想家柏拉图、亚里士多德等较早提出人类发展要与环境承载相适应，要适度保持人口规模。古罗马的哲学家卢克莱修和历史学家李维也意识到土壤侵蚀和地力枯竭可能带来的恶果。西欧的农业生产虽然对生态环境的破坏性不大，但是大量增加的城市却带来了严重的城市污染问题，如 12 世纪、13 世纪西欧出现的烟的公害问题，1661 年英国作家约翰·伊凡林曾写出《驱逐烟气》以讽刺伦敦的烟尘污染。工业革命之前是人类对人与自然关系认识的觉醒阶段，这种认识是简单的、朴素的，虽然有一部分有识之士呼吁对环境的保护，但却没有提出切实的政策措施，也没有得到政府的重视。由于农业生产离不开自然环境，在农业生产力落后的时代，温饱与生存显然是高于环境保护的。

工业革命带来生产力巨大飞跃的同时，也加剧了环境污染的扩散化和严重化，利益驱动对生态环境的肆意破坏和对自然资源的无度索求终于酿成了一系列的环境危机事件，如 1930 年的“马斯河谷烟雾”事件、20 世

纪40年代的洛杉矶光化学烟雾事件、1952年“伦敦烟雾”事件，等等。在工业化进程中，人类从未停止过对人与自然关系的探索，仅从经济学的角度来看，重商主义学者霍尼亚、塞拉等人就已经意识到人口、资源等要素对经济发展的重要作用。古典经济学时期的亚当·斯密提出人口的增加会带来资源的短缺，马尔萨斯进一步地强调资源的稀缺是绝对的，要妥善处理人口、资源与环境之间的关系，李嘉图认识到人口和生活资料之间的矛盾，约翰·穆勒则第一次探讨了关于人类社会的经济增长和自然环境的承受界限问题。到了新古典经济学时期，马歇尔提出了外部经济的概念，庇古认为可以用立法、税收和补贴等政策来解决外部性问题，而以科斯为代表的新制度经济学派则更强调把产权界定的方式内生化到市场机制中来解决市场失灵。从对环境问题研究中衍生出的环境经济学者和生态经济学者关注人类对自然生态承载力的威胁，主张在可持续发展的目标推进中实现环境成本内部化，减少物质流，实现零增长。显然，这些经济学者们不仅意识到经济增长过程中环境问题的存在，而且提出了相应的对策。这一时期，人类对人与自然关系的认识把对环境问题的讨论从学者间的研究上升到政府与市场之间的博弈。

随着越来越多的发展中国家进入工业化阶段，工业扩张的持续推进使环境问题从局部性问题演变成全球性问题，从而也触发人类从全球性的视野来看待人与自然的关系。1962年，美国海洋生物学家蕾切尔·卡逊出版了《寂静的春天》一书，该书向工业文明宣战，唤醒了全世界环境保护意识。1972年，联合国在瑞典首都斯德哥尔摩召开了人类历史上第一次人类环境会议，标志着全球环境治理的开端。此后，以国际公约为依据的全球环境合作不断开展起来。1992年，联合国在巴西的里约热内卢召开环境与发展大会，第一次把经济发展与环境保护结合起来，提出了可持续发展战略。20多年来，围绕“共同但有区别的责任”，各国开始共同应对减贫、环境保护、应对全球气候变化的难题。2002年的可持续发展世界首脑会议把可持续发展的共识变成可行性的计划和方案，形成统一的全球目标。近年来，各国就应对全球气候变化、生态危机等问题开展了积极的谈判磋商，提出了发展低碳经济、循环经济、绿色经济等新理念，推进环境保护理论的发展和创新，也推动人与自然的关系问题超越了国家间的其他问题成为人类共同面对的首要问题。

西方环境保护运动的不断发展，也推动人类从哲学和伦理学的角度来思考人与自然的关系。20世纪末，生态伦理学思想开始盛行起来，主要包括人类中心主义和自然中心主义。人类中心主义公然为资本主义生产方式的生态责任进行辩护，他们认为历史唯物主义过分强调生产而忽视了自然资源本身的稀缺性。自然中心主义对上述观点持否定态度，他们认为人与自然的关系应该居于主导地位，促进人与自然的和谐，当代西方绿色发展观中充斥着人类中心主义和自然中心主义两种思潮的冲突与交叉。[①] 西方学者从环境破坏事件中不断总结环境问题产生的原因，并且逐渐融合多个学科的理论和观点，试图在可持续发展进程中，在现行的社会制度下缓和人与自然的矛盾。

我国在漫长的人与自然关系调整中也形成了丰富的环境保护思想，生态伦理和可持续发展思想成为我国绿色发展的传统文化根基。古代儒家哲学信仰天人合一，主张天与人之间相互统一；道家认为整个自然界包括“道”、“天”、“地”、“人”，人与环境的关系是建立在“道法自然”万物平等基础上的，主张把崇尚自然和效法天地作为人生行为的基本准则。古人还注重节俭，《周易》中专有一卦讲“节”，墨子警告人们“节俭则昌，淫佚则亡”，管仲反对奢侈浪费，提出“宫室必有度，禁伐必有时”。人口增长对生产资料和生活资料的压力也引起了人们的重视，洪吉亮的人口思想就对人口的膨胀充满了担忧。近代以来，我国的环境保护思想基本处于停滞状态，新中国成立后，我国开始了工业化的进程，随之而来的环境问题也引发了越来越多人的关注，推动我国环境保护理念的创新，同时在实践中不断总结环境发展规律，走出了一条具有中国特色的环境保护之路。1972 年，我国派代表参加了人类环境会议，并于 1973 年召开了第一次全国环境保护会议；1987 年我国提出了“既满足当代人的需要，又不损害子孙后代满足其需求能力的发展”的可持续发展理念，1992 年实施可持续发展被确立为国家战略。进入 21 世纪以来，工业化进程所引发的一系列环境问题更加凸显，加快了我国环境保护的步伐，也推动我国对生态环境保护认识层次的不断提升。2003 年，党的十六届三中全会提出科学发展观，树立全面、协调、可持续的发展观；党的十六届四中全会进一步把人与自然的和谐相处作为构建社会主义和谐社会的基本特征之一；党的十六届五中全会首次把建设资源节约型和环境友好型社会确立为国民经济和社会发展中长期规划的一项战略任务；党的十七大首次把生态文明写入全国代表大会报告；党的十七届五中全会明确提出树立绿色、低碳发展理

① 王雨辰：《当代生态文明理论的三个争论及其价值》，载于《哲学动态》2012 年第 8 期。

念；党的十八大报告提出建设“美丽中国”，并把生态文明建设提升到与经济建设、政治建设、文化建设、社会建设同等的高度，构建了中国特色社会主义“五位一体”总体布局；十八届三中全会进一步提出加快生态文明制度建设；党的十八届五中全会把绿色发展作为五大发展理念之一，不仅深化对生态文明建设的认识，而且成为推动国家经济转型的重要推动力。中国在探寻可持续发展进程中已经形成了层次性、系统性的理论体系，从自下而上的环保诉求到自上而下的全面部署，这种理论创新的密集化推进彰显了中国生态环境保护实践的速度和效率，是中国千百年来生态伦理思想的高度总结和智慧升华。

可见，绿色发展的理念是几个世纪以来人类对人与自然关系永续共存的探索实践中的智慧结晶和人类历经不同环境发展阶段的实践总结，是东西方文化思想相互碰撞的智慧之光，同时结合中国经济社会发展阶段性特征，顺应从工业文明到生态文明跃迁的发展大势和客观规律形成的高度思想概括和理论总结，是人类探寻永续发展思想理念的伟大传承和创新。绿色发展是继中国提出生态文明这一高度概括的理念之后，又提出的践行生态文明理念的具体行动，对生态文明建设起到了统一思想、明确目标、引领路径的作用。在绿色发展的释义里，人类与环境的关系既不失简单朴素的基础，同时又融入了更多的经济、社会、文化等因素，形成了人、自然、社会的复合系统。绿色发展的提出体现了中国在处理环境与发展问题上的理论自信与道路自信，是对“看衰中国”和质疑中国处理生态环境问题能力的有力回击。绿色发展不仅是中国协调环境与发展关系的可靠依据，而且也是对世界环境保护理论的重要突破，为世界环境保护的开展开辟了一条新的道路，其理论创新之处主要表现在以下几个方面：（1）绿色发展反映了人与自然关系的动态性和全面性。绿色发展中的“发展”本身就是一个动态的过程，反映人与自然的关系并不是一成不变的，也不是简单的相互适应或相互妥协。在经济发展水平较低的阶段，人与自然的关系是简单朴素的，而在经济发展达到一定程度后，人与自然关系就会越多地夹杂着经济、政治、技术、文化等因素，绿色发展表现为人与自然相互交融、螺旋上升的过程。当然，这个过程并不是纯粹和孤立的，需要“创新”提供动力，“协调”提供保障，“开放”提供机遇，“共享”促进成果转化，人与自然关系已经渗透到经济社会的各个领域，编织成一张紧密的大网。（2）绿色发展反映了人与环境的和谐共融会推动生产力的巨大飞跃。当今世界，新一轮科技革命和产业变革正在孕育兴起，而生态环境领域成为技术创新的关键领域，也是各个国家探寻新一轮经济增长点的重要领域。绿色发展就是通过建立绿色、低碳、循环发展产业体系和清洁、低碳、安全、高效的现代能源体系推动产业结构的调整和实现经济发展方式的创新，通过主体功能区建设、低碳循环发展、资源节约与利用、环境整治、生态屏障构筑等一系列的措施实现人类与环境在更高发展层面上的再调整和再平衡，这种关系调整符合生产力与生产关系的客观规律，会推动生产力的巨大提高。绿色发展已深度融入到经济发展的体系之中，将成为推动全球结构调整的重要动力。（3）绿色发展反映了人与环境之间联系着广阔的空间和广泛的载体。绿色发展要求要处理好生产、生活和生态三者之间的关系，合理安排好生活空间、生产空间与生态空间，走生产发展、生活富裕、生态良好的文明发展道路。绿色发展还依托于广泛的载体，包括科学合理的城市化格局、农业发展格局、生态安全格局、自然岸线格局，通过这些载体把绿色发展的理念落实到具体的生产建设和社会发展之中。这种纵横交错的绿色发展格局反映了人与环境之间并不是单线或双线的平面关系，而是在广阔的空间中通过各种载体连接形成了多维立体关系。（4）绿色发展反映了以人为本在人与环境关系中的根本地位。在人与环境的相互关系中，人是居于主体地位和能动地位的，人不仅要适应环境，科学地改造环境，更应该发挥人的智慧在处理人与环境关系中实现“帕累托改进”。绿色发展就是要保障人的生存权、发展权和公平权，让人类更多地享受良好的环境给予人类的各种馈赠，通过建立起一套绿色的生产生活方式，为广大民众提供清新空气、清澈水质、清洁环境等更多优良生态产品，让每个人都公平地享受到良好生态环境这一公共产品，增进民生福祉。（5）绿色发展反映了人与环境关系的自然规律和约束机制。人与环境关系的发展变化是有其自然发展规律的，人类的生产活动不能超越自然变化的规律，也不能畏惧于自然，否则会导致“拔苗助长”或“故步自封”。绿色发展既尊重和顺应环境自我变化的规律性，同时又建立良好的制度设立人与环境关系的边界，在环境承载的能力和范围内，通过人的经济社会活动进行规范和约束，形成全社会共同遵守的客观条例、政策、法规等，通过构建生态文明体系建立绿色发展的良好机制，针对不同发展阶段的特点有序推进人与自然的和谐共处，形成更加公平民主的绿色发展制度和公共决策机制。

二、马克思主义绿色发展观是当代国内外绿色发展的重要思想源泉

绿色发展理念是在千百年来人类对人与环境关系不断反思的基础上提出的创新性的发展理念，绿色与发展的结合凸显了人类步入生态文明时代在发展理念和方式上的深刻转变。绿色发展理念是植根于国内外有关环境的丰富的理论基础上，特别是以马克思主义绿色发展观作为其牢固的思想理论根基，是马克思主义经典作家关于生态思想中国化的产物，是对马克思主义绿色发展观的升华，同时结合中国环境变化的现实问题，是理论与实践高度结合的产物，极大地丰富了中国特色社会主义理论体系的内容。在绿色发展强大的思想理论面前，那些毫无依据地认为中国跳不出发达国家走过的“先污染、后治理”的老路，以及西方的一些学者臆断中国经济陷入了系统性陷阱，将导致中国“崩溃”、“谁来拯救被雾霾笼罩的中国人”等言论是毫无理论根基的，显得非常幼稚。

（一）马克思主义绿色发展观的思想演进

绿色发展虽然是一个现代概念，但在马克思主义理论的发展与传承中却蕴含着丰富的绿色发展思想，形成了其科学的绿色发展观。从马克思主义绿色发展观的思想演变脉络梳理中可以看出，不同时代的马克思主义者从所处的时代背景出发，对生态环境破坏的现象进行了大量的阐述，并深刻揭示其中的原因，提出解决生态环境问题的方法路径，构建了马克思主义绿色发展观丰富而深刻的理论体系。

1. 马克思、恩格斯有关绿色发展的基本立场和逻辑起点：马克思主义绿色发展观的形成期

马克思、恩格斯所处的时代正是工业革命的上升阶段，工业文明带来的自然破坏和环境污染已日益显现，马克思、恩格斯敏锐地觉察到资本主义生产方式的逐利性与环境保护的矛盾，他们在对资本主义社会进行逻辑考察和理性审视的基础上，从历史唯物主义和实践的角度对人与自然的关系进行深刻阐述和科学预见，形成了生态问题研究的基础和起点，也表明了人与自然关系是生态环境问题中最原始、最根本的关系。马克思、恩格斯强调人与自然的协调性与适应性，认为自然界先于人而存在，“人本身

是自然界的产物，是在自己所处的环境中并且和这个环境一起发展起来的。”[①] 同时，人在适应环境的同时也会改造环境，人“决不是‘首先处在这种对外界物的理论关系中’……而是积极地活动，通过活动来取得一定的外界物，从而满足自己的需要（因为，他们是从生产开始的）”。[②] 人与自然的和谐统一又是以物质交换为纽带，以社会为载体，因为人类所需要的生产资料和生活资料都是来源于自然界，并且通过劳动实现物质交换，即劳动过程“是制造使用价值的有目的的活动，是为了人类的需要而占有自然物，是人和自然之间的物质变换的一般条件，是人类生活的永恒的自然条件。”[③]“因为只有在社会中，自然界对人来说才是人与人联系的纽带，才是他为别人的存在和别人为他的存在，才是人的现实的生活要素，只有在社会中，自然界才是人自己的人的存在的基础。”[④]

马克思、恩格斯从资本主义制度的本质特征揭示了生态环境问题产生的根本原因是资本主义私有制下对利润的无度追求和对资源的无节制攫取，资本主义国家如果不改变当前的生产方式，“不以伟大的自然规律为依据的人类计划，只会带来灾难。”[⑤] 马克思把实现人类同自然的和解以及人类本身的和解确立为正确处理人与自然、社会三者关系的最高价值目标，并围绕这个目标提出了“使自然界真正复活”、“使任何自然矛盾真正解决”的历史使命。可以通过技术进步更有效地利用和节约资源，促进资源的循环使用，因为“机器的改良，使那些在原有形式上本来不能利用的物质，获得一种在新的生产中可以利用的形态；科学的进步，特别是化学的进步，发现了那些废物的有用性质”，[⑥] 从根本上要彻底推动社会制度的变革，只有选择适合人与自然和谐发展的生产方式和发展制度，只有“对我们的直到目前为止的生产方式，以及同这种生产方式一起对我们现今的整个社会制度实现完全变革。”[⑦]

马克思、恩格斯虽然没有直接提及绿色、生态等概念，但是从人性和

---

① 《马克思恩格斯文集》第9卷，人民出版社2009年版，第38页。

② 《马克思恩格斯全集》第19卷，人民出版社1963年版，第405~406页。

③ 《马克思恩格斯全集》第23卷，人民出版社1972年版，第208页。

④ 马克思：《1844年经济学哲学手稿（1844年5月－8月）》，单行本，人民出版社1979年版，第75页。

⑤ 《马恩选集》第3卷，人民出版社1995年版，第251页。

⑥ 《马克思恩格斯文集》第7卷，人民出版社2009年版，第330页。

⑦ 《马克思恩格斯选集》第4卷，人民出版社1995年版，第385页。

制度的本质开辟了有关生态环境问题研究的新思路，极大地冲击了资本主义学者对环境问题研究一贯思维，也为我国当前抵御西方自由主义学派言论的冲击、驳斥把中国环境与发展相对立的观点提供了研究视角。

2. 列宁有关绿色发展的制度实践与动态思维：马克思主义绿色发展观的发展期

列宁在领导无产阶级革命和苏维埃的社会主义建设中，继承和发展了马克思、恩格斯自然观和生态环境思想，通过实践验证社会主义制度较之于资本主义制度在处理人与自然关系方面的优越性，以此来进一步批判资本主义和帝国主义对自然资源的过度消耗和对生态环境的肆意破坏。列宁在把马克思主义辩证自然观与工人阶级革命运动实践相结合中深刻阐释了人与自然的关系，他指出“无论在工业或农业中，人只能在认识到自然力的作用以后利用这种作用，并借助机器和工具等以减少利用的困难。”① 列宁还批判性地指出：“说工人生活日益困难是因为自然界减少了他的赐物，这是充当资产阶级的辩护士。”② 列宁强调在社会主义实践中，要顺应和利用自然规律，加强自然资源和环境的保护，他主张通过立法把土地、水、森林、矿产等资源国有化，以更好地实现资源使用和开发的统一管理和保护。他还主张对资源的循环利用，甚至把废弃物的处理和资源的循环利用作为消灭城乡差别的重要目标，这是较早的循环经济思想。此外，列宁还十分重视人的作用，号召在资源与环境保护中充分发挥人民群众和社会团体的作用，指出“生气勃勃的创造性的社会主义是人民群众自己创造的”。

列宁在不断思考和探索社会主义环境保护之路的同时也对资本主义生产方式进行批判，并且他还以动态的眼光看待环境问题的动态性和蔓延性，不仅揭示了资本主义生产方式对人类生存环境破坏规模的扩大，而且在其帝国主义理论中更进一步指出帝国主义的扩张造成了殖民地环境的破坏，一针见血地指出了帝国主义带给整个世界生态环境的灾难。当前西方国家企图模糊生态环境问题的根源，撇清环境问题的历史责任，将责任转嫁给中国等发展中国家，借环境保护的借口干涉中国的发展，西方资本主义国家的本质和企图在列宁的生态理论中已经得到了深刻的阐释。

3. 国际有关绿色发展的思潮涌现和中国的实践探索：马克思主义绿色发展观的深化期

工业革命发生后，特别是“二战”以来，工业化的拓展和深入所带来

①② 《列宁全集》第5卷，人民出版社1986年版，第90页。

的环境污染的蔓延和环境危害事件的频发，引发了越来越多学者关注生态环境问题，在探寻环境污染的原因及解决环境问题的路径中，西方学者产生了理论分歧。一部分西方学者认为历史唯物主义是“人类中心主义”，不承认“自然的极限”，认为历史唯物主义过分强调生产而忽视了自然资源本身的稀缺性，为资本主义生产方式的生态责任进行辩护。也有一部分西方学者对上述观点持否定态度，他们在回应部分西方学者对历史唯物主义的挑战中把生态学和马克思主义相结合，产生了生态马克思主义流派。

生态马克思主义兴起于20世纪70年代后期，该学派以马克思主义关于人与自然关系理论、异化理论、人本主义思想、人的全面发展理论和社会主义理论等理论作为基础，对全球环境问题和人类发展困境进行反思，不仅进一步深刻阐释了人与自然的关系，而且揭示了资本主义制度与生态危机的必然性，提出解决生态危机的根本途径。生态马克思主义认为人与自然是辩证统一的，人类中心主义并没有否认自然界中的存在物各自生存和发展的要求，格伦德曼等指出：马克思主义的人类中心主义是一种广义上的定义，“‘广义的’人类中心主义主张将非感知自然的价值建立在对人类生命价值所做的贡献的基础上，但它不同于狭义的人类中心主义，即不单单从工具性方面看待这种贡献。”① 人类利益与自然利益是统一的。生态马克思主义认为应跳出马克思经济危机的理论框架，用生态危机理论来解释资本主义社会向社会主义社会过渡的必然性。美国社会学家奥康纳认为必须把生态破坏置于资本积累和社会转型的核心位置，充分认识资本主义生产方式对资源枯竭和自然退化的破坏程度，加拿大的社会学家阿格尔也提出，当代资本主义经济危机已经从生产领域向消费领域转移，生态危机是最大的危机。生态马克思主义在此研究基础上进一步指出只有通过生态革命，建立起生态理性与经济理性相统一的生态社会主义制度，走生态社会主义道路才能彻底解决生态危机。生态马克思主义思潮是对马克思生态思想的继承和发展，是生态运动和社会主义运动相结合的产物，但是由于受西方马克思主义社会批判的影响，他们在一定程度上把马克思主义理论与方法割裂开来，使得生态马克思主义与马克思主义生态环境思想在经济危机、资本主义基本矛盾、社会主义基本特征等方面的阐释存在较大差异。虽然生态马克思主义并没有完全坚持马克思主义的经典理论，但是

---

① Jonathan Hughes, *Ecology and Historical Materialism*, Cambridge, University Press, 2000, P. 32.

其提供的理论和方法为马克思主义的当代发展注入了新的思想元素。

新中国成立后，我国历代领导人坚持把马克思主义与中国的社会主义实践相结合，推动马克思主义理论的不断发展与创新，在生态环境领域涌现出丰硕的理论成果，特别是推动马克思主义绿色发展观的不断深化和中国化。毛泽东十分重视自然资源的作用，提出“天上的空气，地上的森林，地下的宝藏，都是建设社会主义所需要的重要因素。”① 在经济发展十分困难的情况下，毛泽东力推节约，反对浪费，“节约是社会主义经济的基本原则之一”②，同时还主张大力开发新的资源能源。毛泽东还提出可以通过水利建设和开展绿化来改善生态环境，他曾说“南北各地在多少年内，我们能够看到绿化就好，这件事情对农业，对工业，对各方面都有利。”③ 邓小平非常重视人口、资源与环境的协调，从基本国策的高度和持续发展的远见提出要坚持“植树造林、绿化祖国、造福后代。”④ 而且这一事业要“一代一代永远干下去。”⑤ 这不仅需要政策的引导，还要加强法制保障，“加强环境管理，要从人治走向法治”⑥，更要注重发挥科学技术的重要作用，“解决农村能源，保护生态环境等，都要靠科学。”⑦ 这是科学技术是第一生产力的观点在我国生态环境领域的应用。江泽民全面推进了可持续发展理念在中国的实施，他提出“在现代化建设中，必须把实现可持续发展作为一个重大战略。”⑧ 从而把邓小平的生态环境协调发展思想从不同要素间的协调推进到代际间的协调。江泽民还从国家视野提出全球性问题的解决需要靠国际上的相互配合和密切合作。⑨ 进入21世纪以来，环境污染和破坏愈加严重，以牺牲环境为代价的传统工业化模式已经走到尽头，在快速推进工业化进程中，如何协调好经济发展和生态环境之间的关系是摆在当代中国面前的重大现实问题，亟须理论上的突破和探索出一条中国绿色发展之路。以胡锦涛为核心的中央领导集体提出了科学发展观，即坚持以人为本，树立全面、协调、可持续的发展观，经济、生

① 《毛泽东文集》第7卷，人民出版社1999年版，第34页。
② 《毛泽东文集》第6卷，人民出版社1999年版，第447页。
③ 《毛泽东文集》第6卷，人民出版社1999年版，第475页。
④ 《邓小平文选》第3卷，人民出版社1993年版，第21页。
⑤⑥ 《邓小平论林业与生态建设》，载于《内蒙古林业》2004年第8期。
⑦ 《邓小平年谱》（下册），中央文献出版社2004年版，第882页。
⑧ 《江泽民文选》第1卷，人民出版社2006年版，第463页。
⑨ 《江泽民文选》第1卷，人民出版社2006年版，第480页。

态、社会的有机统一，体现以人为本和以生态为本价值取向的双重统一。习近平结合国内外严峻的资源环境形势，从文明和发展的角度把绿色发展提到一个更高的层面，他在多次讲话中提道："我们既要绿水青山，也要金山银山。宁要绿水青山，不要金山银山，而且绿水青山就是金山银山。"① 生态是人类文明继工业文明之后的更高层次的精神追求，"生态兴则文明兴，生态衰则文明衰"，"生态就是资源，生态就是生产力"。中国在探寻人与自然和谐关系进程中已经形成了层次性、系统性的理论体系，中国在推进生态保护中密集的理论创新，既是对马克思主义绿色发展观的传承与创新，也是实践经验的总结升华。中国在化解过剩产能、淘汰落后生产方式、防范环境风险、改善环境质量中已经取得了显著的成效，同时又能在推进结构性改革中保持较快的经济增长速度，使"中国崩溃"的言论不攻自破。

（二）马克思主义绿色发展观为当代国内外绿色发展提供了丰富的理论给养

绿色发展是中国在新的环保形势下提出的创新理念，是中国环境保护实践的经验总结，这一理念指明了未来中国经济发展该走什么样的绿色之路。这一伟大的理论创新是根植于马克思主义绿色发展观的丰沃土壤，一百多年来不断传承和发展的马克思主义绿色发展观为其提供了丰富的理论给养：一是人与自然的关系是贯穿于马克思主义绿色发展观的一条主线。从马克思、恩格斯把人与自然关系作为研究生态环境问题的起点开始，不同时期的马克思主义学者从未放弃对人与自然关系的探讨，试图探索出一条人与自然和谐共处之道，这一最原始、最朴素的关系也正是绿色发展的现实旨归。二是人本观念是马克思主义绿色发展观为绿色发展界定的基本立场。无论是资本主义制度下对人类解放的呼吁，还是社会主义制度下对人的价值实现和代际协调的探讨，人在保护环境的行动中既是参与者，更是受益者，始终居于环境保护行动的核心地位。绿色发展的终极目标就是要实现对人性的关怀和人的持续发展。三是制度和技术是马克思主义绿色发展观提倡绿色发展的依托手段。马克思主义绿色发展观不仅从理论上强调生态环境保护的理念，也重视生态环境保护的方法和手段的运用，特别是强调制度和技术手段的作用。马克思、恩格斯和列宁都曾认为资本主义

---

① 《绿水青山就是金山银山》，载于《人民日报》2014 年 7 月 11 日。

制度是环境问题的根源，必须用社会主义制度取代资本主义制度才能从根本上解决环境问题，同时技术创新可以为环境保护提供更多的方法。绿色发展中也广泛融入了制度和技术的理念，制度创新和技术创新可以为绿色发展提供更强劲的动力。四是辩证唯物主义和历史唯物主义是马克思主义绿色发展观提供给绿色发展的思维方法。马克思主义绿色发展观以辩证的思维看待人与自然环境之间的关系，要求合理把握人、自然、社会之间的关系界限。马克思主义绿色发展观从历史的角度来看待环境问题产生的原因，把环境责任区分为历史责任和现实责任，同时，着眼于未来的持续发展探索生态问题解决的路径。绿色发展秉承唯物主义的思维，强调发展程度不同的国家之间有区别的环境责任，强调环境、经济和社会发展之间的协调性，合理把握生态环境的承载力，充分发挥环境改善对推进经济社会发展的积极作用。五是以动态发展的眼光看问题是马克思主义绿色发展观提供给绿色发展的思考方式。从马克思主义绿色发展观的历史演变可以看出，其发展和创新是一个动态演绎的过程，在这一过程中，马克思主义绿色发展观通过实践不断融入经验总结，对人与自然环境的关系认识不断深刻，体现了马克思主义理论的与时俱进及时代活力，也反映了马克思主义者对如何处理人与自然关系进行艰难的探索和不懈的努力。绿色发展本身代表的就是一种发展方式，而发展又是一个动态过程，这是马克思主义绿色发展观在新的发展阶段的传承与创新，着眼于生态环境变化的动态性和长期性，着眼于长期可持续发展，是马克思主义绿色发展观在新时期的生动再现。

三、中国倡导的绿色发展是马克思主义绿色发展观在当代中国的运用与创新

千百年来，人类从未停止过对环境的破坏，但也从未放任环境的恶化，人与自然环境的关系总是处在既破坏也治理、既保护又开发的无限的矛盾循环之中，人类也曾提出和践行环境保护的各种理念和措施，但始终未能跳出越治理越污染的怪圈。究其原因主要有两个方面：一是环境污染和破坏的蔓延性和无界性，单是某个国家或地区，或是某个阶段的治理只能使人和自然的关系得到暂时的缓解和弥合；二是环境治理的成本较高，甚至必须以牺牲经济发展为代价，许多国家和地区坚持经济利益高于环境

利益的原则，导致环境治理的不彻底，甚至将污染转移到其他国家和地区。这些治标不治本的方法未能阻止环境恶化的步伐，反而更加威胁人类的生存，如何探寻出一条人与自然环境和谐共处之路是人类面临的共同考验，中国也一直在努力，并且为推动全球环境的改善从理论和行动上都做出了积极的贡献。绿色发展理念提出之初，理论界夹杂着一些不同的声音，有人认为绿色发展是一个很抽象的概念，缺乏实际可操作性；有人认为绿色发展和之前提出的循环经济、低碳经济、生态文明建设等没有本质的区别，只是一种没有新意的新名词；还有些学者认为中国生态环境建设中夹杂着复杂的经济利益关系，绿色发展很难推进。这些质疑性的言论虽然看到了中国推行绿色发展不易，但是却夸大了困难，最主要是没有从根本上理解绿色发展的内涵和属性。绿色发展着眼于经济社会发展的规律性和长远性，着眼于环境问题的动态性和全球性，着眼于环境治理行动的战略性和自觉性，真正实现环境治理的彻底性。绿色发展理念凸显了战略性、纲领性、引领性，显示了中国愿意牺牲短期的利益向困难挑战的决心，是中国在世界舞台上作为负责任大国的使命担当，是马克思主义绿色发展观在当代中国的运用与创新。可以从以下五个方面来理解绿色发展的创新性以及构建的思想、动力、保障等全面的支撑体系。

（一）强调意识主导：以生态文明筑就全民共识

绿色发展从理念到行动的转化需要广大民众的支持，需要全体人民的共同行动，但这种行动不是行政式命令的被动行为，而是广大民众主动自觉地参与，充分体现了马克思主义绿色发展观的人本理念。绿色发展并不同于大多数的政策或规范，直接规定人们能做什么或不能做什么，而是把绿色和经济社会的发展结合在一起、和全面建设小康社会结合在一起，使人们切实感受到绿色发展就在身边，是与个人的生存发展息息相关的。绿色发展就是通过理念上的渗透转化为人们的自觉行动，以生态文明为引导，塑造人们的价值取向，从个人行为上升到事关民族文明进步的高度。首先争取人们思想上的支持，强调思想意识上的感化，通过理论体系的构建，培育生态文化和生态道德，使生态文明成为社会主流的价值观，通过广泛的教育和舆论宣传，引导人们把自然和生态融入到生命的延续中，在体验和感悟中，把生态文明融入到思想中，进而转化为外在的保护环境、生态建设、低碳生活、文明健康等生活方式和消费模式，形成全民共同推进绿色发展的普遍共识。这种在思想意识上的强大力量构筑了绿色发展最坚实的支持体系，并且代代相传，既节约了绿色发展的成本，又凝聚了中华民族文明的合力。

（二）强调系统推进：以顶层设计保障战略实施

绿色发展是马克思主义绿色发展观对发展规律把握的新的总结和延伸，是对“生态兴则文明兴，生态衰则文明衰”这一历史发展规律深刻认识基础上提出的全新发展观，是事关文明兴衰和人类永续长存的综合发展体系，系统性的问题需要运用系统性的方式来解决。因此，要在思想认识、理念框架、政策体系和机制构建等方面推动中国的全面转型。绿色发展并不同于以往单纯的“环保主义”，也不是自下而上的民间呼吁，而是着眼于人与自然关系的动态发展，把自然系统、经济系统、生态系统有机地结合在一起，把生态文明建设融入到经济、政治、文化、社会建设的各方面和全过程。当然，这种系统性工程的推进凭借单个人的力量或是政府的力量是无法完成的，必须从总体上系统把握，统筹推进。针对这一系统工程，我国进行了系统的顶层设计和具体部署，并且上升到党和国家发展战略的高度，通过制定《生态文明体制改革总体方案》，形成产权清晰、多元参与、激励约束并重、系统完整的生态文明制度体系。我国把绿色发展作为理念写入党和国家的发展战略和发展规划，凸显了我国自上而下的对环境保护的全方位部署，并确保各项措施落到实处。绿色发展还强调了制度保障，加大环境治理力度，实行最严格的环境保护制度，实行省以下环保机构监测监察执法垂直管理制度。这种通过顶层设计的方式形成自上而下的力量凸显政府的魄力和决心，是绿色发展战略有效实施的强力保障。

（三）强调全程控制：以深化改革助推结构升级

绿色发展秉承了马克思主义发展观从本质探索深层次原因的探索方法，强调了人与自然环境关系的调整并不是问题导向式的末端处理，也不是产业链的某个环节的调整，而是从生产到消费的全过程的控制，迫切要求改变传统粗放式的生产方式和浪费的生活方式。中国目前正在推进的深化改革可以为绿色发展扫清障碍，通过改革破除僵化的体制机制，释放创新的活力和动力，形成更加绿色的生产消费体系。绿色发展理念中提到的加快建设资源节约型、环境友好型社会，形成人与自然和谐发展的新格局，建立绿色低碳循环发展产业体系和清洁低碳、安全高效的现代能源体系正是体现了绿色发展的全面性。绿色发展意味着要推动环境供给侧改革，通过低碳循环和减量化的生产方式纠正生态资源的扭曲配置，削减过度供给和过剩产能，积极推进新能源、新环保、新服务等绿色产业体系的创新，通过产业结构调整和产品结构调整提高产品的质量，满足人们新的消费需求。绿色发展还意味着调整人们的消费结构，引导人们购买、使用绿色环保产品，养成良好的生活方式，节约能源资源，推动可持续性消费，形成勤俭节约的社会风尚。绿色发展强调从生产到消费的全过程的调整和控制也正是顺应了当前我国生产结构和消费结构全面升级的要求，更加强调绿色发展的体制机制保障。

（四）强调技术支撑：以创新驱动构筑发展动力

绿色发展是经济发展到较高阶段的新的发展模式，在推进绿色发展的过程中也会面临着依托手段和路径的考验。在传统的处理人与自然关系过程中，主要依靠资金、人力等要素的投入，通过大量集中的物质投入换取环境暂时性的改善，或是依靠自然界漫长的自我修复。虽然马克思主义绿色发展观中也提出了运用技术的手段，但主要还是直接作用于生态环境的单一技术，或是能直接带来经济效益的技术改进。科学技术的发展已经为我国环境保护提供了各种可能的技术支持，绿色发展顺应经济发展方式从要素、投资驱动转向创新驱动，强调构建创新体系进行系统的推进，包括管理创新、技术创新、制度创新等全方位的创新，特别突出信息技术、互联网技术等高新技术在支撑绿色发展中的重要作用。它不仅节约成本，提高效率，而且会使人和自然之间建立起一种现代化的关系，既不失自然本身的特征，又强调生产力进步对生态环境的正向回馈，是生态效益、经济效益、社会效益的高度统一。绿色发展突出我国通过加快科技体制改革，建立面向人才、研发、产品、市场的全方位绿色创新支撑体系；强化企业在技术创新中的主体作用；积极开发新能源开发利用技术、绿色装备制造技术等；积极开展资源环境生态领域关键技术和前沿技术攻关。可以说，创新驱动贯穿于绿色发展的全过程，成为推动绿色发展的持久动力。

（五）强调开放合作：以全球行动维护生态安全

马克思主义绿色发展观具有开放包容的属性，绿色发展强调我国要“为全球生态安全作出新贡献”，这不仅反映了中国积极主动应对全球气候变化，致力于全球环境改善的责任担当，也反映了中国对环境问题全球性的深刻认识，彰显了中国作为负责任的大国以开放的姿态携手世界其他国家共同应对全球环境问题的诚意。绿色发展既是中国未来调整人与自然关系的总体思路，也是中国对全球环境治理的积极贡献，只有把生态环境问题放到全球化的背景下进行考量，才能够唤醒全世界的环保意识，构筑起生态环保的国际新格局。这是我国推动新一轮对外开放中的包容性思维，也是在国际环境合作中践行马克思主义绿色发展观的科学思维，这种理念虽然无关制度、无关经济发展的差异，但它充分尊重每个国家和地区的主体地位，倡导任何国家和地区都可以在此问题上都可以进行平等的对话或是获得可能的援助。为维护全球生态安全，我国积极参与国际绿色经济发展规则和全球可持续发展目标制定，积极参与国际绿色科技交流。我国还积极向世界各国推介我国生态文明建设的规划与实践经验，宣扬绿色发展理念，以期通过中国思想和中国方案的传递，形成全球共同行动的合力，推动形成全球人与自然和谐共处的生态安全局面。

四、加快推动中国绿色发展亟须解决的关键问题与路径选择

中国凭借着经济地位的提升充分开展生态外交，如积极参与联合国开展的各项环境事务，长期参与国际气候谈判并做出积极努力，开展环境保护的双边和多边合作，在 G20 杭州峰会、“一带一路”国际合作高峰论坛等中国主场国际会议中积极推介中国绿色发展理念。绿色发展理念逐渐得到全球的认可，中国的努力和行动使得国际上“中国环境威胁论”、“中国环境与发展难协调”等言论的支持者大大减少。当前，由环境污染和破坏引发的一系列生态危机和环境危机正考验着我国经济的持续增长，市场机制的自发作用已经难以调节经济建设与生态环境之间的矛盾，资源紧缺、环境污染、生态失衡是制约我国夺取全面建设小康社会胜利的重大障碍，也是实现中华民族永续发展亟须解决的重大课题。我国绿色发展的一系列举措在具体实施过程中还面临着如何合理地界定绿色发展在发展过程中的地位和作用，如何通过要素支撑保证绿色发展作用的持续发挥，如何保证绿色发展的各项措施转化为广大民众的自觉行为，如何发挥绿色发展在资源配置中的积极作用，以及如何扩大绿色发展的影响力等问题，这些是束缚中国绿色发展作用发挥的瓶颈，必须突破这些关键问题，才能为中国绿色发展的有效实施提供更畅通的路径，建立起生态环境与发展相协调

的强大自信，有力地回击质疑中国的言论，彻底地粉碎借环境问题而大肆“唱衰中国”、别有用心的阴谋。

（一）地位问题：通过绿色传递将五大发展理念紧密串联

绿色发展并不是一个独立的发展理念，而是与创新、协调、开放、共享等其他四个发展理念共同统一于中国特色社会主义的伟大实践进程中，彼此间是一种辩证统一的关系。因此，要对绿色发展在五大发展理念中进行清晰的定位，充分发挥相互间的协调促进作用，形成正向合力。绿色发展代表的是未来发展的方向和主色调，在其战略实施中要为其他的发展理念提供绿色引领和发展导向，通过绿色的传递把五大发展理念紧密联系在一起。同时，绿色发展又要广泛汲取其他发展理念的支持。创新会为绿色发展提供动力，协调会为绿色发展提供方法和目标，开放会为绿色发展提供更大的视野和机遇，共享是绿色发展的归宿，促进绿色成果转化。因此，绿色发展要推动绿色低碳循环技术创新，提高资源利用率和生产效率；要促进区域和城乡协调，根据人与自然和谐的要求促进主体功能区建设，实现城乡和区域环境治理的协调；要进一步开放资源和环境产品市场，促进环境产品的贸易，加强国际环境合作，与其他国家和地区共同应对气候变化和携手推进绿色发展；要着眼于广大民众的生存发展，加大生态补偿力度，加快扶贫事业发展，使广大民众能共享良好生态环境这一公共产品。绿色已经充斥于我国经济社会发展每一个层面，就像是一条无形的纽带把各个发展理念紧密地串联在一起，正是明确了绿色发展的这一地位，才能更加坚定绿色发展的方向和信心，才能有助于实现绿色发展的目标。

（二）投入问题：加大绿色发展的各类要素保障

长期以来，我国以牺牲环境为代价的粗放式发展模式已经积累了日益严重的环境问题，生态环境的历史欠账太多，以至于我国加强环境治理、恢复良好生态需要巨额的投入，因此，必须有充分的要素保障才能确保绿色发展的顺利推进。要加强环保领域的财政投入，加大绿色发展的投资，确保绿色发展充足的资金，通过金融政策和金融体制机制创新，实施多样化的金融工具，试行政府和社会资本合作模式（PPP），引导资金更多投资环境基础设施建设和其他公共基础设施建设，引导资本向生态农业、生态工业、节能环保产业等在内的绿色产业领域加大投入。加强绿色发展的技术投入，广泛实施创新驱动发展战略，加大绿色技术研发资金投入，加快发展新环保技术、新能源技术，全面推行绿色制造，为绿色发展提供更加先进的手段。要加快发展各类清洁能源、新能源技术、开发更多的新能源实现对传统化石能源的替代。加大绿色发展的人才投入，有针对性地培养和引进掌握先进技术，能为环境治理提供技术支持的创新型科技人才，擅长产业合理布局的规划型人才，熟知国内外环境规则、懂得谈判和合作的法律人才等，同时要引导高层次人才向企业流动，充分发挥环保企业的主体作用。总而言之，绿色发展是一个长期的过程，要确保绿色发展形成稳定而持续的投入机制，将有限的资源集中于亟须解决的重点领域，通过以点带面，逐步实现全面的环境治理和生态恢复。

（三）力度问题：强化绿色发展的制度规范和法治约束

绿色发展的推进并不是政府部门的“独角戏”，而是需要全社会的共同支持和参与，要从自上而下的发展理念转化为全体民众自觉的行动，要从理论上的广泛宣传转化为全体民众的习惯性行为，这就要强力推进绿色发展理念深入人心，落到实处，必须建立起绿色发展的制度规范和法治约束，通过制度和法治的要求形成全社会的行为规范。要形成绿色发展的制度，完善绿色发展的科学决策机制，制定绿色标准，从产业发展、结构调整、项目投资等源头上控制资源环境问题的产生蔓延。实行最严格的耕地保护制度、水资源管理制度、环境保护制度和生态保护红线管理制度，建立健全生态保护责任追究制度、环境损害赔偿制度和环境损害责任终身追究制度。充分发挥市场机制作用，积极探索建立自然资源资产产权等一系列制度，实现理论和实践上的创新和突破。实施最严格的环境法律制度，加强绿色发展的立法工作，明确规定各个部门和个人在环境建设和保护、清洁生产等方面可以做什么，不能做什么，增强立法的实效性和针对性。对绿色发展的具体实施要加大法律监督力度，确保各项法律法规的有效实施，保证各项制度的有效落实。执法部门要加大对污染环境和破坏生态行为的惩罚力度，追究行政责任或是刑事责任。只有通过强制力、权威性和高效率的规则体系的制定，才能确保绿色发展强有力地落到实处。

（四）配置问题：确保绿色发展的供给侧和需求侧有效对接

绿色发展的理念虽然已成为新时期党和国家的执政理念，生态文明建设也是“十三五”乃至更长一段是时期我国发展的重要内容，但是绿色发展并不是行政命令式的推进，也不是脱离发展实际的凭空想象，而是对我国社会主义市场经济发展特征的深刻总结和方向引领，绿色发展也要顺应市场经济发展的规律，因此，绿色发展应充分发挥市场机制的作用，实现资源的优化配置。绿色生产和绿色消费是绿色发展的重要组成部分，如何实现两者的有效对接是提升绿色发展的效率的重要环节。绿色生产代表了绿色发展供给的一面，要推进绿色发展的供给侧改革，通过推广低碳循环和减量化的生产方式淘汰落后产能，化解过剩产能，减少过度供给。同时，调整生产结构和产品结构，面向消费者需求促进产业结构升级，生产高质量的产品，消除供需缺口。充分发挥市场机制对生态环境资源的优化配置作用，提高资本、劳动等要素的配置效率。绿色消费代表了绿色发展需求的一面，德国学者魏茨察克曾提出了“生态包袱”这一概念，即每单位产品重量所需要的物质投入总量，例如，一个 10 克重的金戒指，生态包袱是 3 500 公斤，一件 170 克重的汗衫，生态包袱是 226 公斤，[①] 因此，倡导勤俭节约、绿色低碳的生活和消费方式可以极大地节约物质能源的消耗。通过广泛进行绿色消费宣传鼓励消费者购买节能环保型产品，反对过度消费和炫耀性消费，形成全社会勤俭节约、绿色低碳的消费新风尚。此外，各级政府还要加强生产和消费的联系和对接，从生产上的绿色导向引导消费方向的转变，同时也要通过绿色消费倒逼生产方式的变革。供求和需求的有效对接可以更好地发挥市场机制的调节作用，促进资源的优化配置。

（五）定位问题：立足绿色发展的全球视野

环境问题是一个全球性问题，环境治理需要全世界所有国家和地区共同的努力。中国一直致力于推动国际环境合作的开展，并在重要的国际环境会议和气候大会上呼吁不同发展水平国家各自承担相应的环境责任，共同遵守环境保护的各项公约，以实际行动履行承诺。中国也在探索环境保护的道路上不断进行理论和实践的创新，为全球生态环境治理提供了丰富的理论依据和实践经验。绿色发展理念的提出是中国对环境保护认识的新发展，是中国参与全球环境治理的又一重要贡献，是中国积极维护全球生态安全的具体行动。中国在推进绿色发展的进程中既要立足中国的实际，又要着眼于世界，在参与国际绿色经济规则和全球可持续发展目标制定

① 钱易：《以绿色消费助推生态文明建设》，载于《人民日报》2015 年 6 月 11 日第 7 版。

中，要坚持自己的立场，争取主动权，坚持维护广大发展中国家的利益，彰显作为发展中大国的使命担当和我党作为马克思主义先进政党的广阔胸襟和视野。要积极参与国际绿色交流，向国外推介我国在环境科技创新方面取得的先进成果，对不发达国家的环境保护开展技术、资金等方面的援助，同时，我国也要善于引进发达国家先进的环保技术和方式来增强自身环境保护的能力。此外，我国还要加强与国际上其他国家的绿色合作，借助我国新一轮对外开放的机遇，共同研究开发绿色关键技术，共同应对和治理区域性的生态环境问题，将中国的生态文明理念、绿色发展理念不断向世界传播。

参考文献

1. 程恩富、王中保：《论马克思主义与可持续发展》，载于《马克思主义研究》2008 年第 12 期。

2. 方兰、陈龙：《“绿色化”思想的源流、科学内涵及推进路径》，载于《陕西师范大学学报》2015 年第 5 期。

3. 方时姣：《绿色经济思想的历史与现实纵深论》，载于《马克思主义研究》2010 年第 6 期。

4. 方世南：《马克思唯物史观中的生态文明思想探微》，载于《苏州大学学报》2015 年第 6 期。

5. 顾海良：《新发展理念与当代中国马克思主义经济学的意蕴》，载于《中国高校社会科学》2016 年第 1 期。

6. 黄志斌、任雪萍：《马克思恩格斯生态思想及当代价值》，载于《马克思主义研究》2008 年第 7 期。

7. 刘思华：《坚持和加强生态文明的马克思主义研究——我是如何构建社会主义生态文明创新理论的》，载于《毛泽东邓小平理论研究》2014 年第 5 期。

8. 刘思华：《绿色经济论——经济发展理论变革与中国经济再造》，中国财政经济出版社 2001 年版。

9. 盛光华、杜雪丹：《我国低碳经济发展的重点、难点与路径》，载于《求是学刊》2010 年第 5 期。

10. 王书明：《从工业文明走向生态文明的契机——气候危机的哲学反思》，载于《自然辩证法研究》2011 年第 5 期。

11. 王雨辰：《以历史唯物主义为基础的生态文明理论何以可能？——从生态学马克思主义的视角看》，载于《哲学研究》2010 年第 12 期。

12. 赵建军：《人与自然的和解：“绿色发展”的价值审视》，载于《哲学研究》2012 年第 9 期。

13. 周玉梅：《马克思恩格斯的经济可持续发展思想》，载于《当代经济研究》2005 年第 5 期。

14. Edward Barbier. The Policy Challenges for Green Economy and Sustainable Economic Development, *Natural Resources Forum*, Vol. 35 (3), 2011, pp. 233 – 245.

15. Organization for Economic Co-operation and Development (OECD), Towards Green Growth, Monitoring Progress, Paris: OECD, 2011.

16. Reiner Grundman, *Marxism and Ecology*, Glarendon Press, 1991.

城市人口集聚与雾霾污染的空间效应

——基于我国236个地级市空间面板数据的实证研究

李雪松　余柯玮*

一、引　言

当前，雾霾污染已经成为影响我国经济社会发展的一个重要的大气环境问题。根据2016年底我国环保部发布的《全国空气质量报告》中的数据显示，在全国338个地级及以上的城市中，仅有84个城市的年平均空气质量达标，大部分城市都存在雾霾污染问题。因此，我国采取了加强空气质量及重要污染物监测，提高对可吸入颗粒物和二氧化氮等污染物的要求标准，控制机动车、工业排放的需求，调整产业结构，提倡清洁能源，建立中长期污染防治机制等多种防治措施，取得了一定的效果。然而在形成机理上，造成雾霾污染的主要原因是污染物浓度、大气条件以及空气湿度。其中，污染物浓度既是雾霾污染形成的必要物质基础，也与人类生活关系十分密切。无论是机动车需求，还是工业排放需求，均是建立在人口集聚和人类活动的基础之上。2016年5月18日由联合国人居署发布的《2016世界城市状况报告》中指出，目前排名前600位的主要城市中居住着五分之一的世界人口，对全球国内生产总值的贡献高达60%。人口集聚

---

* 李雪松，武汉大学经济与管理学院、武汉大学水研究院副教授；余柯玮，中国社会科学院工业经济研究所研究生。基金项目：国家社会科学基金“农村水环境问题的经济机理分析与管理创新制度研究”（10BJY064）；长江水利委员会长江科学院开放研究基金（CKWV2016394/KY）；武汉大学自主科研项目（人文社会科学）、中央高校基本科研业务费专项资金（2015632020201）；武汉大学人文社会科学青年学者学术团队建设计划资助。

深刻影响着城市的经济、社会和环境发展。2017 年 4 月 1 日，中共中央、国务院决定设立国家级的雄安新区，此举拉开了集中疏解北京非首都功能，探索人口经济密集地区优化开发的新模式。因此，如何看待城市人口集聚对雾霾污染的空间溢出效应，合理规划和控制城市发展规模是一个值得深入探讨的问题。

二、文献综述

随着环保意识的增强，国内对城市雾霾污染的关注度逐步升高，但受限于数据获得性问题，近两年来才较多出现研究我国雾霾污染问题的相关文献。

（1）从研究内容上看，现有文献中关于雾霾问题的研究多侧重于分析影响雾霾污染形成的社会成因。大多数文献均认识到人口规模、经济增长、能源或产业结构、环境规制等因素对雾霾污染形成的重要影响，并从中选其一着重分析。在研究雾霾污染和经济增长之间的关联问题上，关大博等（2014）基于环境投入产出模型，认为中国城市污染物排放增长主要是由经济因素造成。进一步地，为探究经济发展和雾霾污染的非线性关系是否存在，马丽梅等（2014）曾在空间滞后模型和空间误差模型研究结果的基础上指出，现阶段我国仍处于雾霾污染浓度随地区人均 GDP 水平增长而持续上升的阶段。然而，邵帅等（2016）学者得出与之有所不同的结论。其采用动态空间滞后模型对该问题进一步研究发现我国省域雾霾污染具有显著的空间集聚效应。对于能源或产业结构与雾霾污染之间的关系，部分学者（马丽梅和张晓，2014；冷艳丽等，2016）分别从能源价格扭曲程度和高耗煤行业产值占地区生产总值比重两个角度出发，共同得出一致结论，即高耗能的能源结构将会显著地加剧地区雾霾污染问题。除此之外，环境规制对雾霾污染治理的作用也受到不少学者的关注。黄寿峰（2016）认为“影子经济”是探讨环境规制对雾霾治理影响时的重要因素。此外，全世文和黄波（2016）以北京环境政策为例，强调环境政策之间的嵌入效应也是在制定和评估环境政策时必不可少的影响因素。张小曳等（2009）通过对 2008 年北京奥运会举办前后的空气污染物监测，研究发现污染物浓度与严格的污染控制措施密切相关。

（2）从研究方法上看，不少文献采用双重差分和倾向匹配—双重差分模型。如石庆玲等（2016）学者，从地方召开“两会”这一特殊事件出发，而张生玲等（2016）学者立足于雾霾的社会舆论爆发这一事件，探究我国雾霾污染治理在事件前后发生的变化。此外，也有部分文献（陈诗一等，2016；Guan et al.，2014）采用联立方程和结构方程的方法，以工业煤炭消耗量为纽带，结合雾霾污染因素和经济增长因素，构成闭合方程组。进而探讨如何平衡好保护环境和经济增长之间的关系。此外，由于雾霾污染具有空间相关性的特点，近年来在研究雾霾污染的问题上，空间计量方法逐步取得学术界不少学者的认可，但相关文献仍相对较少。例如，马丽梅等（2016）学者通过构建空间杜宾模型，以八大高耗煤行业产值之和占地区 GDP 的比重来衡量当地的能源结构，以交通工具压力和交通拥堵程度来测度交通因素，进而探讨省域雾霾污染与能源结构和交通模式之间的关系。研究结果发现，雾霾污染的空间溢出效应在全国范围内较为显著，但从区域来看，不同区域内部影响雾霾污染的因素有所差异。向堃和宋德勇（2016）则运用空间杜宾模型从我国省级层面探讨雾霾污染的影响因素，得出与马丽梅等（2016）学者基本一致的结论。

从上述文献回顾可以看到，大多数文献主要探讨能源或产业结构、经济增长水平、环境规制与雾霾污染之间的关系，而细致分析城市人口因素对雾霾污染的影响的文献相对较少。另外，运用空间计量方法探究不同因素对雾霾污染的直接效应与间接效应（或称为空间溢出效应）的文献不多，而现阶段采用空间计量方法的部分文献均是对我国省域层面 PM2.5 浓度值加以分析。虽然这样有利于从宏观层面分析我国各个省份雾霾污染的平均水平及其影响因素并提出全国性或省际之间的雾霾治理相关建议和解决方案，但是，从城市层面运用雾霾污染的浓度和频率来探究雾霾污染影响因素的分析少之又少。综上所述，本文拟在现有文献基础上，深入探究城市人口集聚对雾霾污染的影响及其作用机制，更加准确地评价不同因素对雾霾污染的直接影响或间接影响。

三、描述性分析

（一）城市雾霾污染的现状分析

根据美国哥伦比亚大学社会数据与应用中心提供的雾霾浓度

(PM2.5) 年平均数据，也即后文进行实证分析所使用的数据，从中选取最新的2010~2012年间PM2.5年平均浓度值进行分析。

由数据结果可知，我国的华北平原、东部沿海附近雾霾污染愈发严重。此外，四川盆地、秦岭地区附近的雾霾浓度年均浓度值也较大，主要与该区域以山地、盆地地形为主的地形因素有较大关系，污染物不易扩散。

(二) 城市人口密度的现状分析

根据《中国城市统计年鉴 (2016)》中关于人口密度[①]的相关数据可知，我国人口分布呈现东南地区密集，西北地区稀疏的显著特征，基本上仍是沿黑河—腾冲线呈现出两种差异明显的分布格局。特别地，京津冀地区、东部沿海和东南沿海地区等地区是我国人口分布最为集聚的区域。这些区域包括我国三大主要城市群，即京津冀城市群、长江三角洲城市群和珠江三角洲城市群。这些区域也与我国经济发展水平较高的区域基本保持一致。此外，河南省和四川省也是人口较为集聚的地区。这些地区地势相对平坦，资源丰富，有利于人类生产生活等活动的进行。

另外可以发现，人口密度较高的地区基本上也是雾霾浓度较高的地区，尤其是京津冀地区表现尤为明显，该地区既是我国人口极为密集的地区，也是雾霾污染程度较为严重的地区。此外，虽然南方地区也有部分城市人口分布较为密集，但整体而言，北方地区人口分布密集的城市数量更多。

通过上述描述性统计和经验分析，可以得出以下结论：(1) 我国雾霾污染分布相对集中。华北平原、东部沿海地区和新疆维吾尔自治区部分地区是现今我国雾霾污染最为严重的地区。(2) 我国人口分布呈现显著的东南密集、西北稀疏的特点。经济发展水平越高的地区，也是城市人口集聚的主要地区。(3) 从区域的比较来看，人口密集地区与雾霾污染严重地区基本一致。城市人口密度和雾霾浓度之间很有可能具有空间相关性。

---

① 由于本文主要探究城市人口集聚问题，因此这里所指的“人口密度”是指《中国城市统计年鉴 (2016)》中的市辖区人口密度 (人/平方公里)。

四、理论分析

现今学术界关于城市人口集聚对雾霾污染产生影响的作用机制，主要分为两种代表性观点，即规模效应和集约效应。第一种观点认为人口集聚将增加大气中污染物的排放，进而更容易诱发雾霾天气。城市人口集聚可能会造成交通拥堵、住房紧张、取暖供气需求量大等问题，进而产生规模效应，增加大气中的污染物，导致雾霾污染现象多发（邵帅等，2016；秦蒙等，2016）。相反地，另一种观点则认为人口集聚将减少大气中污染物的排放量，进而有利于雾霾天气的治理。城市人口集聚虽然会诱发诸多城市问题，但城市具有提高资源利用效率的功能。大量人口集聚在城市，可以更加充分地享受城市提供的公共交通服务、减排治污基础设施等方面的便利，进而产生集约效应，大气污染物的排放也会随之减少，最终导致雾霾污染问题的减轻（Glaser et al.，2010）。上述两种观点之所以最终得出不同，甚至相反的结论。归根到底在于其阐述的是城市人口集聚对雾霾污染的两种中介机制——规模效应和集约效应，其作用路径具体如图 1 所示。

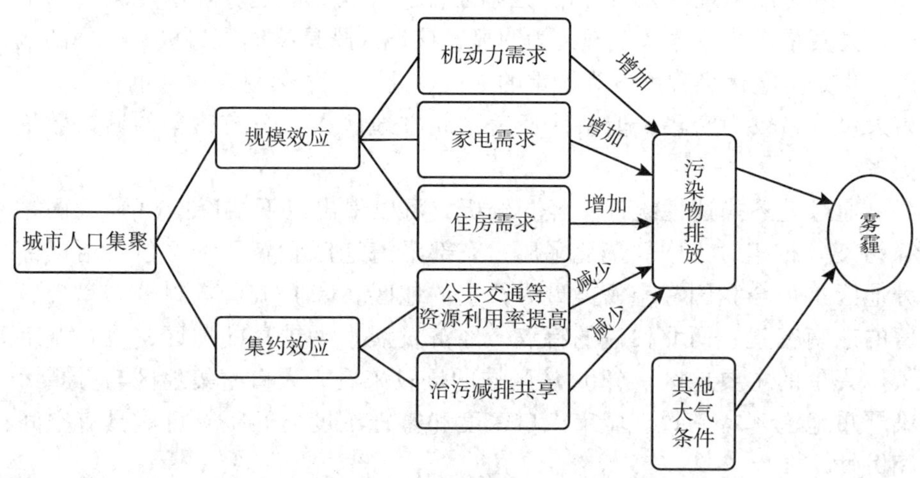

图 1　城市人口集聚对雾霾污染影响的两种作用机制

（一）规模效应

从经济学角度来说，城市人口集聚对雾霾污染的规模效应实际上源于外部性的存在。在曾贤刚等（2015）学者的研究中，虽然有超过半数的北京市居民已经意识到雾霾将给自己和家人带来严重的健康风险，但是具体到降低雾霾健康风险的行动上，仍有相对较多的民众不愿意以降低生活质量和提高生活成本为代价，换取健康风险的降低①。这一研究结果也表明，在个人的行为抉择中，个人利益往往会优先于社会利益进行考虑。因此，城市人口规模的增加将仍会使这一问题扩大化，城市生活的各类需求，如出行需求和生活需求大幅增加，污染源增多。此外，高层建筑也将影响正常大气运动，进而超出城市环境承载力，诱发雾霾等非正常天气现象的多发。最终对城市环境造成巨大的负外部性。

（二）集约效应

城市的形成不仅是人口的城市化，还包括两大重要特征——产业非农化和社会现代化（罗淳，2013）。当人口大量集聚，城市一旦形成，集约效应将会发挥较大作用。首先，城市工业部门的生产活动在空间上的集聚将会吸引各类生产要素和类似的工业活动向城市运输。城市中的可配置资源将更加丰富。其次，随着城市工业部门逐步提高其生产效率，城市的公共基础设施将更加完善。与此同时，城市的资源配置效率也随之提高。最后，在城市发展过程中，根据土地的区位条件不同，城市内部会形成不同的功能分区，并且同一个功能分区内将会出现同类活动集聚。土地集约化程度提高、社会服务化程度加强。因此，鉴于城市集约效应的存在，在解决大气污染防治的问题上，城市能够有效调配各类资源，建成完善的公共交通服务系统和治污排污系统，从而加强对污染物的治理和防治。而城市人口和土地的集约化也将有利于建立管理制度，对大气污染防治进行统筹安排和处理，最终减少人均污染物的排放。

（三）两种效应的反应机制

上述两种效应带来了城市人口集聚对雾霾污染产生影响的两种效应机制。如图 2 所示，w 代表雾霾浓度，p 代表城市人口密度。假设 A 点代表在城市环境承载力 U_2 的条件下，雾霾浓度为 w^* 和人口密度为 p^*，将实现均衡状态。随着人口密度的增加，两种中介效应——规模效应和集约效

---

① 曾贤刚等：《降低 PM2.5 健康风险的行为选择及支付意愿》，载于《中国人口、资源与环境》2015 年第 1 期。

应都将产生作用。（1）若仅考虑规模效应，则人口密度和雾霾浓度的组合线 L，将围绕其与纵轴的交点，向右旋转至线 L_1 处。暂不考虑集约效应的情况下，环境承载力保持不变，仍为 U_2。因此可以将线 L_1 平移至 L_2 处，与环境承载力曲线 U_2 相交于 B 点。此时均衡状态下的雾霾浓度为 w_1^*，雾霾浓度增加。（2）考虑集约效应，城市人口密度增加，人潮涌向城市。在人们充分享受到城市提供社会化服务的同时，城市完善的公共交通服务系统和治污减排系统可以减少污染的产生，且有利于对人类活动造成的污染进一步加强监管和统一治理。因而，城市的环境承载力有所提高，曲线由 U_2 移动至 U_1 处，并与雾霾污染和人口密度的组合线 L_1 相交于 C 点。此时均衡状态下雾霾污染的浓度为 w_0^*。在 w_1^* 的基础上，雾霾浓度有所下降。此时城市人口密度对雾霾污染的总效应为 $w_0^* - w^*$，为正值，即城市人口密度的增加，最终导致雾霾污染浓度的提高。当然，图 2 仅展示出在规模效应和集约效应的共同作用下，城市人口集聚对雾霾污染影响的其中一种情况。根据规模效应和集约效应作用大小的不同，城市人口集聚对雾霾污染的影响方向和程度也将有所差异。因此我们提出如下假设：

H1：城市人口集聚与雾霾污染之间可能存在非线性关系。

H2：现阶段我国城市人口集聚对雾霾污染的影响主要分为规模效应和集约效应两种中介效应。人口集聚对雾霾污染的最终影响与何种中介效应占主导地位具有密切联系。

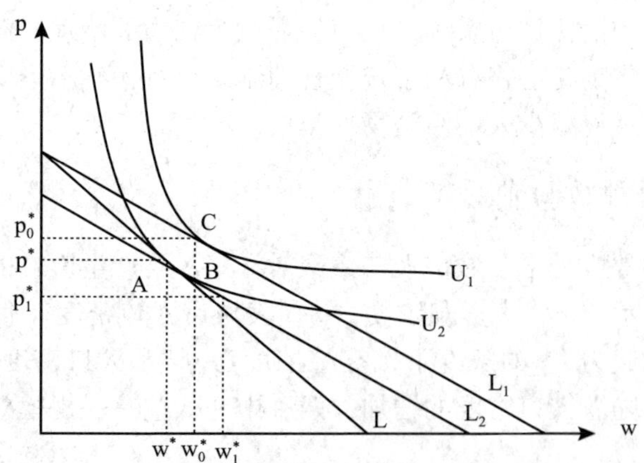

图 2　城市人口集聚影响雾霾污染的反应机制

五、模型设定与变量说明

（一）模型设定

雾霾污染是一种由自然因素和人为因素共同造成的气象问题，其产生和扩散均受到大气流动的重要影响。一个地区雾霾污染的浓度等于本地区产生的雾霾，减去扩散到其他地区的雾霾，再加上其他地区扩散到该地区的雾霾。由此可见，雾霾污染本身极有可能具有空间相关性。若忽视雾霾污染这一特征，则不能对城市人口集聚等其他因素和雾霾污染之间的关系进行有效估计，更无法准确测度雾霾自身的空间溢出效应。因此，为使城市人口集聚对雾霾污染影响的估计结果更加有效准确，本文选用空间计量模型进行分析。

由于测算过程相对简便、经济含义突出，空间滞后模型和空间误差模型成为空间计量经济学中较为基础和常用的两类模型。

空间滞后模型的具体形式如下：

$$y_{it} = \delta \sum_{j=1}^{N} w_{ij} y_{jt} + x_{it}\beta + u_i + \varphi_t + \varepsilon_{it} \tag{1}$$

式（1）中，w_{ij}为空间权重矩阵 W 的要素，u_i 代表空间固定效应，φ_t代表时间固定效应，ε_{it}代表随机误差向量，y_{it}代表被解释变量，x_{it}代表主要解释变量及其他控制变量。

空间误差模型的具体形式如下：

$$y_{it} = x_{it}\beta + u_i + \varphi_t + \nu_{it} \tag{2}$$

$$\nu_{it} = \lambda \sum_{j=1}^{N} w_{ij} u_{it} + \varepsilon_{it} \tag{3}$$

式（2）和式（3）中的符号与式（1）中的含义基本一致。有所不同的是，空间误差模型认为空间相关地区的其他因素，会对本地区的雾霾产生溢出效应。

本文依据“反距离”原则构建空间权重矩阵，即将两地区之间距离的倒数作为权重。两地之间的距离越近，则权重越大；距离越远，则权重越小。此外，为方便后续测算，学术界多对空间权重矩阵采用行标准化的处理，将其他空间地区对本地区的影响进行均等化。然而，为确保“反距离”空间权重矩阵每个元素之间的相互比例保持不变，且保持权重矩阵的经济学解释，本文采用埃尔斯特（2001）和柯勒健等（Kelejian et al.，1995）所提出的另一种权重矩阵处理方法，即将“反距离”空间权重矩阵的每个元素除以其最大的特征根，得到标准化矩阵。

（二）主要变量说明

本文将基于环境经济领域广泛采用的可拓展的随机性的环境影响评估模型（STIRPAT 模型），构建城市人口集聚与雾霾污染的实证模型。可拓展的随机性的环境影响评估模型（STIRPAT 模型）具体表达形式如式（4）所示：

$$I_{it} = aP_{it}^{b}A_{it}^{c}T_{it}^{d}e \tag{4}$$

式中，I 表示环境质量，P 表示人口因素，A 表示环境因素，T 表示技术因素，e 表示误差项，而 a 为模型系数，b、c 和 d 均表示待估参数。将式（4）两边同时取对数，可得式（5）：

$$\ln I_{it} = \ln a + b\ln P_{it} + c\ln A_{it} + d\ln T_{it} + \ln e \tag{5}$$

具体到本文，将根据可拓展的随机性的环境影响评估模型（STIRPAT 模型）中影响环境的四大因素，采用相应的代理变量，具体变量说明如表 1 所示。

表 1　　主要变量描述表

变量名称	简称	变量含义	平均值	最小值	最大值
雾霾浓度	lnmean	PM2.5 浓度的每三年移动平均值，取对数	3.7905	2.1031	4.6946
人口密度	lndenpop	市辖区年平均人口数除以建成区面积计算得到，而后取对数	6.6746	2.5751	9.5453
对外开放水平	lnfdi	市辖区实际利用外商投资额占地方生产总值比重，取对数	-4.1187	-8.8040	-0.8981
经济发展水平	lnrpgdp	经不变价处理后（基年 = 2001 年），市辖区人均地区生产总值，取对数	9.9910	7.7630	12.1075
产业结构	lnindgdp	市辖区第二产业增加值占地区生产总值的比重，取对数	-0.6914	-1.8163	0.9517
固定资产投资	lnfasset	全市固定资产投资额（不含农户部分），取对数	14.0532	9.7746	17.9906

续表

变量名称	简称	变量含义	平均值	最小值	最大值
科研能力	lnsci	市辖区科学研究从业人员占城镇单位总从业人员比重，取对数	-4.1422	-6.3652	-2.1148
科研投入力度	lnexp_sci	市辖区科学研究在地方公共财政支出中的比重，取对数	-5.0789	-8.5620	-2.3067
公共交通	lnbusp	市辖区每万人公共汽车拥有量，取对数	1.6412	-1.1394	4.7074
民用车辆	lnvehicle	全市民用车辆拥有量，取对数	11.6146	8.6995	15.3479

（三）数据来源

本文的被解释变量，即 PM2.5 浓度值，来源于美国哥伦比亚大学社会经济数据与应用中心。2012 年，我国第三次修改《环境空气质量标准》（GB3095-2012），调整部分检测指标的浓度限值标准，并将增加 PM2.5 浓度限值的监测和公布。同年，全国 74 个地级市试行环境空气质量新标准。2016 年 1 月 1 日，新标准扩大实施范围，应用于全国各地。此外，我国环保部所公布的 PM2.5 数据是由各个地面检测点统计得出，检测点得出的 PM2.5 浓度数据虽较为准确，但无法有效衡量某个区域范围内的 PM2.5 浓度均值。仅根据近年来我国环保部公布的 PM2.5 数据，无法对我国各个地区的雾霾污染情况进行较长期的有效观测。所以本文的 PM2.5 浓度数据将根据美国哥伦比亚大学社会经济数据与应用中心提供的全球 PM2.5 地表年均浓度数据处理得到。巴特尔研究所和哥伦比亚大学是借助丹克拉尔等（Donkelaar et al.，2010）的思路，通过相应的化学模型得出的数据，PM2.5 年均浓度值由气溶胶浓度计算转换而来。此外，测算所使用的气溶胶（AOD）浓度由卫星搭载设备提供，也使得记录数据更为准确。

在数据处理上，本文与其他文献有所不同的是，人口密度这一变量并未采用《中国城市统计年鉴》所公布的各地级市“人口密度”指标。其原因在于《中国城市统计年鉴》中的“人口密度”指标主要是通过该地级市年末总人口数除以行政区划面积（包含近郊及部分农村地区）得到，这种计算方法无法准确反映各地级市真实的“城市人口密度”。因而，本文采用各地级市年平均人口数除以建成区面积的方法，计算得到人口密度数据。

其他解释变量，如实际利用外商投资额、人均地区生产总值、第二产业增加值占 GDP 比重、固定资产投资额（不含农户）、每万人拥有公共汽车量、建设用地面积、土地面积、科研从业人员、城镇从业人员总数、地方财政支出及地方财政支出中的科研费用等，均来源于中经网统计数据库和 1999 ~ 2013 年《中国城市统计年鉴》，民用车辆拥有量的数据来自 2000 ~ 2013 年《中国区域统计年鉴》。对于通过上述途径仍无法填补的缺失数据，则通过插值法将之补齐。

综上所述，受限于数据可得性，将全国 287 个地级市中于 1998 年之后经历撤地改市的地级市样本删除，并在插值法后，删除插值小于 0 的样本，最终保留样本 2 360 个（236 ×10）。而由于雾霾数据来源于外文网站，其记录方式为三年移动平均的年平均 PM2.5 浓度值，故其他变量数据也取三年移动平均值。整体样本的时间跨度为 2001 ~ 2012 年期间的 13 个时间单位。

（四）空间面板模型的检验

由于只有在模型中变量或变量之间具有空间相关关系并影响估计系数有效性的情况下，空间计量模型才有采用的必要性。通过上文对我国各地级市 PM2.5 年平均浓度值和城市人口密度的空间分布状况描述，我们初步预估雾霾污染与人口密度之间具有空间相关性。但是对于空间相关关系的判断，不可仅凭臆断。本文通过 Moran's I 指数对该空间面板数据中的核心变量——PM2.5 年平均浓度值进行空间相关性评估。由于数据可得性限制，PM2.5 浓度为每三年移动平均值。这里我们选取 2001 ~ 2003 年、2005 ~ 2007 年和 2010 ~ 2012 年三个子样本的 PM2.5 浓度值，画出 Moran's I 散点图。如图 3 所示。

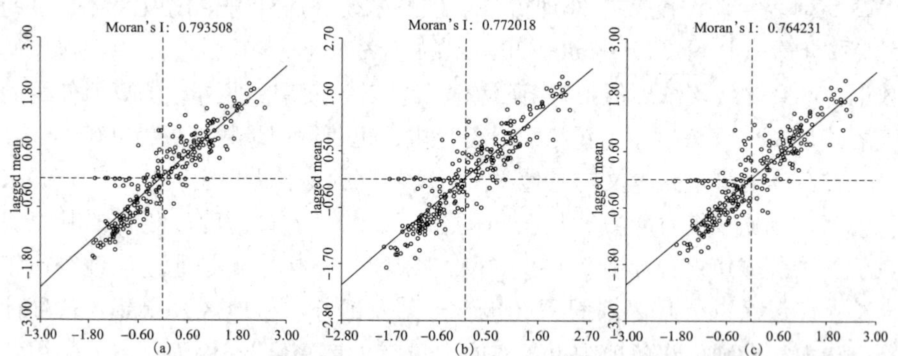

图 3　地理邻近权重矩阵下部分年份中国地级市 PM2.5 散点图

资料来源：美国哥伦比亚大学社会经济数据与应用中心全球 PM2.5 地表年均浓度卫星图。

在“车步（Rook）”邻接原则下，若两地之间有共同边界，则认为两者相邻，设为1；反之，若两地无共同边界，则认为两者不相邻，设为0。这里根据“车步”邻接原则设立地理邻近空间权重矩阵，并计算雾霾浓度的全局 Moran's I 指数。全局 Moran's I 统计量是学术界大范围认可的用于评价全局空间自相关的指标。基于图6雾霾浓度的 Moran's I 散点图，横坐标为代表年份期间内雾霾浓度的年平均值，纵坐标为代表年份期间空间相关的其他地区雾霾浓度年平均值。2001 年、2005 年和 2010 年雾霾浓度年平均值的全局 Moran's I 指数均大于1。此外，大多数点集聚在散点图的一、三象限。这些现象反映出雾霾污染具有空间正相关的特性，并呈现高—高、低—低集聚的空间分布状态。

若空间相关性的确存在，则需要进一步选择合适的空间计量模型。在普通面板模型估计结果的基础上，本文利用拉格朗日乘数检验、稳健的拉格朗日乘数检验对空间滞后模型与空间误差模型加以选择。此外，本文还将对个体固定效应和时间固定效应进行联合似然比检验，进而对空间计量模型的固定效应类别加以判断。具体检验结果如表2所示。

如表2所示，在四种效应作用下，Moran's I 指数的检验结果均大于0，且在1%的显著性水平下通过检验。这一检验结果表明本文所分析的空间范围内，数据存在显著的正向空间相关性。同时也进一步加强本文采用空间计量模型进行估计的说服力。至于模型是否采用固定效应，应采用何种固定效应。通过似然比联合检验结果显示，在1%的显著性水平下，空间固定效应和时间固定效应同时通过检验。因此采用空间固定和时间固定的双固定效应模型更为适宜。在1%的显著性水平下，拉格朗日乘数滞后检验、拉格朗日乘数误差检验和稳健的拉格朗日乘数滞后检验均通过显著性检验，但稳健的拉格朗日误差检验却未通过。此外，将拉格朗日乘数滞后检验的 χ^2 值与拉格朗日乘数误差检验的 χ^2 值、稳健的拉格朗日乘数滞后检验的 χ^2 值与稳健的拉格朗日乘数误差检验的 χ^2 值比较，前者均大于后者。故可以认为空间滞后模型比空间误差模型更为适合此空间面板数据。

表2　　Moran's I 指数及拉格朗日乘数检验结果

检验指标	混合效应	空间固定效应	时间固定效应	双向固定效应
LM – LAG	5 465.49***	6 412.10***	4 380.32***	2 008.70***

续表

检验指标	混合效应	空间固定效应	时间固定效应	双向固定效应
robust LM - LAG	811.51***	192.81***	654.34***	71.41***
LM - ERR	5 662.97***	15 496.40***	4 843.55***	1 938.22***
robust LM - ERR	1 008.98***	9 277.11***	1 117.57***	0.93
Moran I	0.25***	0.42***	0.23***	0.15***
LR 空间	9 337.32***			
LR 时间	1 110.81***			

注：表格中 ***、** 和 * 分别代表 1%、5% 和 10% 的显著性水平，而 LM - LAG 和 LM - ERR 在此处分别指拉格朗日检验中得出的不存在空间滞后的卡方值和 P 值以及 LM 检验不存在空间误差的卡方值和 P 值。

六、实证分析

（一）雾霾污染的空间溢出效应

根据上述拉格朗日乘数检验和似然比检验的结果，本文分别测算出双向固定效应下空间误差模型和空间滞后模型的结果，但仍以双向固定效应下的空间滞后模型作为分析的主要依据。如表 3 所示，通过空间固定效应、时间固定效应和空间与时间双固定效应下的三个模型估计结果比较，可以发现雾霾污染的空间溢出效应均显著为正，且城市人口集聚对雾霾污染均具有显著的正效应。本文将主要针对空间和时间双向固定效应的空间滞后模型结果进行分析。

表 3　三种固定效应下的空间滞后模型回归结果

变量名	空间固定效应	时间固定效应	空间时间双固定效应
lnidenpop	1.3117*** (2.6217)	-0.7101*** (-2.8983)	1.3180*** (2.6064)
lnidenpop2	-0.1918*** (-2.7357)	0.1584*** (3.7865)	-0.1928*** (-2.7215)
lnidenpop3	0.0093*** (2.8657)	-0.0088*** (-3.7784)	0.0093*** (2.8529)

续表

变量名	空间固定效应	时间固定效应	空间时间双固定效应
lnfdi	0. 0002 (0. 1203)	0. 0141 ** (2. 2996)	0. 0000 (0. 0009)
lnrpgdp	-0. 0013 (-0. 1630)	-0. 2492 *** (-14. 9650)	0. 0018 (0. 2100)
lniindgdp	0. 0741 *** (5. 6274)	0. 2853 *** (8. 8712)	0. 0696 *** (5. 1666)
lnifasset	0. 0084 ** (2. 0860)	0. 0915 *** (10. 3035)	0. 0116 ** (2. 2569)
lnsci	-0. 0027 (-0. 6482)	-0. 0338 *** (-3. 1389)	-0. 0059 (-1. 2067)
lnexp_ sci	-0. 0060 *** (-2. 6021)	0. 0285 *** (2. 7951)	-0. 0076 *** (-2. 6213)
δ	0. 9650 *** (137. 7361)	0. 9870 *** (575. 3820)	0. 9826 *** (258. 5835)
R^2	0. 9907	0. 6698	0. 9907
σ^2	0. 0029	0. 0914	0. 0028

注：表格中 ***、** 分别代表 1%、5% 的显著性水平。

δ 代表雾霾污染的溢出效应，即本地区的雾霾污染对其他空间相关地区造成的大气污染影响。具体而言，双向固定效应的空间滞后模型显示，这一空间溢出效应结果为 0. 9826，并且在 1% 的显著性水平下，通过估计系数检验。这表明本地区的雾霾污染将会对其空间相关的其他地区产生溢出效应，且本地区的雾霾污染越严重，则其地理距离邻近地区的雾霾污染也将更严重。

至于影响雾霾污染的社会经济因素作以下分析：（1）反映城市产业结构的第二产业增加值占 GDP 比重和固定资产投资额均对雾霾污染具有显著的正效应，表明促使雾霾污染形成的重要污染物较多源于工业生产过程中所排放的有毒污染物。表 4 的估计结果也印证了我国部分区域传统的“三高一低”的粗放增长模式诱发雾霾污染的事实。（2）城市的固定资产投资额（不含农户）大多用于基础设施和建筑物投资，在一定程度上能够反映该城市的建设投资力度。城市建设用地扬尘无疑也是雾霾污染形成的重要污染物之一。过多的建设项目，尤其是重复改造和盲目扩建，均会促使雾霾污染加重。(3) 科学研究从业人员占比对雾霾污染的影响虽为负效应，但并未通过显著性水平检验。而地方财政支出中的科学技术支出占比对雾霾污染表现出的负向效应十分显著。技术贡献主要体现在提高生产效率和绿色减排技术两方面，前者主要通过技术手段降低单位产品的能源消耗，但由于能耗降低导致成本下降，对工业品的需求不减反增，污染的总排放量不一定有所下降；后者则主要专注于如何降低工业排放量以及处理工业生产中排放的污染物质，对污染减排起到更为直接的作用。同时，这一结果也表明在治理雾霾的过程中也离不开政府的适当参与和政策引导。加大科学技术支出在地方财政支出中的占比，会更大程度地激励科研人员，加速科研成果转化，寻求防治雾霾之道。但以上两个指标都相对较小，与现阶段技术因素对治理雾霾作用不大的现实相一致。(4) 城市对外开放水平和居民经济实力对雾霾污染的影响并不显著。究其原因，可能这二者更多的是通过其他因素产生间接作用，对雾霾污染的总体影响并不明显。

（二）城市人口集聚对雾霾污染的影响效应

1. 城市人口集聚与雾霾污染的非线性关系

如表3所示，根据空间固定和时间固定双效应的空间滞后模型结果显示，人口密度的一次项、二次项和三次项均在1%的显著性水平下，通过估计系数检验。并且一次项、二次项和三次项系数分别为正、负和正。由此可得出城市人口集聚与雾霾污染之间存在显著的非线性关系的结论，且呈现“N”形曲线走势。根据现有的估计结果，可以计算得出拐点值（人/平方公里）约为490和2 053，将城市人口集聚对雾霾污染的影响分为三个阶段。(1) 第一阶段：在第一个拐点值左侧，人口密度相对较低，多属于我国的中小城市。这类城市对各项公共服务和配套设施建设投入不足，且大多数中小城市正处于城市经济加速发展时期，招商引资、新建工厂等现象较为普遍。因此，污染物很难得到有效处理，污染源也可能有增无减，城市人口集聚将有可能加剧雾霾污染。(2) 第二阶段：在两个拐点之间的第二阶段，城市人口集聚与雾霾污染具有反向作用关系。可能是因为城市人口规模得到一定控制且公共基础设施不断完善，对污染的控制和处理量超过城市发展过程中的污染排放量，进而形成人口集聚与城市环境之间的良性发展。(3) 第三阶段：在第二个拐点右侧，城市人口集聚与雾霾污染之间再次呈现正向关系，但与第一阶段有所不同的是，在这一阶段城市公共设施和服务已较为完善，但由于人口密度持续增长引发一系列问题。例如，北京、上海和深圳等一线城市内，常住人口多，流动人口巨大，核心城区的居住人口已趋向饱和量，大量白领阶层不得不每天往返于城中心与城郊之间。大量常住人口使特大城市的住房和家电需求量巨大，而通勤时间的增加则进一步增加交通拥堵和机动车尾气排放。污染物排放总量过大，城市的自我调节功能“超负荷”运转，最终超出城市环境的承载力，雾霾污染问题加剧。

综上所述，城市人口集聚与雾霾污染之间具有显著的“N”形关系，假设 H1 得以验证。那么，在这种非线性关系背后，城市人口集聚对雾霾污染的两个作用机制究竟是否存在，具体效应的大小又是多少呢？

2. 城市人口集聚对雾霾污染影响的两种效应的检验

根据上文城市人口集聚对雾霾污染影响机制的理论分析，选取各地级市民用车辆拥有量作为规模效应的代理变量，选取各地级市每万人拥有公共汽车数量作为集约效应的代理变量，分别进行 Sobel 检验。以便判断这些变量的中介效应是否显著，以及现阶段何种效应占主导地位。检验结果如表 4 所示。

表 4 城市人口集聚对雾霾影响的中介效应检验

指标	每万人拥有公共汽车量	民用车辆拥有量
Sobel	-0.0063*** (0.0018)	0.0123*** (0.0029)
Goodman - 1 (Aroian)	-0.0063*** (0.0018)	0.0123*** (0.0029)
Goodman - 2	-0.0063*** (0.0018)	0.0123*** (0.0029)
a coefficient	0.0926*** (0.0139)	0.1859*** (0.0167)
b coefficient	-0.0677*** (0.0170)	0.0664*** (0.0142)
Indirect effect	-0.0063*** (0.0018)	0.0123*** (0.0029)
Direct effect	0.2900*** (0.0115)	0.2772*** (0.0118)
Total effect	0.2837*** (0.0115)	0.2896*** (0.0115)

续表

指标	每万人拥有公共汽车量	民用车辆拥有量
mediation/total effct	-0.0221	0.0426
indirect effect/direct effect	-0.0216	0.0445
total effect/direct effect	0.9784	1.0445

注：表格中 *** 代表 1% 的显著性水平。括号内为标准差。

通常来说，中介变量的影响由两部分组成：一是解释变量对中介变量的影响（路径 a），二是中介变量对被解释变量的影响（路径 b）。除此之外，在不考虑中介变量的情况下，主要解释变量对被解释变量的总效应称为“路径 c”。而考虑中介变量的情况下，主要解释变量对被解释变量的影响称为“路径 c′”。通过回顾中介模型中的具体路径，根据表 4 可知，当以每万人拥有公共汽车量为中介变量时，“路径 c′”的影响大于“路径 c”的影响，这表明鼓励公众使用公共交通，提高公共基础设施服务是治理雾霾污染中的重要一环。相反地，当以民用车辆拥有量为中介变量时，“路径 c′”的影响明显小于“路径 c”的影响。即考虑中介变量后主要解释变量对被解释变量的效应要明显小于总效应。机动车是雾霾污染形成的重要污染源之一，民用车辆的增多无疑会增加汽车尾气中的有毒气体物质的排放，进而“强化”城市人口集聚对雾霾污染的正向作用。因此，假设 2 中关于城市人口集聚对雾霾污染存在两种作用力相反的中介机制的预期得到有力印证。

那么，现阶段城市人口集聚对雾霾污染的两种中介效应，究竟是否存在？若存在，又是哪种效应占据主导地位？如表 4 所示，城市每万人拥有公共汽车量和民用车辆拥有量均在 1% 的显著性水平下，通过中介效应检验。同时也表明城市人口集聚对雾霾污染的影响两种作用机制显著存在。以城市每万人拥有公共汽车量为中介变量，间接效应为 -0.0063，在总效应中此中介效应所占的比重为 -0.0221。当以民用车辆拥有量为中介变量时，间接效应为 0.0123，在总效应中中介效应所占的比重为 0.0426。通过比较可以发现，第一种情况下中介效应在总效应中的占比要明显小于第二种情况。以城市每万人拥有公共汽车量为代表的“集约效应”要明显小于以民用车辆拥有量为代表的“规模效应”。由此可见，现阶段在人口集聚对雾霾污染的影响中，规模效应占据主导地位。

（三）其他因素对雾霾污染影响的实证检验

其他因素对雾霾污染产生的影响大小是由直接效应和间接效应的综合作用决定。直接效应是其他变量的变化产生的直接作用，而间接效应则是指其他变量变化的空间溢出效应。根据前文的分析，估计得到的其他变量对核心变量的直接效应、间接效应以及总效应如表 5 所示。结果显示，其他因素对雾霾污染直接效应和间接效应的作用方向基本保持一致。人口密度、第二产业增加值占 GDP 比重、固定资产投资额（不含农户）及地方公共财政支出中科学研究支出所占比重，均在不同显著性水平下通过系数检验。

表 5　　不同因素对雾霾污染的直接效应、间接效应和总效应

变量＼效应	直接效应	间接效应	总效应
lndenpop	1.5923***	62.4951**	64.0874**
lndenpop2	−0.2330***	−9.1437**	−9.3767**
lndenpop3	0.0113***	0.4432***	0.4545***
lnfdi	0.0000	−0.0007	−0.0007
lnrpgdp	0.0022	0.0880	0.0903
lnindgdp	0.0832***	3.2550***	3.3382***
lnifasset	0.0141**	0.5511**	0.5652**
lnsci	−0.0070	−0.2727	−0.2797
lnexp_sci	−0.0091***	−0.3554**	−0.3644**

注：表格中 ***、** 分别代表 1%、5% 的显著性水平。

七、结论与政策启示

（一）主要结论

根据上文的分析，本文的研究结论如下：（1）雾霾污染自身具有空间正相关的特征。本地区的雾霾污染会随大气运动、产业转移等自然和人为

因素，进而影响到与本地区地理距离较近的地区。同样地，本地区的城市空气质量也将受到其他地区大气污染的影响。（2）城市人口集聚与雾霾污染之间存在显著的“N”型非线性关系。即在控制其他社会经济因素的情况下，随着城市人口密度的增加，雾霾污染呈现先增、后减、再增的趋势。究其原因，在城市人口集聚的不同阶段，公共设施和服务的投入力度、使用效率（集约效应）以及城市的住房、家电和机动车等需求（规模效应）有所不同。（3）当前我国城市人口集聚对雾霾污染的影响的规模效应大于集约效应。受限于我国大多数城市仍处于城市化的“加速发展阶段”，人口的城市化速度远远超过社会服务的城市化速度。由于城市各项公共交通、医疗教育等基础设施仍处于加紧投资和建设的阶段，城市无法充分发挥其高效配置各类资源的优势，也无法“调节”和“缓解”城市环境问题。（4）社会经济因素对雾霾污染的影响存在差异。第二产业增加值占 GDP 比重和城市固定资产投资额不仅对本地区雾霾污染具有显著的正向效应，而且对空间相关地区也具有显著的正向空间溢出效应。同时，地方政府对科学研究的投入支持力度对雾霾污染防治作用显著，且对雾霾污染具有负向空间溢出作用。经济发展水平、对外开放水平和科研从业人员占比对雾霾污染的影响并不显著。

（二）政策启示

（1）有效防治雾霾污染，需要充分地发挥城市人口集聚带来的集约效应，有效控制其引起的规模效应。一方面，应科学规划城市布局、合理控制城市人口规模。转移部分特大城市、大城市的城市职能，提高中小城市社会经济发展水平，吸引人口向中小城市迁移。另一方面，加大对城市治污减排系统的投资建设力度，完善公共基础设施。各级政府在简化审批流程的同时，应加强对城市固定资产投资项目审批标准的把控，严格控制城市建设的重复改造项目。提高公众积极参与度，鼓励使用公共交通工具出行，提高资源利用效率。建立完善的城市管理制度，通过补贴、罚款、限行等措施帮助城市居民培养绿色出行的生活习惯。

（2）加强区域内部合作，统筹雾霾防治政策。联防联控是治理雾霾的必要途径，调整城市产业结构，控制区域内高耗能企业和提高减排治污技术水平是治理雾霾污染的关键。

（3）提高生产效率，促进绿色发展，加强源头管理与过程管理。通过政策引导和政支持，从供给端和需求端增强“绿色生产”和“绿色消费”

意识。提高节能减排的创新研发实力和科技成果转化能力，提高生产企业和普通民众的环保意识，发挥市场对城市生产生活方式的调节作用。

参考文献

1. 陈诗一、陈登科：《能源结构、雾霾治理与可持续增长》，载于《环境经济研究》2016 年第 1 期。

2. 黄寿峰：《环境规制、影子经济与雾霾污染》，载于《经济学动态》2016 年第 11 期。

3. 冷艳丽、杜思正：《能源价格扭曲与雾霾污染——中国的经验证据》，载于《产业经济研究》2016 年第 1 期。

4. 罗淳：《中国“城市化”的认识重构与实践再思》，载于《人口研究》2013 年第 5 期。

5. 马丽梅、刘生龙、张晓：《能源结构、交通模式与雾霾污染》，载于《财贸经济》2016 年第 1 期。

6. 马丽梅、张晓：《中国雾霾污染的空间效应及经济、能源结构影响》，载于《中国工业经济》2014 年第 4 期。

7. 秦蒙、刘修岩、仝怡婷：《蔓延的城市空间是否加重了雾霾污染?》，载于《财贸经济》2016 年第 11 期。

8. 全世文、黄波：《环境政策效益评估中的嵌入效益——以北京市雾霾和沙尘治理政策为例》，载于《中国工业经济》2016 年第 8 期。

9. 邵帅、李欣、曹建华等：《中国雾霾污染治理的经济政策选择——基于空间溢出效应的视角》，载于《经济研究》2016 年第 9 期。

10. 石庆玲、郭峰、陈诗一：《雾霾治理中的“政治性蓝天”——来自中国地方“两会”的证据》，载于《中国工业经济》2016 年第 5 期。

11. 向堃、宋德勇：《中国省域 PM2.5 污染的空间实证研究》，载于《中国人口、资源与环境》2015 年第 9 期。

12. 曾贤刚等：《降低 PM2.5 健康风险的行为选择及支付意愿》，载于《中国人口、资源与环境》2015 年第 1 期。

13. 张生玲、李跃：《雾霾社会舆论爆发前后地方政府减排策略差异——存在舆论模式或舆论政策效应吗?》，载于《经济社会体制比较》2016 年第 3 期。

14. Dabo Guan, et al.. The Socioeconomic Drivers of China's Primary PM2.5 Emissions. *Environmental Research Letters*, 2014, 2 (9): pp. 1 – 9.

15. Donkelaar, A., Martin, R. V., Brauer, M., et al.. Global Estimates of Exposure to Fine Particulate Matter Concentrations from Satellite-based Aerosol Optical Depth. *Environmental Health Perspectives*, 2010, 6 (118): pp. 847 – 588.

16. Elhorst, J. P.. Dynamic Models in Space and Time. *Geographical Analysis*, 2001,

33（2）：pp. 119－140.

17. Glaeser，E. Triumph of the City：How Our Greatest Invention Makes Us Richer，Smarter，Greener，Healthier，and Happier［M］. 上海：上海社会科学出版社，2012：113－131.

18. Kelejian，H. H.，Robinson，D. P.. *Spatial Correlation*：*A Suggested Alternative to the Autoregressive Model—New Directions in Spatial Econometrics*. Berlin：Springer Berlin Heidelberg，pp. 1995：75－95.

19. X. Y. Zhang，Y. Q. Wang，W. L. Lin et al.，Changes of Atmospheric Composition and Optical Properties Over Beijing—2008 Olympics Monitoring Campaign. *Bulletin of the American meteorological Society*，2009，90（11）：pp. 1633－1651.

第四篇

供给侧结构性改革的新战略

新常态下中国经济增长驱动力和供给侧改革

王大林　杨蕙馨*

一、引　言

目前，中国经济从高速增长进入中高速增长的"新常态"。为了保证经济继续稳定、健康发展，从中高等收入阶段跨入高收入阶段，中国需要适时转换驱动增长的主要动力，由资本投入主导转变为创新主导。从中国及世界不同国家的经济增长历史和实践来看，经济增长驱动要素发挥作用以及主要驱动力顺利转换的关键是合理的制度安排，是市场活动和政策引导的共同结果。从大量既有研究看，中国面临人口红利逐渐消失、资本供需结构失衡、全要素生产率（TFP）对经济增长贡献薄弱等问题的挑战。为了应对这些挑战，中国政界、学界提出了"供给侧改革"来进一步推动经济增长，然而"供给侧改革"的实质和内容仍有待商榷，必须在分析中国经济增长面临的基本背景和发展历程的基础上，寻找符合中国国情的切实可行的供给侧改革措施。

二、中国经济增长的历程与国际横向对比

欧洲、美国的经济史表明，先行工业化国家的经济增长是从要素扩张

---

* 王大林，山东大学经济学院博士生；杨蕙馨，山东大学管理学院教授。本文为国家社科基金重大项目"构建现代产业发展新体系研究"（13&ZD019）、教育部创新团队"产业组织与企业成长"（IRT_17R67）的阶段性成果。

（例如马尔萨斯增长）到技术进步（索洛剩余）变迁的过程（G. D. Hansen，E. Prescott，2002），后发经济体要实现追赶，需要加速完成这个变迁过程。目前，只有东亚地区（包括中国）在较短的时间内走完了类似的“五个阶段”（青木昌彦，2012），部分经济体（如日本、韩国等）成功实现了经济持续增长，跨入了高收入国家行列。因此，实现经济增长主要动力转换并推动中国进入高收入阶段，需要回顾中国自身以及相似经济体的发展历程，找到维持经济稳定增长的内在逻辑。

（一）中国经济增长和工业化主要历程

从20世纪中国经济发展和工业化的进程看，改革开放之后并非中国发挥廉价劳动力优势、促进经济增长和工业化的唯一“窗口期”。20世纪的实践表明，中国经济增长和工业化进程几乎是从马尔萨斯理论到钱纳里理论的典型范式。尽管马尔萨斯是从环境容量的角度阐述人口增殖现象，并未直接描述经济发展或工业化进程，但经济史研究表明，前工业化社会及新拓展的殖民地（一种蛮荒的状态）经济增长与人口增长高度吻合（H. J. 哈巴库克，M. M. 波斯坦，2002；斯坦利·L·恩格尔曼，罗伯特·E·高尔曼，2008）。与之相似的中国古典社会（包括民国时期的农村社会）也表现出明显的马尔萨斯特征。封建帝国时期和民国时期封闭的农业社会，在技术发展相对停滞、国际贸易几乎隔绝的条件下，沿着人口增长—资源投入增加—产出增加—人口增长的路径增长，几乎无法跳出马尔萨斯周期律的“诅咒”，即使存在引进高产作物、外来技术等短期冲击，也会迅速被固化的封建农业生产关系抹平。

辛亥革命后至抗日战争全面爆发前（1911～1937年），中国民族工业经历过一个快速增长的时期。由于封建统治的瓦解，民族资本发展迅速，特别是棉纺、面粉、卷烟、火柴、造纸、化工、小型电机设备等轻工业吸纳了从农村流出的劳动力（史仲文、胡晓文，2011），工业年均增长率在1912～1920年高达13.4%，1923～1936年达8.7%。但是，这种增长没能真正促进中国工业化，主要归咎于政治因素（包括国内政治、地缘政治）严重阻碍国内生产要素的正常配置。一是政府执政能力低下，各地军阀割据，不存在真正统一的国内市场；与他国政府谈判时议价能力不强，无法自主依靠关税、财政等政策工具保护民族工业发展；无力提供充分的公共服务，特别是公共基础设施（比如公路、铁路、航运）功能不足。二是国际环境恶劣，长期处于工业先进的列强扩张的最前沿，受到外国经济势力的刻意打压和不正当竞争，国内的自然资源、劳动力资源甚至领土被别国以各种方式掠夺；世界经济危机和世界大战对国际贸易体系破坏极大，外国直接投资和技术转移频频中断。这些原因导致中国国内生产要素不能真正自由流动，资本积累困难，投资率仅有5%左右（费正清、崔瑞德、费维恺等，2006）。因此，需要高度资本积累的重工业一直无法健康成长，城市经济部门迟迟不能打破农村生产生活模式，仅有的工业增长长期局限于几个开埠的城市中，进而导致民族轻工业在发展到一定程度后难以进一步成长，规模经济低下，无法与国外企业竞争；同期政府财政收入结构也不理想，主要来源仍是封建小农经济色彩浓厚的田赋、粮捐等（项怀诚、刘孝诚等，2006），征收和使用效率低下，财政无力支持进一步的工业化进程，发育不良的轻工业昙花一现。最终，充足且廉价的劳动力长期滞留在几乎停滞的传统农业部门中，不仅没能成为经济增长的动力，反而一直无法摆脱"马尔萨斯诅咒"，拖累国家陷入积贫积弱的深渊。

中华人民共和国成立后，国内市场迅速稳定、统一，高效、独立的新政府不仅阻断了其他国家在中国获得不平等竞争优势的渠道，而且迅速组织起公共服务，特别是基础设施建设明显加速。生产要素的统一配置、新技术/外部资本（特别是从苏联引进的156个援助项目，技术成本和资本成本较低）的使用、计划指令的人为倾斜等因素对工业增长的促进作用十分明显。第一个五年计划期间，中国社会总产值年均增长11.3%，工、农业总产值年均增长10.9%，国民收入年均增长8.9%（萧国亮、隋福民，2011）。但是，计划经济体制也没有完成实现中国工业化的任务，虽然计划经济下生产要素可以由中央计划部门统一调配，理论上实现最优配置，然而在实践过程中，由于信息的传递成本过高，经济部门之间、组织之间的效率差异被忽视，再加上缺乏对外交流，计划指令反而导致商品市场、要素市场双双结构失衡。商品市场上的结构失衡使经济组织逐渐丧失自发进行资本积累和技术进步的动机和能力，要素市场上的结构失衡阻碍了生产要素（特别是劳动力要素）自由流动并发挥配置效应，城市化进程逐渐停滞，城乡二元结构无法得到根本性扭转，于是经济增长陷入了纯粹增加要素投入扩大再生产，而生产效率愈发低下的恶性循环。另外，为迅速实现工业化而实施的农业补贴工业以及高积累、高投资政策进一步阻碍了生产要素的流动、推高了资源消耗，当自然环境（或者说土地和资源）的承载力达到上限时，马尔萨斯陷阱将再次出现，造成经济崩溃和社会危机——事实上，"文革"中后期至改革开放初期实施的一系列调整政策

（如上山下乡和计划生育），就是对马尔萨斯危机的自然反应。

改革开放以后，中国经济增长的主要驱动因素经历了一个变迁过程。从改革开放之初至20世纪90年代，中国的高速经济增长和迅速工业化主要来源于制度红利。对计划经济体制的改革和市场经济的逐步确立，极大地释放了长期被压制的生产要素流动需求，在这个基础上，中国积极引进FDI、参与全球化生产、鼓励私人投资，使生产要素在不同地区、部门间自由流动，优势资源（不仅是廉价劳动力）向区位因素更好的地区、劳动生产率更高的部门富集，形成地域间、部门间梯度差异（耿修林，2011）。从地域梯度上看，中国经济增长“点—线—面”扩散特征明显。先行地区主要分布在沿海地区特别是大河入海口处（长江三角洲、珠江三角洲等），这些地区通过国际海洋航线与欧美、日本等发达国家“直接”相连，既是外部资本、技术的最佳接受地，也是出口贸易的最佳集散地，随后溢出效应使经济增长沿着内河航线和公路/铁路交通网扩散，并逐渐深入平原腹地及内陆山区。这种特征的内在逻辑是：商品和生产要素通过经济活动的“血管”——交通网络流动到区位最优的地区，在该地区形成优质资源的富集（不仅仅是廉价劳动力密集）。实证研究表明，长江三角洲的经济增长主要动力是物质资本、人力资本、技术进步（张学良、孙海鸣，2009），这些因素恰恰也是劳动力价格提高的主要推动力量。

近年来更加细化的分解研究表明，改革开放后到21世纪初中国经济增长与产业结构变迁的主要动力是全要素生产率（TFP）与资本投入（车士义、郭琳，2011；严成樑，2012；董敏杰、梁泳梅，2013）：从改革开放初期至21世纪初，TFP是经济增长的主要动力（主要由于技术扩散、技术转移、学习效应等），这充分表明劳动力价格和数量只是中国经济增长的有利条件，而增长和工业化进步的真实原因是劳动力水平提高、劳动力部门间流动带来了整体劳动生产率的提高和部门间的非均衡增长，推动中国国民经济总量提升、结构优化。进入重工业化阶段（2005年）后，中国经济增长的时代特征比较显著，资本投入贡献率则高达90%，劳动力（这里指的是劳动力数量）贡献率降低至3%，钢铁、水泥、汽车、房地产等资金密集产业的持续繁荣，以及出口贸易主体由纺织、玩具、手工业加工贸易等劳动密集的轻工业产品为主向电子、机械设备及零部件（特别是重工业设备）、工程劳务输出等重工业产品转换，完全符合由工业化中期阶段向工业化后期阶段转变的时代特征。从20世纪的历史进程中可以看出，中国经济增长是一系列制度变革的自然结果。在劳动力、资本、技术等基本不变的前提下，打破阻碍要素流动的制度约束，建立开放稳定的要素市场是中国经济摆脱了“马尔萨斯陷阱”，沿着钱纳里的“工业化阶段理论”向前演进的根本原因。

（二）各国经济发展历程的横向对比

长期以来，经济学界从各国经济增长经验出发，观察到一些发展中国家（比如部分东南亚、南美国家）在进入中等收入国家行列后，增长率迅速下降，难以继续上升为高收入国家，即便短暂进入高收入国家行列，也会被“惯性”拉回中等收入区域（速水佑次郎、神门善久，2009），这种现象称为“中等收入陷阱”。有学者认为中等收入陷阱的实质是“比较优势真空”（蔡昉，2011），如果中国不能培育新的优势要素禀赋，就会陷入中等收入陷阱。

目前，国内外对经济增长动力的研究主要采用固定资本形成率、劳动力、人力资本水平、对外开放度、制度和技术进步等可量化指标以及社会文化等对比性指标（郑秉文，2011；张德荣，2013），可将这些指标归纳为描述经济体特征、政府执政能力、要素禀赋和要素流动、文化传统等类别，将中国与相似国家（包括优势要素禀赋、历史文化、经济发展历程等）做出对比，如表1所示。

表1　　中国与其他国家的经济增长因素对比

因素	中国	日本	韩国	印度	阿根廷
经济体特征	统一的国内市场，市场容量巨大，产业构成复杂	统一的国内市场，市场容量较大，产业构成复杂	统一的国内市场，市场容量较小，产业构成相对单一	国内各邦权力大，市场容量大但不统一，产业构成复杂	统一的国内市场，市场容量中等，产业构成相对单一
政府执政能力	社会主义强势政府，公共服务能力强	资本主义强势政府，公共服务能力强	资本主义强势政府，公共服务能力强	资本主义弱势政府，公共服务能力较低	（前）军事独裁强势政府，公共服务能力较低，部分职能由黑社会提供
要素流动	要素流动较通畅	要素流动较通畅	要素流动较通畅	要素流动相对滞后	要素流动相对滞后
要素禀赋	廉价劳动力—资本	廉价劳动力—资本—技术创新	廉价劳动力—资本—技术创新	廉价劳动力	廉价劳动力、自然资源—资本—自然资源

续表

因素	中国	日本	韩国	印度	阿根廷
文化传统	严谨、内敛、勤勉的儒家文化	严谨、内敛、勤勉的儒家文化	严谨、内敛、勤勉的儒家文化	淡薄、平和的印度教文化	热情奔放但严谨程度略显不足的拉丁文化
经济发展阶段	发展中国家，工业化中后期，已跨入中高收入国家	发达国家，高收入国家，后工业化阶段，人均收入名列世界前茅	发展中国家，开始进入后工业化阶段，高收入国家	发展中国家，工业化前中期，中低收入国家	发展中国家，工业化程度退化，长期陷入中等收入陷阱，一度出现衰退，刚刚进入高收入国家行列

资料来源：笔者整理。

近年来的一些研究表明，进入中等收入阶段的发展中国家，向高收入国家迈进的难度有所提高，特别是拉丁美洲和东南亚国家长期陷入中等收入陷阱（郑秉文，2011）。然而，“二战”后实现从中等收入向高收入迈进的“东亚奇迹”国家和地区（日本、韩国、新加坡、中国台湾地区、中国香港地区）均为儒家文化圈成员，经济发展方式、政府行政能力、社会文化传统与中国大陆高度相似，具有较强的可比性。

东亚国家和地区（中国、日本、韩国及“亚洲四小龙”其他成员）的经济增长和工业化路径极为类似，“二战”以后，东亚经济体先后开放，承接国际产业转移（以日本在20世纪50年代初接受美国的军事订货为起点），“外向型”特征明显，普遍以出口替代、进口替代实现产业间非均衡增长（雁行理论），达到产业结构高度化。基于这个事实，东亚经济体从国际分工角度出发，十分重视长期内的动态比较优势转换，以维持产业国际竞争力，只有充分理解比较优势转换的内在动力，才能厘清东亚经济体为何不会陷入中等收入陷阱，成功晋身高收入行列。

东亚国家和地区的经济增长过程与欧美先行国家类似，生产要素（劳动力）从传统部门（农业）向现代部门（工业）流动，形成较发达的初级工业化（劳动密集的初级加工制造）部门，通过高储蓄率高投资推动一国向重工业化阶段演进，并继续发展进入以高技术、高附加值、高消费、多元化等为特征的后工业化阶段。这种演进方式遵循需求—供给—需求的螺旋上升逻辑，本质上是由一种消费需求产生一种产品供给，由供给能力提高（无论是人力资本积累还是技术创新）诱发新的需求，进而对供给能力提出更高要求的过程，无论多么高度化的产业结构、多么复杂的生产能力，都要建筑在低端生产能力之上（总要有人生产相对“无利可图”的低端产品），东亚国家和地区都是以政府政策为先导，承接先行国家转移出的低端生产能力（但对落后地区仍有极大的技术溢出效应）作为自身工业化的起点，走上经济起飞之路。

东亚国家和地区的经济发展和工业化与欧美先行国家有较显著的区别——东亚国家和地区的起点是转移的、外生的，而欧美先行国家是源生的、内生的。由于外部市场（特别是欧美先行国家市场）非常庞大（对工业化初期的后进国家甚至是需求无限增长的）且技术先进（意味着巨大的外溢效应），东亚国家和地区的经济增长和工业化速度远高于欧美先行国家的历史速度（欧美先行国家是首先国内市场饱和，然后才进行殖民扩张追求外部市场，但外部市场消费能力低下、技术落后），且工业化起步越晚的国家发展速度越快。但是这种增长模式也有严重依赖外部市场和国际分工链条的弊端，如果不能适时转换经济增长的主要动力，就很容易落入“低端锁定”的结局。因此，东亚国家和地区需要强势高效的政府提供稳定恰当的制度供给（良好的公共服务），促进经济增长动力的转换；而严谨、坚韧、勤勉的文化传统则进一步提高了人力资本积累速率，从而保证了生产要素由低端部门向高端部门的流动能力，这才是东亚地区动态比较优势转换的内在动力。东亚国家和地区的强势政府重视产业政策，不断根据市场需求改革调整现有制度（小宫隆太郎、奥野正宽，1988），以促进要素向潜在增长率更高的部门自由、充分流动。在经济增长动力转换阶段，政府适时地为市场“托底”，引导并支持劳动力和资本向高技术部门流动。

对比与中国优势要素禀赋（丰富的廉价劳动力）相似、起点相同的典型国家（印度）和长期陷入中等收入陷阱的典型国家（阿根廷）的经济增长和工业化进程，制度供给的重要性更加明显。以印度为例，该国人口众多，经济发展起点低，发展速度快。与东亚国家不同的是，印度经济增长长期呈现“消费驱动、服务业发达”的姿态（张环，2007；殷永林，2010），储蓄率和投资率（与高速工业化时期的东亚地区相比）相对较低，具有鲜明的“印度教徒式”特征（杨文武、邹毅，2011），甚至有学者认为印度可以实现产业结构的“跨越式发展”（王丽，2009），实现产业结构高度化并进入高收入行列。然而，印度作为经济增长迅速的发展中国家，一直以来受到制造业发育不足的制约，存在严重的贸易逆差，不利于国内资本积累和投资再生产，不利于缩小城乡二元差距，经济增长基础不够稳固，反过来又进一步拖累制造业发展和工业化进程。事实上，印度制造业的相对滞后正是由于制度供给缺位导致的要素流动不畅——地方各邦权力过大、相互掣肘，区域壁垒比较明显，中央政府比较弱势，无力提供良好的基础设施建设和公共服务，农村存在较严重的封建体系（种姓制度）和淡薄、平和的印度教，丰富廉价的劳动力无法从土地上转移出来，也无法与中国、东南亚的人力资源竞争。20 世纪 90 年代印度改革开放以来，两任印度总理——人民党政府的瓦杰帕伊和国大党政府的辛格——均试图消除国内要素流动壁垒，但收效并不理想（文富德，2005）。2012 年印度新总理莫迪推行的一系列改革措施（提高政府效率、限制地方权力、完善基础设施、提出“印度制造”）都是围绕提高要素流动、促进制造业发展进行的。而阿根廷（以及相似的拉美国家）陷入中等收入陷阱的经验教训更加体现出制度供给的重要性，尽管经历了一段高速经济增长，进口替代工业发展迅速、城市化率不断提高的历史时期，但阿根廷政府长期实行自由主义经济政策，国内并未成长起具有竞争力的工业部门特别是重工业部门，工业化对外国投资依赖严重，20 世纪石油危机中，阿根廷（以及其他拉美国家）大量举借外债，形成严重债务危机，国家陷入中等收入陷阱。更严重的是，阿根廷军政府腐败问题愈演愈烈，导致政府效率低下，公共服务能力严重不足，部分政府职能甚至依靠势力强大的黑社会提供。在经济发展带来迅速城市化的背景下，从农村流出的劳动力没有正常流入现代部门，而是滞留在城市中形成规模庞大的贫民窟（失业率高，政府权威弱化，黑社会猖獗，城市化率虚高，与工业化阶段不匹配）。可以说，拉美中等收入陷阱是政府职能失灵、过度依赖外债的双重恶果，与当地的政治经济文化环境息息相关，对中国及时转变经济增长驱动方式、实现从中等收入向高收入迈进具有深刻的借鉴意义。

三、中国经济增长动力的基本面

经济增长离不开“劳动力”和“资本”两个要素，无论“技术”是外生因素还是由一个中间部门提供的内生要素，技术进步（或创新）对经济增长的促进作用都反映在劳动力和资本的配置效率和比重上。在经济社会进入新古典增长阶段后，经济增长的主要动力是由人力资本的优化和更先进技术的使用带来产出增长。当前，驱动中国经济增长的动力（劳动力、资本、创新）的基本面较为复杂，但亟须将主要动力转换至创新的局面已经显现。

（一）人口年龄结构开始老化，而人力资本结构逐渐优化

世界各国的经济发展历程表明，经济落后地区的增长动力与天然生成的自然资源（最原始的资本）或劳动力资源密切相关，特别是“二战”之后与中国历史国情相近的东亚、东南亚地区的经济增长，集中表现为充分参与国际分工，利用优势要素禀赋承接产业转移，能源、矿产、木材、纺织、加工等部门迅速增长（库兹涅茨，1985）。从部门梯度上看，劳动力优势要素禀赋的确对中国经济增长和工业化进程贡献巨大（Bloom，E.，Jeffrey G. Williamson，1998），但这种贡献不仅来源于价格低廉和数量丰富，还有人力资本的积累。蔡昉（2014）的研究表明，劳动力数量在改革开放初期对经济增长贡献较大，随后逐渐降低，人口抚养比对经济的贡献稳定在一个较小的区间内，而人力资本对经济的贡献稳步上升（这里剔除了技术进步，仅仅估算了人力资本对经济增长的贡献）。从图1的数据看，

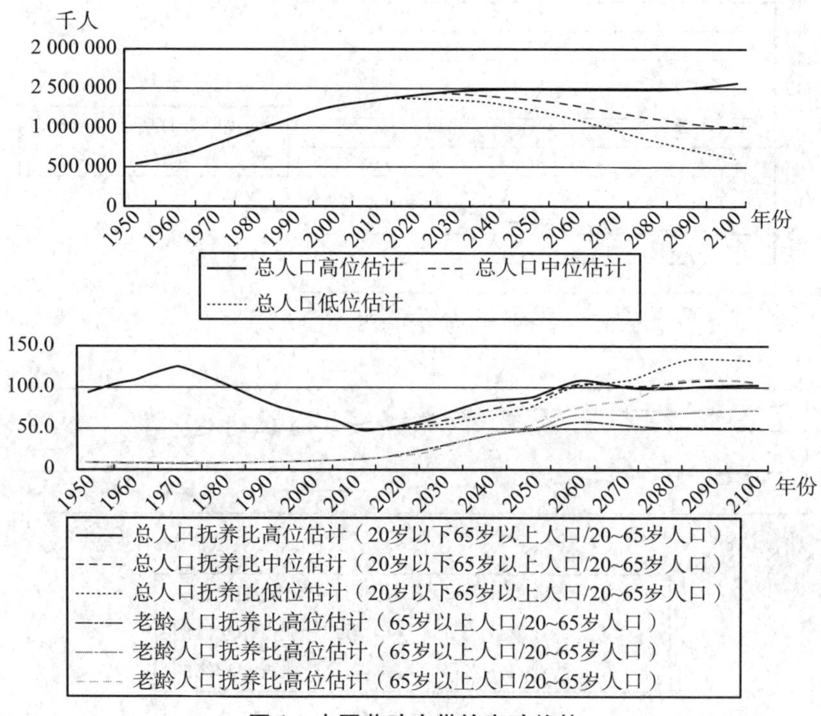

图1　中国劳动力供给变动趋势

注：2015年后为预测值。

资料来源：联合国经济与社会事务部人口司，中国国家统计局。

中国在2010年之前人口红利比较明显，总人口抚养比呈下降趋势，老龄化现象并不突出；2010年之后，刘易斯拐点来临，人口红利逐渐丧失。在执行30年的独生子女政策和人均寿命不断提高的双重作用下，中国人口总量将逐渐越过峰值，呈下降趋势，而人口老龄化现象逐渐加重，这意味着劳动总人口在长期内将逐渐下降，而社会承担的养老、医疗等负担将显著上升。伴随而来的负面效应有储蓄率升高而投资不足，社会总需求下降，市场容量萎缩，整体创新能力受到限制。另一方面，中国人力资本结构正在持续改善，图2的人力资本结构变迁过程显示：首先，劳动者受教育程度不断提高，劳动效率、劳动能力随之改善；其次，三次产业中劳动者分布结构不断改善，一、二、三次产业的从业人员数量不断合理化，这意味着劳动生产率的提升空间较大，资本边际报酬递减现象将受到抑制，且人口收入结构也相应改善。

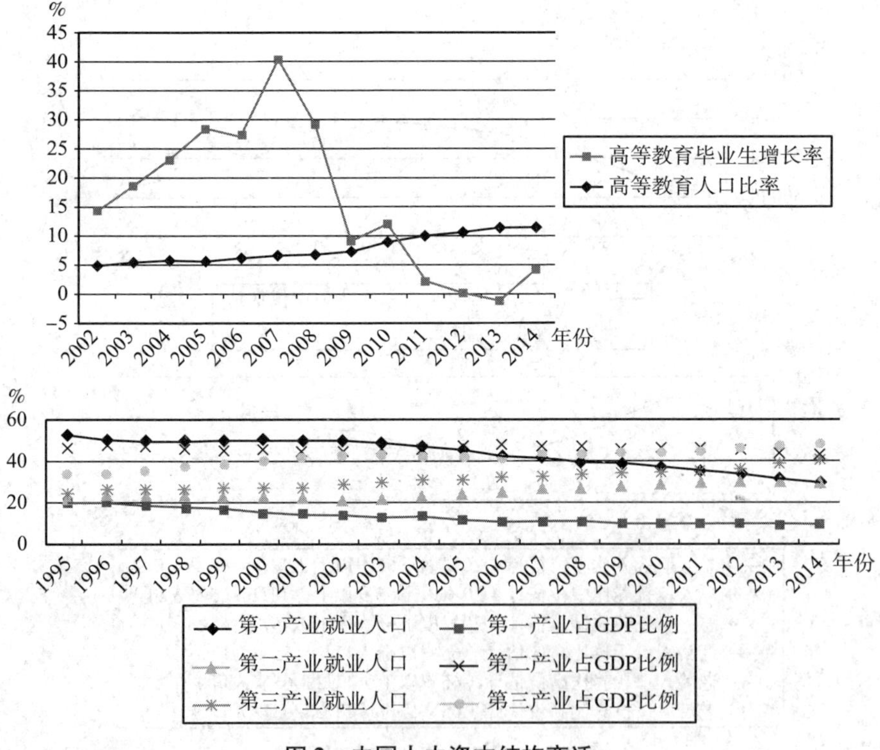

图2　中国人力资本结构变迁

资料来源：根据中国国家统计局数据计算。

总体而言，中国劳动力几乎无限供给的“黄金时代”正在过去，且“窗口期”消失很快。人口结构和人力资本推动着（制造业）劳动力价格不断上升，与此同时城乡差距仍未抹平，且在人口流动壁垒（主要是户籍制度）、货币政策、对外贸易等因素的推动下，2004～2014 年劳动力价格（以城镇制造业平均工资计）增速是劳动生产率增长速度的 4 倍①，因此中国依靠廉价劳动力获得竞争优势越来越不现实，必须充分发挥人力资本不断改善的优势，依靠技术创新获得新的增长动力。

（二）创新和技术进步推动国际竞争力提高，但全要素生产率提高对经济贡献很低

近年来，中国在研发投入、论文发表数、专利申请数等指标上不断进步，甚至居于世界领先位置，推动着中国外贸结构（体现一国在国际分工中位置和竞争力的最直接指标）不断优化，但是中国依靠创新驱动经济增长的转型道路并不顺利。虽然从产出和贸易结构上看，中国的外贸主体早已不是劳动密集型产品，而是机电产品和高新技术产品，且增长速度高于制造业产品平均增速（见图 3），但这并不意味着技术创新对中国经济增长的驱动能力在迅速改善。在中国进出口产品中，高新技术产品占据较大比例，但从进出口细分结构上看（见表 2），中国在计算机与通信技术领域竞争力较强，在光电技术、电子技术、计算机集成制造技术、航空航天技术等领域有待加强；微笑曲线最底端、附加值最低的来料加工贸易（代工）比例仅有 5% 左右，但加工贸易在整体中仍占 50% 以上，需要进一步提高国内零部件特别是关键零部件的制造和研发能力；从高新技术产品的国际对比上看（见表 3），中国高新技术产品出口额已达世界第一，高新技术产品占制造业产品出口额的比例也较高，但考虑到中国在国际产业链中的实际位置与出口产品分类标准，贸易结构无法进一步区分核心部件制造和来料加工组装之间的真实增加值差距，无法定义中国制造业产出中有多少技术进步因素。

---

① 资料来源：《BCG 全球制造业成本竞争力指数》，https：//www.bcgperspectives.com/content/interactive/lean_manufacturing_globalization_bcg_global_manufacturing_cost_competitiveness_index/.

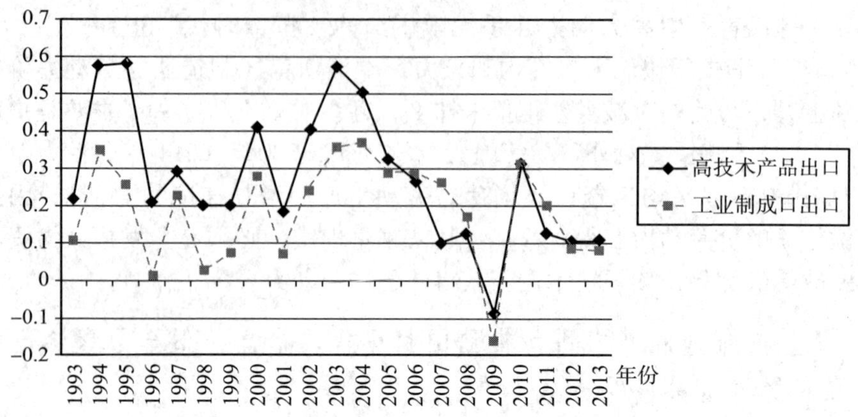

图 3　中国高技术产品和工业制成品增长率

资料来源：中国国家统计局，世界银行。

表 2　　2013 年中国高新技术产品外贸构成

	进出口		出口		进口	
	金额（亿美元）	占比（%）	金额（亿美元）	占比（%）	金额（亿美元）	占比（%）
合计	12 185. 2	100	6 603. 3	100	5 581. 9	100
贸易方式						
一般贸易	2 458. 7	20. 18	1 107. 3	16. 8	1 351. 5	24. 2
加工贸易	6 742. 2	55. 33	4 314. 2	65. 33	2 428	43. 5
来料加工贸易	622. 4	5. 11	283. 6	4. 29	338. 8	6. 07
进料加工贸易	6 119. 8	50. 22	4 030. 6	61	2 089. 2	37. 43
其他贸易	2 984. 3	24. 49	1 181. 9	17. 9	1 802. 5	32. 29
产品类型						
生物技术	13. 83	0. 11	6. 08	0. 09	7. 75	0. 14
生命科学技术	444. 8	3. 65	225. 77	3. 42	219. 03	3. 92
光电技术	974. 61	8. 00	393. 29	5. 96	581. 32	10. 41
计算机与通信技术	5 665. 1	46. 49	4 390. 9	66. 50	1 274. 2	22. 83
电子技术	4 167. 47	34. 20	1 367. 91	20. 72	2 799. 56	50. 15
计算机集成制造技术	444. 17	3. 65	109. 61	1. 66	334. 55	5. 99
材料技术	105. 09	0. 86	51. 55	0. 78	53. 54	0. 96
航空航天技术	353. 01	2. 90	51. 12	0. 77	301. 9	5. 41
其他技术	17. 14	0. 14	7. 07	0. 11	10. 07	0. 18

资料来源：中国商务部对外贸易司数据库。

表 3　　2013 年世界高新技术产品出口前十国家一览

国别	出口额（亿美元）	占制造业出口总额比重（%）
中国	5 600	27
德国	1 931	16.10
美国	1 478	17.80
新加坡	1 356	47
韩国	1 304	27.10
法国	1 130	25.80
日本	1 051	16.80
荷兰	690	20.40
马来西亚	604	43.60
瑞士	533	26.50

资料来源：世界银行。

仅从产出结构和贸易结构出发无法全面解释技术要素对增长的作用，近年来一系列研究表明，全要素生产率在中国经济增长中的贡献越来越低，而资本投入的贡献率越来越高（张学良、孙海鸣，2009；董敏杰、梁泳梅，2013；李静、楠玉、江永红，2015），劳动力错配（袁志刚、解栋栋，2011）、对外贸易和外国直接投资（赵文军、于津平，2012）、政府行为干扰（张德荣，2013）都是降低 TFP 贡献率的因素，对创新有抑制作用，其中最为显著的是由政府行为导致的资本供需结构失衡。以地方政府的激励来看，不断推动 GDP 增长和财政收入是地方政府的第一要务，政府的主要行为集中在招商引资、提高贸易量上，政府对资本的渴求十分明显。起初，扩大投资、引入外资等措施可以显著提高当地企业的技术水平和劳动生产率，然而在政府不断强化引资策略（放开市场、降低标准、放松监管、税收优惠等），试图维持本应逐渐下降的资本边际报酬时，企业进行技术研发/投入更新技术的激励降低。当技术溢出效应开始消失后，当地企业逐渐落入后发陷阱（寇宗来，2009），被锁定在领先者（通常是技术更先进的外资企业）的供应链中低端，这是诸多中国本土企业面临的真实窘境，也是中国技术进步驱动贸易结构改善但全要素生产率提高对经济贡献却不断降低的最重要原因。

（三）长期惯性和政策刺激导致资本要素供需结构失衡

长期以来，中国经济的“三驾马车”（出口、投资、消费）一直处于失衡状态（江小涓，2005；刘世锦，2006；江小涓，2010），具体表现为“出口强劲、投资拉动，但需求推动不足”。经济增长速度、固定资产投资增长速度高于消费品零售额增长速度，且差距有扩大趋势（见图4）。在这种背景下，政府鼓励资本投入即可实现财政增收、GDP增长，导致一些资本密集产业（如建筑行业、重型装备制造业、耐用品制造业等）产能过剩现象与土地财政、政府行为激励等密切相关（江飞涛、耿强、吕大国、李晓萍，2012；刘航、孙早，2014）。政府的干预加剧资本市场结构扭曲，出现企业盲目投资—企业债务上升—政府提供担保—政府债务上升—盈利能力下降—政府财政紧张—违约风险增加等一连串负面影响，甚至影响金融体系安全。

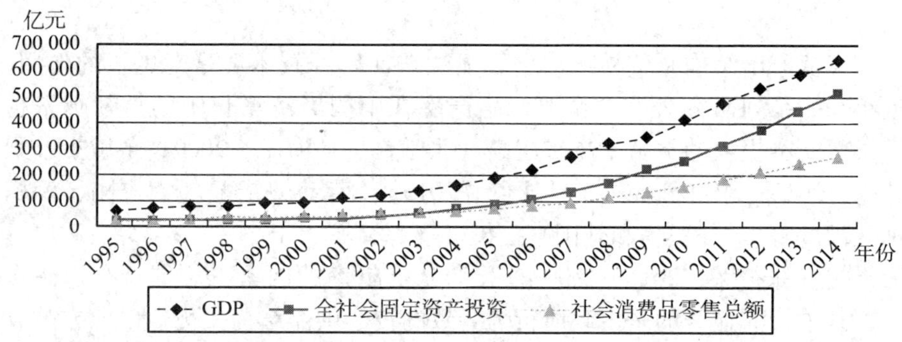

图4　中国经济总量、全社会固定资产投资、社会消费品零售额增长

资料来源：中国国家统计局。

大量社会资本向资本密集的能源、原材料、建筑、重型装备等产业集中会挤占其他行业投资。2012年开始，制造业（尤其是中小企业）“融资难”现象逐渐成为热点话题，一方面制造业企业（主要是出口型企业）面临着外部市场急剧萎缩的局面，急需获得资金支持，维持必要的资金周转或进行改造升级；另一方面资本密集产业扩张迅速，投资者和金融机构出于风险考虑，不愿将资本投入到中小型制造业企业。特别是2008年国际金融危机之后，中央政府出台了“四万亿”等救市政策，大量资本涌入了基础设施建设、能源、装备制造领域（主要是国有企业），扭曲了正常的资本价格信号，使原本应当逐渐退出的生产能力不降反升，而长期从事低附加值生产的中小企业却没能获得必要的转型支持。因此，一些产业产能过剩现象愈发严重，而另一些产业则增长乏力甚至陷入生存危机。货币政策带来的通货膨胀现象和财政政策导致的地方政府债务高企压缩了后续政策的灵活度，使中小制造业企业在面临大量社会资本滞留于产能过剩行业、国内经济预期趋冷、部分资本外流等复杂局面时，面临着更高的融资成本和融资难度，这无疑会压缩国内消费市场规模和就业消化能力，阻碍制造业转型和服务业扩张。

从“四万亿”实施的背景看，该政策主要是为了应对金融危机时出现的突然需求萎缩（进而导致生产萎缩，制造业最为严重，见图5），是一项典型的需求侧政策。然而，该政策在一定程度上忽视了国内市场和国际市场的区别，试图在国内市场上刺激需求填补国际市场真空，必然导致供需结构错位。在国内市场上突然增加的流动性与货币幻觉的刺激下，带有资产属性的商品市场（主要是房地产市场）出现结构失衡。由于商品房具有保值增值的投资属性，这种错位实际上是资本市场错位在商品市场的体现——由资本的过量供给导致资产价格泡沫，进一步扭曲了供求关系。在经济增长预期、土地财政、城市化刚性需求等多方面因素的影响下，房地产投资的非理性扩张挤占了大量潜在消费能力，不利于其他市场（特别是非耐用品市场）的发展，也制约着具有强大消费潜力的中产阶级形成。

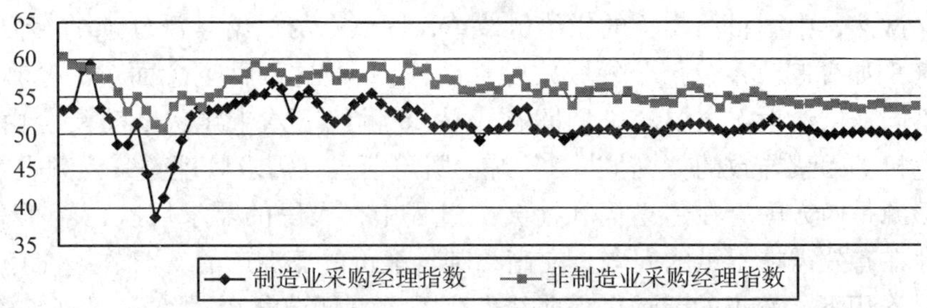

图5　2008年1月~2015年11月中国制造业和非制造业采购经理指数

资料来源：中国国家统计局。

归根结底，导致中国经济增长主要动力转换困难的主要原因是：进入工业化后期阶段以来，政府对以投资为主要手段的高速增长政策工具产生了路径依赖，频频通过投资干预市场，特别是在应对突发外部冲击（2008

年金融危机导致的国际市场突然严重萎缩）时，十分依赖凯恩斯主义政策工具的运用，但对政策的目的、方向把握不够，具有严重的副作用。所以，在劳动力供给结构逐渐变迁时，既有政策、制度的惯性和政府行为的滞后效应阻碍着要素向边际报酬更高的部门（通常是高技术部门、服务部门）流动，拉低了总体资本回报率，使经济增长主要动力转换困难。

四、把握供给侧改革的内涵，促进经济增长动力转换

综上所述，中国经济增长的主要催化剂是一次又一次的制度变迁和改革，合理的制度安排是中国发挥自身优势促进经济发展的必要保证，而当前主要的潜在问题是部分上层建筑与经济增长动力转换之间存在着不匹配，所以供给侧改革并非只从企业（或产品的生产者/供给者）角度出发，而是通过一系列制度供给改革，适应和促进劳动力、资本、技术等要素合理流动，从而自然导致经济增长动力的基本面变迁。

第一，认识中国国情，理解供给侧改革的范围和内容，不能机械照搬供给学派的理念和措施。部分媒体和学者在理解中国提出的供给侧改革时，将其与供给学派的理念和措施混同起来，虽然许多学者针对这种错误观点提出了各种批评，但仍有一种声音认为，只有依靠供给学派的自由主义措施，才能解决中国经济目前面临的问题，实现经济主要增长动力的转换。诚然，中国目前实施的供给侧改革，固然有与供给学派理念的相似之处（例如税制改革、部分领域放松管制等），但这两种理念面对的基本国情不同。供给学派主要解决的问题，是 20 世纪七八十年代欧美社会由石油危机等因素导致的“滞胀”，传统的凯恩斯主义需求管理政策频频失效，其根源是西方国家在建立福利社会的过程中，人民的需求层次已经很高，不存在有效需求不足的问题。在高福利、廉价的亚洲产品（日本、东南亚等）作用下，弯折的劳动供需曲线发生左移，调节货币供给（提高工资）无法促使国内劳动者提供更多劳动，也就无法扩大生产，因此过量的货币供给只能推高通胀率。供给学派选择了回归自由主义政策，对企业减税、降低福利、削减政府开支、出售国有经济等，这些措施固然具有推动创新、增强经济活力的效果，但更主要的还是使劳动供需曲线右移，迫使劳动者（为了维持不变的生活水平）提供更多劳动，实现生产扩张。而在中国，情况并不相同，一方面，中国商品市场上的确存在供需结构错位（国

内市场具有大量需求，但国内产品无法满足这类需求，从而催生出金额庞大的海淘业务），并不完全是有效需求不足；而另一方面，中国仍然处于二元经济阶段，地区、城乡、阶层、部门之间差异巨大（海淘数据显示出年龄、地域、部门之间的巨大差异性，供需结构错位并不涵盖全部的国内商品市场），在收入相对较低、需求层次较低的群体中仍然存在有效需求不足。因此，2008 年的四万亿刺激计划（包含家电下乡、以旧换新等一揽子措施）虽然扭曲了资本市场，但达到了生产扩张、促进中国经济复苏的目的（Min Ouyang、Yulei Peng，2015）。中国劳动供需曲线不是由于高福利、质优价廉的外来商品而发生左移，反而是维持生活水平成本升高（比如海淘放心产品、承受高房价等），使劳动供需曲线更加陡峭（斜率变大），企业不愿雇佣更多劳动力（这也是一部分人认为中国劳动力成本高，需要削减劳动者福利降低成本的原因）。基于这种本质区别，中国的供给侧改革和供给学派的主张绝不能混为一谈，不能简单通过政府减少支出、降低福利、出售国有企业等自由主义措施解决问题，否则必将进一步导致国内经济环境恶化，所以政府仍然要在供给侧改革中扮演积极的重要角色，通过政府思维、行为等方面的变革实现经济增长主要动力的转换。

第二，推动各级政府进行思维上的变革，转变在工业化和经济发展历程中长期形成的重积累、重投资的思维方式，从而实现资本的梯度转移与合理投向。资本积累是经济发展的必经之路，从社会主义建设时期以来，资本特别是工业资本积累一直是经济政策当中的重点，改革开放后外国直接投资大量进入，一个地区的 GDP 总量、财政收入、就业水平、工资水平等都与资本投入直接相关。资本投入导致生产规模扩大，单位成本降低，巨大的产量和低廉的价格通过需求近乎无限的国际市场消化，并换回更多的资本，再次投入生产形成更大的生产规模。所以，中国各级政府，特别是地方政府在经济发展过程中自动形成了一种“重商主义”的朴素思维，强调积累和投资，在此基础上进一步扩大贸易，政府行为（包括对市场的直接干预）与这种思维方式密不可分。然而，当前世界经济进入了一个收缩周期，在中央提出“去产能”的背景下，地方政府出于自身财政、政绩、地方就业和稳定等考虑，仍然对各类资本来者不拒，已不适应当前发展需要。各级政府需要转变重积累、重投资的传统思维，而是对投资分门别类进行选择，根据本地实际需要做好资本梯度转移。东部工业化水平较高、生活较为富裕地区的地方政府，应当逐渐放弃以一时的经济增长率、引入外资规模等指标来评价官员执政能力的考核标准，突出五年期地方产业结构、企业平均成长率、企业平均寿命等“软”指标的重要性，促使当地政府官员有意识地引导部分资本（例如劳动密集型、部分资本密集型等）向后进地区转移，促进本地区知识密集产业培育；中西部一些工业化相对滞后的地区在承接资本转移时，将居民本地就业比率、资源消耗水平等指标纳入考核范围，促使地方政府主动控制本地投机资本、高污染行业资本，从而真正促进当地生产力水平和工业化水平的提高。

第三，以思维方式变革为契机，提高政府执政能力，引入更有效的监督管理制度。政府过于重视资本积累会试图寻求控制、影响资本，官员会试图利用手中的权力获得资本性收益（将权力变成一种可交易的资源），必然催生出为了获得资本而扭曲政策（如无限补贴国有企业，甚至亲自参与市场活动）、与资本勾结滋生腐败、以资本需求为首要服务对象（忽视监管执法职能、忽视居民和消费者权益、无限开放本地市场等），从而扭曲市场信号，导致供需结构扭曲。中国市场上存在的不仅是政府越位问题，还有政府缺位问题；不仅是由管理型政府向服务型政府转变问题，还有发挥好管理职能的问题。政府要加强管理职能，就不能一味简政放权，相反在某些领域权力还要继续加强。虽然权力寻租的基础并未改变，但是通过转变思维方式，政府的执政目标更加均衡，不再片面强调资本积累（以及所带来的 GDP 增长），可以更好地服务广泛的市场主体，提高执政能力。政府官员不必过多地将竞争性领域的国有企业当作实现政策目标、提高个人政绩的手段，国有企业的市场属性将进一步加强，国有资产比例和进退都由市场决定，政府追求资本投入、干预市场活动的现象将大幅减少。政府一视同仁地看待市场上所有角色，可以更有效地对企业活动进行监管，政府与市场主体的权责更加分明；反过来，政府不再强势干预市场，对资本的迎合程度降低，意味着劳动者、消费者的议价能力上升，对企业和政府官员行为的监督能力更强，有利于建立一套更加完善有效的反腐败制度体系，提高法制程度，有利于督促企业严格执行各项标准、提高技术能力，有利于收入分配由资本性收入逐渐向工资性收入倾斜，逐渐拉平资本、劳动力、商品市场上的供需错位，建立起更有效的经济良性内循环，可以说政府执政能力建设是中国跨过中等收入陷阱的关键，是供给侧改革的主要命题。

第四，提高政府执政能力，核心内容是进一步促进要素流动，实现主要增长动力转换。从中国经济增长动力的基本面和经济发展的历史阶段来看，政府执政能力的提高主要体现在促进各种要素流动上。在劳动力总供给逐渐减少、人力资本结构不断改善的背景下，打破现有的人员流动壁垒（比如户口制度）、促进劳动力要素在不同区域、部门之间的流动，是资本、技术要素流动的根本前提，也是发挥非平衡增长优势、实现经济增长动力转换的关键节点。因此，提高政府执政能力，要以促进要素流动（特别是劳动力要素流动）为核心，构建一套以人为本的公共服务体系。缩小城乡/地域差距、加强基础设施建设、优化财政资金使用效率、提高公共服务部门承载力、建立更加完善的福利体系和再教育机制、完善分配制度、提高政府廉洁程度等，都有助于促进要素流动，是供给侧改革中加强政府执政能力建设的具体着力点。

参考文献

1. H. J. 哈巴库克、M. M. 波斯坦：《剑桥欧洲经济史》，经济科学出版社 2002 年版。

2. 蔡昉：《破解中国经济发展之谜》，中国社会科学出版社 2014 年版。

3. 蔡昉：《"中等收入陷阱"的理论、经验与针对性》，载于《经济学动态》2011 年第 12 期。

4. 车士义、郭琳：《结构转变、制度变迁下的人口红利与经济增长》，载于《人口研究》2011 年第 2 期。

5. 董敏杰、梁泳梅：《1978 - 2010 年的中国经济增长来源：一个非参数分解框架》，载于《经济研究》2013 年第 5 期。

6. 费正清、崔瑞德、费维恺等：《剑桥中华民国史》，中国社会科学出版社 2006 年版。

7. 耿修林：《改革开放以来中国产业结构的地区间比较及动态分析》，载于《数理统计与管理》2011 年第 6 期。

8. 江飞涛、耿强、吕大国等：《地区竞争、体制扭曲与产能过剩的形成机理》，载于《中国工业经济》2012 年第 6 期。

9. 江小涓：《大国双引擎增长模式——中国经济增长中的内需和外需》，载于《管理世界》2010 年第 6 期。

10. 寇宗来：《技术差距、后发陷阱和创新激励——一个纵向差异模型》，载于《经济学（季刊）》2009 年第 2 期。

11. 库兹涅茨：《各国的经济增长》，商务印书馆 1985 年版。

12. 李静、楠玉、江永红：《中国经济增长减缓与稳定增长动力》，载于《中国人口科学》2015 年第 3 期。

13. 刘航、孙早：《城镇化动因扭曲与制造业产能过剩——基于2001~2012年中国省级面板数据的经验分析》，载于《中国工业经济》2014年第11期。

14. 刘世锦：《关于中国增长模式转型的若干问题》，载于《管理世界》2006年第2期。

15. 青木昌彦：《市场的作用　国家的作用》，中国发展出版社2002年版。

16. 史仲文、胡晓文主编：《中国全史》（百卷本），中国书籍出版社2011年版。

17. 斯坦利·L·恩格尔曼、罗伯特·E·高尔曼：《剑桥美国经济史》，中国人民大学出版社2008年版。

18. 速水佑次郎、神门善久：《发展经济学——从贫困到富裕》，社会科学文献出版社2009年版。

19. 王丽：《印度经济发展方式转变的实证分析》，载于《南亚研究季刊》2009年第3期。

20. 文富德：《印度产业模式浅析》，载于《亚太经济》2005年第4期。

21. 项怀诚、刘孝诚主编：《中国财政通史》，湖南人民出版社2006年版。

22. 萧国亮、隋福民主编：《中华人民共和国经济史》，北京大学出版社2011年版。

23. 小宫隆太郎、奥野正宽、铃木兴太郎：《日本的产业政策》，国际文化出版公司1988年版。

24. 严成樑：《社会资本、创新与长期经济增长》，载于《经济研究》2012年第11期。

25. 杨文武、邹毅：《印度经济增长模式研究》，载于《南亚研究季刊》2011年第3期。

26. 殷永林：《印度经济持续快速增长的动力因素分析》，载于《东南亚南亚研究》2010年第1期。

27. 袁志刚、解栋栋：《中国劳动力错配对TFP的影响分析》，载于《经济研究》2011年第7期。

28. 张德荣：《“中等收入陷阱”发生机理与中国经济增长的阶段性动力》，载于《经济研究》2013年第9期。

29. 张环：《印度经济增长因素实证分析》，载于《亚太经济》2007年第2期。

30. 张学良、孙海鸣：《探寻长三角地区经济增长的真正源泉：资本积累、效率改善抑或TFP贡献》，载于《中国工业经济》2009年第5期。

31. 赵文军、于津平：《贸易开放、FDI与中国工业经济增长方式——基于30个工业行业数据的实证研究》，载于《经济研究》2012年第8期。

32. 郑秉文：《“中等收入陷阱”与中国发展道路——基于国际经验教训的视角》，载于《中国人口科学》2011年第1期。

33. Bloom, D. E., Williamson, J. G., Demographic Transitions and Economic Mira-

cles in Emerging Asia, *The World Bank Economic Review*, 1998, 12 (3).

34. Hansen, G. D., Prescott, E. C., Malthus to Solow. *The American Economic Review*, 2002, 92 (4).

35. Ouyang, M., Peng, Y., The Treatment-effect Estimation: A Case Study of the 2008 Economic Stimulus Package of China. *Journal of Econometrics*, 2015, 188 (2).

新常态下中国土地财政区域性差异分析

辛　波　吕祥伟　张莉娜*

一、引　言

毋庸置疑，地方政府以地生财的土地财政现象已经成为中国经济发展中的客观现实。然而随着中国经济步入新常态，由于经济增速的下行与结构的优化调整，加之制度背景变迁及资源约束凸显等外在条件的变化，以往的那种以高房价或依靠房地产繁荣给地方政府带来巨额财政收入的情况已难再现，地方政府饮鸩止渴的“土地财政”模式将难以维持。一旦地方政府丧失对土地财政的依赖，那么地方政府所面临的财政困境必然凸显，甚至会引发许多地方政府（特别是基层地方政府）的财政风险，因此，为防患于未然，通过实现新常态下土地财政的转型，以此降低地方政府财政风险发生的可能性即显得迫在眉睫、势在必行。基于此，本文拟采用1998～2014年中国31个地区的省级面板数据，从土地财政区域性差异的角度，通过Shapley值分解从时间和地区两个维度定量分析影响土地财政区域性差异因素的重要程度，据此得出相应的结论，从而为新常态下各地区实现土地财政的转型提出有针对性的政策建议。

---

* 辛波，山东工商学院教授；吕祥伟，山东工商学院硕士生；张莉娜，山东工商学院硕士生。基金项目：2015年山东省社会科学规划研究项目（山东省新型城镇化的溢出效应、路径选择与政策支持研究，课题号15CJJJ19）。

二、国内外文献综述

由于土地制度及税收制度的不同，国外学者对“土地财政”问题的研究涉猎极少，他们通常使用“土地的财政化利用”（Fiscal Land Use）来表述，其研究主要涉及到地方政府的土地税问题，内容主要包括以下几个方面：第一，关于土地税与政府财政收入之间的关系。埃金（Eakin，1990）等学者认为，构成地方政府财政最重要的组成部分是土地税，在税率和财政收入成正比的影响下，应采取尽可能提高土地税税率的方式来增加政府的财政收入。曼吉奥尼（Mangioni，2014）则在测量了澳大利亚过去十年的州土地税和地方政府税收收入之间相关性的基础上，预测了两者之间变化的新趋势。第二，关于土地税对城市化进程以及经济的影响。苏里文（Sullivan，1995）等学者研究了城市住宅的数量和人口流动比例与土地税之间的关系，得出了城市规模的扩张与土地税的多少成正相关变动的结论。另外，宋（Song，2006）对土地税税率与城市发展之间的关系也作了深入的研究，他们通过实证数据分析，得出了土地税税率反作用于城市发展速度的结论。卡拉库尔（Kalkuhl，2017）等学者则提出合理的土地税设计有助于降低行政成本，减少对经济增长的不利影响。第三，关于土地融资与基础设施供给的研究。甘地（Gandhi，2016）分析了通过土地融资增加财政收入以解决印度大城市基础设施供给不足的机制，同时方德（Found，2016）也认为应挖掘土地的潜在价值，以此为城市基础设施融资。第四，对于中国土地财政问题的关注。沃克（Walke，2006）考察了中国地方政府的行为，认为行政管理体制中存在的税收激励机制是地方政府展开竞争且追逐“土地财政”的内在动因。奥图尔（O'Toole，2011）认为，土地寻租和土地征用补偿不足等问题会影响中国的社会稳定，对中国政府的合法性构成挑战。

而对于国内来说，自20世纪90年代以来，土地财政就构成了国内一个非常重要且特有的财政现象。许多学者对此问题的特别关注，并进行了大量的研究，取得了丰富的成果，这主要表现在以下几个方面：第一，对土地财政内涵的探讨。2004年，《小康》杂志记者颜剑、秦俊勇最早提出“土地财政”一词。此后，周业安（2000）、高聚辉等（2006）、邵绘春（2007）等学者对这一概念的内涵作了解释，认为所谓的土地财政就是指地方政府的财政主要依靠土地的运作来增加收入，土地成为地方政府增加财政收入的重要来源，或把土地财政归纳为地方财政过度依赖土地所带来的相关税费和融资收入的非正常现象。第二，对土地财政形成驱动因素的分析。在现有研究中，绝大多数观点认同分税财政体制是土地财政形成的直接经济驱动因素。同时，傅勇等（2007）、陈国富等（2009）、李尚浦等（2010）、肖全章等（2012）等学者通过规范与实证的分析，综合性地提出“国有与集体土地管制制度的不同、中央与地方实行分税的财政体制、地方官员的政绩考核体系、土地产权与征收流转制度”等都是驱动地方政府形成对土地财政依赖的原因。第三，对土地财政在社会经济发展中的正负效应的研究。自土地财政产生以来，对其负效应的分析远多于正效应的研究。梁若冰（2010）、周彬等（2010）、唐在富（2012）等学者提出：财政的负效应，主要包括巨额收益诱发土地寻租和腐败违法行为、形成政府代（届）际之间的不公平、侵害被征地农民的利益、推动房地产价格非理性快速上涨、土地储备抵押融资隐伏财政金融风险等方面。而杜雪君等（2009）、樊继达（2011）等学者指出：土地财政的正效应，主要包括增加了地方政府可支配的财力、弥补地方财政支出不足的状况、间接维护了分税的财政体制、加速了地方城市化与工业化发展的进程、推动了地方经济增长等方面。第四，提出了土地财政改革与转型的政策建议。刘志彪（2010）、安体富等（2011）、贾康等（2012）、张平（2013）等学者认为，中国土地财政问题与政治集权、财政分权与土地产权制度密不可分，这些问题的解决必须依赖于国家深层次的制度变革，既包括在宪法层面上确立正式的分权机制，又包括在微观层面上重建农民的土地产权。应在“财权与事权相匹配的财政体制、增强公民福利为指向的政绩考核体系、实现城市国有土地产权平等的农村集体土地产权制度、保障被征地农民利益、强化预算约束”等方面进行改革与创新。第五，“后土地财政时代”概念的提出及与地方债关系问题的研究。王玉波（2014）、刘明慧等（2014）、李祺（2015）等学者通过对国内土地财政发展变化的回顾，提出了“后土地财政时代”概念，并对“后土地财政时代”的基本含义、潜在的财政风险和治理对策等方面进行了初步的分析。此外，由于各类城市的快速扩张和地方政府债务规模不断扩大，徐占东等（2016）、郝毅、李政（2017）、田新民、夏诗园（2017）等学者开始关注土地财政与地方债务关系问题，并提出了如何从土地财政的角度来加大对地方政府债务规模进行管控的意见。

总之，国内外学者虽然对土地财政问题进行了多角度分析，并提出了许多有启发性的观点，但某些方面的研究依然比较薄弱，存在着继续探讨的空间。比如，对有关土地财政区域性差异的研究虽有所涉及，但大多停留在影响因素的正负效应分析上，没有具体量化各影响因素的重要程度。基于此，本文拟采用 1998 ~ 2014 年的省级面板数据分析中国土地财政的区域性差异，具体过程如下：首先对中国土地财政区域性差异进行测度，其次从理论上分析土地财政区域性差异的成因，在此基础上，通过 F 检验与豪斯曼检验选择固定效应模型进行实证分析，最后从时间和地区两个维度进行 Shapley 值分解，定量分析各影响因素的贡献度，据此得出相应结论为各地区土地财政转型提出针对性建议。

三、中国土地财政区域性差异的机理分析及测度

（一）土地财政产生的原因

对于土地财政原因，归纳起来无非有以下几个方面：一是财政体制改革的原因。1994 年的税制改革，致使地方政府财政收入所占的比重下降，并加剧了地方政府事权与财权的不一致问题。由于地方政府基本没有税收自主权且又不允许乱收费，其财政收支平衡很难维持，土地出让金就成了众多地方政府预算外收入的主要渠道。其次是城市扩张的原因。近些年来，为了提升地方政府所在城市的地位，增强城市的经济实力，几乎是无一例外地选择了“摊大饼”式的城市发展模式。而城市规模的扩张，其支持基础设施建设的先期垫付资本基本上来自于“经营土地”的收入。最后是地方政府官员政绩考核的原因。目前，在国内很多地方，考核政府官员的政绩的指标虽然有很多，但其权重较高的往往不是那些“青山绿水”、“廉政为民”等难以量化的隐性指标，而是那些“GDP 的经济增长”、“财政收入”等容易量化的显性指标。而要做大 GDP、上缴更多的财政收入，最短与最简便的路径就是围绕着土地来做文章。

（二）土地财政的含义、指标的选取及数据来源

至于什么是“土地财政”，目前学术界对其内涵的界定尚未完全达成共识。大多数学者认为土地财政是地方政府主导下的以土地为核心的财政

收支活动及利益分配关系，其广义上的收入既包括预算内与土地相关的税收收入，也包括预算外的土地出让等收入；而狭义上的收入仅涉及预算外的土地出让收入。基于此，本文选取预算外的土地使用权出让收入作为衡量土地财政的指标，其原因主要有三：第一，考虑到土地财政预算内与预算外收入的本质区别，预算外的土地财政收入更能准确地描述地区的土地财政行为；第二，预算外的土地出让收入作为土地财政收入的重要组成部分，占有较大的比重，更具有代表性；第三，土地财政的根本运作方式为以地生财，而土地出让收入描述的又是地方政府通过对土地的开发、利用、出让获得的收入，从该角度讲，选取土地出让收入指标与土地财政的内在运作方式更为契合，因此更为贴切恰当，更具合理性。而对于数据的获得，本文从历年《中国国土资源统计年鉴》和《中国城市统计年鉴》选取了从 1998 年到 2014 年的中国 31 个省级行政区划单位的土地出让金数据。

（三）土地财政区域性差异的测度

1. 土地财政区域性差异指标的选取及测算方法

由于现阶段并未形成系统性描述土地财政区域性差异的综合性指标，而国内学者普遍的做法是参考测度区域性差异的统计指标进行描述。因此，考虑到单指标的局限性，本文借鉴了邹秀清①所采用的方式，选用基尼系数、变异系数、泰尔指数及阿特金森指数等四项指标来描述土地财政的区域性差异。各指标的含义及计算公式分别为：

第一，基尼系数（Gini Coefficient）作为最经典也最为广泛使用的指标，主要用来测度收入的不平等程度，其计算公式为：

$$G_i = \frac{1}{2n^2 \bar{y}} \sum_{i=1}^{n} \sum_{j=1}^{n} |y_i - y_j| \tag{1}$$

其中，n 为地区的数量，y_i 和 y_j 代表的分别是第 i 和第 j 地区的土地财政指标，$\bar{y}$表示的是全国平均的土地财政指标。

第二，变异系数（Coefficient of Variation）为标准差与平均值的比值，反映的是偏离均值的离散程度，本文衡量的是偏离全国平均土地财政指标的离散程度，其计算公式为：

---

① 邹秀清：《中国土地财政区域性差异的测度及成因分析——基于 287 个地级市的面板数据》，载于《经济地理》2016 年第 1 期。

$$CV = \sqrt{\frac{\sum_{i=1}^{n}(y_i - \bar{y})^2}{\frac{n}{\bar{y}}}} \tag{2}$$

式（2）中参数含义与上同。

第三，泰尔指数（Theil Index）作为衡量收入不平等程度的另一个更为常用的指标，计算公式为：

$$TI = \sum_{i=1}^{n} f(y_i)\left[\left(\frac{y_i}{\bar{y}}\right)\ln\frac{y_i}{\bar{y}}\right] \tag{3}$$

其中，$f(y_i)$ 为概率密度函数，本文使用各地区的人口权重来表示。

第四，阿特金森指数（Atkinson Index）作为一个可度量微小区域性差异的指数，可通过设置外在显示度参数实现差异的显示程度，其计算表达式为：

$$I = 1 - \left[\sum_{i=1}^{n}\left(\frac{y_i}{\bar{y}}\right)^{1-\xi} f(y_i)\right]^{\frac{1}{1-\xi}} \tag{4}$$

其中，ξ 为一个与区域性差异外在显示度有关的参数，值越高，区域性差异的显示度就越明显，为实现微小差异的高度显示，本文将其设为10。

2. 土地财政区域性差异的测度

根据上述分析，采用基尼系数、变异系数、泰尔指数及阿特金森指数等四个区域性差异测度指数对1998～2014年中国31个省级区域内的土地财政差异状况进行度量，以此可从纵向的角度进行对比分析。

表1给出了从1998～2014年以土地出让收入计算的中国31个省级区域的包括基尼系数在内的四大指数的结果，同时为便于直观观察和发现演变趋势，将表中的结果以1998年为基准使用图1进行重新刻画。

表1　　中国土地财政区域性差异描述

年份	变异系数（CV）	基尼系数（Gi）	泰尔指数（TI）	阿特金森指数（I）
1998	1.09737	0.55481	0.52585	0.56592
1999	1.74172	0.67535	0.88036	0.68305
2000	1.45476	0.64075	0.74489	0.59765
2001	1.45837	0.63896	0.73959	0.79305

续表

年份	变异系数（CV）	基尼系数（Gi）	泰尔指数（TI）	阿特金森指数（I）
2002	1.44546	0.61513	0.69701	0.67768
2003	1.49181	0.61666	0.71068	0.62591
2004	1.07285	0.54379	0.50494	0.61161
2005	1.21980	0.56227	0.55299	0.60601
2006	1.11318	0.53992	0.49794	0.69006
2007	1.08096	0.53152	0.48351	0.65676
2008	0.96642	0.49262	0.40583	0.58937
2009	1.19574	0.55383	0.53510	0.52869
2010	1.07009	0.50833	0.44732	0.45246
2011	0.98697	0.47141	0.39103	0.24917
2012	0.90442	0.44351	0.34115	0.46764
2013	0.94703	0.46746	0.37416	0.53871
2014	0.89841	0.45911	0.35571	0.39081

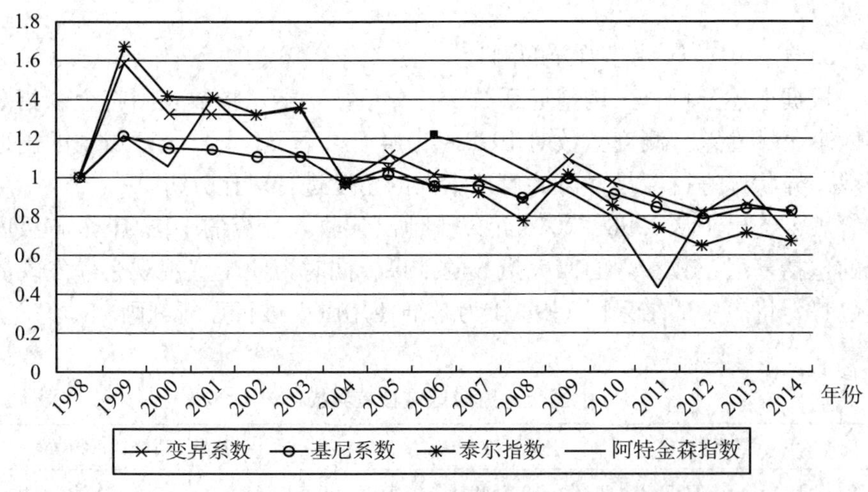

图1　1998～2014年中国土地财政区域性差异演变的趋势

由表1和图1可以发现，1998～2014年中国土地财政历经17年的发展演变，其差异状况虽然在局部范围内偶尔出现上升的情况，但总体上依然呈现出波动下降的趋势，换言之，随着时间的推移，中国 31 个省级区域内的土地财政指标差异是逐步缩小的。但不容忽视的是，直到 2014 年基尼系数仍然高达 0. 4591，并且泰尔指数也达到了 0. 3557，这说明虽然总体上中国土地财政区域性差异处于下降的态势，但进入到新常态之后这种差异性问题依然非常突出，不容忽视。

四、中国土地财政区域性差异分析

（一）中国土地财政区域性差异的理论分析

从相关理论上看，中国土地财政之所以形成区域性差异，可归结为以下三点原因：

第一，土地财政演变的制度性变迁因素。自 1987 年土地有偿使用制度的确立，到 1994 年分税制改革，再到 1998 年住房商品化推进，以及 2004 年的土地市场化交易的实施，最后到房地产市场调控政策的出台，每一次制度性变迁都会给土地财政的产生与演变带来重大影响。然而，考虑到每一次以点到面铺开的制度变迁模式（即由试点到全国推广），产生的影响将无法实现时间与空间的同步与协调，这必然将导致各地区土地财政发展演变在时空维度上的不平衡与不一致，从而造成土地财政的区域性差异。

第二，土地财政发展的背景性因素。作为产生于市场化、工业化及城市化背景下的土地财政，其发展必然受到“三化”进程的影响。一方面具有融资本质的土地财政为“三化”进程的推动与发展提供必不可少的资金支持；另一方面“三化”进程的提升为土地财政的发展营造了良好的发展环境，两者相辅相成，共同成就了中国经济高速增长的奇迹。然而由于各地区“三化”进程发展的不同步与不平衡，导致了各地区在“三化”进程上的差异，由此将对土地财政的发展产生非同步的影响，从而进一步加剧了土地财政的区域性差异。

第三，土地财政运作的地区差异因素。中国幅员广阔，疆域面积广大，不同地区不仅在人口、文化、习俗等多方面存在诸多不同，而且不同地区在土地财政的运作成本、模式等方面也存在很大的差别，由此造成土地财政区域性差异的出现。

（二）基于 Shapley 值分解对土地财政区域性差异的实证分析

1. Shapley 值分解方法

Shapley 值分解也称为 Shapley 值分配，来源于合作博弈中的一种分配方法，目的是实现联盟利益最大化过程中利益的合理分配，其核心思想是所得与付出的贡献相等。本文基于这种思想，对上述影响土地财政区域性差异的因素进行贡献度分解，从而确定各影响因素的重要程度并进行排序。为实现 Shapley 值分解，首先需要建立影响土地财政区域性差异的回归方程，然后在此基础上进行贡献度分解。

2. 变量的选取、说明及数据来源

根据上述理论分析，本文将分别从三类因素进行代理变量的选取，具体为：第一，关于制度性因素代理变量的选取。从数据的易得性和可量化性等方面综合考虑，最终选取财政分权指标作为制度性因素的代理变量。这是因为，一方面财政分权指标可确切描述中国特有的财税体制，另一方面对土地财政的产生有直接驱动作用的分税制改革，也包含在财政分权的框架下。同时从收入和支出两个角度考虑，产生财政收入分权和财政支出分权两个变量指标，其中收入分权的计算公式为预算内省级财政收入除以预算内中央财政收入，支出分权为预算内省级财政支出除以预算内中央财政支出，且财政收入与支出的数据来源于历年《中国统计年鉴》。第二，关于背景性因素代理变量的选取。由于土地财政是伴随着市场化、工业化以及城市化的进程而产生和发展的，因此分别选取地区经济发展水平、工业化率以及城市化率为其代理变量。其中地区经济发展水平用中国 31 个省级区域的 GDP 来表示，工业化率用工业增加值除以各地区的生产总值来表示，而城市化率使用各地区城市人口除以地区总人口来衡量，且数据从《中国统计年鉴》中整理获得。第三，关于地区差异性因素代理变量的选取。考虑到地区本身的异质性因素多难以观测，而本文运用的是同时具有时间和空间二维信息的数据，在一定程度上可消除不可观测的异质性因素，因此最终选取人口密度作为地区差异性的代理变量，并通过各省总人口除以各省区域面积获得，且数据来源于历年的《中国国土资源年鉴》和《中国统计年鉴》。

3. 变量的统计性描述及固定效应模型的建立

由于欲求各影响因素的 Shapley 值，需要先建立回归方程，考虑到本文使用的是面板数据，而对于面板数据的处理常用的模型包括混合 OLS 回归、随机效应模型（RE）以及固定效应模型（FE）等。为保证模型估计结果的可靠性和有效性，本文通过 F 检验和豪斯曼检验分别对固定效应模型与混合 OLS 回归以及固定效应与随机效应进行检验，结果如表 2 所示。从 F 检验的结果可知，P 值为 0.000，强烈拒绝原假设，即认为固定效应明显优于混合 OLS 回归。同理，根据豪斯曼检验结果可知，固定效应模型也明显优于随机效应模型。因此，本文最终选择固定效应模型，其具体形式为：

$$rlf_{it} = \alpha + \beta X_{it} + \varepsilon_{it} \tag{5}$$

其中，rlf_{it}为各省级区域的土地出让收入，下标 i 和 t 分别代表的是省区和年份；β 为待估系数向量；X_{it}为影响土地财政区域性差异因素的自变量向量；ε_{it}为随机误差项。主要自变量的统计性描述如表 3 所示。

表 2 模型检验结果

检验名称	原假设（H_0）	统计量值	P 值
F 检验	H_0：混合回归是可以接受的	F = 15.60	0.000
Hausman 检验	H_0：随机效应是可以接受的	chi2(5) = 55.61	0.000

表 3 主要变量的统计性描述及含义

变量名称	变量含义	均值	标准差	最小值	最大值
rlf	土地出让收入	448.837	744.883	0.050	6 114.956
fde	财政支出分权	11.472	7.684	1.086	41.086
fdr	财政收入分权	3.052	2.576	0.069	13.521
ruc	城镇化率	46.427	16.064	17.490	89.600
rin	工业化率	37.959	9.627	7.026	53.036
gdp	地方 GDP	9 622.023	11 040.220	91.500	67 809.850
ped	人口密度	2 015.099	1 371.909	25.000	6 307.000

4. 固定效应模型结果的解释

在对各因素进行多重共线性检验之后，运用 Stata 13.0 软件对该固定效应模型进行参数估计，具体结果如表 4 所示。根据表中的回归结果，对各影响因素的结果分析如下：第一，对于制度性因素变量结果的分析。从

表4中第一、第二行的财政分权指标（包括收入分权指标和支出分权指标）结果可知，除了第四、第五列结果不显著，其余结果均显著为正，表明财政分权指标变量对于土地财政收入有显著的正向促进作用，从而间接证明了以财政分权为路径的分税制改革造成的事权与财权的不匹配激励了地方政府的土地财政行为，而该结论在学术界也得到了普遍的认同。第二，对于背景性因素变量的结果分析。从表4中第三行的回归结果可知，城市化率变量对于各省土地出让收入会产生正向影响，且在10%的显著性水平下显著，这是因为本文中城市化率变量表示的是人口的城市化即由农村人口向城市人口的转化。严格来说，土地财政的发展演变离不开土地要素的支撑，随着土地财政规模的迅速膨胀，由此引致的对于土地要素的高度需求，必然会驱使地方政府通过向农民大量征地的方式满足日益上升的土地需求，而在获得土地的同时，也产生了大量的失地农民。而对于这些在农村失去生活来源的农民来说，只能转向城市寻求生存之道。所以，从某种程度上讲，城市化率越高就意味着地方政府获得了越多的可出让土地，和付出的征地成本相比，可带来土地出让收入的上升即产生正向作用。从表4中第四行的结果可知，工业化率会对土地出让收入产生负向影响，且在1%的水平下显著。这是因为对于寻求土地财政收入最大的地方政府来说，通常会采取差异化的供地策略即对于商住用地采取高价供地的方式，但对于工业用地却采取低价供地（通常低于市场价格）的方式。之所以如此，是因为地方政府想通过低价供给工业用地实现招商引资，由此带动就业，促进地方经济的发展，最终带来税收收入的上升。换句话说，低价的供地策略，是以牺牲短期的土地出让收入为代价来换取长期的经济发展和税收收入的提高。因此当工业用地供给增加时，在带来工业增加值（本文中用以衡量工业化水平）上升的同时，也会导致土地出让收入的下降，由此产生负向影响。而从表3中的第五行结果可知，地方经济的发展水平会对土地出让收入产生显著的正向促进作用。这是因为土地市场与房地产市场密切相关，地价和房价紧密相连。自1998年住房商品化改革以来，中国房地产市场持续繁荣，甚至已成为地方经济发展的支柱产业，为地方经济发展带来极大动力。因此房地产市场的繁荣，不仅带来地方经济发展水平的提高，也会带来地价的上升，从而引起土地出让收入的上升。第三，对于地区差异性因素代理变量的结果分析。从表4中第六行的参数估计结果可知，地区人口密度变量会对土地出让收入产生负向作用，即人口密度的上升会带来土地出让收入的下降。这是因为单位土地面积上的人

数越多，征地时需要付出的征地成本就越多，土地出让获得的收入就会减少得更多。

表 4　固定效应模型回归结果

变量	(1)	(2)	(3)	(4)	(5)
fde	109.8643*** (4.3435)	112.8254*** (6.5596)	116.3737*** (4.2902)	7.5737 (7.178)	9.9839 (8.4423)
fdr	77.0579** (31.3492)	75.703** (31.4499)	59.4892** (30.2322)	172.3142*** (25.9387)	160.6816*** (25.9805)
ruc		-3.0378 (5.0405)			7.4889* (4.3035)
rin			-24.1433*** (3.7094)		-12.4437*** (3.4361)
gdp				0.0594*** (0.0036)	0.0557*** (0.0037)
ped	-0.0991*** (0.0154)	-0.0967*** (0.0159)	-0.0736*** (0.0153)	-0.0402*** (0.0129)	-0.0366*** (0.0132)
constant	-847.0237*** (82.6012)	-740.5948*** (194.9782)	-2.8628 (152.0411)	-655.1504*** (67.6226)	-494.3512*** (167.7961)
样本量	527	527	527	527	527

注：括号中的数字为标准误；***、**、* 分别表示在 1%、5%、10% 的显著性水平下显著。

5. 中国土地财政区域性差异影响因素的 Shapley 值分解

表 4 给出了固定效应模型的估计结果，在此基础上，计算影响土地财政区域性差异因素的 Shapley 值，分别从时间的维度和地区的维度进行贡献度分解，具体结果如表 5 和表 6 所示。

表 5 给出了从时间维度出发的各地区影响因素的贡献度及排序，从表中结果可知，在土地财政发展演变的 17 年期间，对其区域性差异产生显著影响的因素在贡献度排序上并没有发生太大的变动，地区经济发展水平、财政收入分权以及财政支出分权三大因素几乎稳居在前三位，其中地区经济发展水平对中国土地财政区域性差异的影响最为突出，几乎始终占据首位，且其地位难以撼动，甚至在 2014 年已经高达 41.30%。由此可知，相比于其他因素，地区经济因素的变动会对土地财政的区域性差异带

表 5　　中国土地财政区域性差异影响因素的 Shapley 值分解

年份	财政支出分权		财政收入分权		城镇化水平		工业化水平		地区经济发展水平		人口密度	
	贡献度（%）	排序	贡献度（%）	排序	贡献度（%）	排序	贡献度（%）	排序	贡献度（%）	排序	贡献度（%）	排序
1998	19.0915	3	22.8555	2	8.8544	5	4.3944	6	29.8937	1	14.9105	4
1999	20.9784	3	30.2439	1	11.3867	4	4.3667	6	24.1766	2	8.8478	5
2000	17.9024	3	22.6781	2	7.1690	5	6.2942	6	30.6159	1	15.3404	4
2001	19.6878	3	25.9096	2	6.5556	5	6.8971	4	35.4203	1	5.5296	6
2002	19.6404	3	20.2580	2	3.7359	5	9.7484	4	45.0224	1	1.5948	6
2003	22.6964	3	24.1227	2	5.4837	5	9.0018	4	37.6075	1	1.0878	6
2004	19.7556	4	27.5963	1	20.1994	3	5.5809	5	26.0467	2	0.8212	6
2005	20.3428	3	24.6377	2	5.2300	5	7.8019	4	40.7808	1	1.2069	6
2006	19.6242	3	23.3898	2	4.3180	6	7.1054	4	42.0778	1	3.4847	5
2007	19.7356	3	24.1025	2	4.6496	5	5.7057	4	41.7443	1	4.0623	6
2008	20.0564	3	28.0798	2	8.1217	4	2.6014	6	37.4482	1	3.6926	5
2009	17.5420	3	30.9588	2	6.1438	4	4.6857	5	36.8243	1	3.8455	6
2010	18.0388	3	26.2687	2	5.8279	5	3.8102	6	39.4610	1	6.5934	4
2011	19.7817	3	26.3878	2	5.6435	5	2.7052	6	38.3537	1	7.1281	4
2012	22.1031	2	21.7513	3	3.1298	6	4.5140	5	42.5723	1	5.9295	4
2013	20.2375	3	25.1739	2	4.0209	5	3.1570	6	42.8556	1	4.5551	4
2014	21.4743	3	27.4679	2	5.2502	4	2.2784	5	41.2996	1	2.2295	6
1998～2014	28.9799	2	10.7092	3	4.7232	4	2.4185	5	51.5659	1	1.6033	6

来更大的冲击。而另外三大因素的排序变动则比较频繁，且从贡献度的变化趋势来看，人口密度因素、城市化因素和工业化因素的贡献度均表现为波动下降的趋势，这表明对中国土地财政区域性差异的影响作用均在渐渐缩小。同时值得注意的是，总的贡献度并不大，到 2014 年三者的总贡献度才达到 9.76%。因此从总体上看，相比于前三位因素，此三大因素对区域性差异的影响并非占据主要地位。

表 6 给出了从地区角度出发的各影响因素的贡献度及排序，其中东

部、东北、中部以及西部四大地区的分类是根据国家统计局2011年的划分而确定的。总体来看，影响各地区土地财政区域性差异因素的排序差别较大，表明各影响因素在不同地区的重要程度不同，发挥着不同的作用。其中，对于东部和西部地区来说，排在第一位的因素为地区经济发展水平，且在东部地区尤为突出，其贡献度已经高达51.93%；但对于东北和中部地区而言，影响度最高的因素为财政支出分权指标，且在中部地区也已达到了39.01%。不过需要引起注意的是，人口密度因素在东部地区和中部地区之间存在显著差异，对于前者来说显得微不足道，只占1.16%，但对于后者来说，却需要引起重视，已达到8.31%；类似地，城市化水平因素在东北地区的贡献度达到了19.69%，排在了第三的位置，但在其他地区却并不突出。这表明导致土地财政区域性差异的主要驱动力量是不同的，因此从政策制定的角度来说，需要加以区别对待。

表6　　中国土地财政四大地区的Shapley值分解

指标	东部地区		东北地区		中部地区		西部地区	
	贡献度（%）	排序	贡献度（%）	排序	贡献度（%）	排序	贡献度（%）	排序
财政支出分权	32.7119	2	37.0128	1	39.0168	1	26.9802	2
财政收入分权	10.2292	3	11.2531	4	8.3242	3	13.5904	3
城镇化水平	1.8191	5	19.6982	3	8.0366	5	8.624	4
工业化水平	2.1428	4	1.7176	6	4.4727	6	2.642	6
地区经济发展水平	51.9322	1	23.7953	2	31.8318	2	43.9153	1
人口密度	1.1648	6	6.5231	5	8.3179	4	4.2481	5

五、结论、政策建议及启示

本文选取了1998~2014年中国31个地区的省级面板数据，运用基尼系数、变异系数、泰尔指数及阿特金森指数等四大指数度量了各地区土地财政的区域性差异，然后从制度性因素、背景性因素及地区差异性因素等三类因素着手，在理论上分析了土地财政的区域性差异，并在此基础上，选取包括财政收入分权、支出分权、城市化率、工业化率、地区经济发展水平以及人口密度在内的六个代理变量作为影响土地财政区域性差异的因素，运用固定效应模型进行了实证分析，然后通过 Shapley 值分解，从时间和地区两个维度定量分析了各影响因素的贡献度，并得出如下结论：第一，根据四大指数结果可知，虽然省级区域内的土地财政差异处于缩小的趋势，但在进入到新常态后，区域性差异依然显著。第二，从固定效应模型的回归结果可知，人口密度和工业化率会对土地出让收入产生负向影响，而财政收入分权、支出分权、城市化率及地区经济发展水平会对土地出让产生显著正向作用。第三，根据 Shapley 值的贡献分解结果可知，在全国层面上，地区经济发展水平、财政收入分权以及财政支出分权，稳居在前三位，分别为 51.56%、28.97%、10.70%，占据主导作用，但其他因素的作用也不容忽视。第四，从东部、东北、中部及西部四大地区的 Shapley 值分解结果来看，影响东部和西部地区土地财政差异的最重要因素为地区经济发展水平，但对于东北和中部地区来说，却是财政支出分权指标，两者差别较大，在制定政策时应区别对待。

根据上述结论，结合新常态的背景，有如下建议和启示：第一，对于地方政府的土地财政行为，中央政府应因地制宜，根据各地区影响因素的贡献度差异，权衡轻重，以此为依据合理调整宏观政策，引导地方政府主动实现土地财政的转型。这是因为中国经济发展已步入新常态，由上述分析可知，经济由高速向中高速的转变会对各地区的土地财政产生重大影响，一方面在规模总量上体现为土地财政倒“U”型轨迹的凸显，即具有下降趋势的拐点来临；另一方面在土地财政的发展阶段上，表现为具有资源约束凸显、制度变迁明显等特征的后土地财政时代的到来。因此，中央政府应在土地财政尚有历史使命时，合理制定与调整宏观经济政策，引导土地财政转型，以期发挥更大正向功效。第二，地方各级政府，尤其是作为土地出让主体的市县级政府，应参考各地区影响土地财政差异的贡献度结果，结合自身实际情况，制订有针对性的土地财政转型方案。例如，地区经济发展水平对东部和西部地区的土地财政差异起到决定性作用，因此在制订政策和方案时，应着重从地区经济结构的优化调整、发展方式的转变等方面着手；而对于东北和中部地区来说，更应该关注的是财政支出分权因素，也就是说，应该从财权、事权以及支出责任等方面着重考虑，建立事权与支出责任相匹配的财税体制，以此实现土地财政的转型。第三，得到的启示为，从不可消除的地区异质性因素考虑，完成土地财政的成功转型并不意味着要消除各地区土地财政收入的差异，实现均分并达到完全一致，而是应该达到与地区异质性因素相适合的最优土地财政规模，并去除包括环境污染、寻租腐败以及房价高企等伴随土地财政运行过程所产生的负面影响，提升融资效率，同时应建立基于公平原则的一致合意的土地财政收益分配机制，实现土地财政收益的合理分配。

参考文献

1. 安体富、窦欣：《我国土地出让金：现状、问题及政策建议》，载于《南京大学学报（哲学·人文科学·社会科学）》2011 年第 1 期。

2. 陈国富、卿志琼：《财政幻觉下的中国土地财政——一个法经济学视角》，载于《南开学报（哲学社会科学版）》2009 年第 1 期。

3. 杜雪君、黄忠华、吴次芳：《中国土地财政与经济增长——基于省际面板数据的分析》，载于《财贸经济》2009 年第 1 期。

4. 樊继达：《治理土地财政：一个公共经济分析框架》，载于《国家行政学院学报》2011 年第 4 期。

5. 傅勇、张晏：《中国式分权与财政支出结构偏向：为增长而竞争的代价》，载于《管理世界》2007 年第 3 期。

6. 高聚辉、伍春来：《分税制、土地财政与土地新政》，载于《中国发展观察》2006 年第 11 期。

7. 郝毅、李政：《土地财政、地方政府债务与宏观经济波动研究——以地方政府投融资平台为例》，载于《当代经济科学》2017 年第 1 期。

8. 贾康、刘微：《“土地财政”：分析及出路——在深化财税改革中构建合理、规范、可持续的地方“土地生财”机制》，载于《财政研究》2012 年第 1 期。

9. 李祺：《后土地财政时代新型城镇化融资代偿机制再思考》，载于《理论学刊》2015 年第 6 期。

10. 李尚蒲、罗必良：《我国土地财政规模估算》，载于《中央财经大学学报》2010 年第 5 期。

11. 梁若冰：《财政分权下的晋升激励、部门利益与土地违法》，载于《经济学（季刊）》2010 年第 1 期。

12. 刘明慧、党立斌：《后“土地财政”形成机制与收入结构配置》，载于《地方财政研究》2014 年第 5 期。

13. 刘志彪：《以城市化推动产业转型升级——兼论“土地财政”在转型时期的历史作用》，载于《学术月刊》2010 年第 10 期。

14. 邵绘春：《“土地财政”的风险与对策研究》，载于《安徽农业科学》2007 年第 13 期。

15. 唐在富：《中国土地财政基本理论研究——土地财政的起源、本质、风险与未来》，载于《经济经纬》2012 年第 2 期。

16. 田新民、夏诗园：《地方政府债务风险影响研究——基于土地财政和房地产价格的视角》，载于《山西财经大学学报》2017 年第 6 期。

17. 王玉波：《基于地域差异的后土地财政时期有效过渡研究》，载于《中国土地科学》2014 年第 4 期。

18. 肖全章、郭欢：《土地财政与我国财政体制关系的经验研究》，载于《财经问题研究》2012 年第 1 期。

19. 徐占东、王雪标：《Ponzi 偿债策略、土地财政与省级政府债务可持续性》，载于《经济科学》2016 年第 1 期。

20. 张平：《“后土地财政时代”我国地方政府财政可持续性实证研究》，载于《经济体制改革》2013 年第 2 期。

21. 周彬：杜两省：《“土地财政”与房地产价格上涨：理论分析和实证研究》，载于《财贸经济》2010 年第 8 期。

22. 周业安：《县乡级财政支出管理体制改革的改革与对策》，载于《管理世界》2000 年第 5 期。

23. 邹秀清：《中国土地财政区域性差异的测度及成因分析——基于 287 个地级市的面板数据》，载于《经济地理》2016 年第 1 期。

24. Eakin D, Rosen H. Federal Deductibility and Local Property Tax Rates. *Journal of Urban Economics*, 1990, 27 (3): pp. 269 – 284.

25. Found, A., Tapping the Land: Tax Increment Financing of Infrastructure. Social Science Electronic Publishing, 2016.

26. Gandhi, S., Phatak, V. K., Land-based Financing in Metropolitan Cities in India: the Case of Hyderabad and Mumbai. *Urbanisation*, 2016, 1 (1): pp. 31 – 52.

27. Kalkuhl, Matthias, Milan, F. et al., Fiscal Instruments for Sustainable Development: the Case of Land Taxes. Mpra Paper, 2017.

28. Mangioni V. Emerging Trends of State Land Tax and Local Government Rate Revenue in Australia. *Pacific Rim Property Research Journal*, 2014, 20 (2): pp. 145 – 160.

29. O. Sullivan, A., Sexton, T. A., Sheffrin, S. M. et al., Property Taxes, Mobility, and Home Ownership. *Journal of Urban Economics*, 1995, 37 (1): pp. 107 – 129.

30. O'toole, S. E., Rose, C. A., Sivaji, G. et al.. Land Taxation in China: Assessment of Prospects for Politically and Economically Sustainable Reform. Cema Working Papers, 2011, 13 (2): pp. 497 – 536.

31. Song, Y., Zenou, Y., Property Tax and Urban Sprawl: Theory and Implications for US Cities. *Journal of Urban Economics*, 2006, 60 (3): pp. 519 – 534.

32. Walker, R. M., Innovation Type and Diffusion: an Empirical Analysis of Local Government. *Public Administration*, 2006, 84 (2): pp. 311 – 335.

财政分权对新型城镇化的影响

——基于公共服务供给视角的实证研究

丁菊红*

一、引　　言

城镇化水平是衡量一国综合实力的重要标志。目前我国正处于经济转型阶段，今后较长一段时间内，城镇化都将是经济发展和社会进步的强大推动力。2013年，我国提出了建设新型化城镇化，这是对传统城镇化的校正和优化，即：更为注重“以人为本”和质量提升的城镇化，这也回归到城镇化建设的本质。国家统计局数据显示，2015年末我国常住人口城镇化率为56.1%。城镇化在促进经济增长、改善就业、提高收入等方面发挥了重要作用，但同时也带来一些突出的矛盾和问题，包括农业人口难以融入城市和一些“城市病”等。特别是城镇化的快速发展并没有带来公共服务水平的提升，在医疗、教育、卫生等领域供给明显不足。2014年发布的《国家新型城镇化规划》中也提到，目前我国真实城镇化率大概只有36%①，与常住人口城镇化率相距较远。这说明我国城镇化还很不完全，很大程度上沦为“半截子工程”。这种重数量不重质量的城镇化，难以提供相应的公共服务，也违背了新型城镇化初衷，城镇化建设面临严峻考验。

---

* 丁菊红，复旦大学经济学博士，中国财政科学研究院博士后，中国浦东干部学院副教授。

① 这一水平远低于发达国家80%的平均水平，也低于与我国发展相近的发展中国家60%左右的平均水平。

究其原因是多方面的，且很大程度上并不是城镇化这一行为本身所造成的，而是在推进城镇化的过程中，背后一系列体制机制不协调所致。由于我国城镇化是在政府主导下进行，政府行为对城镇化建设起到关键作用。而财政分权则是解释政府行为的核心所在，它通过激励和约束机制，深刻影响中央和地方政府，进而与诸多经济变量发生互动，在城镇化建设中也起到至关重要的作用，特别是财政分权体制又与公共服务供给息息相关。本来，财政的重要目的之一就是为居民提供公共服务，实现社会财富的再分配。党的十八大报告也要求“有序推进农业转移人口市民化，努力实现城镇基本公共服务常住人口全覆盖”，可以说，公共服务供给水平是衡量城镇化质量的重要标志之一。从公共服务供给角度，对财政分权与新型城镇化的关系作深入研究，厘清其中传导机制，非常必要。

二、文献综述

城镇化研究现已成为学术界最为热门的方向之一，相关文献众多，涉及研究领域也非常广泛，包括经济、地理、环境等，是众多学科的交叉领域。如王耀中等（2014）就对近期城镇化的相关学术研究做了一个国际动态综述，国务院发展研究中心和世界银行（2014）也对我国推进高效、包容、可持续的城镇化进行了全面研究。

然而，从财政视角对城镇化建设进行研究，则是近几年才开始涌现。从研究范式上大致可分为两类：一是从财政收支角度，如中国经济增长前沿课题组（2011）的相关数量分析表明，土地财政和公共支出扩张虽对城镇化有直接加速效应，但可持续性面临挑战。徐曙娜等（2012）通过对省级面板数据研究，发现不同财政支出项目对城镇化进程影响程度和显著性都不一样。秦佳和李建明（2013）的研究则发现，财政支出对人口城镇化的空间差异影响不明显。还有些实证研究发现，财政收支与城镇化率间存在协整关系（吉黎、毛程连，2015）。二是从宏观政策角度。很多学者都认为我国城镇化对财政体制提出挑战，应优化财税政策，包括支出结构，提高使用和管理效率并给出相应的财税政策建议（张德勇、杨之刚，2005；闫坤等，2008）。刘尚希（2012）也认为应建立财力与事权动态匹配机制，推动财政体制改革，才能应对城镇化。贾康、刘薇（2013）则指出要实现城乡统筹发展的新型城镇化，需以一元化公共财政作为支持后盾。

而现有文献中专门阐述财政分权与城镇化关系的研究还不多，仅几篇有所涉及。熊柴、高宏（2012）运用省级面板数据，实证研究了财政分权对人口与空间城镇化不协调发展的影响。李伶俐等（2013）研究发现，财政分权下政府会增加城市化预算支出，从而有效推动城镇化，但效应自东向西依次递减。孙建飞、袁奕（2014）认为，财政分权是造成中国地方政府土地融资的根源，并用实证检验了分权下城镇化发展不协调等问题。此外，如马光荣等（2011）研究发现，财政分权度越大，地方政府越偏向城镇化资源配置，其进程也会显著加快。孙红玲等（2014）通过对常住与户籍人口差异性分析，认为人的城镇化看似是户籍制度，实则是财政体制，推进新型城镇化，关键在分税制改革，由此实现公共服务均等化。

国外此类研究文献也十分有限。在亨德森关于城镇化一系列研究中（Henderson，2000，2007，2009）都认为城镇化可促进经济增长，其具有公共品属性和较强外部性，政府需用财政手段支持和保护。后来他和戴维斯（Davis，2003）研究发现，一国城镇密度越大，财政分权度越可能提高，财政政策对城镇化直接影响也越深，落后地区尤其如此。还有些文献零散涉及财政对城镇化影响，如莱曼（Lehmann，2012）考察了财政支出对城镇化经济推动具非单调和非对称性，受趋势增长率、实际利率水平等因素影响。

由此可见，财政分权与新型城镇化关系的研究还非常松散，特别是忽视了其中最为重要的传导机制分析，因而在因果关系上显得较为含糊，难以全面解释两者关系及对公共服务供给的影响，而这又是新型城镇化一个重要的落脚点。本文的研究就基于此展开，通过相关理论和机制阐述，探究其中深层次关系，并量化指标，进行实证检验分析，测算变量间影响，由此提出合理可行的政策建议，以充分发挥财政分权体制在新型城镇化建设中的作用，也为进一步完善财政体制及其他相关配套体制改革提供政策建议。

三、中国式财政分权下城镇化发展不完全的机理分析

（一）我国城镇化的不完全发展

城镇化的内涵和外延都十分丰富，实质上指农村人口向城市的转移，

强调的是人的城镇化，这与我国新型城镇化含义不谋而合。而人的城镇化最重要的意义就是享受到公共服务，其供给是政府职责所在，财政重要职能之一。这是保障居民基本权利，提高生活质量，分享经济社会发展成果的重要途径。

改革开放以来，我国城镇化发展迅速，城镇人口绝对数已增长5亿多，城镇化率也超过50%。但仔细分析，很大一部分城镇人口①其实并不是真正意义上的城市居民，因他们大多数都无城市户籍，也无法享受到相应公共服务。统计显示，在过去10年中，我国城镇新增1亿人中，有40%是由于城镇边缘地区变成市区，也即土地空间的城镇化②使相应的农业人口被纳入城镇人口的统计指标中；还有40%是进城务工的农民工。这些农民工在城镇化中基本处于非市民化状态，在公共服务的享有上与城市居民有天壤之别③。与此同时，土地城镇化却迅速发展起来。如图1所示，比较近10年来我国城镇化率与城市建成区土地④面积增长率，会发现这两者明显不一致，建成区土地面积增速远高于城镇化率增速，有些年份土地城镇化率几乎是人口城镇化率2倍多。可见，城市土地扩张远远超过了人口增加，“半截子城镇化”问题较为突出，这成为制约我国经济社会协调发展的主要瓶颈。

（二）财政分权对城镇化影响的机理与传导机制

这种不完全发展的城镇化背后原因众多，财政分权体制无疑是最根本的因素之一。我国作为一个典型的政府主导下转型经济体，其制度安排及

① 需指出的是，这里统计的城镇人口指城镇常住人口，即国家统计局按国际惯例计算的一年之内在城镇居住6个月以上的人口。

② 2007年，陆大道、姚士谋等向国务院提交了一份名为《关于遏制“冒进式”城镇化和空间失控的建议》，首次提出了“土地城镇化”这一问题，并指出中国目前的土地城镇化速度大大快于人口城镇化。由此，土地城镇化的问题研究在学术界得到积极响应。城镇化也伴随着空间的扩展，现在通常被称为土地或空间的城镇化。

③ 实际上，现在被统计为城镇常住人口的2亿多农民工及其家属，均未能在教育、医疗、卫生等基本公共服务方面享受到同城待遇。

④ 建成区指城市行政区内实际已成片开发建设、市政公用设施和公共设施基本具备的区域。对核心城市，它包括集中连片的部分以及分散的若干个已经成片建设起来，市政公用设施和公共设施基本具备的地区；对一城多镇来说，它包括由几个连片开发建设起来的，市政公用设施和公共设施基本具备的地区组成。因此建成区范围，一般是指建成区外轮廓线所能包括的地区，也就是这个城市实际建设用地所达到的范围。

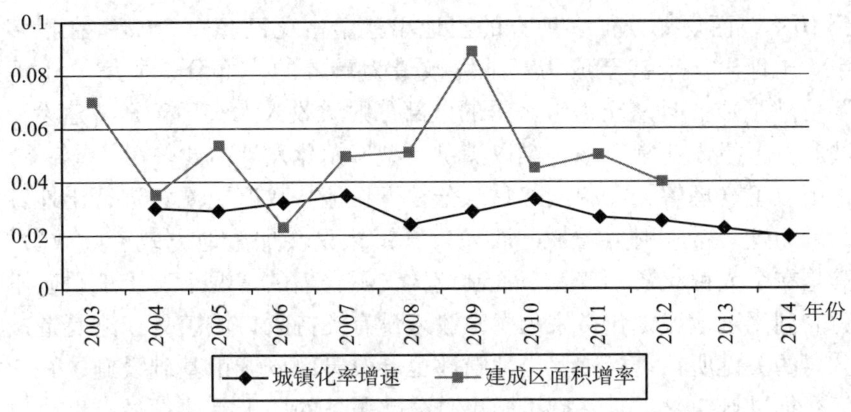

图 1　城镇化率与城市建成区土地面积增长率

注：2010 年数据为当年人口普查数据推算数；其余年份数据为年度人口抽样调查推算数据。
资料来源：国家统计局。

激励结构是社会经济发展的关键。改革开放后，我国财政分权体制历经多次改革。特别是 1994 年的分税制改革，根据事权与财权相统一原则，确立了中央和地方的财政支出范围，用税种划分的方式确定了彼此的财政收入，由此基本形成了我国现行的财政分权体制。在这一分权体制下，地方政府受到来自中央政府两方面的激励：一是财政激励，即“中国特色财政联邦主义”，地方经济发展好，财政收入也越高；二是晋升激励，如周黎安（2007）提出的“晋升锦标赛”，即中央政府在考核地方官员时以当地 GDP 增长为主要指标，从而促进了各地政府对 GDP 的标尺竞争，带来地方经济迅速增长。

然而，由于分税制改革并不彻底，其中的事权划分不甚清晰，绝大部分支出责任仍归属地方政府。且从目前财政分权格局看，财力又多集中于中央政府，支出则多半在地方政府，由此算得的财政分权度相当高。尽管中央通过转移支付给地方政府不少财力上的支持，但由于缺口大，地方政府事务多，迫于财政压力，还是需依靠其他渠道来获得相应资金。其中，土地出让金①就是最为突出的一部分，地方政府可以通过财政担保和土地抵押的方式获得更多资金。2000 年我国土地出让金占地方政府财政收入还

① 地方政府财政收入中与土地相关的，除土地出让金，还包括与土地相关的部门收费、以土地入股所获得的股息或分红以及土地资本化溢价后的资本利得。因为建筑用地的使用只有变为国有，才能以国家名义划拨或出让。

不到10%，而现如今很多地方的土地出让金占比已超过50%。在很多大城市，土地出让金甚至成为当地财政最为重要的一部分，所谓“土地财政”已然形成。且从土地上获得的这部分财政收入大多用于经济建设，在公共服务上投入非常有限，难以满足新型城镇化发展需要。

由此不难理解，在中国式财政分权下，地方政府更愿意进行土地城镇化，因为这会带来财力增加，而人口城镇化只会加重地方政府财政负担，尤其是在个人税收还不普及、税制结构又不合理的情况下，土地财政不可避免。利用土地城镇化带来的财政收入没有支持人口城镇化，这是造成两者分离的关键所在。当然，土地财政也会改善部分城市基础设施，在一定程度上推进城镇化，且基础设施也是公共服务的一个重要领域。但总体而言，现有分权格局下，对地方政府的激励，使它们还是更为关注经济发展，更愿意成为“土地开发商”或“城市扩张者”，对公共服务供给缺乏内在动力，和新型城镇化所需公共服务相比还远远不够。

再者，根据财政分权理论，人口自由流动是重要假设，从而对地方政府形成“用脚投票”的机制促其竞争，使公共服务能有效供给。然而，我国由于户籍制度限制，财政分权这一机制并不能充分发挥作用。在城镇化进程中流动人口，尤其是农民工，虽在城市安家，且选择也都是公共服务相对较好的地区，仍无法享受到相应的公共服务，流动人口公共服务基本处于真空状态①。在财政分权体制格局下：一方面，流入地政府一般不提供相应公共服务，但很多公共服务又被大量流动人口挤占，降低了服务质量。另一方面，流出地政府还需供给一些基本公共服务，这就使得公共服务面临双重挑战。这种对公共服务的竞争，会给城镇化发展带来诸多不确定影响。若仅限于原有财政分权体制，一旦形成流动人口与户籍人口的二元公共服务体系，新型城镇化建设效果就大打折扣了。图2就展示了我国目前财政分权对新型城镇化发展的影响及其传导机制。

（三）相关实证研究假设

根据以上分析，我们不难发现，财政分权格局是城镇化发展不完全的决定因素。同时，它也非常不利于公共服务供给。而发展不完全的城镇化又对公共服务供给作用有限。鉴于此，我们认为：（1）财政分权对城镇化

① 据统计，中国流动的农民工有2.11亿，同时还有7 000万的城镇间流动人口，如此大规模的区域间人口流动很容易导致流入地和流出地的公共服务成本不一致。

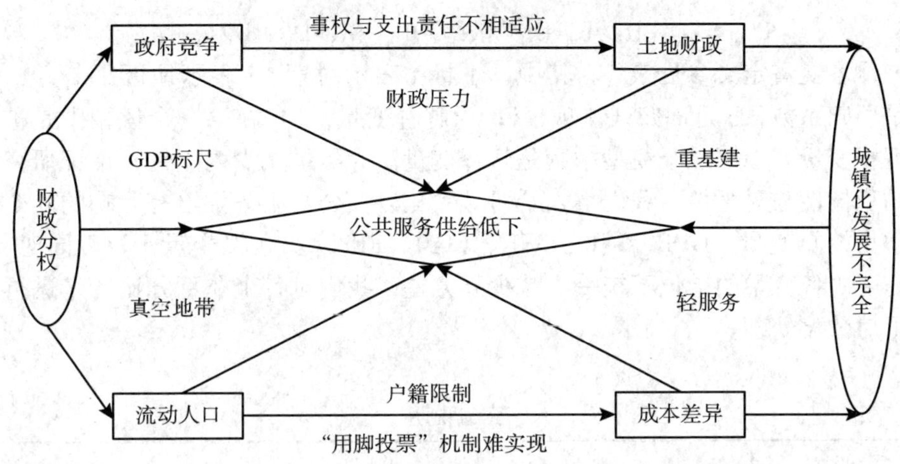

图2　中国式财政分权下的城镇化不完全发展传导机制

的影响较为复杂，目前的财政分权促进了城镇化发展，但对公共服务供给不利；（2）由于城镇化不完全发展，对公共服务供给水平提升有一定促进作用，但可能不显著。

结合以上理论分析结论，再考虑到相关变量的持续相关性，我们提出以下两个命题为研究假设，进行实证检验：

假设一：财政分权与城镇化呈现正向相关关系。同时，财政分权与公共服务供给水平负相关。备择假设即：财政分权与城镇化无关或负相关，与公共服务供给无关或正相关。

假设二：城镇化率的提供并未带来公共服务供给水平上升，两者呈无关或负相关关系。备择假设：城镇化与公共服务供给正向相关。

四、实证检验

（一）模型设定与变量选择

考虑到财政分权对城镇化以及公共服务供给之间存在的传导机制，本文先考察财政分权与城镇化的关系，再考察城镇化对公共服务供给的影响。在借鉴相关研究的基础上，针对以上研究假设，建立两个实证模型：

$$UR_{it} = \alpha_0 + \alpha_1 FD_{it} + \alpha_2 GDP_{it} + \alpha_3 IND_{it} + \alpha_4 COM_{it} + \alpha_5 PD_{it} + D94_{it} + \varepsilon_{it}$$

$$PG_{it} = \alpha_0 + \alpha_1 UR_{it} + \cdots + \alpha_4 GDP_{it} + \alpha_5 PD_{it} + D94_{it} + \varepsilon_{it}$$

各变量定义参见表 1。其中，下标 t 表示时期，i 表示地区，$\alpha_1 \sim \alpha_6$ 是回归系数，ε 是回归残差项，FD 为解释变量，UR 在第一个模型中是被解释变量，在第二个模型中则是解释变量。为尽量减少内生性，保证研究的稳健性与科学性，我们加入了对城镇化以及公共服务供给有影响的几个常见控制变量：GDP、IND、SER、COM、PD 以及虚拟变量 D94。同时，为解决各变量的单位不统一，减少异方差，我们对各个非百分比变量进行了对数化处理。

表 1　　变量说明

变量	说明
UR	城镇化率，用城镇人口与总人口的比率来衡量
FD	财政分权度，用人均本地财政支出占人均总财政支出比值度量
PG	公共服务供给水平，用每万名中小学生拥有的教师数度量
GDP	经济发展水平，用各地区人均 GDP 度量
IND	工业化水平，用第二产业产值占 GDP 的比重来表示
COM	政府竞争程度，用人均实际利用外商直接投资来衡量
PD	人口密度
D94	时间虚拟变量，1994 年及其以后乘以 1

财政分权指标选择是本研究核心之一，该指标选择既要考虑计量合理性，又要兼顾数据可得性和一致性，还要便于和以往研究比较。因此，本文用人均本地财政支出占人均总财政支出比值度量财政分权度。其中，人均总财政支出等于人均本地财政支出与人均中央本级财政支出总和。这一指标既可剔除人口规模影响，又可排除中央对地方转移支付的影响。该指标越大，表明地方政府财政分权度越高。

城镇化率指标也是本研究的重点，通常以城镇人口与总人口的比率来衡量，由于城镇人口在统计年鉴中并无具体数据。因此，我们采用常见的非农业人口来表示。该指标越高，表明城镇化水平越高。

公共服务供给指标的选择是个难点。目前由于该指标的度量还缺乏统一、权威的标准，本文采用代表性公共服务供给，即基础教育服务，用每万名中小学生拥有的教师数进行度量，并取自然对数。这一方面是因为数据可得性，另一方面也是因为这类公共服务的外部性，即：相对于其他公共服务能够控制在较小范围内，更能体现出财政分权和城镇化所附带的福利影响效应。这一指标越高，表明公共服务供给水平越高。

此外，城镇化的发展还受到很多其他因素的影响，借鉴相关研究，我们将其归纳到控制变量中，包括：经济发展水平，即人均 GDP，这是衡量地方经济发展最重要的指标，也是影响城镇化的重要变量；产业发展指标，即工业化水平，用第二产业产值占 GDP 比重来表示，其与城镇化发展密切相关；政府竞争程度，一般采用人均实际利用外商直接投资来衡量，因为地方政府的标尺竞争主要表现在外资方面，该指标越高，说明该地区竞争强度越大，对城镇化也起到推动作用。其他控制变量有人口密度和时间虚拟变量 D94（用以表示 1994 年分税制改革的影响）。

（二）样本选择与数据来源

以往研究财政分权对城镇化影响方面的文献较多采用省级数据。然而，从公共服务视角来看，现实中大多是指具体城市。因此，为更透彻地分析这三者背后的传导机制，我们采用了城市指标，研究样本包括 4 个直辖市和 15 个副省级城市①，总共 19 个城市。这些城市和省级单位一样，拥有经济管理权限，财政上可视为直接纳入中央计划，财政分权度的衡量具可靠性，且这些城市一般都具较好的经济发展基础，拥有良好的人力资源和技术。同时，也是人口较为密集的城市，城镇化程度较高，公共服务供给上也有针对性。因此，选择它们作为样本具代表性。1986 年我国开始实施“利改税”，确定了“划分税种、核定收支、分级包干”的体制，这也可以看作中国财政分权体制成形的起点，故选择数据区间为 1986 年之后，再根据数据的完整性原则，最终确定样本时间为 1988 ~ 2013 年，共 26 年。

本文数据均来源于 19 个城市地方统计局的统计年鉴，及 CNKI 统计年鉴库、《中国城市人口统计年鉴》等。由于行政区域的调整（如重庆市 1997 年起成为直辖市）、人口统计口径的变化（如济南、青岛的非农业人

① 副省级市由计划单列市转化而来，分别为：武汉、成都、西安、哈尔滨、长春、沈阳、济南、南京、杭州、广州、深圳、宁波、青岛、大连、厦门。它们在国民经济中占据重要地位，行政级别上享受副省级待遇，在国民经济和社会发展规划上，拥有省级政府职权，财政单列，直接与中央挂钩，被视为省级单位。

口数据近年来有缺失，但却能查到城镇化率）、部分变量数据的缺失（如1994年之前没有成都、长春的实际利用外资额），我们都对此进行了相应地调整。

（三）实证研究结果

1. 描述性统计分析

可以利用散点图及趋势线直观地观察财政分权度与城镇化率的关系。如图3所示，两者呈明显的正相关关系，说明财政分权有利于城镇化率的提升。

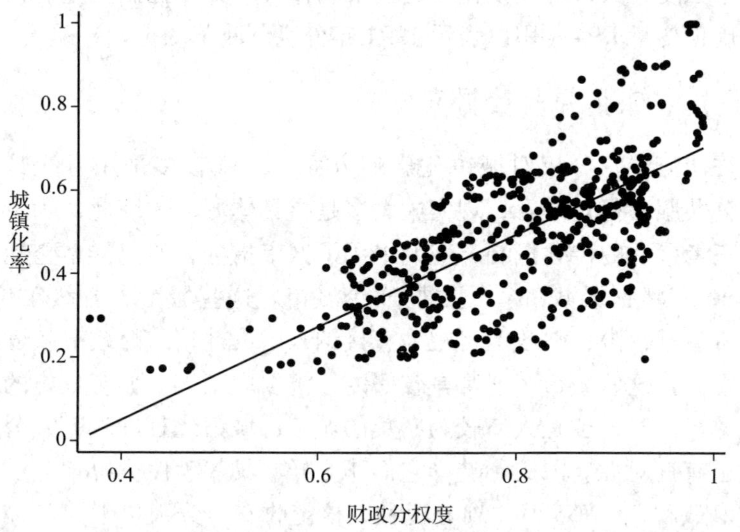

图3　财政分权度与城镇化率的关系

表2给出了各变量的描述性统计。从中可以看出，我国19个城市的财政分权度均值为0.8064，这是相当高的水平；而城镇化率样本均值为0.5025，标准差分为0.1793，说明样本期内这些城市的城镇化率处于中等水平，符合预期。同时，每万名中小学生拥有的教师数均值分别为599，标准差分为104.6163，表明样本期内这些城市的基本公共服务水平不高，且存在较大差异。由于我们的面板数据时间较长（有26年），而截面较短共19个城市，因此属于时间跨度大的长面板。因此，在进行回归前，我们对所有数据进行了单位根检验，结果发现变量均在5%显著水平上拒绝

了单位根假设，说明它们是平稳的①。

表 2　　主要变量的描述性统计

变量	均值	标准差	最小值	最大值
城镇化率	0.5025	0.1793	0.168	1②
财政分权度	0.8064	0.1114	0.3676	0.9883
每万名中小学生拥有的教师数	599.2907	104.6163	388.9976	967.1385
人均 GDP（元）	29 835.55	28 468.04	958	136 948
第二产业产值占 GDP 比重	47.0616	6.9265	22.3	66.9
人均实际利用外商直接投资（美元）	337.0099	472.3988	1.4255	3 515.382
人口密度	949.2325	999.547	65	5 935

2. 计量回归结果

对面板数据进行实证检验，需要根据具体情况来选用不同的估计方法。由于公共服务供给与财政分权、城镇化率间可能存在较强的内生性问题。为此我们需要为城镇化率设置工具变量。我们选择滞后一期的工业化水平，因为它与城镇化率密切相关，但却不是公共服务供给水平的主要因素。

首先，我们作静态面板数据回归，结果如表 3 所示。根据豪斯曼检验来确定采用固定效应还是随机效应模型（且均已和混合 OLS 模型进行了比较），以及是否使用工具变量。根据这些检验步骤，对第一个方程，我们采用固定效应模型，第二个方程则选择随机效应模型。

表 3　　传统面板数据回归结果

解释变量与控制变量	被解释变量 UR		被解释变量 PG
FD	0.2699 *** （0.000）	0.8059 *** （0.000）	-0.1339 ** （0.048）

① 我们使用的平稳性检验包括：（1）Levin - Lin - Chu 统计量；（2）Im - Peranran - Shin LM 统计量，限于篇幅，此处略去检验结果。

② 深圳从 2004 年起，已经全面实现农村城镇化，不存在“非农业人口”，因此，计算出的城镇化率为 1。

续表

解释变量与控制变量	被解释变量 UR		被解释变量 PG
UR			−0.0518 （0.238）
GDP	0.0662*** （0.000）		0.1380*** （0.000）
IND	0.0022*** （0.003）		
COM	−0.0108* （0.066）		
PD	0.0179** （0.035）		0.0023 （0.778）
D94	−0.0229* （−0.075）		−0.1710*** （0.000）
F 检验	54.47*** （0.000）	48.68*** （0.000）	
R^2	0.5001	0.3618	0.6484
豪斯曼检验 p 值（和 re 比较）	27.66*** （0.0001）	3.8* （0.0512）	8.03 （0.1548）
和 ivre 比较			（0.3943）
采取模型	固定效应	固定效应	随机效应

注：（1）括号内为 t 统计量。***、**、* 分别表示在 1%、5%、10% 水平上统计显著。（2）样本数为 494。

由表 3 可见，FD 对 UR 在 1% 的水平上有显著正向影响，即财政分权度越高，越能促进城镇化率的提高，两者关系显著。从对其相关性检验可见，豪斯曼检验 p 值为 0.0512，表明支持采用固定效应模型。无论控制变量 GDP、IND、COM、PD 是否进入方程，FD 的系数都为正，且统计显著，结论不改变。此时，豪斯曼检验 p 值为 0.0001，也都支持使用固定效应，说明控制变量虽有一定的干扰作用，但不影响假设一的成立。可见，实证结果支持了研究假设一。

对 PG 的检验结果则表明，FD 的系数为负，且在 5% 的水平上统计显著，说明财政分权并没有促进公共服务供给水平的提升；而 UR 的系数统计不显著，说明城镇化率与公共服务供给关系不明显，其豪斯曼检验 p 值为 0.1584，表明支持采用随机效应模型。同时，内生性检验的豪斯曼值为

0.3943，说明模型不需要使用工具变量。这也证明了我们研究假设二的成立。

3. 稳健性检验

为分析回归结果的稳健性，我们进行了面板异方差和自相关的检验。结果表明，固定效应模型存在异方差问题，但无序列相关；而随机效应模型则发现存在序列相关①。因此，采用相应的方法进行剔除异方差和自相关的稳健回归。针对固定效应模型，我们采用德里斯科尔等（Driscoll et al.，1998）的方法来处理，从而得到固定效应模型稳健性标准误。表4为稳健性检验的回归结果，从中可以看出，与之前未经处理的估计结果相比，虽然系数的估计值未发生变化，但此时得到的标准误明显增大了，致使得到的估计结果更加保守，因而我们的研究结论是稳健的。

表4　稳健性检验

解释变量与控制变量	被解释变量 UR		被解释变量 PG
FD	0.2699*** (0.061)	0.8059*** (0.000)	-0.1339 (0.315)
UR			-0.0518 (0.604)
GDP	0.0662*** (0.011)		0.1380*** (0.000)
IND	0.0022*** (0.033)		
COM	-0.0108 (0.236)		
PD	0.0179 (0.436)		0.0023 (0.722)
D94	-0.0229 (-0.371)		-0.1710*** (0.000)
F 检验	54.47*** (0.000)	48.68*** (0.000)	
R^2	0.5001	0.3618	0.6484
采取模型	固定效应	固定效应	随机效应

注：(1) 括号内为t统计量。*** 表示在1%水平上统计显著。(2) 样本数为494。

① 限于篇幅，此处略去检验结果。

五、结论和政策建议

财政分权对新型城镇化的影响较为复杂，它们又与公共服务供给有千丝万缕的联系，分析这一问题对于深入了解财政分权机制，完善分权体制，以及完善新型城镇化建设具有重要意义。根据诺瑟姆曲线[①]，一国城镇化率要达到70%以上，才能逐渐稳定下来。由此算来，我国的城镇化还处于成长期，并在加速中，这需多方面政策给予支持，才有可能真正实现。财政分权体制就是其中最为重要的公共政策之一。尽管很多学者认识到了财政分权在推进城镇化建设中的重要作用，及其对公共服务的影响，但缺乏系统理论解释和有效实证分析，从而难以给出操作性强的政策建议。

本文认为，财政分权是影响新型城镇化建设的根本性因素。基于此，建立了财政分权、城镇化建设以及公共服务的理论框架，并通过对变量数据的充分挖掘和实证检验支持了理论分析。我们发现，财政分权与城镇化建设水平显著正相关，说明财政分权度的提高对城镇化建设确实发挥了重要作用。但同时，这两者对公共服务供给的提升却不利，我国的城镇化还不是真正意义上的新型城镇化。

可见，我国的财政分权体制与建设新型城镇化还存在不匹配之处。对处在转型经济中的我国而言，财政分权的改革一直都在进行，尤其是中央和地方政府财权与事权改革的步伐从未停息，合理界定各级政府的事权和财权，明确各级政府在城镇化推进过程中的责任是下一步的重点[②]。由于新型城镇化就是人的城镇化，核心在于建立有利于公共服务供给化的财税体制。财政分权也应以供给公共服务为目标，两者具有内在统一性。

首先，建议在新型城镇化推进过程中，依据事权与财权相适应的原则，合理确定各级政府在教育、基本医疗、社会保障等公共服务方面的事权。对照事权，建立完善与新型城镇化相适应的财政收入体系，拓宽城镇化融资渠道。比如，完善地方税体系，以人口城镇化为目标培育地方主体

---

① 这是揭示工业化以来，市场经济条件下城镇化演进一般趋势的曲线。

② 就在2016年8月国务院还出台了《关于推进中央与地方财政事权和支出责任划分改革的指导意见》，进一步明确了相关事项。

税种；加快房地产税立法，并适时推进改革；考虑增加地方政府的税收分成，促使税收权力下放；合理规范原有土地出让金、使用税等，从而逐步改变土地财政现状，增强地方政府提供基本公共服务的能力。

其次，建立健全城镇基本公共服务支出分担机制。根据公共服务受益范围划分事权，若超出了该级政府辖区，则转由上级政府承担或受益范围内多个层级政府共同承担。在改革户籍管制的基础上，建立财政转移支付同农业转移人口市民化挂钩机制，中央和省级财政安排转移支付要考虑常住人口因素。依托信息化管理手段，逐步完善城镇公共服务补贴办法。从而不断完善财政利益的分配。

再次，要改变对地方政府的激励机制和政府考核体系。因为，公共服务供给的正面作用需一定时间才能反映出来，而现在的政绩考核使得地方政府偏好短期的经济行为，而非有效供给公共服务。因此，如果将公共服务等隐性项目加入考核指标，或增加其权重，可能使地方政府更为重视公共服务供给，从而使得新型城镇化真正落到实处。

最后，在不断推动户籍制度、土地制度和财政体制的联动改革基础上，让城镇化由政府主导，变为引导，寻找到最优财政分权度，从而在一条自发的道路上稳步进行，实现真正的新型城镇化。

参考文献

1. 国务院发展研究中心和世界银行：《中国：推进高效、包容、可持续的城镇化》，载于《管理世界》2014 年第 4 期。

2. 吉黎、毛程连：《新中国成立以来城镇化演进与财政支持的关联度》，载于《改革》2015 年第 4 期。

3. 贾康、刘薇：《以一元化公共财政支持市民化为核心的新型城镇化》，载于《中国财政》2013 年第 10 期。

4. 李伶俐、谷小菁、王定祥：《财政分权、城市化与城乡收入差距》，载于《农业技术经济》2013 年第 12 期。

5. 刘昊：《城镇化发展与财政政策相关性的实证分析》，载于《地方财政研究》2013 年第 5 期。

6. 刘尚希：《我国城镇化对财政体制五大挑战及对策思路》，载于《地方财政研究》2012 年第 4 期。

7. 马光荣、杨恩艳：《中国式分权、城市倾向的经济政策与城乡收入差距》，载于《制度经济学研究》2010 年第 1 期。

8. 秦佳、李建民：《中国人口城镇化的空间差异与影响因素》，载于《人口研究》

2013 第 2 期。

9. 孙红玲、唐未兵、沈裕谋：《论人的城镇化与人均公共服务均等化》，载于《中国工业经济》2014 年第 5 期。

10. 孙建飞、袁奕：《财政分权、土地融资与中国的城市扩张》，载于《上海经济研究》2014 年第 12 期。

11. 王耀中、陈洁、彭新宇：《2012 ~ 2013 年城市化学术研究的国际动态》，载于《经济学动态》2014 年第 2 期。

12. 熊柴、高宏：《人口城镇化与空间城镇化的不协调问题》，载于《财经科学》2012 年第 11 期。

13. 徐曙娜、任超然、张远：《财政支出结构对我国城市化进程的影响效应研究》，载于《上海财经大学学报》2012 年第 3 期。

14. 闫坤、鄢晓发、张立承：《促进城镇化健康发展的财税政策》，载于《税务研究》2008 年第 6 期。

15. 张德勇、杨之刚：《应对城市化：中国城市公共财政对策》，载于《财政研究》2005 年第 10 期。

16. 中国经济增长前沿课题组：《城市化、财政扩张与经济增长》，载于《经济研究》2011 年第 11 期。

17. Davis，J. C. and Henderson，J. V. Evidence on the Political Economy of the Urbanization Process. *Journal of Urban Economics*，2003，53（1）：pp. 98 – 125.

18. Henderson，J. V.，Quigley，and Lim，E.，Urbanization in China：Policy Issues and Options，Unpublished Manuscript，Brown University，2009.

19. Henderson，J. V.，The Effects of Urban Concentration on Economic Growth. NBER Working Paper，2000，No. 7503.

20. Henderson，J. V.，The Urbanization Process and Economic Growth：the so what Question，*Journal of Economic Growth*，2003，8，pp. 47 – 71.

21. Lehmann，S.，Can Rapid Urbanization Ever Lead to Low Carbon Cities? The Case of Shanghai in Comparison to Potsdamer Platz Berlin. Sustainable Cities and Society. 3，pp. 1 – 12.

第五篇

社会主义市场经济新体制

混合所有制的作用和混合所有制改革

吴宣恭[*]

混合所有制是我国当前阶段基本经济制度的重要组成部分。它对经济发展具有许多积极作用，同时也具有一定的局限性。这些都同混合所有制的产权关系密切相关。本文以混合所有制的典型实现形式——股份有限公司为主，分析混合所有制产权关系的特点，多方面论述其作用，进而探讨如何正确开展国有企业的混合所有制改革。

一、混合所有制的产权关系

混合所有制是不同性质的所有制主体按照一定规则，实行紧密型联合投资的所有制形式，是我国当前阶段基本经济制度的重要组成部分。

我国的混合所有制主要有四种类型：(1）公有制和私有制主体联合组建的混合所有制，包括国有经济或集体经济主体与外资或国内私营企业联合组建的混合所有制。(2）公有制主体与自然人联合组建的混合所有制。(3）国家所有制主体与非国有的公有制，如集体所有制、股份合作制主体联合组成的混合所有制。(4）国家所有制、非国有公有制、私有制等的多种主体交叉持股形成的混合所有制。

混合所有制的产权结构或实现形式多种多样，诸如，不同性质所有制主体联合建立的合伙制企业、股份合作制企业、按公司法组建的有限责任公司以及按股份制规则组建的股份公司。其中主要的和典型的实现形式首推国有资本、集体资本、非公有资本等相互融合的股份有限公司。下面以

---

* 吴宣恭，厦门大学经济研究所教授。

股份公司为主分析混合所有制的产权关系。

混合所有制股份公司的产权关系可以从外部和内部加以分析。

首先，从混合所有制股份公司与其他所有制主体的关系，即外部关系观察，其产权关系具有以下特点：

（1）股份公司由不同社会性质的组织或个人，根据“按份共有”的原则联合组成。它既非公有制，也不属于私有制，而是混合所有制的一种特定形式。

（2）出资者所有权与公司的法人财产权相分离。股份公司建立之后便依法成为法人，拥有独立的财产权，即法人财产权。这里所谓的独立，包含两重含义，一是指公司拥有独立于国家、政府和其他组织、企业、个人之外的资产，可以自由支配它们而不受任何外部主体的干预；二是指公司还同出资者，即股东的财产完全脱离，彼此分开，公司和股东是不同的所有者，是两家人。

（3）股份制公司对其资产拥有完整权能，包括归属权和占有权、支配权、使用权，获得和支配实施其权能的全部利益，承担相关的全部责任。第一，它能够独自处置归它所有的财产，决定自己的生产经营活动。出资者除了参加股东大会，讨论公司的重大问题和选举董事以外，无权单独支配公司的资产。而且，股东投资以后就不能直接抽回他所投入的资金，如果他不满意公司的经营，只能在市场上出卖股票，将股权转让给别人。这表明出资者不仅不能支配公司的整个资产，连他自己投入的资金也合并在公司总资产之中而不能由他单独支配。第二，公司有权获得经营的全部收入，依法独立支配所得的利润。股东只能按照公司的规定得到一定的红利，除此之外，不能再得到公司的任何其他利益。第三，公司对它所作所为及其后果负全部责任，所发生的一切债务，只由公司以其资产偿还，与股东无干。公司应付的税金，也是同股东的收入分开计算，各自交纳。

（4）股份公司和出资者的财产责任有限。从公司看，它在宣告破产、清偿资产之后，不必承担所有未还清的债务。从股东看，他们的财产责任只以各自的投资额为限，不必为公司承担连带赔偿责任。

（5）财产存在形式和运动形式二重化。出资者投资公司后取得股权，可以任意支配他的股权并得到收益；同时，以他们的投资转换成的生产要素则组成为公司的实际资产，由公司行使各种权利。于是，公司的财产便取得两重的存在：一个存在于生产要素和产品形态上，在公司的实际生产经营中发挥作用；另一个存在于虚拟资本形态，即马克思所说的“纸制复本”，表现在股票的价格上，在证券市场中运行。这两个存在形态在不同领域分别运动，虽然会互相影响，但各有自身的运行规律。

其次，从混合所有股份公司内部关系观察，其产权具有以下特点：

（1）所有权主体社会性质存在差异。混合所有制股份公司各种出资者的社会性质差别很大，他们的经济目的、行为偏好各不相同。

（2）所有权的可分性和产权结构的分散性。股份公司的股东都拥有一部分股权，分别记在自己名下，由自己掌握和支配。他们是具有不同利益和打算的产权主体，互相独立并可能随时分手。

（3）权利份额的不平等性。股份公司股东的投资有多有少，股权及相应的其他权利不平等，甚至是悬殊的，相应地，股东在企业的地位和影响力也有重大差异。

（4）产权结构的不稳定性。股份公司的股东有权自行决定购买或者出售股票。当他们都拥有公司股票时，就联合在一起共同成为公司投资的所有者；一旦他们抛售了股票，这种联合的关系就瓦解了。股权容易转换使不同性质出资者拥有产权的份额、比例都处于经常变化的状态。

（5）所有权和经营权相分离。股份公司股东人数众多，而且不稳定，无法直接参加公司的经营管理，只能把经营权交给股东大会选举的董事会及其聘任的经理人员行使，由他们负责公司的经营决策和日常经营事务。

（6）财产责任与经营责任脱离，财产责任、权力和利益不对称。董事、经理等经营者在多数股份公司中所占的股权不多，不是主要出资者，无须担负基本的财产风险，却掌握着公司的大权，享有丰厚的薪酬和待遇。企业的盈亏直接影响着股东的利益，他们没有经营权利却必须担负财产风险。

（7）所有者、经营者与劳动者在权利和利益上相分离。股份公司的财产属于公司，归董事和经理们经营管理，股东则可以根据股份获得股息或红利。但是，对于劳动者来说，只要他们不拥有股票，就被摈弃在所有者的行列之外，成为单纯的劳动者，无权参加公司的管理，无权享受公司经营所带来的利益。不仅如此，劳动者创造的剩余价值是公司利润的来源，利润的多少还与工资存在着互为消长的对立关系。就这种关系看，股份制的所有者与劳动者的权利、利益是分离甚至对立的。资本主义私有制主体控股的股份公司基本上都存在这种关系。在国家控股的股份公司里，虽然劳动者作为劳动人民的一分子，也是国有股的共同所有者之一，也可以享受到一份权益，但这充其量只是全体人民都能享受的归属权的一部分，只能通过社会公共设施从国有股得到的红利间接享有一部分利益；至于经营权方面，普通劳动者一般不能参加董事会和监事会，无权参与企业的经营管理，只能间接通过国有股的代表去体现。这与公有制企业中，劳动者集所有者、经营者和直接生产者于一身，享有参与经营管理并得到企业一部分收益的权利，是完全不相同的。

二、混合所有制股份公司制度的作用

混合所有制股份公司形成适合自身发展要求的运行机制，能够发挥许多积极的作用。主要有：

第一，有利于通过投资主体的联合广泛迅速筹集资金，扩大生产经营规模或发展新产业。这是混合所有股份制适应生产社会化要求的最基本的作用。当前，我国有相当数量的资金因缺少投资领域而闲置，同时又有许多企业急需大量资金。通过股份化，可以打破地区、行业、部门乃至所有制的限制，将分散的资金集中到能够有效运用的主体，使那些有发展前途的企业得到充足的资金，有利于合理配置社会资源，优化经济结构，迅速发展社会生产。

第二，它有利于打破不同所有制之间的界限，进行不同所有者之间的资产联合。各类企业可以通过互相参股、合并、改组，组建股份公司，提高规模经济效益，增强企业竞争力。在多种所有制并存的条件下，它是各种所有制互相渗透，在较大范围组织紧密型经济联合的唯一途径。这是任何所有制或经营形式所无法具有的功能，也是混合股份制重要的积极作用。

第三，国有企业可以利用股份公司的特点，有计划地吸收一定比例的非公有资本，盘活国有资产存量、放大国有经济的功能，扩大国有经济的影响范围和控制力，增强国有经济在国民经济中的主导地位。同时，开放部分国有企业让私人资本参股，可为私人资本提供一条正确的投放渠道，也是国有经济的一种主导行为，可引导私人资本朝着优化产业结构的方向发展。

第四，发展混合所有制可以利用不同所有制各自的特点，发挥各自的优势。只要设计合理，就可能融合不同所有制的优点，制约各自的缺点，取长补短，改善企业的经营机制，提升企业的活力和竞争力。

第五，混合所有制实行出资者所有权与法人财产权相分离，股份公司拥有自身的独立所有权，不同性质的经济主体共同决策，已不再是单一的国家所有制企业。政府作为出资者之一员，只能按照公司章程行使权利，不能从外部任意支配和左右企业。这就能够有效地限制政府机构对企业的干预，比较彻底地实现“政企分开”，使企业成为独立的经济主体，自主经营、自我积累、自我发展。

第六，股份公司内部，实行所有权和经营权的分离，通过不同形式的法人治理结构，使各方面的权力互相制衡，协调各方的利益，建立起自我监督、自我约束的机制，有利于改善企业的经营管理，提高企业的经营效率。

除了以上的积极作用，混合所有制股份公司受到自身产权特点的制约，同时存在一些局限性：

第一，股东的社会性质不同导致行为目标的差异，可能影响混合所有制公司的决策和发展方向。因为，资本主义私有制主体的目的是获取最大利润；公有制主体，尤其是国家所有制主体，虽然也要努力保值增值，却是为了发展生产以更好地满足人民的需要，在活动中会更多关心国家和全社会的利益。不同主体之间经济目的、行为原则的阶级性差异，不仅会影响公司与政府和其他企业的关系，还会影响到公司内部的相互关系，在一定程度上发生企业决策和发展方向的偏差。

第二，所谓国家可以利用控股，扩大国有资本的支配范围，增强国有经济的主导作用，自身就存在一定的逻辑矛盾。因为，只有国有企业能提供较高的稳定利润，才能吸引私人资本投资参股。如果国有企业效益不好，根本招不来私有资本，虽有一厢情愿，到头来还是混改不成。反之，如果国有企业能获得稳定的高额利润，表明它经营效益优良，具有较好的发展前景，也有良好的条件从别的渠道融通资金，政府本应该将它作为重要对象加以支持，又何必拉拢私商入股，把高额利润输送给他们？加上以往经常发生的、混改过程中国有资产严重流失，这到底会壮大还是会削弱国有经济？此外，根据同样的道理，私人资本也可以收购有较好发展前景的国有企业，利用控股扩大私人资本的支配范围。即使私人资本在混合所有制公司处于非控股地位，只要他们掌握一定的权力，也会由于它的本性，影响公司的运作的社会主义方向。所以，很难说混合所有制只是单方面有利于国有经济的发展。

第三，所谓股份公司的所有权主体多元化有助于发挥企业内部的约束机制，并非绝对的。因为，大量的分散的股东不进入董事会，股东大会又不讨论一般经营管理问题，根本无法影响公司的决策。有人说他们可以通过股票市场“用脚投票”，对经营者施加压力，发挥督促作用。这实际上是不了解股份公司运行机制的胡言。因为，股份制的资金运行机制是双轨的，一边是实际资产的经营，一边是虚拟资本的运行。股票的转手只是虚拟资本在不同所有者之间的转移，即使大量股东抛售股票，导致公司股票价格下跌，公司的资产也不会减少，对实际经营不起多大作用。何况股票交易本来就是对等的行为，卖出和买进是同时而且相等的，如果说卖出表示投反对票，但同时就有等额的买入表示赞成。反对和赞成票始终是相等的，根本无法表示投票赞成或是反对。可见，所谓“用脚投票”无非是对无权“用手投票”者的忽悠，实际上对公司所起的约束作用是非常微弱的。

第四，混合所有制不见得都有利于所有权主体互相制衡，完善公司治理结构。这首先因为，股份公司的出资者数量大，目的不一致，持股份额不同，股权分散，流动性强，可能削弱他们对公司管理的关心程度。中小股民关心的主要是股价的变动，没兴趣也无从了解公司的治理情况，哪里谈得上与管理人员互相制衡。其次，公司的股东、董事、经理人员存在权力分歧，多数股东无权参与公司管理，经营管理者尤其是高层管理掌握了重要的权力，可能利用掌握信息的不对称甚至垄断，牟取自身利益，产生了让国内外经济学家头痛的委托代理关系问题和所谓“内部人控制”，使公司内部的制衡功能被削弱甚至失效。最后，大股东为了抢夺公司的支配权和自身利益，明争暗斗，已成为中外公司普遍发作的痼疾，必然影响公司内部关系的协调，加大统一决策的难度。如果这种争斗出现于公有制和私有制主体之间，甚至会发生控股状况和企业性质的变化，影响到企业发展的方向。

第五，劳动者与股份公司的关系发生重大变化。从所有权看，国有企业的劳动者是生产资料和劳动成果共同所有者，并体现在各个再生产过程；在股份公司，如果他们不拥有股票，就被摈弃在所有者的行列之外，成为单纯的劳动者。从管理权看，国有企业实行“两参一改三结合”，劳动者共同参加企业的管理，《公司法》甚至还规定国有的公司制企业“董事会成员中应当有公司职工代表”，股份公司就没有这种硬性规定，劳动者参与企业管理的权利只能间接通过国有股代表去体现。从分配方面看，国有企业实行按劳分配，共同享有企业经营带来的利益；在股份公司，职工工资还与公司利润存在着互为消长的对立关系。这些变化都会妨碍劳动者积极性、主动性的发挥。

第六，除了以上问题，股份公司还带有一些自身特有的明显弊病，例如，股市暴涨暴跌，助长“泡沫经济”，冲击国民经济和社会秩序；股票市场中炒作丛生，欺骗股民，成为变相的赌场；股市大户吃小户、散户，加剧分配不公和财产悬殊；“空手套白狼”，以极少资本恶意收购公司，制造市场的不稳定因素，等等。这些弊病已经在资本主义国家中长期存在，在我国也大量发生，其危害性是有目共睹的，造成的危害甚至不亚于国家所有制中存在的问题。

总之，作为混合所有制的实现形式，股份公司发挥了许多积极的作用，但是，还存在一些消极的因素，或者抵销了积极作用，或者产生一些弊病。这些都是由股份制产权特点决定和客观存在的，即使股份公司实现了规范化也不可避免。

三、积极稳妥推进国有企业混合所有制改革

混合所有的股份公司制并不能解决国家所有制存在的各种问题，绝不是“一股就灵”。因此，不但在考虑混合所有制改革时要全面衡量利弊，慎重决策，根据企业的具体条件考虑改革的方式；在改制后，也要针对它存在的问题，努力加以解决。

第一，牢牢把握发展混合所有制的目的。混合所有制经济是我国基本经济制度的重要组成部分，进行混合所有制改革必须有利于扩大国有经济的功能，同时引导非公有制经济朝着社会主义方向健康发展。一定要确保国有经济的保值增值，遵循做强做优做大国有经济的目标，增强公有制经济的活力、控制力、影响力。要汲取过去国有企业改革的经验和教训，防止国有资产流失。绝对不能使混合所有制改革变成实现私有化的途径。不能像习近平总书记所说的“在一片改革声浪中把国有资产变成谋取暴利的机会。”①

第二，要注重统筹协调，精心制订实施方案。混合所有制改革是国有

① 习近平：2014 年 3 月 9 日参加全国人民代表大会安徽代表团审议时的讲话，http://news.xinhuanet.com/politics/2014-03/09/c_119679886.htm。

企业改革的重要举措，但并非所有的国有企业都要搞所有制混合。原则是宜改则改，不搞“拉郎配”，不搞全覆盖，不设时间表，稳妥推进，有序进行。要根据国有企业从事的产业、部门的性质和战略地位，实行分类指导，分层推进，确定国有企业股权的优化结构，适宜独资的就独资，适宜控股的就控股，适宜参股的就参股。对自然垄断行业，实行以政企分开、政资分开、特许经营、政府监管为主要内容的改革。对关系国家安全的国有企业和国有资本投资公司、运营公司，应该继续国有独资形式。至于涉及国民经济命脉的重要行业和关键领域的国有企业，只要经营正常，能促进生产发展，存在问题可以解决的，就应该继续坚持国家所有，确实需要混合改革的，应该保持国有绝对控股。涉及支柱产业和高新技术产业等行业的重要国有企业，可保持国有绝对控股或相对控股。对不需要由国有资本控制并可以由其他资本经营的部门和企业，可采取国有参股形式或者根据实际条件放开给非国有企业经营。在混合的方向上，既可引入非国有资本参与国有企业，也要鼓励国有资本以不同方式、不同比例参股非国有企业。

第三，正确处理混合所有制各类产权主体的关系，完善制度，保护产权和劳动者利益。首先，要处理好出资人的关系，既要保证国有控股主体在企业中的支配权，也要使其他参与主体获得与其股权相应的权利；既要保证国有资产保值增值、防止国有资产流失，也要保证其他参与主体得到期许的合理回报。其次，要确实履行所有权与经营权分开，董事会负责企业经营活动的决策，公开、公正地选择、聘任经理人员，并放手让其履行职能，管理好企业的日常经营。最后，要处理好公司和管理层、控制层与广大的普通股东的关系，尊重他们的合法权益，听取和重视他们的意见，适时发布公司的重要信息，定期发放股息红利，切莫使广大股东变为只会在股市投机的“股民”。

第四，按现代企业制度的要求严格规范混合所有制股份公司的活动。要做到产权清晰、权责明确、决策民主、管理科学。要完善法人治理结构，加强权力各方的分工和制衡，防止产生股份制企业容易出现的弊病，如信息披露不透明、监管监督体制缺失、内部人控制等，不断提高公司的经营效率。要注意搞好同各类利益相关者的关系，在追求更多企业收益的同时，积极承担企业的社会责任。

第五，处理好所有者、管理者和劳动者的关系。混合所有制股份公司的劳动者不仅是企业产品和价值的创造者，而且是社会主义国家的主人翁和社会主义制度的坚强支持者。他们有的是原来国有企业的职工，是国有经济的共同所有者，享有所有者的权利。混改以后，他们在公司的地位发生落差，免不了在某些程度上产生失落情绪。因此，对混合改制的公司，应特别重视和正确处理所有者、管理者和广大劳动者的关系。一是要关注职工权益的立法，修订《公司法》有关股份公司管理制度的条文，确立职工董事、监事制度，明确劳动者参与企业管理和监督的权力，使劳动者能够了解企业的活动，维护自己的合法权益。二是要建立合理的分配制度，实行多形式的奖励措施，保证劳动者的收入能够与劳动生产率的提高相应增加。三是设定职工持股的条件，在非国家控股的股份公司推广职工参股，使管理层以外的普通劳动者也能分享公司的部分收益。

第六，处理好“新三会”与“老三会”的关系。“老三会”是在国有企业中加强共产党领导，发扬工人阶级主人翁精神的重要组织，是国有企业制度中的要义。在混合所有制改革中，要扭转职代会、工会在股份公司中作用日渐淡化以及党委会对公司的控制有所减弱的趋势，继续发挥“老三会”的积极功能。“新三会”是股份公司建立法人治理结构的权力组织，必须不断完善，改变权力过度集中于董事会，股东大会流于形式，监事会监督乏力的状态，使三者科学分工，互相制衡。在保证“新三会”作为股份公司经营管理主要运作力量的基础上，要加强党的领导，确保党委会参与公司重大问题的决策，继续实施党管干部的原则，充分发挥职代会、工会民主管理、民主监督的作用，确定职代会推举职工代表进入董事会和监事会的权力。当然，在加强“老三会”作用的同时，应在组织、人事和活动安排上搞好规范，注意与“新三会”的协调，避免机构重叠、多头领导，提高工作效率。

混合所有制企业的股权结构研究

唐未兵　任丽萍*

一、问题的提出

深化国有企业改革是中国经济体制改革的核心，而混合所有制改革是当前深化国有企业改革的关键突破口①。宏观层面的混合所有制改革是指发展混合所有制经济，其微观层面便是企业的股权结构优化问题②。从微观层面全面深入地分析混合所有制企业的股权结构是宏观层面发展混合所有制经济的基础。

不同股权性质及其持股比例对股权结构的影响至关重要，在国有控股企业中引入非公有资本在一定程度上影响着国有股东的行为进而改变企业的股权结构配置。这是因为，具备完善治理制度及先进管理经验的外资有助于降低企业的代理成本并改善企业的公司治理机制③，而具有追逐利益天性的民营资本有助于抑制企业承担过多的政策性负担④。问题在于，在国有控

* 唐未兵，湖南工业大学商学院教授；任丽萍，湖南工业大学商学院硕士研究生。基金项目：湖南省社科基金重大项目《我省发展非公有资本控股的混合所有制企业的鼓励政策与推进措施研究》（15WTA07）。

① 黄速建：《中国国有企业混合所有制改革研究》，载于《经济管理》2014 年第 7 期。

② 汪平、邹颖、兰京：《异质股东的资本成本差异研究——兼论混合所有制改革的财务基础》，载于《中国工业经济》2015 年第 9 期。

③ 武常歧、吕振艳：《民营化、外资股东和嵌入型：来自中国的证据》，载于《经济管理》2011 年第 3 期。

④ 廖冠民、沈洪波：《国有企业的政策性负担：动因、后果及治理》，载于《中国工业经济》2014 年第 6 期。

股企业中引入非公有资本，该引入哪种性质的非公有资本？哪种性质的非公有资本与公有资本混合能带来更高的企业价值提升？公有资本在不同类型混合所有制企业的最优持股比例是多少？相关实证研究还有待进一步深化。

田昆儒和蒋勇（2015）基于面板门限回归模型对公有资本的持股比例进行了区间优化研究。陈俊龙和汤吉军（2016）基于双寡头垄断竞争模型，认为混合所有制企业中国有股权的最优比例是一个动态变量，受宏观政策、市场完善程度、国有资本及引进非国有资本效率等多种因素的影响。关于企业股权结构的研究主要集中在股权集中度、股权制衡度以及大股东之间的博弈及控制权问题，但并未考虑不同性质的非公有资本对混合所有制企业价值的影响。李建标等（2016）利用实验室实验数据研究了混合所有制改革中公有资本和非公有资本的行为博弈，认为非公有资本参与混合所有制改革的预期收益更高，且参与越早获利越多，但获利情况会受到交易成本和国有资本超级股东身份的影响。郝云宏和汪茜（2015）的研究表明，持股股东能够依靠引入关系股东、获取董事会席位及运用法律制度等途径制衡大股东。

本文利用 2012～2016 年我国 A 股上市公司数据，在已有研究的基础上，进一步考察了不同股东性质的资本融合对企业价值的影响，分别研究了在不同混合类型的企业中，哪种混合类型的股权制衡度最优和不同性质资本的最优持股比例。

二、理论基础与研究假设

根据冯果（2016）提出的股东异质化假定，不同性质的股东在投资目标、利益偏好、治理能力等方面存在一定的差异。就投资目标而言，公有资本的投资目的是社会财富最大化，而非公有资本的投资目的则是个人利益最大化，投资目的的差异导致不同性质的股东在投资决策、管理方法、经营战略等方面产生分歧。就利益偏好而言，公有资本兼顾社会各方利益，会做出相对保守的投资经营决策，而非公有资本在做出投资决策时，为了获得更高的收益而倾向于风险型的投资决策。就治理能力而言，股东参与公司治理的能力在一定程度上取决于股东所能获取信息的质与量，而股东获取信息的能力受到其拥有股权大小的限制。因此，从股东异质性角度研究股权结构对企业价值的影响十分必要。股东异质性暗含了企业股权结构质与量两个维度的差异，即持股股东性质的差异及股东持股比例差异，分别反映在股权性质差异化及股权集中度的差异性上。不同性质的股东基于不同理念及经营目标进而追求不同的期望报酬率，因此，企业的股权结构实际上是不同性质的股东基于期望报酬率差异而不断地进行利益博弈所形成的结果①。

混合所有制企业的股权按照其属性可以简单地划分为国有股权和非国有股权，这两类股权的有效融合是混合所有制企业公司治理的关键问题之一。国有股权在资本、技术、治理能力等方面为混合所有制企业的发展创新提供了相应的支持。而非国有股权灵活的经营管理机制为混合所有制企业带来了活力。因此，不同性质股权之间的交叉融合能对混合所有制企业的价值提升起到促进作用。

结合已有研究，本文从三个方面对混合所有制企业的股权结构进行研究：一是股权性质。分别研究在国有资本控股时，单独引入外资、单独引入民营资本，同时引入外资和民营资本，以及在民营资本控股时，引入国有资本这四种混合类型，哪种混合类型的企业价值更高。二是股权集中度。这是指参与混合的同一性质资本占总资本的比例。不同性质的资本在经营及投资方面可能存在分歧，这会影响各种性质资本充分发挥其优势。要使不同性质的资本能够相互制衡，实现优势互补，混合主体的深入性（即混合主体的持股比例）会起到至关重要的作用。三是股权制衡度。即在混合所有制企业前十大股东中，非公有资本持有比例之和与公有资本持有比例之和的比值。大股东之间的相互制衡有利于减少部分国有股东可能存在的非效率行为以及非国有股东可能出现的机会主义行为，并积极发挥各自的优势，进而促进企业价值提升。

企业价值可从财务绩效和市场表现进行分析。具体分析框架如图 1 所示。

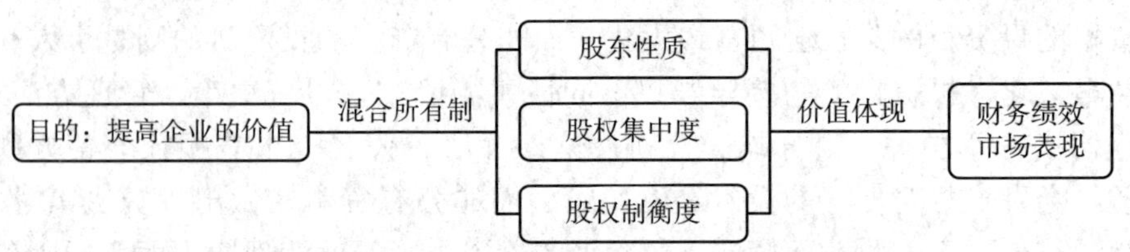

图 1　混合所有制企业的股权结构影响绩效的途径

① 汪平、邹颖、兰京：《异质股东的资本成本差异研究——兼论混合所有制改革的财务基础》，载于《中国工业经济》2015 年第 9 期。

(一) 股权性质与混合所有制企业价值

1. 国有资本控股

根据 CCER 数据库非公有资本的分类情况，结合实践过程中不同性质资本的影响力，我们将国有企业改制为混合所有制企业划分为以下几种类型：单独引入外资、单独引入民营资本，同时引入外资及民营资本。

（1）单独引入外资。吉兰和斯塔克斯（Gillan and Starks，1998）的研究结果显示，外资的引入有助于改善本地企业的治理水平。阿加沃尔（Aggarwal，2010）的研究显示，外资股东更有动力对经理人加强监督。由于外资股东通常具有丰富的投资管理经验以及完善的监督机制，从而有利于减少管理层的机会主义行为，降低代理成本。另外，外资股东丰富的投资决策经验有助于提高企业的投资效率，从而提升企业整体价值。基于上述分析，提出如下假设：

H1：在国有控股企业单独引入外资，有助于提升企业价值。

（2）单独引入民营资本。学术界对民营资本注入国有企业对企业价值的影响褒贬不一。有学者认为，民营资本为维护自身利益，更有动机和能力加强对经理人的监督①，从而减轻机会主义行为带来的消极影响。并且提高民营资本持股比例有助于缓解政府干预②，即在国有企业中引入民营资本，有助于促进企业价值的提升。然而当民营资本进入国有企业并能够有效制衡国有资本时，民营资本可能会通过非效率的投资活动提高自身利益而损害企业整体利益③。民营资本追逐利益的天性会促进其对公有资本进行积极监督，提升企业整体价值，但由于机会主义倾向的存在，民营资本进入国有企业也可能会存在侵害企业整体利益的情况。因此，提出如下假设：

H2a：在国有控股企业单独引入民营资本，有助于企业价值的提升；

H2b：在国有控股企业单独引入民营资本，可能会导致企业价值下降。

---

① 陈小悦、徐晓东：《股权结构、企业绩效与投资者利益保护》，载于《经济研究》2001年第11期。

② 李文贵、余明桂：《民营化企业的股权结构与企业创新》，载于《管理世界》2015年第4期。

③ 涂国前、刘峰：《制衡股东性质与制衡效果——来自中国民营化上市公司的经验数据》，载于《管理世界》2010年第11期。

（3）同时引入外资和民营资本。由于外资和民营资本均存在各自的优势，因此在国有企业中同时引入两种非公有资本，形成多元化的持股主体，各种性质股权相互监督与制衡，不仅可以有效地减少大股东的“掏空”行为，缓解政府对企业过多的干预，而且有助于完善混合所有制企业的公司治理机制，缓解企业代理问题，从而促进企业价值的提升①。基于上述分析，提出如下假设：

H3：在国有控股的企业中同时引入外资及民营资本，有助于企业价值的提升。

2. 民营资本控股

混合所有制经济的发展不单单指的是在国有企业中引入非公资本，还包含在民营企业中引入公有资本②。结合我国的实际情况，本文重点研究了民营企业注入公有资本对企业价值的影响程度。由于民营企业的发展会面临技术落后、资金不足、融资困难、创新动力不足等问题，因此在民营企业中引入国有资本，可以解决民营企业在发展中遇到的瓶颈问题，有助于其突破自身规模及资本的限制，进一步提升其价值。基于上述分析，提出如下假设：

H4：在民营资本控股的企业中，引入国有资本持股有助于提升企业价值。

（二）混合主体股权集中度与混合所有制企业价值

尽管差异化的混合类型会影响混合所有制企业的整体价值，但影响程度会因不同性质股权的持股比例不同而产生差异。帕加诺和罗依尔（Pagano and Roell，1998）认为，过度分散的股权结构有助于企业形成大股东间的制衡机制，它能够抑制大股东利用控制权获取私有收益的行为，从而促进企业整体价值的提升。当企业存在制衡股东时，会抑制大股东“掏空”行为，企业的财务绩效会得到改善，市场表现也会更加良好，可以从整体上提升企业价值，因此在混合所有制企业中提升非公有资本的股权比例对企业价值的提升存在积极的影响。那么，非公有资本的股权比例是不

---

① 许为宾、周建：《混合所有制、股权制衡与国企过度投资：基于政治观和经理人观的解释》，载于《广东财经大学学报》2017 年第 2 期。

② 卫兴华、何召鹏：《从理论和实践的结合上弄清和搞好混合所有制经济》，载于《经济理论与经济管理》2015 年第 1 期。

是越高越好呢？其实不然。在国有企业决策模式下，部分民营化是最优策略①，非公有资本进入国有企业可能是借助于政策扶持来提升自身的竞争力，但依然保持其逐利天性，努力维护甚至追逐更多的经济利益。由于民营资本无法阻止国有企业承担政治目标、社会责任及官员的个人行为，当民营资本的股权份额超过国有股东时，为了维护自身利益，民营股东可能会产生机会主义而“掏空”企业，从而损害企业价值②。这也是多数国企在深化改革时，选择国有股减持而非完全民营化的原因。故本文做出以下推断：在国有企业中注入非公有资本的比例并非越高越好，其对于企业价值的影响呈现出先促进再抑制的变化趋势，并且当非国有股东持股比例达到一定程度时，非公有资本的继续增持不会对企业整体价值产生影响，如图 2 所示。基于上述分析，本文提出：

H5：混合所有制企业股权集中度与企业财务绩效之间存在倒“U”型关系。

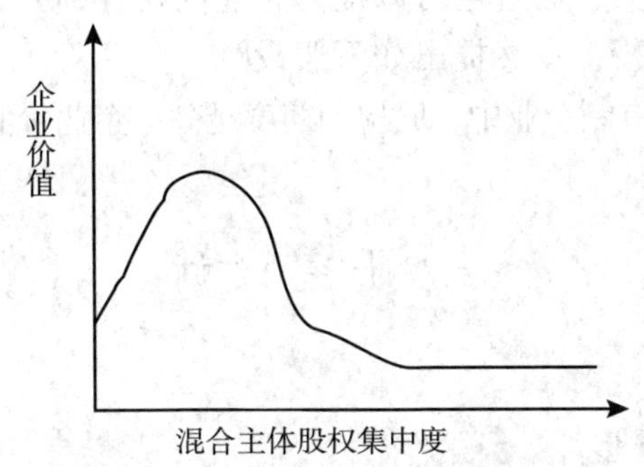

图 2　混合主体股权集中度与混合所有制企业绩效的关系

（三）混合主体股权制衡度与混合所有制企业价值

学者们普遍认为，适度集中且存在制衡的股权结构与高度集中的股权结构相比，能够抑制大股东损害企业及其他股东利益的掏空行为，而与高度分散的股权结构相比，适度集中且存在制衡股东的股权结构亦能够有效

① 欧瑞秋等：《部分民营化与国有企业定位》，载于《世界经济》2014 年第 5 期。

② 卫兴华、何召鹏：《从理论和实践的结合上弄清和搞好混合所有制经济》，载于《经济理论与经济管理》2015 年第 1 期。

地发挥对大股东的激励与约束作用①。因此，深入研究股权制衡度对企业股权结构的优化有着至关重要的意义。

混合所有制企业通过各种性质资本的交叉融合形成适度集中且相互制衡的股权结构，能够促使大股东积极监督企业的经营管理层，抑制其他大股东的“掏空”行为和非效率投资行为，形成高效的公司治理机制，进而提升企业的整体价值②。公有资本与非公有资本基于自身不同利益偏好的相互融合，会形成有效的制衡机制。公有资本由于承担相应的社会责任，会兼顾社会的整体利益而做出更加科学的决策，同时在企业的技术创新、结构调整以及参与国际竞争等方面有着不可替代的优势。非公有资本为了降低经营管理及投资风险带来的利益损失，一般会积极地行使自身的权利对企业的经营管理进行有效的监督，减少企业可能存在的利益输送及非效率的投资管理行为。因此，提高混合所有制企业的股权制衡度，不仅能够减少大股东可能出现的非效率投资行为，充分发挥公有资本的导向作用，调动民营资本的活力，而且还可以提升企业的财务绩效，改善企业的市场表现。基于上述分析，本文提出如下假设：

H6：在混合所有制企业中，股权制衡度越高，企业价值的提升就越明显。

三、研究设计

（一）研究模型

为了解混合所有制股权制衡度以及差异化的混合类型对企业财务绩效及市场表现的影响，设立以下待检验模型：

$$roe = \alpha_0 + k_0 e_i + \alpha_i controls + ind + year + \varepsilon \quad (1)$$

$$pbr = \alpha'_0 + k'_0 e_i + \alpha'_i controls + ind + year + \varepsilon' \quad (2)$$

为了解混合主体股权集中度对混合所有制企业财务绩效及市场表现的影响。构建如下模型：

① 王海妹、吕晓静、林晚发：《外资参股和高管、机构持股对企业社会责任的影响——基于中国A股上市公司的实证研究》，载于《会计研究》2014年第8期。

② 朱红军、汪辉：《“股权制衡”可以改善公司治理吗？——宏智科技股份有限公司控制权之争的案例研究》，载于《管理世界》2004年第10期。

$$roe = \beta_{10} + \beta_{11} + \beta_{12} state^2 + \theta_1 controls + ind + year + \varepsilon \quad (3)$$

$$pbr = \beta'_{10} + \beta'_{11} + \beta'_{12} state^2 + \theta'_1 controls + ind + year + \varepsilon' \quad (4)$$

$$roe = \beta_{20} + \beta_{21} + \beta_{22} foreign^2 + \theta_2 controls + ind + year + \varepsilon \quad (5)$$

$$pbr = \beta'_{20} + \beta'_{21} + \beta'_{22} foreign^2 + \theta'_2 controls + ind + year + \varepsilon' \quad (6)$$

$$roe = \beta_{30} + \beta_{31} + \beta_{32} private^2 + \theta_3 controls + ind + year + \varepsilon \quad (7)$$

$$pbr = \beta'_{30} + \beta'_{31} + \beta'_{32} private^2 + \theta'_3 controls + ind + year + \varepsilon' \quad (8)$$

（二）样本数据

本文运用平衡面板数据分析股权结构与混合所有制企业价值之间的关系，以 2012~2016 年沪、深两市 A 股上市公司的数据为样本，分别剔除了无法获得数据，无法判断股权结构，财务数据不全，被 ST、*ST 和 PT 处理，同时发行 B 股和 H 股，金融类和包含金融类经营单元的上市公司，并且剔除 2012 年以后上市及 2016 年以前退市的企业。在此基础上分别剔除各年度国有股比例、民营股比例、外资股比例为 100% 的上市公司，仅保留国有股比例处于 0~100% 之间的上市公司，即本文定义的国有资本和非国有资本混合的企业共计 152 家，样本数据 760 个。本文的数据除民营股比例及外资股比例是笔者通过上市公司年报中的数据计算整理而来，其他数据均来源于国泰安数据库，分析所用的统计软件为 Stata12.0。

（三）变量定义

1. 被解释变量的衡量

上市公司的价值体现在其财务绩效及市场表现两方面，根据杜邦分析体系，净资产收益率 = 销售净利率 × 权益乘数 × 总资产周转率，体现了企业的盈利能力、偿债能力及运营能力交互影响的综合能力。市净率 = 每股股价 ÷ 每股净资产，是评估股价水平是否合理的指标。这两个指标对衡量企业价值具有借鉴性意义。

2. 解释变量的衡量

在模型（1）和模型（2）中，e_i 表示混合股权制衡度，其中 e_0、e_1、e_2、e_3、e_4 分别表示样本总体、在国有控股企业中单独引入外资、单独引入民营资本，同时引入外资和民营资本，在民营控股企业中引入国有资本的股权制衡度。在模型（3）、模型（4）、模型（5）中，state 表示国有股比例，foreign 表示外资股比例，private 表示民营股持股比例。

3. 控制变量的衡量

本文选取了控股股东性质（control）、公司规模（size）、高管持股比例（mana）、机构投资者持股比例（inst）、股权集中度（con）、公司成长性（grow）、资本结构（lev）、公司年龄（age）作为控制变量，另外设置了年度虚拟变量（year）和行业虚拟变量（ind）。

4. 工具变量的衡量

由于采用平衡面板数据，可能会受到内生性的影响，因此，本文根据樊纲等的《中国市场化指数——各地区市场化相对进程2011年报告》，把非国有经济的发展、要素市场发育程度、产品市场发育程度、中介组织和法律制度环境作为混合所有制企业不同股权持股比例的工具变量。

具体变量名称、含义、计算方法如表1所示。

表1　　主要变量的名称、代码及定义描述

	变量名	变量	变量定义及描述
被解释变量	净资产收益率	roe	净利润/股东权益
	市净率	pbr	股价/每股净资产
	总资产收益率	roa	净利润/总资产
	市盈率	phr	股价/每股盈余
解释变量	股权制衡度	e	外资持股比例与民营持股比例之和/国有股比例
	国有股比例	state	以前10大股东中国有股比例衡量
	外资股比例	foreign	以前10大股东中外资股比例衡量
	民营股比例	private	以前10大股东中民营股比例衡量
控制变量	高管持股比例	mana	高管持股数量/公司普通股总股数
	机构投资者持股比例	inst	前10大股东中机构投资者的持股比例
	股权集中度	con	以前10大股东持股比例的赫芬达尔指数衡量
	公司规模	size	公司年末总资产的自然对数
	资本结构	lev	总负债/总资产
	公司成长性	grow	营业收入增长率
	控股股东性质	control	当第一大股东为国有股时取1，否则取0
	公司年龄	age	数据年份-企业成立年份+1
	年度	year	按照年份生成5个年度虚拟变量
	行业	ind	按照二位数行业代码共生成39个行业虚拟变量

续表

	变量名	变量	变量定义及描述
工具变量	非国有经济的发展	unna	以非国有经济在全社会固定资产总投资中所占比例衡量
	产品市场发育程度	prod	以价格由市场决定的程度衡量
	要素市场发育程度	res	以金融业市场化及人力资本供应情况进行加权平均衡量
	中介组织和法律环境	law	以市场中介组织的发育、维护市场的法制环境、知识产权保护的加权平均衡量

资料来源：樊纲等：《中国市场化指数——各地区市场化相对进程2011年报告》，经济科学出版社2011年版。

四、实证结果及分析

（一）描述性统计

表2给出了样本企业主要变量的描述性统计结果。企业权益净利率的平均值、中位数、最大值、最小值以及标准差分别为7.52、8.17、66.42、-159.76、0.48，说明不同混合所有制企业的财务绩效存在较大差异性。企业市场表现的平均值为3.47，说明混合所有制企业的投资价值相对较高，资金的筹集更为容易，但由于标准差为3.45，证明数据的分散性较大，不同企业的投资价值差异也较大。股权制衡度的平均值为0.76，说明多数混合所有制企业的股权制衡度相对较低。国有股比例平均值为23.37，说明在混合所有制企业中，国有股只在少数企业中占有控股地位；标准差为22.38，说明数据的离散程度较高，可能是由于行业不同导致的国有股比例差异较大。其余变量的描述性统计如表2所示。

表2　　主要变量的描述性统计　　单位：%

变量	平均	中位数	最大值	最小值	标准差	观察值	横截面
roe	7.52	8.17	66.42	-159.76	0.48	760	152
pbr	3.47	2.70	64.96	-1.23	3.45	760	152

续表

变量	平均	中位数	最大值	最小值	标准差	观察值	横截面
e	0.76	0.55	4.426	0.00	0.72	760	152
state	23.37	20.13	77.56	0.35	22.38	760	152
private	24.20	14.48	91.04	0.12	24.52	760	152
foreign	1.36	0.00	46.08	0.00	5.30	760	152
mana	7.66	0.01	72.03	0.00	15.21	760	152
con	37.03	35.76	89.98	8.72	15.14	760	152
inst	8.46	5.73	67.41	0.07	10.57	760	152
lev	0.43	0.42	1.55	0.00	0.22	760	752
grow	-1.97	0.01	96.49	-63.37	26.73	760	152
size	3.78	3.71	5.33	2.61	0.54	760	152

（二）平稳性检验

图3～图8分别是对每个个体显示“roe”、“pbr”、“state”、“private”、“foreign”、“e”变量的时间序列图的结果。由下列各图可知，近5年来，不同样本的“roe”、“pbr”、“state”、“private”、“foreign”、“e”变化相对平稳，可以利用收集到的数据进行多元回归分析。

从图3可以看出，多数企业在近5年的加权平均净资产收益率相对比较稳定。只有7个企业的roe波动幅度较大，这可能是由于其内部管理模式以及股权结构发生了变化引起的，也可能是由于政策方面的影响，或者是多种因素综合影响导致的结果。

从图4可以看出，多数企业的市净率变化相对平稳，只有极个别企业的pbr波动幅度较大，并且这极个别企业存在于roe波动幅度较大的7个企业之中，且它们的变化方向相反，在roe最低点对应的年份恰是pbr最高点对应的年份，这说明某种程度上，roe和pbr存在着反向变动的趋势。roe越高，说明企业的财务绩效越高；pbr越低，说明企业的投资价值越高，这种反向变动趋势说明了企业绩效越高的企业，其投资价值越大。这与常理相吻合。

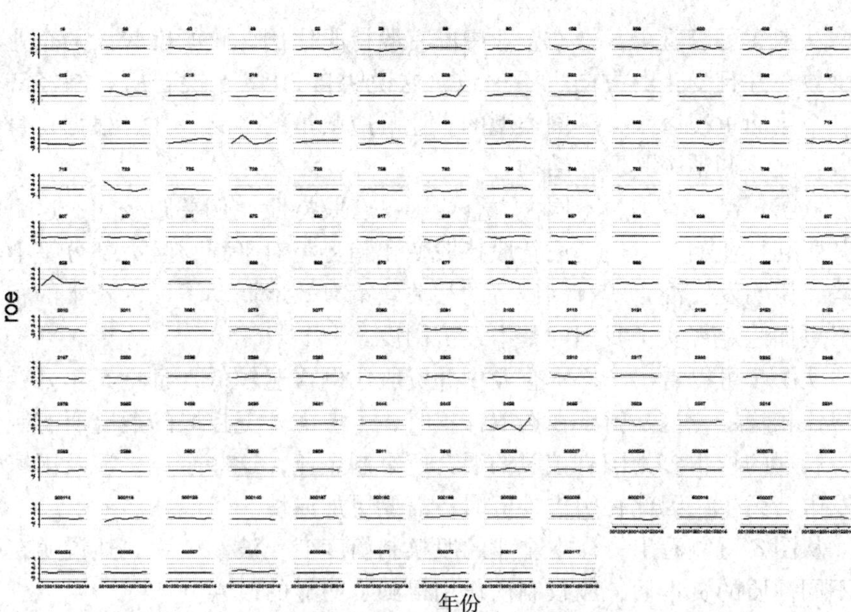

图 3　“roe”变量的时间序列图的结果

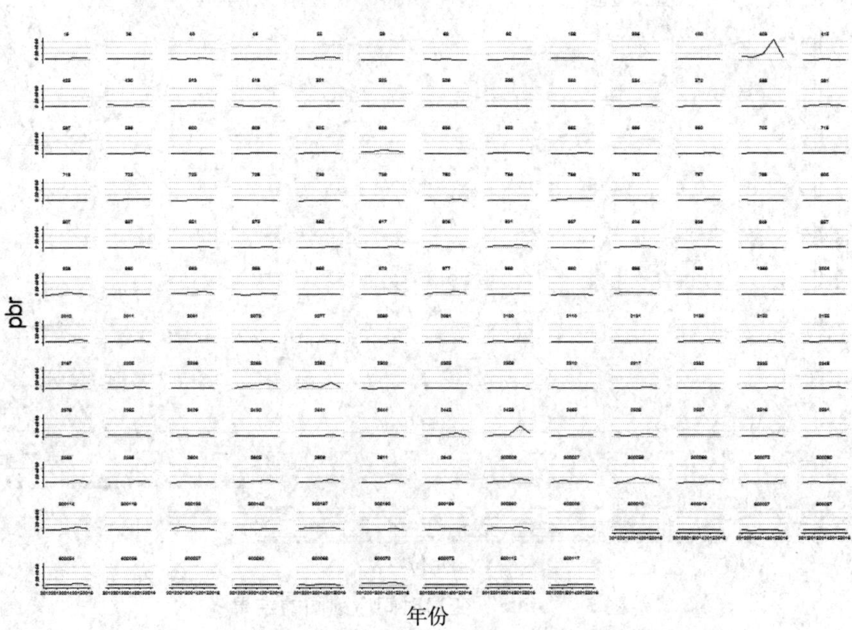

图 4　“pbr”变量的时间序列图的结果

从图 5 可以看出，样本企业中国有股持股比例变化幅度较大的企业不在少数，并且变化的方向也不一致，这说明自 2012 年混合所有制经济受到各个层面重视以来，不同类型的企业响应政策的号召，并且根据自身的发展情况，调整了其股权结构。

从图 6 可以看出，不同样本企业中民营股持股比例差距较大，这可能与其所处行业相关，但是民营股持股变化趋势相对平稳，且大部分呈上升趋势，说明发展混合所有制经济的相关政策有效地调动了民营资本的积极性，更加坚定夯实了我国的基本经济制度。

从图 7 可以看出，样本企业中外资股比例普遍较低，且近 5 年来变化趋势比较稳定，这是由于在选取样本时，未考虑外资控股的混合所有制企业，所选的样本多为国有控股的混合所有制企业，这些企业多涉及国家安全及国计民生，因此在引进外资时，需要更加谨慎。

从图 8 可以看出，样本企业的股权制衡度变化波动较大，这说明在引入不同性质的资本后，股权制衡作用得到了明显的改善。

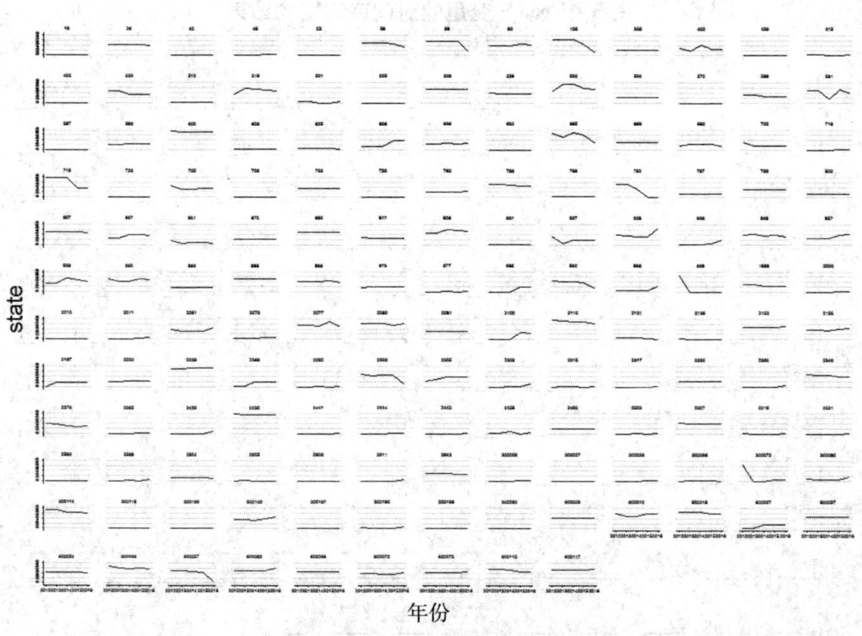

图 5 “state”变量时间序列图的结果

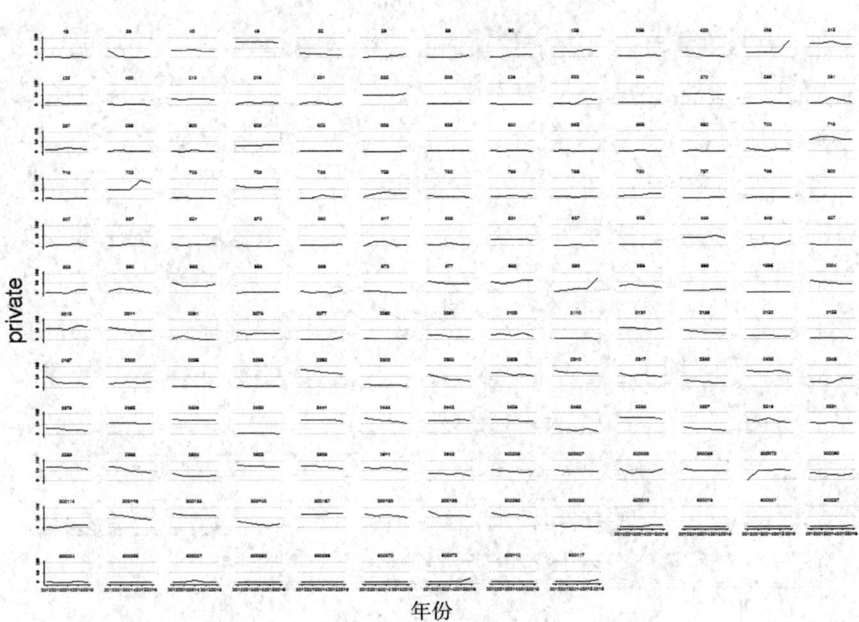

图 6 “private”变量时间序列图的结果

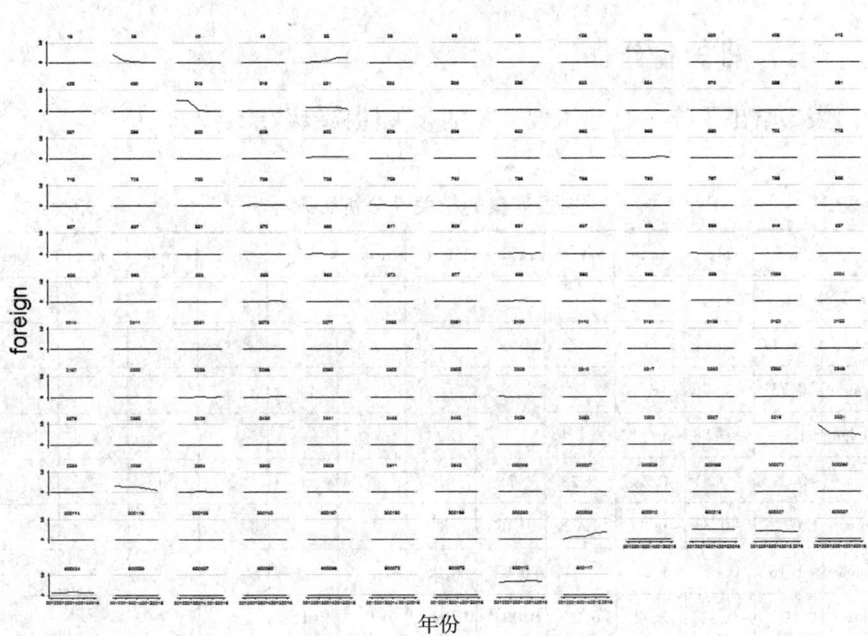

图 7 “foreign”变量时间序列图的结

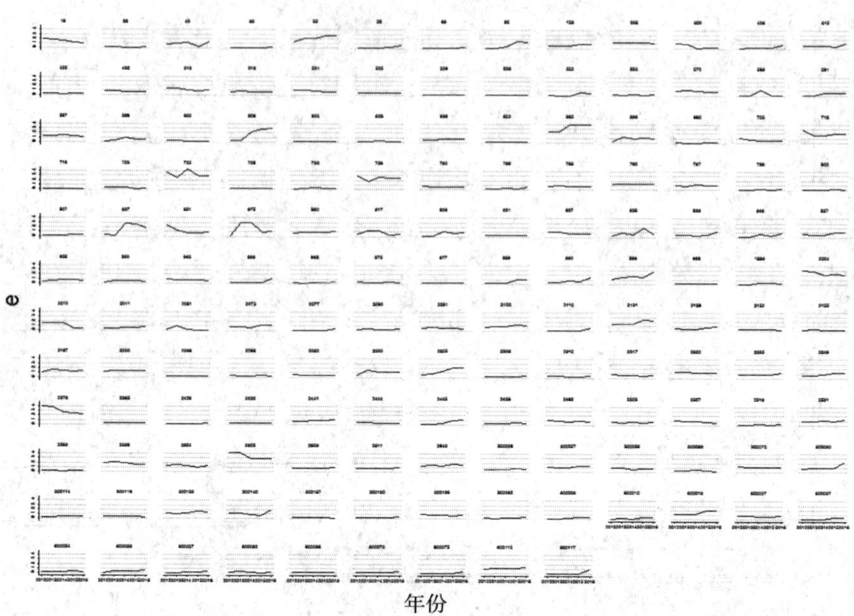

图 8 “e”变量时间序列图的结果

（三）相关性分析

表 3 给出了样本企业主要变量的相关性检验结果。

表 3　主要变量的相关性分析结果　单位：%

	roe	pbr	state	foreign	private	inst	mana	size	lev	grow	control	age
roe	1											
pbr	−0. 11	1										
state	0. 73	−0. 76	1									
foreign	1. 05	−0. 88	−0. 31*	1								
private	0. 99	−0. 51	−0. 28**	−0. 23*	1							
inst	1. 07***	−0. 31	−0. 05*	1. 22	0. 02	1						
mana	−1. 16*	0. 45	1. 01	1. 21	0. 03	0. 06	1					
size	0. 69**	−0. 52*	1. 92	0. 03	0. 00**	0. 09*	0. 01	1				
lev	−1. 07**	0. 61**	1. 01*	0. 03	−0. 06*	−0. 11**	−0. 02**	0. 19	1			

续表

	roe	pbr	state	foreign	private	inst	mana	size	lev	grow	control	age
grow	0.73**	-0.35*	0.71	0.36**	0.02*	0.13**	0.03*	0.02**	0.10	1		
control	0.09*	0.33	1.21*	-0.00*	-0.01	0.21	0.15	0.10	0.12	0.05	1	
age	0.01*	0.91	0.76	0.01	0.12	0.12	0.06	0.11*	0.01	0.11	0.00	1

说明：*、**、*** 分别表示在 10%、5%、1% 的水平下显著（双尾），括号内为 t 统计量。表 4、表 5、表 6 同。

通过表 3 可知，混合所有制企业中国有股比例、民营股比例和外资股比例都与企业价值正相关，但是结果不显著，这可能是因为这种相关关系不是简单的线性相关，两者之间具体是何种关系，要依靠对后续进行多元回归分析方能验证。而国有股、民营股及外资股之间呈现出负相关关系，并且结果显著，说明不同性质资本之间可能存在挤出效应。股权集中度与企业价值之间呈现出正相关关系，且结果显著，这说明股权制衡度越高，企业价值越高，与假设 H6 相符。机构投资者持股比例、公司规模以及企业成长性均与企业价值正相关，且结果显著，说明机构投资者持股对企业价值提升有促进作用，混合所有制企业中存在正向的规模效应，且企业营业利润增长率越高，对企业价值提升产生的促进作用愈加明显。但是资本结构及高管持股比例却与企业价值之间呈现出显著的负相关关系，结合表 2 描述性统计中高管持股比例的均值分析，这可能是因为高管持股比例较低，不仅没有发挥应有的激励作用，反而使高管产生了机会主义倾向和逆向选择。资产负债率高，说明企业资不抵债，风险性较高，对企业价值的提升产生了消极影响。

（四）回归结果分析

1. 股东性质和混合主体股权制衡度与混合所有制企业价值

表 4 和表 5 分别是利用模型（1）和模型（2）进行回归的结果。

表 4　　混合股权制衡度对混合所有制企业财务绩效的影响

变量	(1) $e_i = e_0$	(2) $e_i = e_1$	(3) $e_i = e_2$	(4) $e_i = e$	(5) $e_i = e_4$
e_i	0.21** (3.04)	0.56 (3.51)	0.55** (3.65)	0.32** (0.63)	0.65*** (3.25)
mana	0.32* (6.01)	0.21 (0.31)	0.49 (0.16)	1.07** (3.27)	1.11* (2.32)

续表

变量	(1) $e_i=e_0$	(2) $e_i=e_1$	(3) $e_i=e_2$	(4) $e_i=e$	(5) $e_i=e_4$
con	-7.21** (-2.07)	-3.25 (-2.15)	-1.15* (-1.23)	-5.11* (-3.21)	-4.71 (-2.51)
inst	2.57 (3.24)	2.04 (0.56)	3.22 (2.58)	2.71 (0.57)	3.25* (6.21)
lev	-0.12* (-3.18)	0.13* (2.07)	-1.78* (-0.12)	-0.11* (-3.50)	-2.30* (-4.31)
grow	3.25* (-0.22)	2.16 (3.57)	0.42* (0.38)	0.55* (1.17)	3.21* (0.51)
age	0.12* (2.46)	0.46 (2.18)	0.31* (1.07)	0.32* (5.21)	0.54* (3.21)
size	3.72** (1.24)	3.71* (2.37)	5.34* (0.72)	2.61* (1.24)	0.54** (0.12)
ind	控制	控制	控制	控制	控制
year	控制	控制	控制	控制	控制
_cons	1.62** (4.60)	2.18** (0.28)	-0.23** (5.06)	3.21*** (7.30)	3.10* (2.01)
F 值	21.35***	23.56***	20.80***	22.37***	24.11***
Adjusted R^2	0.26	0.28	0.25	0.32	0.54

在不考虑混合主体股权性质的情况下，股权制衡度（e）在表4第（1）列的系数在5%的水平下显著为正，估值系数为0.2147，这表明混合所有制企业的股权制衡度越高，企业的财务绩效就越高。股权制衡度（e）在表5第（1）列的系数在1%的水平下显著为负，估值系数为-0.0039。这表明混合所有制企业的股权制衡度越高，其市净率就越低，从而企业投资的价值就越大。上述检验结果与预期一致。

表4中第（2）~第（5）列为对不同类型混合所有制企业采用模型（1）进行回归的结果。在第（3）、（4）、（5）列中，e的系数分别在5%、5%、1%的水平下显著为正，第（2）列的估值系数不具有统计学意义上的显著性。表5中第（2）~第（5）列为不同类型混合所有制企业采用模型（2）进行回归的结果。在第（3）、（4）、（5）列中，e的系数分别在1%、5%、1%的水平下显著为负，第（2）列的估值系数不具有统计学意义上的显著性。

表 5　　混合股权制衡度对混合所有制企业市场价值的影响

变量	(1) $e_i = e_0$	(2) $e_i = e_1$	(3) $e_i = e_2$	(4) $e_i = e_3$	(5) $e_i = e_4$
e_i	-0.00*** (-1.22)	-3.26 (-1.78)	-0.45** (2.01)	-0.25** (-1.45)	-0.73*** (-1.22)
mana	-0.00* (-2.15)	-0.02 (-3.21)	-0.48 (-1.25)	-0.63** (-1.57)	1.11* (2.36)
con	2.14** (3.42)	2.31 (2.23)	1.26* (0.25)	0.88* (3.24)	0.27 (3.24)
inst	-1.39 (-2.36)	-2.64 (-5.62)	-1.24 (15.23)	-6.13 (-1.25)	-2.51* (-3.24)
lev	0.18* (2.65)	0.21 (3.42)	0.13 (2.95)	0.00 (3.21)	3.12* (0.27)
grow	-0.07* (-2.52)	-0.09* (-3.29)	-0.25* (-3.81)	-0.274* (-0.12)	-2.52* (-0.52)
age	1.21* (3.52)	2.61 (1.30)	1.24* (3.25)	0.54* (4.69)	0.36* (4.71)
size	-3.22** (-1.25)	-0.28* (-3.18)	-1.92* (-3.45)	-2.76** (-4.26)	-0.24** (-0.21)
ind	控制	控制	控制	控制	控制
year	控制	控制	控制	控制	控制
_cons	3.62** (9.23)	3.23** (6.12)	-0.23* (-0.48)	6.18** (12.46)	0.79* (1.46)
F 值	19.79***	18.45***	20.98***	19.56***	20.78***
Adjusted R^2	0.27	0.29	0.24	0.30	0.46

从上述回归结果可以发现，在国有控股的企业中仅引入民营资本，同时引入外资和民营资本以及在民营控股企业中引入国有资本时，混合所有制企业的股权制衡度与企业的财务绩效显著正相关，与其市场价值显著负相关，但在国有控股企业中仅引入外资时，混合主体的股权制衡度与企业的财务绩效及市场表现均不存在统计意义上的显著性。这说明在国有企业中引入民营资本，可以盘活国有资产，从而增强国有资本的活力。在民营控股的企业中引入国有资本，可以使民营企业突破发展的瓶颈，整体上提高混合所有制企业的财务绩效和市场价值。

表 4 和表 5 的回归结果验证了假设 H2a、假设 H3、假设 H4、假设

H6，但假设 H1 和假设 H2b 并未得到验证，这可能是由于样本中国有控股企业引入外资的企业个数较少，耗散了一定的自由度，从而影响了其显著性。但从表 4 中可以看出，统计意义上显著的估值系数的大小排序为（4）<（3）<（5），表 5 中统计意义上显著的估值系数的绝对值的大小排序为（4）<（3）<（5），这说明民营企业引入国有资本的股权制衡度对其财务绩效和市场价值的影响大于国有控股企业只引入民营资本的股权制衡度对其财务绩效的影响，这是由于国有资本的注入为民营企业的发展带来了新的契机，说明与国有企业中引入民营资本相比，在民营企业中注入国有资本更有利于企业财务绩效和市场价值的提升。另外，只引入民营资本的影响大于引入两种非公有资本的影响，可能是由于外资股东在混合所有制企业中占比相对较低，由于股东异质性的现实，外资股东有可能产生机会主义行为，导致其削弱了民营资本对国有资本的制衡作用。

2. 混合主体股权集中度与混合所有制企业价值

表 6 和表 7 分别报告了使用模型（3）、（5）、（7）和模型（4）、（6）、（8）进行回归的结果。其中，第二行的（1）、（4）、（7）代表固定效应模型，模型（2）、（5）、（8）代表的是随机效应模型，模型（3）、（6）、（9）代表的是考虑股权结构内生性的面板工具变量模型。Hausman 检验结果表示，采取固定效应模型的结果更加准确。Sargan 检验得出的 P 值都大于 0.05，说明选取的工具变量是合理的。实证结果显示，若不考虑股权结构的内生性，我国混合所有制企业的股权集中度与企业的财务绩效和市场价值之间呈线性关系。但是，考虑内生性问题后，混合主体深入性与企业财务绩效之间呈现倒“U”型关系，与企业市场价值之间呈现“U”型关系，结果发生了质的变化。因此，研究与企业股权结构相关的问题，必须考虑其内生性问题，否则会导致研究结论的失真①。

表 6 中第（3）、（6）、（9）列的结果表明，混合所有制企业混合主体的深入性与企业财务绩效呈倒“U”型关系，国有股、外资股、民营股最优持股比例分别为 42.63%、9.89%、14.39%，假设 H5 得到验证。说明在最优比例的左侧，随着资本的投入不断加大，企业的财务绩效不断升高，在最优比例的右侧，同一性质的资本继续投入会导致企业财务绩效的下降。这是由于不同资本的结合可以提高资本的使用效率，形成制衡的股

① 董梅生、洪功翔：《中国混合所有制企业股权结构选择与绩效研究》，载于《上海经济研究》2017 年第 3 期。

权结构，最终提高企业的财务绩效。

表7中第（3）、（6）、（9）列的结果表明，混合所有制企业的混合主体深入性与企业市场价值呈“U”型关系，且国有股、外资股、民营股的最优持股比例分别为38.83%、7.63%、12.03%，这与财务绩效最高时混合主体深入性的程度相吻合。

表6　混合所有制企业的财务绩效与国有股、外资股、民营股的实证结果

	模型（3）			模型（5）			模型（7）		
	（1） 固定效应	（2） 随机效应	（3） 工具变量	（4） 固定效应	（5） 随机模型	（6） 工具变量	（7） 固定效应	（8） 随机效应	（9） 工具变量
state	0.16* (0.31)	-0.14 (-1.56)	1.23 (3.58)						
$state^2$	0.00 (0.03)	0.21 (1.44)	-0.01*** (-0.91)						
foreign				0.21* (0.38)	0.39 (1.18)	0.76 (1.19)			
$foreign^2$				-0.37 (-0.26)	-0.81 (-0.74)	-0.04*** (-0.25)			
private							-0.01* (-0.05)	0.11 (1.20)	0.60 (1.29)
$private^2$							0.22 (1.04)	-0.08 (-0.58)	-0.02*** (-0.61)
mana	0.11*** (0.22)	0.07 (1.57)	0.35 (0.97)	0.75*** (0.56)	0.10 (2.29)	0.07 (1.57)	0.00*** (0.00)	0.04 (0.78)	0.08 (0.16)
inst	0.16*** (1.52)	0.10 (1.82)	0.17*** (2.51)	0.14** (1.32)	0.10*** (1.76)	0.16*** (2.97)	0.16 (1.51)	0.09 (1.68)	0.72*** (1.42)
con	-0.39** (-3.58)	-0.03* (-0.46)	-0.19*** (-3.25)	-0.28*** (-2.77)	-0.00* (-0.06)	-0.32** (-2.61)	-0.39*** (-3.32)	-0.01* (-0.20)	-0.51** (-3.24)
e	3.00** (1.59)	0.51 (0.45)	0.71*** (1.39)	2.04*** (1.08)	0.62* (0.57)	0.61*** (0.58)	2.92*** (1.52)	0.44*** (0.40)	1.08*** (2.91)
size	1.62*** (0.63)	3.79*** (6.07)	1.98** (3.19)	0.86* (0.33)	3.05** (2.43)	4.98** (9.87)	0.52*** (0.20)	3.81* (3.14)	1.69*** (3.28)
lev	-11.11* (-2.25)	13.06 (4.76)	-9.87** (-4.52)	-12.22*** (-2.45)	-12.71* (-4.64)	-8.79*** (-3.91)	-10.83*** (-2.17)	-12.17* (-4.43)	-7.92*** (-6.91)

续表

	模型（3）			模型（5）			模型（7）		
	（1）固定效应	（2）随机效应	（3）工具变量	（4）固定效应	（5）随机模型	（6）工具变量	（7）固定效应	（8）随机效应	（9）工具变量
grow	0.01*** （0.41）	0.01*** （0.63）	0.46*** （1.91）	0.01** （0.48）	0.01** （0.52）	0.46*** （0.50）	0.09*** （0.46）	0.01* （0.60）	0.11** （0.71）
control	控制	控制	控制	控制	控制	控制	控制	控制	控制
age	0.23* （3.24）	0.36* （0.71）	0.25* （0.97）	0.33** （0.56）	0.40* （0.92）	0.94* （1.82）	3.26 （2.36）	0.82 （3.51）	1.93* （2.79）
year	控制	控制	控制	控制	控制	控制	控制	控制	控制
ind	控制	控制	控制	控制	控制	控制	控制	控制	控制
_cons	15.79*** （1.46）	-0.76*** （0.16）		19.70*** （1.82）	13.26*** （2.59）		23.03*** （2.06）	21.92*** （3.26）	
R-sq	0.01	0.01		0.02	0.01		0.09	0.01	
F检验	1.19			1.90			1.91		
Wald检验		41.19***			40.86***			42.61***	
Hausman		13.24***			15.72***			17.22***	
Sargan检验			0.76			0.99			0.90

表7　混合所有制企业的市场价值与国有股、外资股、民营股的实证结果

	模型（4）			模型（6）			模型（8）		
	（1）固定效应	（2）随机效应	（3）工具变量	（4）固定效应	（5）随机模型	（6）工具变量	（7）固定效应	（8）随机效应	（9）工具变量
state	-0.18* （-0.42）	-0.36 （-1.53）	-0.02 （-0.13）						
$state^2$	0.01 （0.16）	0.03 （0.87）	0.01*** （0.07）						
foreign				0.27* （0.18）	0.20 （0.26）	-0.02 （-0.29）			
$foreign^2$				-0.72 （-0.23）	-0.77 （-0.15）	0.01*** （3.42）			

续表

	模型（4）			模型（6）			模型（8）		
	（1） 固定效应	（2） 随机效应	（3） 工具变量	（4） 固定效应	（5） 随机模型	（6） 工具变量	（7） 固定效应	（8） 随机效应	（9） 工具变量
private							0.05* (1.38)	0.04 (1.24)	−0.08 (−3.42)
$private^2$							−0.11 (−2.42)	−0.06 (−1.24)	0.01*** (2.81)
mana	−0.05*** (−1.64)	−0.07 (−0.60)	0.01 (−0.55)	−0.15*** (−1.72)	0.02 (1.71)	−0.35 (0.82)	−0.03*** (−0.96)	0.10 (1.32)	−0.01 (−0.49)
inst	0.00*** (0.11)	0.01 (0.50)	−0.10*** (−0.62)	0.00** (0.05)	0.01*** (0.43)	−0.12*** (−1.36)	−0.01 (−0.23)	0.07 (1.29)	0.01*** (0.78)
con	0.01** (0.76)	0.02* (0.73)	0.87*** (1.56)	0.29*** (1.31)	0.02* (0.40)	0.48** (1.67)	0.01*** (0.21)	0.12* (0.24)	0.01** (0.37)
e	−0.11* (−0.27)	−0.22 (−0.79)	−0.28*** (−0.43)	0.06*** (0.15)	0.33* (1.91)	−0.25*** (−0.90)	0.16*** (0.39)	0.35*** (2.06)	−0.28*** (−1.03)
size	013*** (0.23)	−1.83 (−5.92)	−1.60** (−2.11)	0.10* (0.18)	0.98** (3.42)	−1.85* (−5.85)	0.17** (0.30)	−2.47* (−4.32)	−1.76*** (−5.75)
lev	6.29* (5.78)	−2.58 (−3.26)	3.25** (6.52)	6.19*** (5.69)	4.99* (3.79)	2.71*** (3.91)	5.95*** (5.49)	3.45 (6.32)	2.95*** (4.33)
grow	−0.00*** (−0.35)	0.01*** (0.63)	−3.26*** (−6.43)	−0.00** (−0.32)	0.01** (0.11)	−0.00*** (−0.32)	−0.00*** (0.29)	0.00* (0.72)	−0.00** (−0.33)
control	控制	控制	控制	控制	控制	控制	控制	控制	控制
age	0.75 (2.78)	0.36* (0.71)	0.31* (0.65)	0.75** (0.89)	0.79* (0.92)	0.87* (1.62)	1.25 (3.12)	0.62 (2.58)	0.27* (2.64)
year	控制	控制	控制	控制	控制	控制	控制	控制	控制
ind	控制	控制	控制	控制	控制	控制	控制	控制	控制
_cons	1.64*** (0.69)	10.34*** (8.53)		1.92*** (0.81)	9.96*** (8.14)		0.32*** (0.13)	8.52*** (6.77)	
R − sq	0.10	0.09		0.08	0.07		0.07	0.01	
F 检验	2.91			2.99			2.96		
Wald 检验		70.24***			63.80***			77.89***	
Hausman		25.42***			23.47***			27.42***	
Sargan 检验		0.95			0.88			0.79	

同时说明在最优比例的左侧，随着资本的投入，市场价值不断下降，最优比例处于最低点，即该点投资价值最大。在最优比例的右侧，随着同一资本的继续投入市场价值不断上升，投资价值反而下降。

表6和表7的实证结果还说明企业的价值与高管持股比例无明显相关关系，与机构投资者持股、企业的规模和成长性呈正相关关系。由于机构投资者具有直接参与管理的渠道、丰富的经验和专业分析财务信息的视角，有更大的能力和更强的动机去获取公司相关的信息，可以凭借相对其他股东的信息优势和强势的投票权力对管理层的决策产生影响①。另外，企业的规模越大，成长性越强，企业价值越大。企业价值与企业股权集中度呈反向相关，即股权集中度越高，企业的价值相对越低，由于股权集中度的不断提高，对大股东的约束机制可能会产生凌驾于管理层之上的现象，从而产生机会主义行为，导致企业价值降低。企业价值与股权制衡度呈正向相关，即股权制衡度越高，企业价值越大，这在上文已经得到验证，此处不再赘述。

（五）稳健性检验

为了检验实证结果的稳健性，本文对各回归结果做了以下稳健性检验：（1）分别用总资产收益率和市盈率替换平均净资产收益率和市净率作为被解释变量进行研究。（2）分别用前三大股东持股比例之和、第四到第十大股东持股比例之和与第一大股东的差值衡量股权集中度与股权制衡度。经过以上稳健性检验得到的结果与前面的结论一致。

表8仅列出考虑工具变量后主要解释变量的多元回归分析结果。混合所有制企业混合主体的深入性与企业财务呈倒“U”型关系，且国有股、民营股、外资股最优持股比例分别为43.36%、8.31%、12.97%，混合所有制企业混合主体的深入性与企业市场价值之间呈“U”型关系，且国有股、外资股、民营股的最优持股比例分别为42.15%、7.67%、13.02%，与上述回归分析结果相差不大，说明模型是有效的。

---

① 王海妹、吕晓静、林晚发：《外资参股和高管、机构持股对企业社会责任的影响——基于中国A股上市公司的实证研究》，载于《会计研究》2014年第8期。

表 8　　主要变量的稳健性检验结果

变量	模型（3）	模型（4）	模型（5）	模型（6）	模型（7）	模型（8）
state	2. 21 （2. 78）	-0. 98 （-0. 33）				
$state^2$	-0. 03 *** （-0. 91）	0. 01 *** （0. 02）				
foreign			0. 61 （1. 94）	-0. 61 （-1. 09）		
$foreign^2$			-0. 04 *** （-0. 49）	0. 04 *** （0. 61）		
private					0. 51 （1. 09）	-0. 71 （-1. 39）
$private^2$					-0. 02 *** （-0. 36）	0. 03 *** （0. 65）
ebd	0. 61 *** （1. 79）	-0. 79 *** （-1. 76）	0. 71 *** （1. 18）	-0. 81 *** （-0. 78）	1. 01 *** （2. 71）	-0. 17 *** （-0. 35）
Sargan 检验	0. 73	0. 79	0. 99	0. 88	0. 89	0. 91

五、结论及相关建议

（一）结论

本文以 2012～2016 年沪深上市的 152 家混合所有制企业为研究对象，通过实证分析得出如下结论：

（1）混合主体的多样性有助于提高企业的股权制衡度，改善企业的经营管理效率，从而提升企业的价值。这是由于股东异质性的现实，促使不同性质股东间的利益博弈，权利与义务的相互制衡，最终形成帕累托最优。

（2）在国有控股的混合所有制企业中提高民营股和外资股比例，有利于提升企业价值，但是提升的比例并非越高越好，而是与企业价值之间呈现倒“U”型的变化趋势。由于国有控股企业多涉及国家安全及社会稳定，因此引入非公有资本的额度相对有限。

（3）在民营控股的混合所有制企业中引入国有资本带来的价值提升优

于在国有控股企业中引入民营资本。一方面，国有控股企业不仅要考虑企业获利能力，还要消化一部分政策性负担，所以引进民营资本带来企业价值提升的速度相对缓慢。另一方面，民营企业发展遇到的瓶颈问题多为资本不足，因此引入国有资本可使民营企业突破资本瓶颈，进而促使经济效益的提升。

（二）相关建议

股权结构直接影响混合所有制企业治理作用的发挥，而企业治理机制的健全与完善又影响到企业的价值水平。根据混合所有制企业股权结构的实证研究结果，本文提出以下建议：

首先，加强顶层设计。一方面要保证现有政策落实到位，在此基础上鼓励优质民营资本参与到混合所有制经济改革中来。现阶段，为了加快中国经济体制的改革，国家出台了一系列相关政策，鼓励混合所有制经济的发展，但在政策落实上面临不少困难。例如，国有企业究竟应该按照什么标准来分类？在引入非公有资本时，如何辨别引入资本的优劣，实现资本的有效融合，而不是变相加大国有企业经营的难度？因此，现阶段发展混合所有制经济的关键点是解决已有政策落实时面临的各种问题，并且在引入非公有资本时，要对其进行严格谨慎的筛选，确保引入的资本为优质资本。另一方面要借助互联网平台加速产业的融合，形成新的经济增长点，并且促进混合所有制企业健全激励与约束机制，增加技术创新的投入，提升商业模式的创新能力，完善企业的公司治理结构，加快现代企业制度的建设。

其次，完善企业的公司治理机制。在市场治理机制不完善的环境下，非控股资本无法完全发挥其作用，或多或少会受到控股资本的影响，其行使监督治理的权力可能会受到削弱。因此，企业的公司治理机制的完善，有助于保证非公资本的话语权，能够形成对公有资本的有效制衡机制。国资委是公有资本的出资人，由于其性质及权力边界的限制，出资人对企业的管理依靠委托代理实现，且委托代理的链条较长，出资人对企业的实际控制力就越小。因此进行合理的组织优化、去除冗余的工作流程，并建立有效的内部控制制度，从而完善企业的公司治理机制对企业股权结构的优化有着重要的作用。

再次，构建多元均衡的股权结构。股权结构是混合所有制企业的公司治理基础，均衡的股权结构是完善混合所有制企业的公司治理模式，也是提升其企业价值的重要机制。其中，“多元”指的是公有资本、非公有资本、战略投资者等不同性质的资本都应该成为混合所有制企业股权结构的组成部分。由于不同性质的资本具有其特有的优势，能够为混合所有制企业带来不同的资源要素。如公有资本在声誉及品牌、特殊经营权、土地使用权、政府资源等方面具有明显优势，非公有资本具有的活力，以及战略投资者更加关注企业的长期发展等。多种性质资本的有效融合能够将资金、技术、管理经验、企业家才能等发挥出最大的优势，实现他们不同的诉求。“均衡”是指各种性质的资本对企业的决策都具有一定的影响力，拥有相应的话语权和对企业控制权分配的能力与动力。均衡的表现之一就是拥有多元化的股东，并且形成相互制衡的股权结构。当然，均衡的目标不仅仅是制衡，而是决策的科学与公正，为了不同性质资本的利益诉求达到均衡，在不同性质资本之间进行充分地沟通与博弈就显得十分必要。

最后，注重国有股东的管理团队培养。应当改进国有股东的管理方式，提升国有股东管理团队的经营水平。与此同时，在全球范围内选拔优秀人才，借鉴西方先进的管理模式及有效的管理方法，结合中国国有企业的实际情况，合理运用，从而促进混合所有制企业的价值提升。

参考文献

1. 陈俊龙、汤吉军：《国有企业混合所有制分类改革与国有股最优比例——基于双寡头垄断竞争模型》，载于《广东财经大学学报》2016 年第 1 期。

2. 陈小悦、徐晓东：《股权结构、企业绩效与投资者利益保护》，载于《经济研究》2001 年第 11 期。

3. 冯果：《股东异质化视角下的双层股权结构》，载于《政法论坛》2016 年第 4 期。

4. 郝云宏、汪茜：《混合所有制企业股权制衡机制研究——基于“鄂武商控制权之争”的案例解析》，载于《中国工业经济》2015 年第 3 期。

5. 黄速建：《中国国有企业混合所有制改革研究》，载于《经济管理》2014 年第 7 期。

6. 李建标、王高阳、李帅琦、殷西乐：《混合所有制改革中国有和非国有资本的行为博弈——实验室实验的证据》，载于《中国工业经济》2016 年第 6 期。

7. 李文贵、余明桂：《民营化企业的股权结构与企业创新》，载于《管理世界》2015 年第 4 期。

8. 廖冠民、沈洪波：《国有企业的政策性负担：动因、后果及治理》，载于《中国工业经济》2014 年第 6 期。

9. 欧瑞秋等:《部分民营化与国有企业定位》，载于《世界经济》2014 年第 5 期。

10. 田昆儒、蒋勇：《国有股权比例优化区间研究——基于面板门限回归模型》，载于《当代财经》2015 年第 6 期。

11. 涂国前、刘峰:《制衡股东性质与制衡效果——来自中国民营化上市公司的经验数据》，载于《管理世界》2010 年第 11 期。

12. 汪平、邹颖、兰京:《异质股东的资本成本差异研究——兼论混合所有制改革的财务基础》，载于《中国工业经济》2015 年第 9 期。

13. 王海妹、吕晓静、林晚发:《外资参股和高管、机构持股对企业社会责任的影响——基于中国 A 股上市公司的实证研究》，载于《会计研究》2014 年第 8 期。

14. 卫兴华、何召鹏:《从理论和实践的结合上弄清和搞好混合所有制经济》，载于《经济理论与经济管理》2015 年第 1 期。

15. 武常歧、吕振艳：《民营化、外资股东和嵌入型：来自中国的证据》，载于《经济管理》2011 年第 3 期。

16. 许为宾、周建:《混合所有制、股权制衡与国企过度投资：基于政治观和经理人观的解释》，载于《广东财经大学学报》2017 年第 2 期。

17. 朱红军、汪辉:《“股权制衡”可以改善公司治理吗？——宏智科技股份有限公司控制权之争的案例研究》，载于《管理世界》2004 年第 10 期。

18. Aggarwal etc.. Does Governance Travel around the World? Evidence from Institutional Investors. *Social Science Electronic Publishing*, 2010, 100 (1): pp. 154 – 181.

19. Gillan & Starks. Corporate Governance Proposals and Shareholder Activism: the Role of Institutional Investors. *Journal of Financial Economics*, 1998, 57 (2): pp. 275 – 305.

20. Pagano, M., Roell A. The Choice of Stock Ownership Structure: Agency Costs, Monitoring, and the Decision to Go Public. *Quarterly Journal of Economics*, 1998, 113 (1): pp. 187 – 225.

《资本论》的逻辑与社会主义市场经济体制的选择

乔　棒[*]

一、引　言

在马克思出版《资本论》第一卷150年之际，重新认识《资本论》的理论价值无疑是一种非常重要的纪念形式。经典理论的意义不仅在于其回答了它所处时代的重大问题，而且还可以在新的时代体现出其理论所具有的解释力。2008年的国际金融危机爆发后，西方学者重新关注马克思的《资本论》，以寻找这次危机发生的根据。我们为什么不能用《资本论》的基本原理来升华中国改革开放的成功经验并形成新的经济学理论呢？

把《资本论》与社会主义市场经济体制联系起来的研究，随我国市场化改革实践，逐步成为经济学家的课题。在最终确立社会主义市场经济体制的改革目标后，如何为这种经济体制找到理论根据，更是中国经济学界需要完成的使命。《资本论》作为马克思主义经济学的经典著作自然成为中国经济学界研究社会主义市场经济的理论出发点。早期的研究集中于《资本论》的立场、观点和方法对于研究社会主义市场经济的意义的讨论。如有人较早地提出，《资本论》为市场经济提供了方法论基础，研究社会主义市场经济，就要运用《资本论》的立场、观点、方法研究新情况，总

---

* 乔棒，黑龙江大学经济与工商管理学院教授。

结新经验，解决新问题。① 《资本论》不仅可以为研究社会主义市场经济提供方法论的指导，而且还应该为建立社会主义市场经济体制提供理论根据，或者说应该为社会主义市场经济体制的现实性提供理论解释。对此，一种代表性的观点认为，马克思在《资本论》中揭示的关于市场经济一般规律的理论，为社会主义市场经济的创立和发展提供了重要理论根据②。然而，仅仅从马克思《资本论》研究了商品经济和市场经济的规律，就能为社会主义市场经济的确立提供理论根据吗？或许并不这样简单，因为，马克思在《资本论》中不仅有对商品经济和市场运行规律的揭示，而且也有对商品经济和市场经济的批判。商品经济会产生商品拜物教；③ 资本主义市场经济运行中，一方面生产力按几何级数增长，另一方面市场最多也只是按算数级数扩大，从而爆发停滞、繁荣、生产过剩和危机的周期。④ 正是因为马克思对资本主义商品经济和市场经济的批判，在新生的社会主义经济制度下，消灭商品和取消市场成为社会主义经济制度确立的前提。现在，我们要建立社会主义市场经济体制，仅以马克思分析过商品经济作为其为社会主义市场经济体制证明的依据，就显得不是很充分了。马克思的《资本论》到底能不能够为社会主义市场体制的选择提供理论根据呢？答案是肯定的，但应该深入理解马克思《资本论》的逻辑，并且与现实相对照，才可能发现《资本论》的逻辑演绎中包含了选择社会主义市场经济体制的根据。

二、《资本论》的逻辑与超越资本主义的不同选择

（一）《资本论》的逻辑及资本运动引发社会和经济失衡

马克思是在遇到要对所谓物质利益发表意见的难事后开始他的政治经济学研究的。⑤ 一开始马克思感到其已有的知识积累不足以支持这项研究，

① 陈征：《〈资本论〉与社会主义市场经济》，载于《福建师范大学学报（哲学社会科学版）》1994 年第 1 期。

② 陈承明、陈伯庚：《〈资本论〉为社会主义市场经济提供理论基础与思想指导》，载于《红旗文稿》2015 年第 20 期。

③ 马克思：《资本论》第 1 卷，人民出版社 1975 年版，第 87 页。

④ 马克思：《资本论》第 1 卷英文版序言，人民出版社 1975 版，第 36 页。

⑤ 《马克思恩格斯选集》第 2 卷，人民出版社 1972 年版，第 81 页。

因此，对古典政治经济学的批判性研究成为马克思必须要完成的理论转向。在古典政治经济学那里，研究围绕孤立的个人展开，如亚当·斯密就是把它经济学体系建立在一个追求自身利益最大的“经济人”假定的基础上。马克思通过对政治经济学的批判性研究，选择了一个新的分析路径，并以“商品”作为分析的出发点。商品是进入交换领域的产品，从一开始，商品这个物就结合着生产者与消费着之间的关系，而且这一关系在商品经济发展中不断扩大和深化。因此，马克思的经济学研究的不是物，而是人和人之间的关系，归根到底是阶级和阶级之间的关系。[①] 在资本主义经济制度下，阶级与阶级之间的关系主要是资本家和工人之间的关系，而这一关系集中体现在“资本”这个概念中。对此，马克思指出：“资本不是一种物，而是一种以物为媒介的人和人之间的社会关系。”[②] 正是在这个意义上，马克思把他政治经济学研究集中于资本，并形成了一个关于资本的逻辑，以及改变资本逻辑的不同选择。

《资本论》围绕资本展开，其逻辑首先表现为资本的逻辑。马克思从商品出发，通过对商品价值及形式的抽象分析，揭示了货币产生的实质，即价值形式演进的产物。货币在资本主义生产方式下被资本家占有后购买了劳动力这个特殊商品，从而使货币转化为资本。货币所有者变成了资本家，货币的职能在资本形态下被赋予新的内容。货币不单单是价值尺度和流通手段，在资本的形态下，它的所有者把实现价值不断增殖作为其唯一动机。资本家的目的绝不是取得一次性的利润，而是要推动谋取利润这一无休止的运动。[③] 这就是资本的逻辑起点。

资本追求剩余价值贯穿于资本主义经济运行的全过程。资本追求剩余价值是建立在对雇佣劳动的雇用和剥削的基础上。资本主义生产过程是价值增殖过程，也是活劳动或雇佣工人创造价值并超过劳动力价值的过程。资本雇用的工人越多，工人劳动时间越长，资本可以得到的价值增殖或剩余价值越多。如果是这样，劳动力会变得越来越稀缺，劳动者的市场地位也会越来越高。然而，资本的逻辑并不是如此演进的。资本追求剩余价值要遵循价值规律，并受市场竞争的制约。资本家实现其产品的价值，并希望获得更多的剩余价值，必须提高自己的劳动生产率。当某个资本家最先

---

① 《马克思恩格斯选集》第 2 卷，人民出版社 1972 年版，第 123 页。

② 马克思：《资本论》第 1 卷，人民出版社 1975 年版，第 834 页。

③ 马克思：《资本论》第 1 卷，人民出版社 1975 年版，第 175 页。

采用先进技术，他便会获得超额价值和超额剩余价值；当所有资本家最终都采用先进技术，整个社会的劳动生产率得以提高。伴随先进技术的采用，资本的有机构成不断提高，于是，资本主义经济运行就产生了一个矛盾。“为什么只是关心生产交换价值的资本家，总是力求降低商品的交换价值”。[①] 资本运动的这一逻辑，自然会引起对创造价值的劳动力需求减少，对实现相对剩余价值的劳动生产力进步的需求增加。这形成了资本主义经济运行的一个深刻矛盾，一方面提高劳动生产率有了强大的内生动力，另一方面劳动力商品这个使货币转化为资本的决定因素逐渐被资本所抛弃。正是这个矛盾决定着资本主义的最终命运。马克思也正是在这一逻辑下发现了资本主义走向灭亡的必然性。过去，我们一直在问一个问题，为什么马克思在资本主义制度建立不久就宣布资本主义私有制的丧钟敲响了，剥夺者就要被剥夺了。[②] 其实，马克思作出的是一个逻辑结论，而不是要立即变现的事实。资本追求剩余价值内生了一个提高劳动生产率的强大动力，从而生产的产品日益丰富，在这样的趋势下，要实现一个平衡的经济，必须有相应的需求能够消化这些产品。然而，资本主义生产方式下的劳动力地位弱化，使得出卖劳动力的工人收入相对下降甚至因失业而失去收入。这样的格局必然造成资本主义经济的失衡。这种失衡的极端形式就是经济危机。如此，资本主义经济运行形成了两个突出的矛盾，一个是由工人阶级的地位变化引起资本家和工人之间的矛盾不断激化；另一个是由发达的生产力和工人消费能力不足引起资本主义生产过剩危机。如何解决这些矛盾？这就关系到资本主义的最终命运。

（二）超越资本主义的不同选择

资本的逻辑引起资本主义经济运行的深刻矛盾，成为改变资本逻辑的内在根据。这使得超越资本主义，进而建立一个更加理想的社会，成为马克思《资本论》逻辑内含的一个追求。因为没有现实基础，逻辑分析便是探索超越资本主义路径的主要方法。过去，我们比较熟悉的是马克思在论述自由人联合体，以及重建个人所有制中对超越资本主义的一种选择。然而，我们基于今天的现实还可以推演出马克思对超越资本主义所立足的一些理论根据。

---

① 马克思：《资本论》第1卷，人民出版社1975年版，第356页。

② 马克思：《资本论》第1卷，人民出版社1975年版，第831～832页。

既然资本主义经济运行中的深刻矛盾与资本的属性有关，那么改变资本的属性便是解决资本主义经济运行中深刻矛盾的一种选择。改变资本属性的最彻底的办法就是改变资本主义私人占有的性质，或者用社会主义生产资料公有制代替资本主义生产资料私人占有制。马克思在《资本论》中设想的自由人联合体就是“用公共的生产资料进行劳动，并且自觉地把他们许多个人劳动力当成一个社会劳动力来使用。在那里，鲁滨逊的劳动的一切规定又重演了，不过不是在个人身上，而是在社会范围内重演。……在那里，人们同他们的劳动和劳动产品的社会关系，无论在生产上还是在分配上，都是简单明了的”[①]。马克思对超越资本主义的这一理论设想，在后来成为自苏联建立第一个社会主义制度后所有社会主义国家的选择。当资本家被剥夺了生产资料，资本的逻辑终止了，资本家和工人之间的对立关系被废除了。在生产资料公有制下，去除了资本属性的生产资料不再作为人格化的、有意志和意识的资本执行职能，也不再把生产活动变成谋取利润的无休止的运动。生产资料公有制或国家占有，还可以改变商品关系，以及改变资源的配置方式。既然生产资料完全由国家占有或控制，那么各个独立的生产者之间就不一定是建立在商品交换基础上的商品关系，而可以由国家统一安排它们的流通过程。既然国家占有或控制了生产资料，那么配置资源可以不通过市场，而由国家统一安排生产资料的使用方向，也就是实行计划经济。如果实行计划经济，并且使计划制定的科学合理，那么不仅经济的失衡问题得以解决，而且还可以消除市场配置资源的滞后效应带来的损失。

这样的一种改变资本逻辑和超越资本主义的选择，是有着内在逻辑根据的。如果不是后来的社会主义国家在执行该制度安排中出现了一些问题，那么在逻辑层面上，这永远是一种可以选择的、改变资本逻辑的进路。问题是这种选择在改变了资本逻辑的同时，把资本逻辑包含的一些促进生产力进步的机制也一同抛弃了。而任何一种经济制度必须具有一种可以促进生产力进步机制，否则这种经济制度的合理性终究会受到挑战的。因此，社会主义经济制度确立后，要么找到一种替代机制，以进一步推动生产力发展；要么在继续利用资本逻辑所包含的生产力进步机制的基础上，寻找可以克服资本逻辑带来的经济运行深刻矛盾的途径。人类社会实现生产力进步所呈现出来的是一个不断复杂化的过程。无论是从供给的角

---

① 马克思：《资本论》第1卷，人民出版社1975年版，第95～96页。

度增加生产要素的量和提高生产要素的质，还是从需求的角度扩大投资和消费的规模，都离不开人这个核心因素。马克思在定义劳动时指出，劳动首先是人和自然之间的过程，是人以自身的活动来引起、调整和控制人和自然之间的物质变换的过程。[①] 这里反映出马克思对人类社会生产力的核心因素的基本观点，即人是生产力最重要、最积极的因素。既然人在生产力中具有如此特殊的地位，那么生产力进步的最核心机制便是如何把人的积极性调动起来。马克思在《资本论》中分析了资本主义之所以取得生产力的巨大进步，主要在于其发展商品经济中形成一个可以自发调动起人的利润动机的机制。资本主义商品经济体现出来的不仅仅是简单商品经济的物物交换或以货币为中介的商品流通，而是以资本为出发点的资本流通。资本流通改变了商品流通的运动形式，使一个为买而卖的重复和更新变成一个为卖而买的运动。这种改变带来的是一个资本运动的无止境过程。在这一无止境过程中，资本主义商品经济使竞争白热化，从而迫使每一个进入到市场中商品生产者都必须最大程度地挖掘自己的潜力，也就是商品生产者的积极性在市场中被最大程度地调动起来。社会主义经济制度建立后，资本主义商品经济环境下具有的这种调动人们生产积极性的机制失去了作用。在这种情形下，用怎样的一种新机制来代替资本主义的旧机制?这个问题，我们过去用一种暗含的假设来解决。资本的逻辑被终止了，资本的关系也随之被解除了，这使得劳动者获得了解放，劳动者成为生产资料的主人，也成为生产的主人。这样的变化应该形成一种劳动者积极性的自发机制。马克思曾预言进入共产主义后人们会把劳动作为生活的第一需要，如此，劳动本身变成了人们生活的一部分，而不再是谋取生活资料的手段。也许这是社会主义制度代替资本主义制度后，为解决资本主义经济运行深刻矛盾而需要有的一个前提。

然而，这个前提在现实的社会主义经济运行中并没有得到满足。在社会主义经济运行中，虽然通过生产资料公有制改变了资本的逻辑，并消除了资本主义经济运行的一些失衡现象，但劳动者的积极性成为一个新的问题，并最大限度地困扰了社会主义经济运行的顺利推进。20 世纪 70 年代形成的社会主义国家实行经济体制改革潮流，一定程度上是以解决这一问题为起点的。如此，社会主义经济体制改革不仅是一个改变经济运行绩效的途径，更重要的是找到一种可以在社会主义基本经济制度下形成新的生

① 马克思:《资本论》第 1 卷，人民出版社 1975 年版，第 201 ~ 202 页。

产力进步激励机制。这是一个难题，也是一个巨大挑战，许多前社会主义国家因为难以找到这样的机制而选择了一种简单化的改革道路，即资本主义市场化的道路。而中国却接受了这一挑战，探索出一条社会主义制度下的市场化取向改革道路，并建立起社会主义市场经济体制。这种体制是迄今为止人类社会制度演进中不曾有的，也是在已有理论中不曾设计的。据此，很多学者特别是西方主流经济学的学者都怀疑这种体制的可行性和有效性。然而，中国在探索社会主义制度下的市场化改革道路中取得了经济上举世瞩目的成功。为什么这种不被西方主流经济学看好的体制却取得他们意想不到的成功？一个根本的原因就是，社会主义市场经济体制是在马克思设想的共产主义社会建立条件不成熟的情况下，把对人们的激励与发展生产力有效结合起来的制度安排。

《资本论》集中分析的资本逻辑表明，资本主义经济运行虽然内含了一个推动生产力进步的重要机制，但在这种机制下会对资本主义产生严重影响的社会对立和经济危机，形成对寻求更理想的经济制度的要求。如何改变资本的逻辑？一种是对资本关系的彻底改变，即通过生产资料公有制代替资本主义私人占有制来解决资本主义经济运行的深刻矛盾。不过，这种代替需要发达生产力的基础，并形成劳动者生产积极性的自发机制。这样的条件在当下的经济发展阶段上难以满足，特别是当社会主义作为一种现实的制度已经确立的情况下，如何建立一种既可以解决现代资本主义经济运行中的深刻矛盾，又可以激发人们生产积极性的有效机制的经济制度，是当下社会主义国家改革探索的方向。中国在 20 世纪 70 年代末开启的经济体制改革，并在渐进的改革路径上探索出了社会主义市场经济体制。在这一体制下实现的中国经济奇迹让我们确信，这是一个新的、可以有效解决资本主义经济运行深刻矛盾，并有着巨大激励效果的经济体制。社会主义市场经济体制究竟包含了怎样的逻辑，能够实现这样的效果？

三、社会主义市场经济体制选择与新的发展机制建立

（一）社会主义市场经济体制选择及运行逻辑

社会主义经济制度的建立是以解决资本主义经济制度下的深刻矛盾为逻辑依据的。自苏联第一个社会主义国家成立以来，所有新成立的社会主

义国家都仿效斯大林模式建立计划经济体制。应该说，这些社会主义国家借助计划经济都在自己的经济发展史上创造了重要的经济成就。但在与发达资本主义国家并行的发展中，发达资本主义国家借鉴了一些社会主义经济建设的经验，[①] 并在其理论创新的指导下，形成了不同于传统资本主义的发展模式。这一新的发展模式对资本主义经济恢复和发展起到了巨大的作用。相应地，社会主义国家成立后都立足于实现对发达资本主义的赶超，而且主要是通过国家的力量，并以集中的优势来实现这一目标。由于没有或者缺乏通道去吸收发达国家的先进生产力，因此，所有社会主义国家的赶超战略都不可持续，经济在经历了一段时期的亢奋后逐步走入了下坡路，国民经济的运行和绩效都出现了严重的问题。改革主要是为改变这种态势作出的选择。

中国的经济体制改革是市场化取向的。作出这样的选择主要是因为，无论农村改革，还是城市改革，都以向生产主体放开一定的经营权为突破口。当生产主体获得一定的经营权后，自然会要求市场来实现其经营的利润目标。与此同时，开展对外开放，主要是与发达资本主义国家市场对接，这必然引起国内的市场化。当然，问题还不在于是否进行市场化，重要的是选择怎样的一条市场化的道路。苏联解体后俄罗斯以及摆脱苏联控制的东欧社会主义国家进行的经济体制改革，也都选择了市场化的道路。不过，这些国家的市场化深受当时流行的所谓“华盛顿共识”的影响。以自由化、私有化和宏观经济稳定化为核心内容的“华盛顿共识”为“苏东”前社会主义国家开出的“药方”便是以发达资本主义市场化为目标的改革方案。这也许是一种选择，但是，反复的模仿而缺乏创新，能否为各个社会主义国家找到一条振兴经济的道路呢？在人类社会发展的历程中很少有这样的经验，而我们看到更多的是一些国家通过创新走在了世界的前列，近代以来一个个崛起的大国都有自己独特的地方，并开辟了不同的经济发展道路。实践证明，“苏东”前社会主义国家遵循“华盛顿共识”的改革都遇到比较大的困难，国力因此下降了许多，在世界舞台上出现了被边缘化的趋势。

中国的市场化取向改革体现了中国式智慧。我们不是在非此即彼的市

---

① 发达资本主义国家在1929~1933年的经济大危机之后，都不同程度地引入计划调节经济的形式，开启了现代资本主义发展的一个新阶段，即国家干预经济的国家垄断资本主义阶段。这在一定程度上是对当时发展势头较好的社会主义经济运行方式的借鉴。

场经济和计划经济之间进行选择，而是把“中庸”的传统文化置于对不同经济体制的选择中。首先在坚持计划经济为主的前提下引入市场调节，又在不断放松计划约束的过程中，让市场更多地介入经济运行，最终虽然让市场在资源配置中发挥基础或决定性作用，但并没有放弃社会主义基本经济制度作为市场经济的基础。正是在这样的一个渐进式改革路径下，我们以实践为根据探索出社会主义市场经济这一新体制，而且是迄今为止人类社会还没有实行过的一种新型经济体制。确立这样一种经济体制，在选择上似乎体现了我国传统的“中庸”思维，但更重要的是基于中国特殊国情的选择。而这个具有中国特色的社会主义市场经济体制，又有着一种特殊的经济运行逻辑。

社会主义市场经济体制首先强调的是市场在资源配置中的基础性作用。党的十四大确立社会主义市场经济体制为中国经济体制改革的目标，同时提出使市场在国家宏观调控下对资源配置起基础性作用。之后的十五大进一步强调了这一说法，而十六大、十七大都用了几乎相同的表达坚持了这一说法。如十六大提出，在更大程度上发挥市场在资源配置中的基础性作用；十七大提出，从制度上更好发挥市场在资源配置中的基础性作用。让市场在资源配置中发挥基础性作用，这表明我们承认市场是配置资源最有效的制度。然而，市场配置资源的有效性是有边界的。在资本主义市场经济中，当涉及如自然垄断、外部性、公共品供给、分配公平等现象时会出现市场失灵。而这些现象在我们强调市场的基础性作用时也同样会发生，因此，解决市场失灵也是社会主义市场经济体制顺利运行的保障性条件。从这个角度看，宏观调控也应该成为社会主义市场经济体制运行不可缺少的一环。市场的基础性作用、国家对经济的宏观调控，这是现代市场经济运行所包含的最基本的两个环节。社会主义市场经济既然也是一种市场经济，那么必须要重视这两个环节。但是，这两个环节在社会主义市场经济体制下发挥作用又有自己的特殊方面。

社会主义市场经济体制运行的特殊性主要是坚持了社会主义基本经济制度的基础地位。公有制经济为主体，多种所有制共同发展的社会主义初级阶段基本经济制度，决定了社会主义市场经济体制下的资源配置虽然是让市场发挥基础性作用，但因国家对国有经济的控制一定会体现出一定程度的计划配置资源。这也就是为什么在十八届三中全会作出的《中共中央关于全面深化改革若干重大问题的决定》中提出，“使市场在资源配置起决定性作用和更好发挥政府作用”的原因。让市场在资源配置中发挥基础性作用和使市场在资源配置中起决定性作用，这两种表述上的不同反映出我们对社会主义市场经济体制运行有了新的认识。让市场在资源配置中发挥基础性作用，进一步强调国家的宏观调控，这是现代市场经济运行的基本模式。而使市场在资源配置中起决定性作用和更好地发挥政府作用，这是符合社会主义市场经济体制特征的运行方式。由于生产资料公有制在社会主义市场经济体制中具有基础性的地位，势必会改变市场经济运行的传统方式。具有社会主义属性的国有企业基于其要承担的特殊使命，在经济运行中不同于私人企业只作为一个短期利益最大化的追求者，国有企业被赋予实现国家长远利益的使命。在统一的市场经济体制运行中，国有企业应该接受市场的调节，但它也应该超越市场的短期性目标而追求长远的国家利益。经济体制改革初期，国有企业改革是一个重点和难点，随着国有企业改革的不断深化，国有企业改革进入一个新的阶段。这个阶段不再是以调整国有经济为主线了，而是如何在社会主义市场经济体制下更好地发挥国有企业潜力？可以肯定的一点是，国有企业改革一定不单单是减少国有企业的比重问题，还应该在社会主义市场经济体制下重塑国有企业活力和发掘国有企业潜力。也就是说，在社会主义市场经济体制下国有企业不同于计划经济体制下的国有企业，它具有新的功能和使命。我们已不能拿国有企业在计划经济体制下的活力不足来指导今天的国有企业改革了。目前，我们最应该做的是，在社会主义市场经济体制的特殊运行方式中重新定位国有企业。

社会主义市场经济体制运行的特殊性还体现在政府在经济中的特殊地位。中国的经济体制改革是一个自下而上和自上而下互动的过程。在这个过程中，政府是最关键的环节，甚至可以说，中国的经济体制改革最终是由政府推动的。政府在中国经济体制改革中发挥了特殊作用，不仅是中央政府，而且还有地方政府，在中国改革开放的进程中起到了保驾护航和经济主体的作用。政府在经济运行中的作用与市场不同，市场有其运行规律需要遵守，而政府的主观性较为明显，必须以决策的科学性来保证其功能的有效发挥。适应经济发展阶段改变政府在经济运行中发挥作用的性质和方向，是对政府的要求，也是一种挑战。中国的社会主义经济体制运行发展到今天，对政府的作用也提出新的要求，也就是要更好地发挥政府的作用。

中国在经济体制改革以及社会主义市场经济体制建立和完善的过程中取得了经济上的巨大成功。这样的一种历史关系说明在社会主义市场经济体制及运行中包含了一个经济发展的新机制，正是这种新机制为中国经济增长提供了动力、创造了活力。而更深刻的原因在于，这一体制既包含了马克思在《资本论》中分析的资本逻辑所孕育的经济发展动力，还具有一种可以缓解资本逻辑所带来的社会和经济矛盾的功能。

（二）社会主义市场经济体制包含的经济发展新机制

社会主义市场经济体制形成了一种把对人的激励和生产力发展有效结合起来的新机制。这种新的经济发展机制使社会主义与市场经济实现了内在的结合，也使得社会主义市场经济体制成为一种创新体制。

马克思在《资本论》中分析了资本的逻辑所蕴含的经济增长动力。这种动力来源于资本被人格化后对剩余价值的无限追求。马克思曾在《共产党宣言》中对资本主义发展生产力作出了肯定，主要是基于资本主义经济制度形成了一种非常重要的激励机制，以此把人的积极性最大限度地调动起来。然而，任何一种获得都是要付出成本的。资本主义经济制度通过把人的积极性调动起来而实现了生产力的巨大进步，但因此也带来一些严重的问题，其中最主要的有两个方面：一个是把人们本身劳动的社会性质反映成劳动产品本身的物的性质，反映成这些物的天然的社会属性，从而把生产者同总劳动的社会关系反映成存在于生产者之外的物与物之间的社会关系①，这使得资本主义社会充斥了各种拜物教的性质，人们的关系因此变得越来越紧张，尤其是资本关系的紧张导致了严重的社会冲突。另一个是在人的积极性被调动起来的前提下，生产力取得了前所未有的进步，形成了按几何级数增长的态势，而市场最多也只能按算术级数扩大②，这最终演化为资本主义经济危机。从资本主义经济发展的历史来看，其实现的生产力进步和引起的经济社会冲突是相伴而生的。要打破资本的逻辑，必须以解决这些经济社会问题为出发点，并能够继续实现生产力的进步。

马克思《资本论》所揭示的这一资本逻辑，不仅找到了资本主义经济运行的机理和病症，而且为改变资本逻辑提供了方向。因此，无论是社会主义国家，还是资本主义国家都对马克思的《资本论》予以重视，只是所采取的立场和选择的方向不同。发达的资本主义国家在经历了1929～1933年的经济大危机后开始改变资本的逻辑，用国家干预的手段来缓解资本逻

① 马克思：《资本论》第1卷，人民出版社1975年版，第89页。

② 马克思：《资本论》第1卷，人民出版社1975年版，第36页。

辑带来的矛盾。社会主义国家建立后采取消灭资本的途径来彻底改变资本的逻辑。实践证明，发达资本主义国家尽管采取国家干预的手段缓和了资本主义经济运行的一些矛盾，但并没有消除资本主义经济危机发生的根源。社会主义国家消灭了资本，但面对发展生产力的首要任务也没有找到一条有效的途径。中国在经历了用计划经济发展社会主义的实践后，通过对计划经济体制改革探索出来的社会主义市场经济体制，对资本的逻辑进行了中国式的改进，并形成了一种新的更加有效的经济发展机制。

通过对计划经济体制的改革，中国逐步建立起社会主义市场经济体制。在这一体制下，使市场在资源配置中发挥基础性或决定性作用，这意味着也形成了建立在商品经济和市场经济基础上的利益激励机制，而且是在经历了计划经济体制时期人们的利益诉求被长期压抑之后开启了利益激励，由此形成的巨大反弹效应，大大地增强了利益激励机制对人们的作用，由此激发出来的生产力发展动力，推动中国实现了持续高速增长。不仅如此，中国的改革没有尊崇像俄罗斯东欧的经济体制改革道路，而是在保持社会主义基本经济制度，并坚持共产党执政地位的基础上逐步形成的社会主义市场经济体制。这种体制除了形成对人的有效激励之外，还有一个最大的功能就是，开辟了一个持续扩大的生产力容量空间。在现代经济增长中，动力源的转换已成为人们的共识，即源于增加生产要素的供给侧动力，转向源于扩大有效需求的需求侧动力。这种转化意味着经济增长实现了一种循环，供给和需求的联系更加紧密，并且相互作用，推动经济持续增长。不过，在实践中，供给和需求的互动还是常常发生错位，以至于经济危机与资本主义仍然是如影随形。中国在改革中逐步建立起来的社会主义市场经济体制，形成了一个可以实现供给和需求互动并推动经济持续增长的新机制。为了理解这一点，我们引入了一个新概念，即生产力容量。① 生产力容量是生产力高度发达之后提出的一种要求。在生产力水平比较低的时候，生产力的容量相对很大，并没有成为一种现实的约束。当生产力水平很高时，生产力容量会成为生产力发展的制约，它的意义因此凸显出来。生产力容量不同于有效需求，它是一个更大的概念，既包括生产力本身的实现问题，也包括生产产品的实现问题。中国在改革开放的进程中形成的经济增长路径就是在一个生产力容量不断扩展中开辟出来的。

① 乔榛：《从生产力水平到生产力容量，一个解释经济增长的新机制》，载于《当代经济研究》2015 年第 12 期。

改革开放之初，中国的生产力水平比较低，当打开国门后，与发达国家的生产力反差使我们产生了对提高生产力的更大期待。而中国社会稳定的环境、勤劳并渴望致富的世界最多人口、计划经济体制时期普及中小学教育对人口素质的普遍性提升、国有经济为技术引进愿意承担更多的成本、计划经济体制时期迅速形成的完整的工业体系，等等，使中国成为发达国家积累起来的成熟而先进生产力的最大“蓄水池”。与此同时，中国在计划经济体制时期形成重生产、轻生活的发展格局，使人们的生活处于比较低的水平，与此相应地，生活消费品极度缺乏。这样的格局以及庞大的人口无疑会释放出巨大的消费需求，而为满足这些需求又蕴含了巨大的投资需求。因此，中国改革开放后呈现出对生产产品的巨大需求。当然，如果中国的生产力容量仅仅是释放出来的话，那么其可持续性一定会遇到挑战。中国蕴含的巨大生产力容量更主要的是由社会主义市场经济体制引起的，其中最重要的一个机制便是中国的政治制度和基本经济制度都有着巨大的吸纳风险的能力，这在一定程度上降低了市场经济运行的“不确定性”，① 正是这一能力不仅使经济社会保持稳定，而且还可以不断释放生产力容量，使生产力容量在中国的扩张呈现一个动态过程。这或许就是中国在社会主义市场经济体制下实现经济持续高速增长的最大秘密。

中国的社会主义市场经济体制实现了对人的经济激励和发展生产力的有效结合。这样的一种新的经济发展机制确实是对传统社会主义和资本主义的超越。不过，这种体制也包含了一些风险，正如所有的体制在实现了某种功能后必然要付出一定成本一样，社会主义市场经济体制包含的经济发展新机制虽然推动中国经济实现了“奇迹”，但也开始暴露出一些问题。而这些问题都包含在社会主义市场经济体制运行的逻辑中，需要我们在完善社会主义市场经济体制的过程中加以解决。

四、一个延伸的讨论

把对《资本论》的逻辑分析与社会主义市场经济体制的选择结合起来讨论，这不仅是将之前的研究加以深化，更重要的是在《资本论》的逻辑

---

① 乔榛：《〈资本论〉逻辑的当代意义：基于“不确定性”的理解》，载于《光明日报（理论版）》2016年5月9日。

中发现社会主义市场经济体制存在的现实性和合理性。前面的分析得出，社会主义市场经济体制最重要的功能是实现了对人的激励，并形成了生产力发展的新机制。使市场在资源配置中发挥基础性或决定性作用，形成了对人的自发而有效的激励；坚持社会主义基本经济制度在市场经济运行中的基础地位，降低了市场经济运行的“不确定性”，并开辟了容纳生产力的巨大空间。这不仅继承了商品经济和市场经济内含的一种发展生产力的有效机制，而且也在社会主义经济制度中发现了其具有的发展生产力的优势。社会主义基本制度与市场经济的结合因此有了新的根据。然而，我们在社会主义市场经济运行的逻辑中同样能够发现在其释放和形成巨大生产力的同时，也有一些引发的问题需要解决。

让市场在资源配置中起决定性作用，这将是我们长期推行的基本经济运行机制。然而，市场的激励功能一定会有其副产品的。在我国社会主义市场经济体制运行中，由于市场是被逐渐引进的，它的功能递增特征较为明显，因此容易被推崇，并可能出现市场的泛化。当市场不受限制地进入所有领域，那么市场失效和市场扭曲就会大量出现。这成为社会主义市场经济体制运行遇到的一个挑战。市场在资源配置中发挥作用是有边界的，并不是任何领域都可以用市场来调节的，让市场不受限制地扩张，可能带来一时的增长，但一定是难以持续的。现代市场经济的一个很重要的任务就是怎样完善市场。中国的社会主义市场经济体制已经建立但并不完善，不仅是让市场在资源配置中起决定性作用，而且规范市场的运行和为市场确定边界，也是完善社会主义市场经济体制的不可或缺的内容。

市场在资源配置起决定性作用会为中国经济发展注入新的动力，并且会释放出巨大的生产力。为此，扩张生产力容量仍然是中国经济增长的重要支撑。在中国经历了近 40 年的持续高速增长之后，生产力容量的进一步扩展也遇到一些问题。其中最为突出的是过去积累的生产力在新的经济转型背景下也遇到生产力容量的限制。因此，如何在新的环境和条件下进一步拓展生产力容量空间，是社会主义市场经济体制面临的又一挑战。

任何一种经济体制不仅有其发挥作用的边界，而且会面临效率由高到低的转化。完善体制机制和运行环境是所有经济体制一定会遇到的课题。社会主义市场经济体制在推动中国经济增长中起到了重要作用。其内在的逻辑在于把对人的激励和发展生产力有效地互动起来，即通过提高人的积极性形成了巨大的生产力发展动力，而有效地扩展生产力容量为这种不断提高的生产力提供了充分的实现条件，如此互动可以解释中国改革开放后经济为什么会取得成功。不过，中国在面对新的经济转型时，需要进一步拓展社会主义市场经济体制蕴含的经济增长潜力。而这必须以完善社会主义市场经济体制为前提，集中解决它的运行逻辑在新的环境和条件下遇到的问题。

基于WACC的国有垄断企业分红比例优度检验

——以能源型国有上市公司为例

陈少晖　陈平花*

一、引言：研究背景与文献综述

国有垄断企业是指享受国家特殊政策或资源优势从而控制社会生产，操纵和独占市场的企业。1994年实行分税制以来，它们凭借其难以撼动的政治地位、无偿或低价使用的自然资源以及独有的垄断经营权利获得大量超额利润。然而这些具有全民所有制性质的企业并没有将这些巨额利润上缴国家财政，还利于民，而是通过各种途径内化为企业高管的在职消费和员工的隐形福利，由此引发的社会收入分配不公问题日益凸显。在这一背景下，社会各界要求进一步提高国有垄断企业利润上缴公共财政比例的呼声日趋强烈。为解决这一问题，2007年，财政部与国资委联合发布《中央企业国有资本收益收取管理暂行办法》，规定国有垄断企业利润上缴公共财政比例为10%。在此之后，又经历了两次上调，即2011年国有资本收益上缴比例提高至15%，2014年再次上调到20%（其中烟草企业为25%）。尽管党的十八届三中全会提出“到2020年，国有企业红利上缴公

* 陈少晖，福建师范大学经济学院教授；陈平花，福建师范大学经济学院硕士研究生。基金项目：2014年国家社科基金重点项目《国企红利征缴比例倍增目标下的国资预算支出民生化研究》（编号：14AGL007）；2013年国家社科基金青年项目《公共资源合理共享视角下的国有企业红利分配研究》（编号：13CGL024）。

共财政比例提高至30%”的政策目标[①]，但各界仍然认为这一比例偏低，尤其是国有垄断企业还有继续提高的空间。因此，如何科学确定国有垄断企业红利上缴比例及其分配结构就具有十分重要的现实意义。

2007年国有资本经营预算制度启动以来，关于国有垄断企业利润分配比例问题的研究，学术界进行了较为深入的探讨。盖地等（2008）提出由于垄断企业性质特殊，应当构建相应的垄断国企利润分配框架，对不同盈利状况的企业确定不同的利润上缴比例；何国华（2009）认为应当区分国有企业“能力性经济租金”和“垄断利润”的差别，其中垄断利润应当全部上缴，而“能力性经济租金”应当在企业与出资人之间进行合理分配；于吉（2011）指出应当进一步提高国有垄断企业利润上缴比例以控制垄断行业的工资水平和福利待遇；郑飞（2012）在借鉴瑞典和印度国有垄断电力行业的分红政策后，从股权资本成本和企业可持续发展的角度构建分红比例模型，并据此测算出其利润上缴比例应在35%～55%之间；杨兰品和唐留昌（2013）以电信行业为例，通过构建超越对数生产函数模型得出其分红比例应当在40%～50%之间的研究结论；刘钟元（2013）则将国有垄断企业进一步分为自然资源垄断型、技术垄断型以及寡头垄断型企业，指出应当根据垄断性质确定其相应的分红比例。

虽然研究者基于不同视角和方法提出的观点和建议不尽相同，但对于国有垄断企业进一步提高红利上缴比例问题已经达成共识。值得注意的是，目前多数研究成果集中于如何提高国有企业利润分配比例问题上，而对其分配结构的研究较为鲜见。笔者认为，随着国有资本经营预算制度的进一步完善，国有垄断企业利润分配问题的研究，不仅是红利上缴比例[②]的确定问题，更重要的是深入研究其分红结构的合理性与科学性，即国有垄断企业分红比例的优度问题。本文以能源型国有垄断企业为样本，拟从加权平均资本成本（WACC）的视角对现行垄断企业分红结构进行实证分析，为科学确定国有垄断企业的红利上缴比例提供一个新的研究视角。

---

① 中华人民共和国中央人民政府．中共中央关于全面深化改革重大若干问题的决定，http：//www.gov.cn，2013年11月15日。

② 从本质上来讲，“红利上缴比例”和“分红比例”是两个不同的概念，后者主要相对于上市国有企业而言，但由于我国中央国有企业80%的优良资产都集中于上市公司，因此本文将这两个概念视为相同的内涵，即本文中出现的“红利上缴比例”与“分红比例”所表达的意义相同，均为国有企业红利上缴公共财政的比例。

二、国有垄断企业分红比例政策演变

自2007年国有资本经营预算制度推行以来，随着国企经营绩效的大幅度提高，政府相关职能部门制定的关于国有垄断企业分红比例政策也发生了相应的变化，先后经历了主要按10%、15%和20%的比例上缴红利三个阶段的政策演变。

（一）改革启动阶段（2007～2010年）

2007年12月，财政部与国资委联合发布《中央企业国有资本收益收取管理暂行办法》，该文件规定国有企业根据行业性质分三类按比例上缴红利，第一类是石油、电力、烟草等资源型的企业，上缴比例为10%；第二类是贸易、钢铁、施工、运输等一般竞争性企业，上缴比例为5%；第三类是军工企业及转制科研院所企业，暂缓3年上缴。其中，第一类石油、电力、烟草等行业的国企可以划归国有垄断企业，利润上缴比例为10%。这一文件的颁布标志着国有企业利润分配制度改革步入一个新阶段，从而结束了国有企业自1993年以来税后利润不上缴的历史。

（二）稳步推进阶段（2011～2013年）

随着国企改革力度的不断扩大，原有国企分红比例政策框架暴露出的红利分配范围过窄、比例过低的问题日益突出。因此，国务院决定对国企分红政策进行调整，进一步扩大红利上缴的实施范围和提高国企分红比例。2010年12月23日财政部发布《关于完善中央国有资本经营预算有关事项的通知》，规定从2011年起，将教育部、文化部以及农业部的直属企业纳入中央国有资本经营预算实施范围，并适当提高中央企业国有资本收益收取比例，其中第一类石油、电力、烟草等垄断企业上缴比例提高为税后利润的15%。2012年财政部发布《关于扩大中央国有资本经营预算实施范围有关事项的通知》，明确规定从该年起，将工信部、体育总局等所属企业纳入中央国有资本经营预算实施范围。同时决定国有企业税后利润收取比例分五类执行，其中将中国烟草总公司单列，税后利润上缴比例提高至20%，虽然分红比例仅上调了5个百分点，但表明国有垄断企业红利分配制度的改革进入了稳步推进阶段。

（三）调整完善阶段（2014 年至今）

随着国企改革力度的进一步加大，国有企业红利分配制度也渐趋完善。但与西方发达国家国有企业相比，其分红比例依然偏低。为贯彻落实党的十八届三中全会及国务院转发的《关于深化收入分配制度改革若干意见的通知》的基本精神，2014 年财政部发出《关于进一步提高中央企业国有资本收益收取比例的通知》，规定国有独资企业应交利润收取比例在现有基础上提高 5 个百分点，第一类企业即中国烟草总公司的上缴比例为 25%，第二类企业上缴比例为 20%，主要包括石油、电力等垄断型国有企业。

通过对国有垄断企业红利分配政策演变过程（见图 1）的梳理，我们不难发现，自 2007 年《中央企业国有资本收益收取管理暂行办法》实行以来，国有垄断企业收益上缴比例不断提高，由最初的 10% 逐渐提高到现阶段的 20%（其中中国烟草总公司的上缴比例提高至 25%），并且设定了到 2020 年提高至 30% 的政策目标。应当承认，这种国资红利上缴公共财政比例的不断提高，反映出自从 2007 年国有资本经营预算制度启动以来，国家与国有企业（尤其是国有垄断企业）的利益分配关系逐步趋于合理化和规范化。但是，需要指出，与国有垄断企业现行盈利水平相比，其红利上缴比例依然偏低。据财政部数据显示，2011 ~ 2013 年国资委所属第一类企业净利润占中央企业净利润比例在 79% 以上①，2014 年中央企业累计实现净利润利润 6 269. 2 亿元，其中盈利能力排名第一的中国烟草总公司净利润为 1 649. 4 亿元，占比 26. 3%②。这类国有企业获取的税后利润大部分依靠的是行政性垄断优势，而不是依靠市场竞争优势，其获取的这部分超额利润本应该通过股利分配的形式上缴公共财政，最终回报社会，惠及全体国民，而不是通过提高高管薪酬或员工福利的形式滞留于企业内部。此外，从目前国有资本经营预算支出结构可以看出，国有垄断企业上缴公共财政的有限利润除了极少部分用于社会保障等民生支出外，大部分又以成本性支出和费用性支出等各种方式回流企业内部，形成国有资本收益分

① 王哲琦、杨兰品：《国有垄断行业分配制度中存在的问题、改革障碍及调整对策》，载于《经济与管理研究》2014 年第 1 期。

② 扫雷小组：《2014 年央企利润排行榜　烟草总公司秒杀中石油》，http：//wallstreetcn.com/node/215814，2015 - 3 - 27。

配的“体内循环”机制。

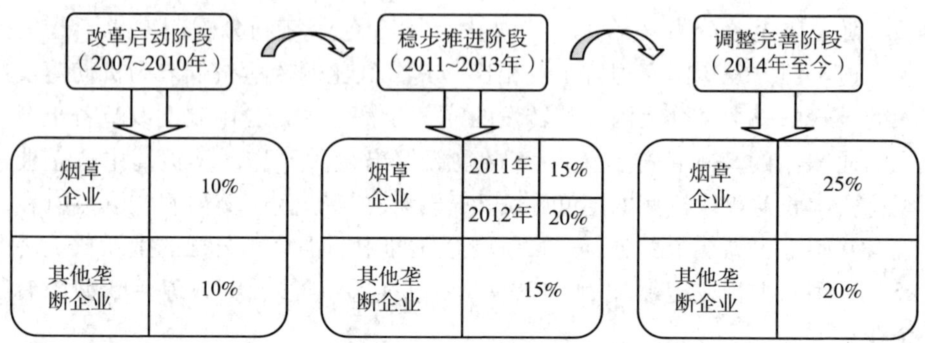

图1　国有垄断企业红利分配政策演变

三、加权平均资本成本的内涵界定与测算指标

（一）加权平均资本成本（WACC）的内涵界定

企业资本成本包括债务资本成本和权益资本成本，而加权平均资本成本①（Weighted Average Cost of Capital，WACC）是指企业以各种资本在企业全部资本中所占的比重为权数，对各项资金的资本成本加权平均计算出来的综合资本成本。因此，它可以反映企业整体的资本成本水平，满足企业价值评估的需要。在现金流量折现法的企业价值估值模型中，加权平均资本成本作为反映未来现金流量风险的折现率与企业价值呈反方向变动，直接决定企业价值，即加权平均资本成本较低时的公司价值较大。反之则反是。在资本结构理论中，公司管理层往往会对债务资金和权益资金的比例进行协调从而确定一个目标资本结构，致力于使企业价值最大化，而这个反映公司期望的目标资本结构正是加权平均资本成本最低时的目标价值权重。因此，国内财务管理研究者将资本结构、资本成本与企业价值三者的关系概括为两个方面：一方面是公司资本结构的调整必然会影响到企业加权平均资本成本进而影响企业价值；另一方面是公司在任何时点均存在

① Ezra Solomon. Measuring a Company's Cost of Capital. *The Journal of Business*, 1955（4）: pp. 240 – 252.

一个使得加权平均资本成本最低，企业价值最大化的目标资本结构[①]。由于国有垄断企业分红比例高低所影响的留存收益和应付股利直接表现在权益和负债项目上，对企业权益负债比例关系亦即企业资本结构产生作用，因此企业可以确定一个适当分红比例条件下的目标资本结构，使得加权平均资本成本达到最低，从而实现企业价值最大化。换句话说，国有垄断企业分红比例是否合理可以通过加权平均资本成本表现出来，而实现这一目标的有效途径就是如何尽可能实现企业资本结构的最优化。

（二）加权平均资本成本（WACC）的测算指标

加权平均资本成本的通用表达式为 $WACC = K_D(1-T)(D/V) + K_S(S/V)$，其中 WACC 代表加权平均资本成本，$K_D$ 代表税前债务成本，K_S 代表权益资本成本。$V = D + S$ 为企业总资产，因此，式中（D/V）则代表公司债权资本所占权重，（S/V）代表公司权益资本权重，T 为企业所得税。通过这一公式不难看出确定加权平均资本成本的三个重要参数为权重、债权资本成本以及权益资本成本。

1. 权重

资本成本理论对于加权平均资本成本中权重的选择主要采用三种方法即账面价值法、市场价值法和目标价值权数法，其中目标价值权数是指权益债务资本以未来预计的目标市场价值为基础确定的权数[②]，它不像账面价值法和市场价值法那样只反映企业过去或者目前的资产负债状况，而是一种预期的资本结构，符合企业融资需求。为了公司下一年度发展的需要，公司管理层每年年末都会根据资本成本以及投融资计划确定企业分红数量，目的在于确定最优资本结构，从而使得公司价值最大化。即企业该年权益资本成本、债务资本成本与其相应目标价值权重的乘积之和会使得加权平均资本成本最低。因此，根据年末资产负债表中的负债权益账面价值以及本年利润分配状况即可推出年末公司管理层根据目标资本结构所确定的价值权重。依此计算所得出的加权平均资本成本也更能准确反映公司筹集新资金所需的实际成本。就本年度而言，企业实现的净利润应当根据次年资金结构安排确定留存收益，其余的向股东分配利润。即在会计处理

① 郭晓燚、樊行健：《基于企业增长角度的最佳资本结构研究》，载于《财经科学》2014年第5期。

② 布雷利、迈尔斯：《公司财务原理》，机械工业出版社2013年版。

活动中，企业实现的净利润主要分为两部分：一部分是年末应向股东分配的红利，主要通过“应付股利”反映在负债项目中，另一部分则是留存收益，通过盈余公积和未分配利润计入所有者权益。根据资产负债表恒等式，这一会计处理过程将导致资产项目反映相应金额的净利润，而当提高企业分红比例时，反映在资产负债表中则是负债增加，权益减少，资产总额不变。因此，倘若在资产负债表日结转本年利润时已对企业分红进行会计处理，那么确定企业加权平均资本成本模型中的目标权重时只需考虑企业权益负债的账面价值以及企业本年利润中的分红比例。从这一视角出发，本文通过构建与国有垄断企业分红比例相关的目标价值权重并根据WACC 模型估算企业加权平均资本成本，然后基于资本成本、企业价值与资本结构的数量关系来检验国有垄断企业分红比例结构的合理性问题。

资本结构理论认为当企业采用比较资本法确定目标资本结构时，应当以各种资本占全部资本的比重为权重，在计算不同目标价值权重下的加权平均资本成本之后，以加权平均资本成本最低时的权重为最优资本结构，此时的分红比例也最为合理。借鉴这一思路，假定该年留存收益是企业根据次年目标资本结构确定的留存资金，分红数量是企业确定留存收益以后的净利润余额。即企业年末负债权益账面价值均是管理层根据本年末所确定的目标资本结构进行利润分配会计处理后的结果。则目标价值权重的具体推导过程如下：

假设分红比例为 R，净利润为 P，T 是企业所得税。

其中，

$$WACC = K_D(1-T)(D/V) + K_S(S/V)$$

式中，$V = D + S$；

∵ 年末企业决定利润分配时所做的会计分录为：

借：利润分配　　　　$P \times R$

　　贷：应付股利　　　　$P \times R$

∴ 企业年末所分配的红利在资产负债表中的负债项目反映，相对应的，企业年末资产负债表中的权益账面价值 S 包含根据目标资本结构所确定的留存收益数额。即年末资产负债表中负债账面价值 D 包含企业应缴红利 $P * R$，权益账面价值 S 包含企业留存收益 $P * (1-R)$。

∴ 年末资产负债表中负债权益账面价值权重是企业根据目标资本结构调整后的目标价值权重。

又∵ 企业分红比例变动会引起目标价值权重的变动，即当提高企业分红比例时，企业负债增加，权益减少，资产总额不变。

∴当企业分红比例提高 ΔR 时，负债增加 P＊ΔR，权益减少 P＊ΔR，企业资产总额仍为 V；

∴此时，企业目标价值权重变为 $\left(\frac{D+P*\Delta R}{V}, \frac{S-P*\Delta R}{V}\right)$；其中 $\frac{D+P*\Delta R}{V}$ 表示负债权重，$\frac{S-P*\Delta R}{V}$ 表示权益权重。倘若企业按这一权重计算出的加权平均资本成本最低，则企业价值最大，即在这一状态下企业的资本结构达到最优，其分红比例也最为合理。

2. 债务资本成本

债务资本成本主要是指企业向债权人借款或者发行债券所发生的资金成本，一般包括借款或债券的利息及相关筹资费用。由于企业与债权人的债务契约中对债务本金及利息等各方面均有较为严格的确定，因此债务资本成本的计算也就较为简单。通常情况下，以债务人的承诺收益率并且是企业长期债务的未来承诺收益率来表示企业债务资本成本。财务管理实务中对于债务资本成本的确定主要包括到期收益率法、可比公司法、风险调整法以及财务比率法等计算方法。企业可以根据自身情况选择其中一种或几种方法计算。为简化计算，本文主要以国有垄断企业的贷款利率来表示企业债务资本成本。其原因主要有两点：其一是国有企业的债务资本大多以银行借款为主，涉及其他借款费用较少；其二是我国的债券市场体系尚不发达和完善，国有垄断企业对于债券的发行规模相对较小并且多以短期融资券为主，债券利率和企业银行借款利率不相上下。因此笔者认为以企业的银行借款利率作为衡量企业债务资本成本的代表性指标是较为合理的。

3. 权益资本成本

权益资本成本包括直接投资资本成本和留存收益资本成本两个部分。前者是指投资者投资于企业股权所要求的期望报酬率，后者则可以根据机会成本的原理而等价于股票等直接投资的资本成本。从总体上说，权益资本成本中应当包含优先股资本成本和普通股资本成本，但由于目前我国《公司法》对企业发行优先股存在限制性规定，并且发行股数不多，因此本文主要探讨普通股资本成本。普通股资本成本的具体估算方法包括资本资产定价模型、戈登模型以及债券收益率风险调整模型等。由于资本资产定价模型在股票价值分析中占有非常重要的地位，能够充分反映企业风险与报酬之间的关系，同时也是公司估价的理论基础，因此笔者采用资本资产定价模型来确定企业权益资本成本。资本资产定价模型（Capital Asset Pricing Model，CAPM）作为一种确定股票预期收益率即权益资本成本的方法，其具体确定公式如下：

$$K_S = R_f + \beta(R_m - R_f)$$

其中，R_f 表示无风险利率；β 为市场风险系数；（$R_m - R_f$）代表市场风险溢价。由这一公式可知，权益资本成本的估算取决于对无风险利率、市场风险系数以及风险溢价这三个参数的科学界定。

四、能源型国有垄断企业分红比例的优度检验

随着企业混合所有制改革的深入，大部分国有垄断企业均已改制上市，它们隶属于中央国资委管辖的企业集团。以中国石油化工集团公司（简称“中石化”）为例，其隶属关系就存在中央国资委—中国石油化工集团公司—中国石油化工股份有限公司的层级特点。这种特殊的层级隶属关系必然带来两级分红制度，即先是中国石油化工股份有限公司向其母公司中国石油化工集团公司进行分红，然后再由集团公司依据国有资本经营预算制度向财政部上缴一定比例的利润。从范围意义上说，国有垄断企业分红应当是以各垄断性上市公司归属于企业集团的利润总和为基数，按事先规定的比例向国家上缴红利。鉴于集团公司各子公司数据的可获得性及其处理的复杂性，笔者以各能源型集团公司控股份额最大的子公司为研究样本，重点分析子公司利润总额中扣除所得税和少数非国有股东损益后，归属于各集团公司的净利润按实际分红比例向国家分红的合理性，即对其分红比例的优度进行实证检验。

（一）实证分析

1. 样本选择与数据来源

能源型企业也称为燃料动力企业，是指对能源资源进行开发、加工和销售的生产企业，包括煤炭、石油和电力等三大部门。现行中央企业应交利润收取比例分为五类，其中，划属第一类别的中国烟草总公司以及划属第二类别的石油石化等 14 家资源型企业均为本文所探讨的国有垄断企业。而在这 15 家垄断企业中，属于能源型国有垄断企业的有 12 家，具体包括

中国石油天然气集团公司、中国石油化工集团公司、中国海洋石油总公司、国家电网公司、中国长江三峡集团公司、中国电力投资集团公司、中国华能集团公司、中国国电集团公司、中国华电集团公司、中国大唐集团公司、神华集团有限责任公司和中国中煤能源集团公司。

虽然国有资本收益收取对象是国家国资委直接管辖的一级企业集团，但是目前一级企业集团多数并非整体上市公司，财务数据难以获得或者数据不完全。因此，本文选取一级企业集团旗下具有代表性的7家A股上市公司作为研究样本。具体包括中国石油天然气股份有限公司（简称“中国石油”，证券代码：601857）、中国石油化工股份有限公司（简称“中国石化”，证券代码：600028）、中海油田服务股份有限公司（简称“中海油服”，证券代码：601808）、中国长江电力股份有限公司（简称“长江电力”，证券代码：600900）、华能国际电力股份有限公司（简称“华能国际”，证券代码：600011）、中国神华能源股份有限公司（简称“中国神华”，证券代码：601088）和中国中煤能源股份有限公司（简称“中煤能源”，证券代码：601898）。

另外，为验证分红比例的合理性，本文以样本公司2011～2016年财务报告中提供的相关数据资料为基准，分别估算在15%和20%的实际上缴比例①、政策目标阶段30%的上缴比例，以及将红利上缴比例进一步提高至50%这三种情况下企业的加权平均资本成本，然后基于加权平均资本成本、资本结构与企业价值最大化之间的关系原理，对现行红利分配政策中国有垄断企业的分红比例进行优度检验。

本文研究的数据均主要来自国泰安（CSMAR）数据库，包括CSMAR中国上市公司股权性质研究数据库、中国上市公司财务年报数据库、中国股票市场风险评价β数据库。部分数据来自万德（Wind）数据库和中国人民银行网站。

2. 参数测算

（1）目标权重。从上文对加权平均资本成本中目标权重的分析可知，

---

① 基于上文对加权平均资本成本“权重”这一参数的分析可知，企业年末资产负债表权益负债账面价值权重是根据该年分红数量而确定的目标价值权重，由于2011～2016年分红比例政策的调整，样本公司2011～2013年15%和2014～2016年20%红利上缴比例下的负债权益账面价值权重均是企业根据目标资本结构得出的实际价值权重。因此，此处将样本公司2011～2013年15%和2014～2016年20%的分红比例称为“实际上缴比例”，将对应分红比例条件下资产负债表中负债权益账面价值权重称为“实际价值权重”。

当企业认为实际应缴比例符合未来发展需要并进行相关会计处理时，年末资产负债表中负债权益账面价值就是根据目标资本结构调整的实际价值权重，而当认为提高分红比例满足未来资金需求时，根据年末资产负债表账面价值对权益负债调整后的权重$\left(\frac{D+P*\Delta R}{V}, \frac{S-P*\Delta R}{V}\right)$是目标价值权重。就样本公司而言，2011～2016年15%和20%的实际上缴比例似乎都不尽合理，垄断企业高薪酬高福利的现象依然突出，而2020年提高至30%的分红比例仅仅在现行政策的基础上增加了10个百分点，相对其巨额的国有垄断企业超额利润来说仍无足轻重。笔者认为，要有效解决国有垄断企业高薪酬高福利的内部人控制弊端，真正实现国有垄断企业超额利润全民共享，就应当进一步提高利润上缴比例至50%，并通过国有资本经营预算支出投向民生领域。为验证这些分红比例的合理性，笔者以15%和20%实际上缴比例下的实际价值权重、政策目标阶段30%上缴比例下的价值权重，以及进一步提高上缴比例至50%条件下的价值权重为依据，分别计算加权平均资本成本。由于本文主要以样本公司归属于母公司的净利润为基数进行分析，因此与此相对应，权益负债的账面价值也以样本公司资产负债表中归属于母公司的份额为准，即本文中的权益是归属于母公司企业集团的权益，用该年度样本公司资产负债表中权益金额乘以该年度集团公司对样本公司控股比例表示，负债是归属于母公司的负债，用该年度样本公司资产负债表中负债金额乘以该年度集团公司对样本公司控股比例表示。经过测算，2011～2016年末不同分红比例下各公司年度目标价值权重如表1～表3所示。

表1　2011～2016年末样本公司在15%和20%实际上缴比例下的目标价值权重*

单位：%

样本公司	权重类别	2011年	2012年	2013年	2014年	2015年	2016年
中国石油	负债	41.82	44.50	44.97	44.30	43.43	42.66
	权益	58.18	55.50	55.03	55.70	56.57	57.34
中国石化	负债	49.80	50.70	49.47	49.51	40.82	39.86
	权益	50.20	49.30	50.53	50.49	59.18	60.14
中海油服	负债	40.78	41.45	37.69	29.71	33.55	39.37
	权益	59.22	58.55	62.31	70.29	66.45	60.63

续表

样本公司	权重类别	2011 年	2012 年	2013 年	2014 年	2015 年	2016 年
长江电力	负债	49.17	44.03	40.12	34.13	28.54	43.49
	权益	50.83	55.97	59.88	65.87	71.46	56.51
华能国际	负债	58.55	55.46	52.09	48.94	46.10	46.51
	权益	41.45	44.54	47.91	51.06	53.90	53.49
中国神华	负债	30.79	30.27	32.32	30.69	32.82	30.96
	权益	69.21	69.73	67.68	69.31	67.18	69.04
中煤能源	负债	30.59	35.45	42.42	48.08	51.89	48.29
	权益	69.41	64.55	57.58	51.92	48.11	51.71

注：* 这些样本公司 2011 ~ 2013 年实际上缴比例为 15%，2014 ~ 2016 年实际上缴比例为 20%，其对应上缴比例下的负债权益账面价值权重为“实际价值权重”。

资料来源：根据各样本公司年报数据计算所得。

表 2　2011 ~ 2016 年末样本公司在政策目标阶段 30% 上缴比例下的目标价值权重

单位：%

样本公司	权重类别	2011 年	2012 年	2013 年	2014 年	2015 年	2016 年
中国石油	负债	43.98	46.40	46.91	45.81	44.60	43.70
	权益	56.02	53.60	53.09	52.19	55.40	56.30
中国石化	负债	52.32	52.92	51.66	51.31	42.39	41.64
	权益	47.68	47.08	48.34	48.69	57.61	58.36
中海油服	负债	43.04	43.70	40.37	31.82	34.70	38.40
	权益	56.96	56.30	59.63	68.18	65.30	61.60
长江电力	负债	51.03	46.20	42.16	36.03	30.44	45.41
	权益	48.97	53.80	57.84	63.97	69.56	54.59
华能国际	负债	59.71	57.16	54.31	50.72	48.04	48.09
	权益	40.29	42.84	45.69	49.28	51.96	51.91
中国神华	负债	33.88	33.24	33.02	32.56	34.19	32.47
	权益	66.12	66.76	66.98	67.44	65.81	67.53
中煤能源	负债	32.81	36.49	43.77	49.13	52.74	49.41
	权益	67.19	63.51	56.23	50.87	47.26	50.59

资料来源：根据各样本公司年报数据计算所得。

表 3　2011～2016 年末样本公司在进一步提高至 50%上缴比例下的目标价值权重

单位：%

样本公司	权重类别	2011 年	2012 年	2013 年	2014 年	2015 年	2016 年
中国石油	负债	48.07	49.81	50.43	48.84	46.28	44.93
	权益	51.93	50.19	49.57	51.16	53.72	55.07
中国石化	负债	55.83	56.14	54.85	54.12	44.95	44.42
	权益	44.17	43.86	45.15	45.88	55.05	55.58
中海油服	负债	45.72	46.36	43.62	35.05	36.00	35.45
	权益	54.28	51.64	56.38	64.95	63.00	64.55
长江电力	负债	54.18	49.74	45.55	39.84	34.24	49.24
	权益	45.82	50.26	54.45	60.16	65.76	50.76
华能国际	负债	60.92	59.10	58.95	53.27	49.91	50.24
	权益	39.08	40.90	41.05	46.73	50.09	49.76
中国神华	负债	37.66	36.86	38.29	35.31	35.93	34.47
	权益	62.34	63.14	61.71	64.69	64.07	65.53
中煤能源	负债	35.44	39.88	45.24	50.22	53.45	50.66
	权益	64.56	60.12	54.76	49.78	46.55	49.34

资料来源：根据各样本公司年报数据计算所得。

（2）债务资本成本。国有垄断企业的债务资本成本指债权人要求的最低报酬率①。按照规范要求，由于每一样本公司均存在多种利率各不相同的债务，需要分别计算每一债务类型的资本成本，然后按照权重加权平均计算出企业债务资本成本，但由于债务利率水平存在随机波动性的特征，导致操作难度加大。笔者通过分析样本公司财务报告中的债务类型发现，其大部分债务以银行借款为主，其次是应付债券，而应付债券中又以短期融资券为主，再加上国家的贴息补贴，其实际债务成本就相对较低。因此，笔者采用 2011～2016 年中国人民银行公布的 6 个月至 1 年期（含 1 年）贷款利率作为样本公司税前债务资本成本，如果当年央行并未对该项利率进行调整，则根据该年前后的贷款利率水平平均估算；如果当年央行对该项利率进行多次调整，则取其平均值。这样，我们可以根据 2011～

① 雷淑琴：《正确理解资本成本》，载于《会计之友》2012 年第 2 期。

2016 年人民币贷款利率及 25% 的企业所得税计算出样本公司税后债务资本成本，如表 4 所示。

表 4　　2011 ~ 2016 年样本公司税后债务资本成本　　单位：%

年份	2011	2012	2013	2014	2015	2016
利率	6. 31	6. 16	5. 88	5. 6	4. 85	4. 35
税后债务资本成本	4. 73	4. 62	4. 41	4. 20	3. 64	3. 26

资料来源：根据中国人民银行网站整理所得，http：//www. pbc. gov. cn/。

（3）权益资本成本。根据上文所述，确定权益资本成本的三个参数分别为无风险利率、Beta 系数以及风险溢价。

首先测算无风险利率。无风险利率主要是指没有任何风险情况下的被投资项目报酬率①，目前财务界基本以国债收益率作为企业无风险报酬率。由于本文计算股票收益率和风险溢价时以年度为时间单位，与此相对应，本文选取“一年期国债利率”作为无风险报酬率，当年利率进行多次调整的，取其平均值（参见表 5）。

表 5　　2011 ~ 2016 年一年期国债利率　　单位：%

年份	2011	2012	2013	2014	2015	2016
利率	2. 81	2. 78	2. 81	4. 04	3. 14	3. 85

资料来源：根据万德数据库整理所得，http：//www. wind. com. cn。

其次估计 Beta 系数。贝塔系数反映的是该公司自身风险相对于整个市场风险的波动性。对于这一系数的估计一般根据历史期的数据线性回归得到。为简化处理，样本公司的市场风险系数 β 值取自国泰安数据服务中心中国股票市场风险评价系数 β 数据库（参见表 6）。

表 6　　2011 ~ 2016 年样本公司在中国股票市场的综合 β 值　　单位：%

年份	2011	2012	2013	2014	2015	2016
中国石油	0. 53	0. 49	0. 45	0. 74	0. 65	0. 53
中国石化	0. 77	0. 67	0. 72	0. 87	0. 75	0. 54

续表

年份	2011	2012	2013	2014	2015	2016
中海油服	1.48	1.07	1.03	1.10	1.10	0.97
长江电力	0.60	0.44	0.50	0.63	0.90	0.30
华能国际	0.94	0.48	0.88	0.90	1.10	0.79
中国神华	1.12	1.02	0.77	1.04	0.92	0.80
中煤能源	1.12	1.13	0.96	1.07	1.24	1.17

资料来源：根据国泰安数据服务中心整理所得，http：//www.gtarsc.com。

最后估计风险溢价。考虑到我国证券市场的不成熟性以及数据的有限性，采用历史市场数据计算未来决策使用的资本成本显然不太适合。美国学者阿沃斯·达莫答让（Aswath Damodaran，2001）认为股票市场的风险溢价可以根据某一国家资本市场股价相对于成熟市场股价稳定程度来衡量，这也是目前学术界多数学者认同的观点。因此本文选用达莫答让教授公布的基于美国股权风险溢价修正的风险溢价模型来估算中国股票市场风险溢价（参见表7）。

表7　　2011～2016年中国市场风险溢价　　单位：%

年份	2011	2012	2013	2014	2015	2016
风险溢价	7.05	6.85	5.90	6.65	6.95	6.55

资料来源：根据达莫答让个人研究网站 http：//pages.stern.nyu.edu/～adamodar/整理所得。

根据以上三个参数测算的结果，我们可以基于CAPM模型计算出样本公司2011～2016年的权益资本成本（参见表8）。

表8　　2011～2016年样本公司权益资本成本　　单位：%

年份	2011	2012	2013	2014	2015	2016
中国石油	7.18	6.02	5.89	8.54	7.08	5.67
中国石化	8.86	7.31	7.46	9.40	7.81	5.76
中海油服	13.85	10.01	9.33	10.91	10.25	8.58
长江电力	7.61	5.67	6.20	7.80	8.82	4.20

续表

年份	2011	2012	2013	2014	2015	2016
华能国际	8.60	6.16	7.86	9.11	9.84	6.34
中国神华	11.33	9.65	7.76	10.56	9.00	7.43
中煤能源	11.30	10.45	8.90	10.76	11.21	9.88

资料来源：根据表5～表7的数据计算所得。

（二）基于加权平均资本成本的能源型垄断企业分红比例优度检验

如前所析，国有垄断企业分红比例通过影响目标价值权重进而影响加权平均资本成本的估算。当加权平均资本成本最低时企业资本结构最优，此时的企业价值最大，即在加权平均资本成本较低的条件下，企业的分红比例也相对最优。基于此，我们以加权平均资本成本 $WACC = K_D(1-T)(D/V) + K_S(S/V)$ 这一模型为考量标准，利用已测算出的样本公司税后债务资本成本、权益资本成本以及不同红利上缴比例下的目标价值权重，分别计算15%和20%实际上缴比例条件下、政策目标30%上缴比例条件下以及进一步提高上缴比例至50%条件下的样本公司加权平均资本成本，然后基于加权平均资本成本的高低对其分红比例进行优度检验。

根据以上各参数测算结果，首先可以得出2011～2016年样本公司加权平均资本成本的估算值，如表9～表11[①]所示。

表9　　2011～2016年样本公司在15%和20%实际上缴比例下的加权平均资本成本　　单位：%

年份	2011	2012	2013	2014	2015	2016
中国石油	6.16	5.40	5.22	6.62	5.58	4.65
中国石化	6.80	5.95	5.95	6.82	6.10	4.76
中海油服	10.13	7.78	7.48	8.92	8.03	6.49

① 由表中数据可知，2016年，随着分红比例的提高，中海油服加权平均资本成本由6.49%提升到6.69%，这主要源于中海油服概念净利润为负值所致。一般情况下，如果企业亏损，就没有分红问题，也就不存在本文所探讨的分红比例优度检验问题，因此，这一特殊情况本文不予探讨。

续表

年份	2011	2012	2013	2014	2015	2016
长江电力	6. 20	5. 21	5. 48	6. 57	7. 34	3. 79
华能国际	6. 34	5. 31	6. 06	6. 71	6. 98	4. 91
中国神华	9. 30	8. 13	6. 67	8. 61	7. 24	6. 14
中煤能源	9. 29	8. 39	6. 99	7. 61	7. 28	6. 68

资料来源：根据表1、表4 和表8 的数据计算所得。

表10　　2011～2016 年样本公司在政策目标阶段 30%上缴比例下的加权平均资本成本

单位：%

年份	2011	2012	2013	2014	2015	2016
中国石油	6. 10	5. 37	5. 19	6. 38	5. 54	4. 62
中国石化	6. 70	5. 89	5. 89	6. 73	6. 04	4. 72
中海油服	9. 93	7. 66	7. 35	8. 77	7. 96	6. 54
长江电力	6. 14	5. 18	5. 45	6. 50	7. 24	3. 77
华能国际	6. 29	5. 28	5. 99	6. 62	6. 86	4. 86
中国神华	9. 09	7. 98	6. 65	8. 49	7. 16	6. 07
中煤能源	9. 14	8. 32	6. 93	7. 54	7. 21	6. 61

资料来源：根据表2、表4 和表8 的数据计算所得。

表11　　2011～2016 年样本公司在进一步提高至 50%上缴比例下的目标价值权重

单位：%

年份	2011	2012	2013	2014	2015	2016
中国石油	5. 98	5. 31	5. 13	6. 38	5. 45	4. 57
中国石化	6. 56	5. 80	5. 79	6. 59	5. 93	4. 65
中海油服	9. 68	7. 31	7. 19	8. 56	7. 77	6. 69
长江电力	6. 02	5. 14	5. 37	6. 33	6. 99	3. 73
华能国际	6. 25	5. 25	5. 83	6. 50	6. 74	4. 79
中国神华	8. 84	7. 79	6. 47	8. 31	7. 07	5. 99
中煤能源	8. 97	8. 13	6. 87	7. 47	7. 16	6. 53

资料来源：根据表3、表4 和表8 的数据计算所得。

为了更清晰地反映各样本公司在不同分红比例条件下的加权平均资本成本变动情况，根据表9～表11的数据，分别绘制不同分红比例条件下的各样本公司加权平均资本成本变动情况（参见图2）。

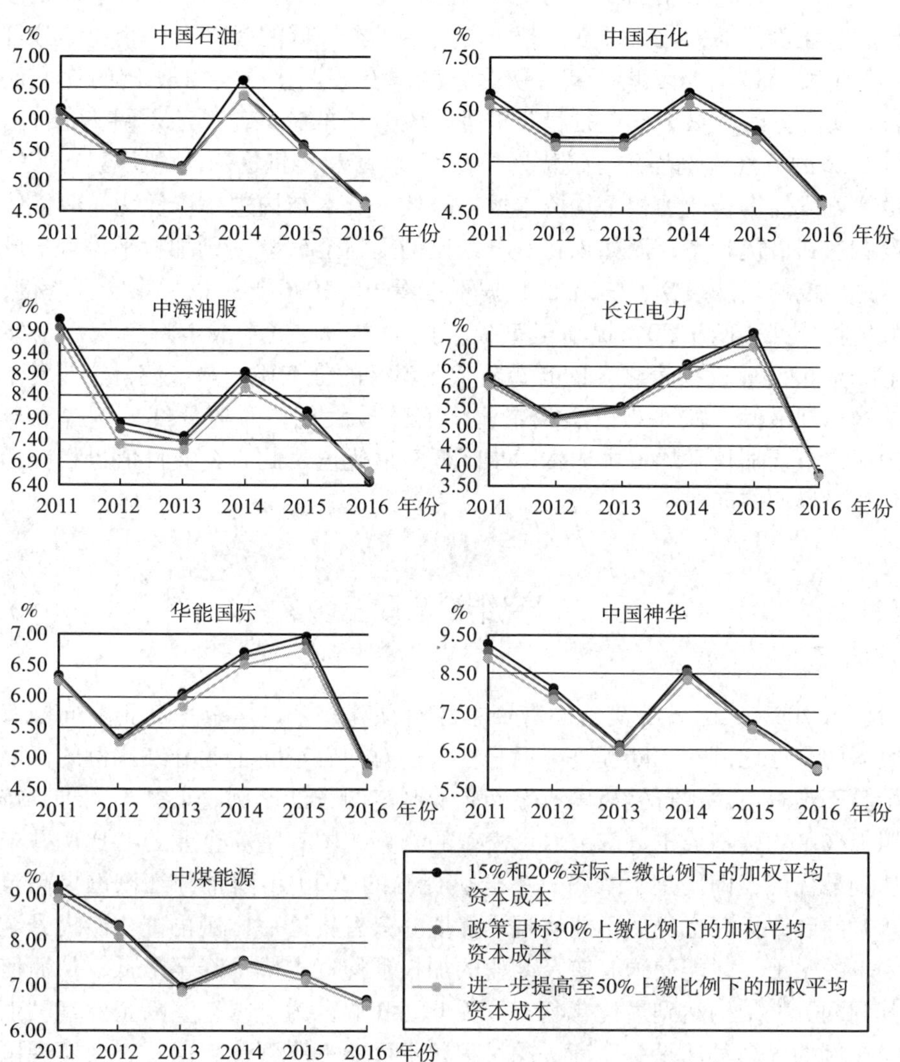

图2　样本公司不同红利上缴比例条件下的加权平均资本成本变动情况

资料来源：根据表9～表11的数据绘制。

由表9～表11以及图2可见，在不考虑其他因素的情况下，国有垄断企业15%和20%实际上缴比例下的加权平均资本成本最高；而如果将分红比例提高至30%的政策目标水平，则加权平均资本成本次之；如果进一步提高分红比例至50%的水平，其加权平均资本成本将达到三者中的最低值。如前所析，根据加权平均资本成本理论，当企业加权平均资本成本最低时企业价值最大化，即在加权平均资本成本较低的条件下，企业的分红比例也相对最优。因此，笔者认为，就国有垄断企业分红比例的优度而言，实际分红政策下无论是稳步推进阶段15%的分红比例还是调整完善阶段20%的分红比例均不是最优选择；而到2020年将这一比例提高至30%虽然可以使得企业加权平均资本成本降低，资本结构进一步优化，但依然没有达到最优状态；而如果将其分红比例提高至50%，则加权平均资本成本是最低的。从表9~表11的数据不难看出，2016年，以中煤能源为例，如果将分红比例从20%提高至50%，则加权平均资本成本将会从6.68%下降至6.53%。换言之，国有垄断企业现行的分红比例并未使得企业资本结构达到最优，从而难以实现企业价值的最大化。而随分红比例提高至50%，企业加权平均资本成本逐步降低至最优值，此时企业价值也相应达到相对峰值区间。

五、研究结论与政策含义

自2007年国务院实施国有资本经营预算以来，国有垄断企业向国有股东的分红比例在不断提高，但是从上述对国有垄断企业分红比例的优度检验不难看出，现行针对国有垄断企业制定的分红比例政策并不完善，按照加权平均资本成本（WACC）模型的测算，国有垄断企业分红比例并未达到最优值，即使是十八届三中全会提出的2020年国企分红比例提高至30%的政策目标也仍然不能实现最优值。只有将这一比例再进一步提升至50%的水平，才能使国有垄断企业的加权平均资本成本降至最低，从而使其利润分配结构达到最优化状态。因此，我们认为，国有垄断企业红利上缴比例的提高虽然是一个渐进的过程，不可能一步到位，但是，要实现国有垄断企业红利分配结构的最优化，就必须明确设定红利上缴公共财政比例的阶段性时间表：第一阶段，应当保证在2020年，实现十八届三中全会提出的国有企业红利上缴比例达到30%的政策目标；第二阶段，争取在“十四五”期间（2025年前），实现国有垄断企业40%的红利上缴比例；

第三阶段，到2030年，力争达到国有垄断企业利润上缴比例50%的最优分红结构。

根据上述研究结论，随着国企改革的进一步深化和国有资本经营预算制度的完善，我们认为，国有垄断企业红利分配制度改革的着力点应体现在两个方面：一方面，应当树立加权平均资本成本理念，构建以加权平均资本成本为核心的国有垄断企业利润分配结构体系。虽然加权平均资本成本模型在一定程度上忽视了企业负债比重过高所带来的财务成本，但只要管理层在控制财务杠杆的基础上，运用加权平均资本成本模型来确定企业分红比例，将是一个合理的选择。因为WACC可以较为真实地反映企业融资结构的合理性，从而体现股东财富最大化目标的实现程度。因此，国有垄断企业分红政策应当基于“一企一策”的基本原则，根据企业加权平均资本成本，科学确定符合相应资本成本要求的红利分配比例；另一方面，应当健全国有垄断企业红利分配监管体系。首先，要完善与国资预算相适应的相关审计制度，对国有垄断企业资产负债表中权益负债账面的真实性进行严格审计，使得基于加权平均资本成本确定的国有垄断企业分红比例具有真实可靠的数据基础。与此同时，要加强对国有垄断企业是否按照规定的分红比例按时足额上缴红利的审计，以确保归属于国有股东的股权收益的实现；其次，要建立国有垄断企业分红比例绩效考核机制。在现行政策框架下，国家虽然明确规定了国有垄断企业的红利上缴比例，但仍存在部分企业未按时足额上缴国有股东红利的现象，因此，为保证国有垄断企业自觉高效地按比例上缴红利，应当建立红利征缴绩效考核机制，将企业分红比例政策执行情况纳入企业绩效考核体系，对于按时足额上缴红利的企业，予以相应的奖励；而对于无正当理由拖延或拖欠的企业，则应当对其管理层实行严格的问责制度。

参考文献

1. 布雷利和迈尔斯：《公司财务原理》，机械工业出版社2013年版。

2. 盖地、梁淑红：《基于社会责任角度对垄断国企上缴利润的思考》，载于《河北经贸大学学报》2008年第6期。

3. 郭晓燚、樊行健：《基于企业增长角度的最佳资本结构研究》，载于《财经科学》2014年第5期。

4. 何国华：《国有独资企业利润分配与上缴法律制度研究》，中国政法大学2009年博士论文。

5. 雷淑琴：《正确理解资本成本》，载于《会计之友》2012 年第 2 期。

6. 刘钟元：《国有资本收益上缴比例研究》，复旦大学 2013 年博士论文。

7. 扫雷小组：《2014 年央企利润排行榜　烟草总公司秒杀中石油》，http：//wallstreetcn. com/node/215814，2015 －3 －27。

8. 王哲琦、杨兰品：《国有垄断行业分配制度中存在的问题、改革障碍及调整对策》，载于《经济与管理研究》2014 年第 1 期。

9. 杨兰品、唐留昌：《我国国有垄断行业收益分配问题研究——以电信行业为例》，载于《江汉论坛》2013 年第 9 期。

10. 杨兰品、郑飞：《我国国有垄断行业利润分配问题研究——以电力行业为例》，载于《经济学家》2013 年第 4 期。

11. 于吉：《如何深化垄断行业收入分配制度改革》，载于《国有资产管理》2011 年第 1 期。

12. Ezra Solomon. Measuring a Company's Cost of Capital. *The Journal of Business*，1955（4）：240 －252.

坚持与完善农村基本经营制度：现实挑战与基本路径

蒋永穆　赵苏丹*

党的十一届三中全会召开以来，我国农村改革进程已历经近 40 年，取得的基本制度成果是建立了现行的农村基本经营制度。该制度具有三个层面的质的规定性：首先是农地产权制度层面的集体所有制规定性。现阶段，农地集体所有制是我国农村制度有别于世界其他国家和地区的、独特的制度安排，是农村基本经营制度的"魂"。其次是农业经营主体层面的家庭基础规定性。在我国，我们强调以家庭为基础形成各类农业经营组织，事实上，其他农业经营主体的形成都离不开农户家庭这一基础组织。最后是农业经营方式层面的统分结合规定性。目前我国农业经营的表现方式可以高度概括为在"分散经营"基础上与"统一经营"相结合的双层经营格局。

随着工业化城镇化的快速推进、市场经济的发展以及改革开放的逐步深入，我国国民经济发展情况、农村社会结构、农业经营格局均发生了重大而深刻的变化，这些新的变化对我国农村基本经营制度提出了新的要求。学术界对于坚持和完善我国农村基本经营制度展开了较为全面的研究。农地产权制度层面，总有学者或明或暗，或公开或私下地主张中国应该实行土地私有化，认为只要土地私有化，中国一切问题都可以迎刃而解（陈志武，2005；杨小凯，2007；贺雪峰，2010）。也有学者认为应逐步推行农地国有化，并提出诸如国有永佃、国有承包、国有租佃等种种国有化模式（刘成玉，2011；董栓成，2009；李济广，2013）。当然，有更多的

---

* 蒋永穆，四川大学经济学院教授；赵苏丹，四川大学经济学院博士研究生。基金项目：本文为国家社科基金重点项目"坚持和完善农村基本经营制度研究"（14AZD029）阶段性成果。

学者主张保留集体土地所有制，认为土地私有制和国有制都不适合中国国情与农情（简新华，2013；温铁军，2009），应该走渐进式的改革道路，推进农地“三权分置”（徐美银、钱忠好，2009；黄祖辉、王鹏，2009；韩长赋，2016）。

农业经营主体层面，其探讨主要集中在农户家庭经营能否实现农业现代化。一些学者认为农户经营规模细小、土地分割零碎，妨碍实现农业现代化（何秀荣，2009；蒋和平，2009；贺雪峰，2011）。面对这些质疑，另一部分学者从不同方面论证了家庭经营的优越性及其与现代农业的适应性（钟甫宁、王兴稳，2010；韩俊、徐小青等，2010；姜长云，2013）。学者们也普遍认为新型农业经营主体是对家庭经营的补充和提升（孔祥智，2014），分别着重研究了家庭农场（高强、刘同山等，2013）、农民专业合作社（杜鹰，2013）、农业企业（陈锡文，2013）的定位、培育和发展问题。

农业经营方式层面，学术界普遍认为当前农村基本经营制度“分”有余而“统”不足（冯道杰、王成利，2015），从而重新定义了双层经营中“统”的内涵（张晓山，2007），提出了集体经济的职能定位和发展路径（国鲁来，2013；彭海红，2012）。同时，学者们认为多种形式的适度规模经营是转变农业发展方式的核心、是农业现代化的必由之路（韩长赋，2014），规模经营可以分为土地规模经营和服务规模经营（罗必良、李玉勤，2014）。在土地规模经营方面，学者们对土地经营权的持续稳定和有序流转提出了自己的看法、思路和建议（张红宇、李伟毅，2013；孔祥智，2014），对股份合作、代耕代种、土地托管等规模经营的多种形式进行了充分探讨和总结（长子中，2011；柯炳生，2007；姜长云，2013）；在服务规模经营方面，学者们对于构建新型农业社会化服务体系过程中存在的问题及其解决思路也作出了有益探索（姜明伦、何安华等，2012；关锐捷，2012；宋洪远，2010）。

纵观学术界现有关于坚持和完善农村基本经营制度方面的研究，虽说取得了许多成果，但从总体上讲，仍然存在一定的局限性，主要表现在以下三个方面：一是缺乏对“坚持”和“完善”农村基本经营制度两者之间关系的把握，没有从理论上厘清两者之间的深刻辩证关系。二是对促进家庭经营和统一经营相互协调的研究不足。现有成果对家庭经营和统一经营还主要是分别探讨，对于两者之间不协调之处缺乏翔实和深入的研究。三是对于完善农村基本经营制度的实现路径还有进一步深入研究的空间。

目前的成果还比较分散、缺乏可操作性，在一些关键环节和重大问题上也缺乏系统性研究。

因此，我们必须充分认识坚持和完善农村基本经营制度的重大意义，在正确理解农村基本经营制度的内涵及质的规定性的基础上，系统把握坚持和完善农村基本经营制度中的现实挑战，对其重点领域和关键环节进行逐一破解，并在解决问题的过程中实现“坚持”与“完善”的相互促进与共同发展，这对于推动农业现代化进程、解决农村发展问题、促进农民持续增收、实现农民群体共享改革发展成果的意义重大。

一、坚持与完善农村基本经营制度的现实挑战

我国农村基本经营制度是适合我国基本国情和农情的，是符合农业生产特点的，也是农村改革取得成功的重要保障，我们一直以来都较好地实现了其稳定性与持续性，也始终随着农村形势的发展变化和全面深化改革的不断推进作出了重要完善和创新。但这一过程中仍然存在着许多现实问题和挑战，需要我们准确厘清并及时作出应对。

一直以来，中央文件、学术界、实践部门的提法都是“坚持和完善农村基本经营制度”，事实上，就农村基本经营制度而言，我们更应该正确辨明以及妥善处理“坚持”和“完善”两者之间的辩证关系和动态实现过程，才能更清楚准确地认识及辨别“坚持”和“完善”农村基本经营制度中各类复杂问题的症结所在，从而为提出解决之道理清思路。具体来说，在“坚持”农村基本经营制度的过程中，比较突出的问题在于家庭经营基础地位受到冲击和集体经济功能弱化两大方面；在“完善”农村基本经营制度的过程中，存在的突出问题有土地流转及规模经营面临障碍、新型农业经营主体发展不足以及统一经营需进一步加强三个方面。

（一）家庭经营基础受到冲击

家庭经营是主要依靠家庭自有劳动、自主经营、自负盈亏的农业经营形式。[①] 家庭经营在农业生产领域具有优越性，不仅适应农业生产特点，

① 曾福生：《中国现代农业经营模式及其创新的探讨》，载于《农业经济问题》2011 年第 10 期。

还能够克服监督和激励难题；家庭经营具有广泛的适应性，不仅可以为不同所有制所接纳，也可以包容不同生产力水平。因此，家庭经营是我国农业应该继续长期坚持的基础经营形式。但随着农业经营环境发生深刻变化，传统家庭经营形式面临着来自内外部的强力冲击。

从内部看来，家庭经营的构成内核不断弱化。现阶段，随着工业化和城镇化进程的快速推进，农村劳动力持续大量向城镇及二、三次产业转移，农村基本经营制度的微观基础正遭受不断蚕食，主要表现在三个方面：

一是农户的兼业化。由于农业经营比较收益低下，许多家庭农户不再专业从事农业生产或仅仅是短时间从事农业生产。农业部数据显示，2012年，我国农业兼业户和非农业兼业户分别占农户总数的17.9%和8.5%。[①]从课题组2016年对四川省部分地区的调研数据来看，在551个农村劳动力样本中，全职务农的比重占47.5%，外出务工及从事非农兼业的劳动力占农村劳动力的52.5%，且在289名务工劳动力中，完全不参与农业生产的有211人，占总人数的73.0%，[②]表明农民已经不以务农为主。

二是农业副业化。农民纯收入中来自农业的比重也明显下降，全国数据显示，农户纯收入中来自农业的比重由1985年的75.02%下降到2011年的26.30%。[③]

三是劳动力弱质化。在农村劳动力转移的同时，农业劳动力普遍呈现出老龄化、低文化特征，出现了结构性短缺。课题组的调研数据显示，40岁以下农业劳动力仅约五分之一，而60岁以上的则超过30%，老龄化形势严峻。农业劳动力的老龄化与低文化不仅会导致生产方式向自给自足的

---

① 农业部经管司、经管总站研究组：《构建新型农业经营体系、稳步推进适度规模经营》，载于《毛泽东邓小平理论研究》2013年第6期。

② 为客观深入地了解我国坚持与完善农村基本经营制度中的真实情况和问题，课题组于2016年8月对四川省部分农村地区开展了实地调研，通过召开座谈会、进行实地访谈和发放调查问卷等形式，掌握了当前农业农村发展中面临的一系列新形势和新挑战。问卷内容涉及家庭成员情况、生产经营情况、土地流转、技术及服务、基本经营制度认同度、新型农业经营主体情况等板块。本次调查共计完成257份有效问卷，涉及858个家庭成员样本信息，551名农村劳动力样本信息，340名从事农业生产的劳动力样本信息。

③ 国务院发展研究中心农村部课题组著：《稳定和完善农村基本经营制度研究》，中国发展出版社2013年版，第12~20页。

传统农业倒退，还会产生农业技术需求明显萎缩的更为严重的后果。①

可以说，当前农户不以农为主、农民不以农为生、农业劳动力素质低下、新生代农民工务农意愿淡薄，这就是现阶段家庭农业生产的主要构成力量。而我们所要坚持的“以家庭经营为基础”，并不是简单地追求农村集体土地由广大农户承包经营的外在形式，而是要塑造具备科技运用能力、市场分析知识和专业管理素养的经营主体作为其坚实内核。这样，家庭经营才能真正承担起提高农产品竞争力、维护农业产业安全、实现农业现代化的重任。

从外部看来，家庭经营遭遇着其他农业经营形式的冲击。随着农村土地承包权与经营权的分离，农地流转加速，部分地区开始呈现出一定程度的“去家庭化”的趋势。据农业部统计，截至2015年底，全国家庭农场超过87万家，农民合作社达到140万家，农业产业化龙头企业超过12万家。② 这些数据表明，专业大户、家庭农场等新型经营主体已在数量上初具规模。尽管经营形式转变与创新已经成为我国农业发展的当务之急，但中央也一再强调，“培育新型农业经营主体”必须以农户的家庭经营为基础。

在现实中，部分政府的相关政策中却出现了坚持农地家庭承包、忽略农地家庭经营的问题。有些基层政府改变了各项补贴的投放倾向，将大部分补贴支持了新型农业经营主体；有些地方甚至强迫农民搞土地流转，强力支持公司到农村大面积转入土地并经营农业。③ 除此之外，以家庭经营为基础的家庭农场和专业大户内部也出现了“非家庭经营化”的特征，表现在雇工或长期雇工数量逐渐超过家庭自有劳动力数量，且短期雇工季节性需求倍增；行为逻辑也由兼顾土地产出率和劳动生产率，向通过提高劳动生产率增加总收益转变。④

（二）集体经济组织功能弱化

集体经济是指由集体占有生产资料和消费资料，通过集体来划分生产

---

① 郭晓鸣、任永昌、廖祖君、王小燕：《农业大省农业劳动力老龄化的态势、影响及应对——基于四川省501个农户的调查》，载于《财经科学》2014年第4期。

② 乔金亮：《亿万农民共享“获得感”》，载于《经济日报》2016年2月26日。

③ 姜长云：《农户家庭经营与发展现代农业》，载于《江淮论坛》2013年第6期。

④ 尚旭东、朱守银：《家庭农场和专业农户大规模农地的“非家庭经营”：行为逻辑、经营成效与政策偏离》，载于《中国农村经济》2015年第12期。

资料、组织生产、分配消费资料的一种经济形式。发展壮大农村集体经济组织是坚持我国农村基本经营制度的重要方面，能够充分发挥出统分结合双层经营体制的制度优势。但在实践过程中，我国集体经济的发展面临着严峻的挑战，一方面表现为集体经济组织自身发展的日益萎缩，另一方面表现在集体统一经营的普遍缺位。

首先，集体经济逐渐衰落，组织发展受困。近年来，由于工业化城镇化的虹吸效应，不少集体经济组织开始衰落萎缩，空壳情况不断加剧。具体表现包括：第一，集体经济组织空壳化。大多数集体经济组织经营主体往往被村“两委”兼任，村“两委”成为了集体经济资源的经营者、管理者和分配者，许多农村集体经济组织空有其名。第二，集体经济缺乏支撑。除了河南南街村、江苏华西村等部分知名经济强村，大部分集体经济组织无力盘活集体资产，经营性收入来源狭窄、数量微薄。在农业部2014年统计的58.4万个村中，无经营收益的村达32.3万个，占总村数的比重为55.3%。[①] 第三，集体经济治理结构不完善。许多集体经济仍未建立起完善的现代企业制度、法人治理结构和有效的激励约束机制，仍然存在着政经不分离、权责不清晰、决策不民主等问题，加大了集体资产运营管理风险，打击了其他主体参与发展壮大集体经济的积极性和创造性。

其次，集体统一经营日渐式微，组织和联合功能几乎丧失。在集体经济组织空壳化及资产有限的情况下，一些集体组织缺乏生产、经营、分配的物质基础，不仅无力出现在农业产业化经营的第一线，难以为家庭经营提供社会化服务以及发展经济和积累的各项功能；其在农村公共基础设施、农田水利建设、村民福利保障等方面的支撑作用也日益难以为继。根据课题组对社会化服务的调查显示，在接受过农业保险服务的对象中，由集体经济组织提供的占73.0%；在接受过农资供应服务的对象中，由集体经济组织提供的占34.3%；而接受过农技服务、信息服务、运销服务、机械化服务及金融服务的受访对象反映，提供服务的主体很少为村集体经济组织。这表明村集体经济组织只能够提供一些相对简单的服务内容如统一购置农用物资及农业保险，而对服务要求较高的农业技术、信息咨询、运输销售、机械作业、金融支持等内容则普遍无能为力。同时，集体统一经营活动在广大地区几乎完全消失，农业生产逐渐变成了单一分散的农户经

① 农业部经管总站体系与信息处：《2014年村级集体经济组织收支情况》，载于《农村经营管理》2015年第6期。

营，限制着农业规模经济的实现，影响了农村基本经营制度功能的有效发挥。进一步坚持农村基本经营制度，必须着力解决集体经济组织经济力量薄弱、组织联合功能丧失的问题。

（三）土地流转及规模经营面临困境

一定规模的土地集聚有利于发展现代农业。农村土地经营权流转和规模经营是事关农业农村发展的一件大事，也是完善我国农村基本经营制度的一项重要内容。近年来，各地从实际出发在这方面积极探索，取得了一定成效，积累了一些经验，但从深层次看，还存在着一些需要重视和解决的问题。

一是规模经营意愿与土地流转价格难题。一方面，农户规模经营的意愿不强。这既与调研区域农户自身能力素质有关，也有农户对规模经营存在认知缺失的影响。从而，在缺乏规模经营的意愿下，土地流转的比例和农户流转意愿都不高。另一方面，流转价格正面临着两难境地。对流出方来说，当前土地流转价格仍然偏低。与课题组于 2013 年对四川省部分区市的数据①相比，2016 年调研了解到的土地平均流转价格较往年有所上升，但仍有 37.5% 的受访对象表示土地租金过低，自身在流转过程中缺乏议价能力。而流入方却表示，农村土地的流转价格逐年攀升，正不断侵蚀着其规模经营的利润空间。可见，土地流入方和流出方对流转价格的认知已经出现偏差，未来这一趋势可能还会继续加强，影响土地流转意愿及规模。

二是土地用途“非粮化”和“非农化”的趋向。由于经济作物的效益往往大于粮食种植，农业经营主体获得土地后，在利益的驱动下自然会选择高价值经济作物，造成农地的非粮化。根据农业部的统计，截至 2014 年底，全国家庭承包耕地流转面积共计 4.03 亿亩，流转后用于种植粮食作物的面积总数仅为 2.29 亿亩。② 此外，还有相当比例的工商资本随意改变土地用途变性，导致农地的非农化，不利于保障国家粮食安全。

---

① 该次调研区域为四川省雅安市、南充市、遂宁市、宜宾市 4 个地级市共 35 个乡镇。调查对象涉及 37 个涉农企业、37 个农民合作社、41 个专业大户、32 个家庭农场和 120 个农户。该次调查共计完成 267 份有效问卷，涉及 1 083 个家庭成员样本信息，729 名农村劳动力样本信息，474 名从事农业生产的劳动力样本信息。

② 农业部经管总站体系与信息处：《2014 年村级集体经济组织收支情况》，载于《农村经营管理》2015 年第 6 期。

三是“三权分置”改革与土地流转结合的新难题与新风险。一方面，土地经营权的抵押担保权能受土地流转方式制约。由于土地流转方式、期限、租金支付方式的不同，导致农地“三权”权属关系极其复杂。在各种土地流转方式中，转让、互换并没有发生实质上的承包权与经营权分离，转包、出租则是一种债权性流转，只有入股才是物权性流转。而当前我国农地流转形式最多的是转包和出租（2014 年转包占 46.6%，出租占 33.1%），但这两种方式并未给受让人创设物权，受让人无法凭借土地经营权去银行抵押贷款，银行也无法按贷款协议处置和转让土地经营权，造成了农地流转方式的局限与经营权需要抵押功能的严重冲突。[①] 另一方面，工商资本、外来业主“囤地”、利用土地经营权证投机、骗贷、套利等风险[②]如果不解决好，就会影响到农村土地的有序流转和农业适度规模经营的健康发展，使我国农村基本经营制度的进一步创新与完善受到制约。

（四）新型农业经营主体发展不足

新型农业经营主体是相对于传统小规模家庭经营农户的概念，是解决未来“谁来种地”、“怎么种地”问题的关键，是推进农业经营体制机制创新的动力源泉，是创新与完善我国农村基本经营制度的必然选择。从总体来看，我国新型农业经营主体发展良好、生机蓬勃，但同时一些突出问题仍然存在。

首先，专业大户与家庭农场的核心竞争力不强。我国现有专业大户及家庭农场大多脱胎于普通农户，这类经营主体在信息决策、风险防范、管理发展能力等方面都还有所欠缺。从调研数据来看，专业大户及家庭农场主的学历大多集中在初中及中专阶段（41%），小学及以下占 14% 左右，高中及高职学历占 34%，大专及以上学历仅 10%。采访中发现，他们对农业生产经营多停留在传统经验阶段，与现代化经营管理之间还存在较大差距。

其次，农民专业合作社发展质量不高，运行管理机制不健全。一方面，农业专业合作社规模偏小，效益偏低。合作社的实际参合率和参合质

---

① 农业部：《中国土地流转面积快速增长》，中国产业信息网 2015 年 9 月 14 日，http://www.chyxx.com/industry/201509/344051.html。

② 张克俊：《农村土地“三权分置”制度的实施难题与破解路径》，载于《中州学刊》2016 年第 11 期。

量低，虽然入社社员登记率高，但许多成员实际只属于形式上的入社。另一方面，专业合作社管理运行不够规范。从实践来看，“核心社员＋联系社员”是当前合作社发展的主要模式，在这种模式中，普通农户构成的联系社员与少数企业、大户等核心社员处于不对等的地位，该模式面临能人治社与民主决策的困境。同时，合作社内部治理结构不完善也体现在绝大多数合作社没有建立起成员账户制度和财务制度上，利益分配上没有规范建立按照交易量（额）返还盈余的分配机制，社员从合作社得到直接返利的实惠较少的问题普遍存在。

最后，龙头企业的经营成本逐年上升，融资困难未得到解决。经营成本方面，农产品生产资料价格不断上涨，土地、劳动力等生产要素价格也持续走高。在人工成本大幅上升的同时，农业企业缺乏现代化经营管理人才、技术创新人才、市场营销人才的现象仍然没有改善，人才队伍不稳定。融资困难方面，龙头企业对流动资金的需求普遍较大，却缺乏有效抵押物，银行信贷远不能满足其需求。调研数据反映，农业企业近3年的平均融资需求在150万元左右，但只有较少部分贷款能够由银行提供，信贷资金需求与银行实际提供的资金缺口比例在30%～40%左右。这种成本高企、人才匮乏、融资困难的局面对农业龙头企业进一步发展的制约程度较大。

（五）统一经营仍需进一步加强

我国农村基本经营制度的设计初衷本就是分散经营与统一经营相结合的双层经营体制，两者实现优势互补。忽略了统一经营，其实就忽略了家庭承包制的灵魂和核心，失掉了它与传统小农经济最大的区别。[①] 因此，发展统一经营是不断创新和持续完善农村基本经营制度的重要组成部分。然而，在长期实践过程中，我们对统一经营的关注与支持都十分滞后，导致了一些不可回避的问题。

一是组织体系不完善，利益联结不紧密。一方面，统一经营组织的发展滞后于农户的现实需求。在课题组的受访农户中，有68.8%的对象表示未曾与新型农业经营主体合作过，但有80.4%的对象表示愿意合作，表明传统农户大都希望通过与新型农业经营主体的合作和联合共同抵御社会化

---

① 冯道杰、王成利：《完善集体层面统一经营与新型农业经营体系的构建》，载于《河北经贸大学学报》2015年第9期。

大生产和市场经济的挑战。另一方面，各经营主体之间缺乏长期稳定的利益联结机制。许多合作组织与农户间还是简单的农产品买卖关系。课题组的数据显示，新型农业经营主体与当地农户的利益联结方式主要是：向农民租赁土地，支付租金（23.1%），为农民提供就业，支付工资（34.6%），和农民签订合同，收购产品（26.9%），仅有15.4%的受访对象与农民分享利润、按比例返还，农户在统一经营中仍然较难分享更多的产业增值收益。

二是社会化服务组织不健全，服务水平偏低。一方面，社会化服务组织不健全，供给不足。主要表现为基层服务组织发展滞后，乡村社会化服务的“最后一公里”问题得不到解决，经营性社会化服务组织当前无法完全满足需求。课题组的调研结果显示，接受过各类社会化服务的经营主体均不超过受访对象的1/3，且所接受的服务大多集中在农资供应、农技培训及金融保险（主要是保险服务）等环节，信息咨询、机械作业、运输加工、产品销售等产中及产后环节的服务供给十分短缺，各类产业化经营组织及专业化服务组织还未能承担起提供社会化服务的重任。

另一方面，社会化服务水平偏低，多元化需求难以满足。与传统服务相比，新型经营主体对于农业社会化服务具有更高的要求：一是需要有针对性的个性化指导，新型经营主体在产业规划、品牌设计、市场信息、产品营销、资金服务等方面都有新的需求；二是需求由单纯的产中环节向产前、产后环节延伸，新型经营主体需要覆盖全程的社会化服务；三是综合性服务需求不断增强，不同的行业特点或经营规模、不同类型的新型经营主体会有不同的服务需求组合。但目前多数服务组织功能比较单一、服务层次不高，无法提供这些具有针对性、综合性及多元化的社会服务。

二、坚持与完善农村基本经营制度的基本路径

我国农村基本经营制度在“坚持”和“完善”两个方面都各自面临着现实问题，那么，解决的思路就既要有“坚持”的方面，也要有“完善”的方面，并且在“坚持”与“完善”的过程中实现相互促进，共同发展。

第一，在农村土地集体所有的基础上探索农地“三权分置”。农村土地集体所有制是适合中国国情与农情的，是充满活力的。对农地集体所有

制的运行机制、实现方式与制度安排等方面进行创新和完善，就可以解决当前小规模、分散化经营的弊端。实行农村土地所有权、承包权和经营权分置并行的“三权分置”，就是对我国农村土地制度的又一次重大创新，就是农村基本经营制度的自我完善。在实施“三权分置”改革的过程中，通过落实集体所有权，盘活农村集体资产，可以解决集体经济逐渐衰落、组织联合功能缺失的问题；通过稳定承包经营权，保障农民财产权益，可以解决家庭经营的基础地位从内外部受到冲击的问题；通过放活土地经营权，探索多种有效途径，可以解决土地流转及规模经营的难题与风险。

具体来说，积极推进农地“三权分置”改革应从以下几个方面入手：在落实集体所有权方面，核心是体现处置权：在农村集体所有权确权的基础上，进一步深化农村集体产权制度改革，从实际出发探索农村集体所有制的有效实现形式，盘活农村集体资产，增强集体经济发展活力；要维护农民集体在承包地的发包、调整、收回、征收以及监督使用等方面的权能；要健全集体所有权行使的机制，确保农民集体有效行使集体土地的所有权。在稳定农户承包权方面，核心是体现财产权：落实农地承包权的主体资格与范围，在起点公平的基础上落实“长久不变”，并对承包权的权能边界进行清晰界定，充分维护承包农户使用、流转、抵押等各项权能，确保其他任何主体都不能取代农民家庭的土地承包地位；稳步探索土地承包权依法自愿有偿退出机制，不得强迫农民放弃承包的土地。在放活土地经营权方面，核心是体现收益权：明确新型经营主体在流转土地上，享有占有、耕作并取得相应收益的权利，鼓励发展多种形式适度规模经营，探索更有效的放活经营权的途径；拓展经营权在抵押、担保等方面的土地权能，探索建立经营权抵押担保融资模式。①

第二，在家庭经营基本地位的基础上发展多元化经营形式。家庭承包经营由于其独特的内在优势和较高的灵活性与适应性，仍是现阶段我国农业应该继续坚持的基础经营形式。无论农业经营体制如何改革、制度如何创新，都不应该动摇家庭经营这一基础，其基础性地位应体现在以下两个层面：一方面，家庭仍然在农业经营中占主体地位。也就是说，从经营主体的数量和发展趋势看，在各类经营主体中，农户家庭仍占绝大部分。另一方面，新型农业经营主体都应建立在家庭经营的基础上。也就是说，各

① 韩长赋：《土地“三权分置”是中国农村改革的又一次重大创新》，载于《农村工作通讯》2016 年第 3 期。

类新型农业经营主体在生产经营活动中都必须与农户家庭建立紧密联系。同时，不断发展集体经营、合作经营、企业经营等多元化经营形式，通过多元互动、多元互补可以让农业家庭经营得到延伸和发展，进而确保家庭经营这一最适合于农业生产的基本制度的稳定。①

具体来说，首先是要营造农业就业创业条件，壮大家庭经营主体的整体力量。不仅要巩固已有的发展成果，通过职业培训提高现有家庭经营主体的自身素质，还要通过给予农村创业就业补贴，不断吸引后备军进入。其次是要深化农村金融体制改革，强化各类金融机构服务“三农”职责，探索农村金融服务创新试点，逐步扩大农村贷款抵押物范围。同时完善农业保险组织体系的运行机制、鼓励开展特色农业保险业务，以满足农业经营主体发展要求。再次是要创新政策支持体系，建立分类指导灵活运作的扶持手段，不断激发农业经营主体创新自我发展的内在动力。

第三，在发展集体经济的基础上发展多种形式统一经营。大力发展集体经济是巩固社会主义公有制、完善农村基本经营制度的必然要求，也是维护农民合法权益、增加农民财产性收入的重大举措。不断增强集体经济发展活力，必须形成既体现集体优越性又调动个人积极性的农村集体经济运行新机制，继续分类推进农村集体产权制度改革，从而为统一经营提供有力的物质保障和组织基础，并以此为契机不断增加农民财产性收入，解决家庭经营因农业比较收益低下而内核不断弱化的问题。同时，在发展壮大集体经济的基础上，增强集体经济组织的服务功能，实现与其他统一经营形式的有效结合，以集体层面的经营管理活动统领、引导并推动农村经济社会发展全局，进而从根本上解决小农经济生产分散、小规模、效率低的缺陷。

具体来说，可以从以下几个方面入手：首先是探索集体所有制有效实现形式。对土地等资源性资产，要落实土地承包经营权确权登记颁证工作。对非经营性资产，要探索有利于提高公共服务能力的集体统一运营管理有效机制。对经营性资产，要明晰产权归属，引入股份制、合作制、股份合作制等多种经营方式和组织形式，发展多种形式的股份合作。其次是建立农村集体经济运营新机制。健全农村集体资金资产资源监督管理和收益分配制度，加强乡镇农村经营管理体系建设，完善农村集体经济组织财

① 刘奇：《构建新型农业经营体系必须以家庭经营为主体》，载于《中国发展观察》2013年第5期。

务会计制度，推动农村集体资产财务管理制度化、规范化、信息化。最后是要对农业生产经营体制进行再完善、再创新。在农民自愿的前提下，通过村组内互换并地等方式，实现按户连片耕种。同时在坚持农户家庭经营的基础上，通过土地经营权流转、股份合作、代耕代种、联耕联种、土地托管等多种方式，着力构建活力机制，扩展统一经营的创新空间。

第四，不断完善农业社会化服务体系。在农村家庭承包经营的基础上，逐步完善农业的社会化服务体系，可以带动小规模兼业农户融入社会分工协作网络，通过扩大服务规模来弥补生产经营主体耕地规模的相对不足，形成区域适度规模经营，从而实现外部规模经济。这里的社会化服务体系，应该是指包含了农村集体经济组织、农业产业化经营组织和专业社会化服务组织等多种载体的多元化、多层次、多形式的服务体系。通过构建完善的社会化服务体系，实现统一经营组织化，避免市场竞争中原子化状态的弱势地位，增强经营主体抵御市场风险的能力；通过构建完善的社会化服务体系，实现统一经营社会化，形成分工合作的大农业格局，发挥各自优势，实现双赢或多赢，[①] 从而为家庭分散经营作有益补充，实现家庭经营与统一经营的优势互补、共同发展。

具体来说，完善社会化服务体系的重点有以下三个方面：首先是建立良好的社会化服务组织的运行机制。大力培育服务主体，并对合作经济组织、集体经济组织、涉农企业及公共服务机构的职责作明确分工，引导资源在不同服务组织之间高效合理地配置。同时加强供需双方互动交流，创新服务供给方式。其次是要在引导相关主体规范发展的基础上，创新各经营主体之间利益联结的体制机制，同时加强对利益分配的外部监管，将其利益机制及契约机制制度化，并通过搭建合作平台，加强合作交流，从而促进各类主体的协调发展。最后是要根据不同地区的资源禀赋，在政府和市场的协同作用下引导形成适宜的、差异化的社会化服务模式，如公共服务机构主导型农业社会化服务模式、集体经济组织主导型农业社会化服务模式、合作经济组织主导型农业社会化服务模式、农业企业主导型社会化服务模式及农户主导型社会化服务模式等。[②]

---

① 胡进考：《论加快构建新型农业经营体系的必要性及其对策》，载于《求实》2014 年第 5 期。

② 蒋永穆、周宇晗：《农业区域社会化服务供给：模式、评价与启示》，载于《学习与探索》2016 年第 1 期。

参考文献

1. 冯道杰、王成利：《完善集体层面统一经营与新型农业经营体系的构建》，载于《河北经贸大学学报》2015 年第 9 期。

2. 郭庆海：《当前农村改革的若干重大问题》，载于《当代经济研究》2015 年第 2 期。

3. 郭晓鸣、任永昌、廖祖君、王小燕：《农业大省农业劳动力老龄化的态势、影响及应对——基于四川省 501 个农户的调查》，载于《财经科学》2014 年第 4 期。

4. 韩长赋：《土地“三权分置”是中国农村改革的又一次重大创新》，载于《农村工作通讯》2016 年第 3 期。

5. 胡进考：《论加快构建新型农业经营体系的必要性及其对策》，载于《求实》2014 年第 5 期。

6. 姜长云：《农户家庭经营与发展现代农业》，载于《江淮论坛》2013 年第 6 期。

7. 蒋永穆、周宇晗：《农业区域社会化服务供给：模式、评价与启示》，载于《学习与探索》2016 年第 1 期。

8. 刘奇：《构建新型农业经营体系必须以家庭经营为主体》，载于《中国发展观察》2013 年第 5 期。

9. 农业部经管司、经管总站研究组：《构建新型农业经营体系、稳步推进适度规模经营》，载于《毛泽东邓小平理论研究》2013 年第 6 期。

10. 彭海红：《中国农村集体经济的现状及发展前景》，载于《红旗文稿》2012 年第 12 期。

11. 尚旭东、朱守银：《家庭农场和专业农户大规模农地的“非家庭经营”：行为逻辑、经营成效与政策偏离》，载于《中国农村经济》2015 年第 12 期。

12. 曾福生：《中国现代农业经营模式及其创新的探讨》，载于《农业经济问题》2011 年第 10 期。

13. 张克俊：《农村土地“三权分置”制度的实施难题与破解路径》，载于《中州学刊》2016 年第 11 期。

第六篇

"一带一路"全面开放新格局

中国对外投资的现有格局与政策取向

——基于“一带一路”倡议的分析

沈坤荣　金　刚*

一、引　言

改革开放以后，中国经济增长经历了美好的30年，期间平均增速达到约10%，但是2008年全球爆发金融危机以后，中国经济的发展前景不免受到影响，尽管中央政府主导的四万亿投资计划短暂刺激了经济增速，但是，自2010年以后，中国经济仍然走上了增速持续下滑的道路（见图1）。从世界各国经济增长的漫长历史来看，诸如日本、韩国以及新加坡等国家在经历多年高速经济增长以后遭遇增速下滑的例子并不鲜见（韦森，2015），问题是，中国是否会像这些国家一样持续落入经济增速下滑的陷阱？对这一问题的认识以及在此基础上的深入研究，有助于挖掘出中国支撑中国经济新一轮增长的动力和潜力。与上述国家不同的是，尽管中国已经于2010年成为仅次于美国的全球第二大经济体，但是中国仍然是一个处于转轨阶段的发展中国家，制约全要素生产率增长的体制机制痼疾仍然存在（沈坤荣和金刚，2016）。例如，改革开放的很长一段时间以来，企业进行海外投资并不为政策所鼓励（Tan，2013）①。但是，随着中国经济

---

* 沈坤荣，南京大学商学院教授；金刚，南京大学经济学院博士研究生。基金项目：国家社科基金重大项目“我国经济增长潜力和动力研究”（编号：14ZDA023）。

① 改革开放早期，中国的开放战略主要以“引进来”为主，随着中国经济水平的快速发展，后来才转变为“引进来”与“走出去”并重的对外开放战略。

不断增长，中国与全球经济的融合度不断提升，中国开始主动顺应全球化发展趋势，加快构建开放型经济新体制（沈坤荣，2015），中国对外投资的格局有望得到根本性改变，而这将会成为今后助推中国经济增长再次腾飞的重要动力。基于此，本文首先对中国对外投资的现有格局进行分析，在此基础上，讨论“一带一路”倡议如何影响中国企业的对外投资决策，从而指明下一步需要拓展的政策空间。

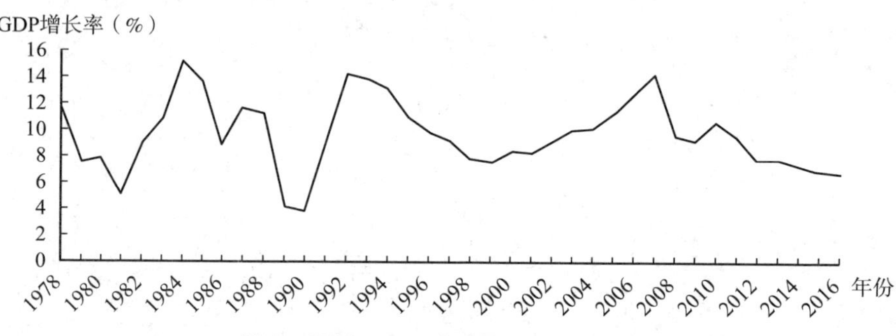

图1　1978～2016年中国GDP增长率

资料来源：笔者根据国家统计局的数据绘制。

二、中国对外投资的现有格局

尽管改革开放伊始，中国就开始有企业从事海外投资，但是直到2005年中国企业才开始大规模进行对外投资（蒋冠宏和蒋殿春，2012），2007年美国次贷危机爆发以后，发展中国家和转型经济体对外直接投资的速度明显加快（何帆，2013），在此期间，以对外直接投资净额计，中国对外投资从2007年的265.06亿美元增长至1 456.67亿美元，平均增速达到24%。其中，大多数的对外直接投资流向了亚洲，约占70%，如表1所示。

表1　2007～2015年中国对外直接投资净额　　单位：亿美元

目的地＼年份	2007	2008	2009	2010	2011	2012	2013	2014	2015
世界	265.06	559.07	565.29	688.11	746.54	878.04	1 078.44	1 231.19	1 456.67
亚洲	165.93	435.48	404.08	448.91	454.94	647.85	756.04	849.88	1 083.71

续表

目的地＼年份	2007	2008	2009	2010	2011	2012	2013	2014	2015
非洲	15.74	54.91	14.39	21.12	31.73	25.17	33.71	32.02	29.78
欧洲	15.40	8.76	33.53	67.60	82.51	70.35	59.49	108.38	71.18
北美洲	11.26	3.64	15.22	26.21	24.81	48.82	49.01	92.08	107.18
大洋洲	7.70	19.52	24.80	18.89	33.18	24.15	36.60	43.37	38.71

资料来源：笔者根据商务部数据整理得到。

在研究中国对外投资的具体情况时，已有数据存在的问题较为突出（Rosen and Hanemann，2009）。上述报告的中国对外直接投资净额数据来自于商务部统计的数据，但是这一数据存在一定的局限性：第一，目前商务部并未建立专门的机构统计中国企业的海外投资行为，而是依赖于从事海外投资行为的企业主动在商务部或相关的地方机构进行登记，这会使得商务部的数据不够全面。第二，商务部所统计的部分对外直接投资可能仅仅是企业处于避税的需要，通过香港等地中转，以外商直接投资的方式再进入国内市场，这也会使得商务部的数据存在偏差。基于此，我们根据美国传统基金会发布的中国对外投资追踪数据，从投资方式、投资区域以及投资产业三个视角出发，对中国对外投资的现有格局进行细致地分析。值得注意的是，中国对外投资追踪数据记录了所有价值在1亿美元以上的对外投资（包括可验证的投资和建筑合同），虽然并未囊括全部企业对外投资，但是就中国企业对外投资而言具有很大的代表性。并且，该数据库还包含了出现问题的对外投资项目，可以更清晰地展现当前中国对外投资的格局，这一数据目前已被多个研究所使用（刘晓光和杨连星，2016）。

具体而言，最新的中国对外投资追踪数据包括了2005～2016年期间中国606个企业进行对外投资的具体信息，这些投资流向了全球150个国家，涉及基础设施、能源等12个部门，投资的形式主要分为绿地投资和跨国并购两种形式，平均投资额达到7亿美元。

（一）中国企业对外投资的形式比较

根据何帆（2013）的研究，中国企业在对外直接投资中，面临着绿地投资和跨国并购两种选择。企业选择什么样的投资模式，取决于多种因素，包括企业自身的经营优势以及东道国制度环境等。一般而言，在资产专用性程度较高且与国内经济联系较为紧密的产业，或者是在制度环境较差的国家，中国企业对外投资的模式主要为绿地投资，而在投资规模较大的能源和资源类产业，或者在制度环境较好的国家，中国企业对外投资的模式主要为跨国并购。在 2005 ~2016 年，中国企业对外投资的主要模式是跨国并购，较少采用绿地投资的形式，究其原因，应该是绿地投资模式需要大量的筹建工作，建设周期长，速度慢且缺乏灵活性，对于跨国公司的资金实力、经营经验等有较高的要求。值得注意的是，随着中国企业大规模进行对外投资的时间越来越长，采用绿地投资模式的比例并未稳步提升，基本稳定在 15% 左右（见表 2）。

表 2　　中国企业对外投资模式分析

年份	2005	2006	2007	2008	2009	2010	2011	2012	2013	2014	2015	2016
绿地投资次数	5	7	6	12	16	24	40	41	44	43	53	33
对外投资次数	35	58	86	110	154	204	239	250	276	312	341	364
占比（%）	14. 29	12. 07	6. 98	10. 91	10. 39	11. 76	16. 74	16. 40	15. 94	13. 78	15. 54	9. 07

注：笔者根据中国对外投资追踪数据（2005 ~2016）计算得到。表中的投资仅包括了 1 亿美元以上的投资。

（二）中国企业对外投资的区域比较

在 2005 ~2016 年中国对外投资追踪数据库中，中国企业的对外投资共流向了全球 150 个国家和地区，这些国家主要分布在如下地区：东亚、南美、中东和北非、大洋洲、撒哈拉以南的非洲、西亚、北美以及欧洲等 8 个地区。表 3 报告了 2005 ~2016 年中国企业在这 8 个地区的总投资额（单位是百万美元）。从表 3 中可以看出：首先，无论是哪个地区，中国企业的对外投资增幅在 2005 ~2016 年期间都非常大，以中国企业对中东和北非的投资额为例，2005 年，中国企业对中东和北非投资额达到 24. 1 亿美元，2016 年，中国企业对该地区的投资额达到 281. 1 亿美元，增幅达到 10 倍以上。其次，从区域之间的比较来看，就 2005 ~2016 年的对外投资平均值而言，中国企业对外投资最多的三个地区分别为欧洲、北美以及撒哈拉以南的非洲，其中，中国企业对欧洲和北美地区的投资可以通过逆向技术溢出效应的渠道推动国内技术进步，从而有助于自主创新，而中国企业对撒哈拉以南非洲地区的投资可以一定程度上缓解本国自然资源禀赋对经济增长产生的束缚。

表3　　2005～2016年中国企业对外投资的地区分布　　单位：百万美元

地区＼年份	2005	2006	2007	2008	2009	2010	2011	2012	2013	2014	2015	2016
地区1	2 410	8 770	9 050	11 780	19 680	10 720	21 590	9 920	18 210	13 090	8 870	28 110
地区2	320	2 920	3 490	23 310	32 540	7 540	12 720	12 880	10 530	16 930	11 540	15 030
地区3	2 180	5 550	14 090	11 450	10 530	23 030	21 630	19 750	18 440	18 320	41 850	29 170
地区4	100	6 820	7 800	32 540	12 080	9 700	26 990	18 860	16 570	36 320	42 240	60 290
地区5	20 490	110	9 500	10 400	14 170	29 260	14 510	33 700	22 650	27 520	27 320	71 810
地区6	3 960	2 060	1 540	3 750	8 900	36 720	21 720	8 690	8 950	19 740	26 460	16 980
地区7	2 140	15 930	13 110	22 640	16 420	15 070	26 380	33 910	37 640	35 060	43 270	29 120
地区8	6 670	34 060	14 780	4 390	16 660	15 390	15 970	23 610	34 950	36 510	41 410	24 430

注：地区1，2，3，4，5，6，7，8分别表示中东和北非、大洋洲、东亚、欧洲、北美、南美、撒哈拉以南的非洲以及西亚。

（三）中国企业对外投资的产业比较

在2005～2016年中国对外投资追踪数据库中，中国企业的对外投资共涉及12个部门，这些部门包括交通、能源、化工、金属、公共事业、房地产、农业、技术、金融、旅游、娱乐休闲及其他。图2报告了2005～2016年中国企业在这12个部门的总投资额（单位为百万美元）变化情况。从图2中可以看出，中国企业最热衷投资的三个行业分别是交通、能源以及金属行业，其中，针对金属行业的投资在2008年达到峰值后呈现下降趋势，而针对交通和能源行业的投资热度不减，整体上一直保持着上升趋势。中国企业热衷于投资交通行业的原因可能在于，过去三十多年中国快速的城市化进程造就了一批在国际上有竞争力的基建企业，这些企业能够胜任各种复杂环境下的基础设施建设。中国企业热衷于能源行业的原因则可能是，中国长期依赖于能源消耗的经济增长模式产生了大量的能源需求，在国内能源不能完全满足需求的情况下，只能通过跨国投资能源行业满足这一需求。

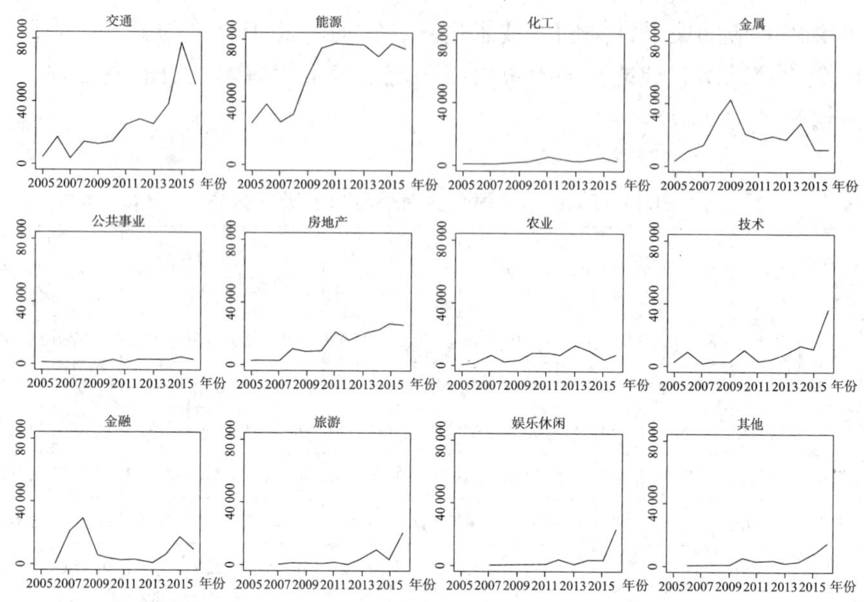

图 2　2005～2016 年中国企业对外投资的行业分布情况

资料来源：笔者根据中国对外投资追踪数据绘制。

值得注意的是，中国企业在海外投资房地产的力度随着时间的推移呈现明显的上升趋势，这可能与当前中国国内的房地产市场过热有关，一些有实力的房地产公司不仅满足于在国内开拓市场，也开始进军国际房地产市场。除此之外，中国企业在化工、公共事业以及农业等部门的跨国投资随着时间的推移基本保持稳定，而技术、旅游以及娱乐休闲等部门的跨国投资在近一两年才出现较大幅度的上升。

三、什么因素影响了中国企业的对外投资格局

在对中国企业对外投资的现有格局有所了解后，我们自然要问：是什么因素影响了中国企业的对外投资格局？尽管我们从中国企业对外投资的现有格局中能够观察到一些现象，例如，中国企业更多地向北美和欧洲等地投资，可能是为了更好地获得当地的先进技术，但是，要准确且全面地理解中国企业对外投资格局的影响因素，还需要进行严谨的实证研究。不仅如此，随着中国政府逐渐放宽限制企业“走出去”的政策，在中国进一

步融入经济全球化的进程中，中国政府的相关政策是如何影响既有因素对企业对外投资决策的作用的？对这一问题的回答也有助于更好地理解中国政府对外开放政策的意义。具体而言，我们要研究“一带一路”倡议提出以后，东道国制度等因素对中国企业对外投资的影响效应是否发生变化。[①]

企业在跨国经营的过程中，虽然会获得很多好处，比如更低廉的劳工成本，更丰富的自然资源，更好的生产技术。但是，也要承担“陌生的负担”（Liability of Foreignness），这一负担主要来源于企业对东道国的政治、经济、文化以及法律等各方面情况不了解而带来的额外成本（常玉春，2011）。以往研究在讨论东道国制度环境及其他因素对中国企业对外投资的影响时存在争议，并未形成统一的认识。例如，巴克利等（Buckley et al.，2007）发现，中国对外投资往往流向了制度环境较差的国家，但是，张和钱（Cheung and Qian，2009）的研究发现东道国的制度环境对中国企业的对外投资决策并无显著影响，中国企业的对外投资更多是为了追逐自然资源。在讨论东道国制度环境及其他因素如何影响中国企业对外投资决策的文献基础上，一部分研究更加深入，例如，刘晓光和杨连星（2016）研究了在企业对外直接投资中，双边政治关系能否对东道国制度环境起到一定的优化补充效应，使得以往文献忽视双边政治关系与东道国制度环境间的交互影响的问题得到解决。我们的研究与该文类似，在前文研究基础上，进一步研究调节东道国制度环境对企业对外投资的影响效应的因素。与该文不同的是，我们具体讨论“一带一路”战略的影响，更加契合当下

---

① 习近平主席在2013年9月和10月出访哈萨克斯坦和印度尼西亚之际，分别提出了共建“丝绸之路经济带”和“21世纪海上丝绸之路”的倡议（简称“一带一路”倡议），目前“一带一路”倡议涉及的国家包括65个，分别是：中国、蒙古、俄罗斯、印度尼西亚、泰国、马来西亚、越南、新加坡、菲律宾、缅甸、柬埔寨、老挝、文莱、东帝汶、印度、巴基斯坦、孟加拉国、斯里兰卡、阿富汗、尼泊尔、马尔代夫、不丹、沙特阿拉伯、阿联酋、阿曼、伊朗、土耳其、以色列、埃及、科威特、伊拉克、卡塔尔、约旦、黎巴嫩、巴林、也门共和国、叙利亚、巴勒斯坦、波兰、罗马尼亚、捷克共和国、斯洛伐克、保加利亚、匈牙利、拉脱维亚、立陶宛、斯洛文尼亚、爱沙尼亚、克罗地亚、阿尔巴尼亚、塞尔维亚、马其顿、波黑、黑山、哈萨克斯坦、乌兹别克斯坦、土库曼斯坦、吉尔吉斯斯坦、塔吉克斯坦、乌克兰、白俄罗斯、格鲁吉亚、阿塞拜疆、亚美尼亚以及摩尔多瓦。但是，需要指出的是，虽然目前“一带一路”倡议只涉及这些国家，但这并不意味着“一带一路”倡议只会影响到这些国家或地区的制度环境对中国企业对外投资的作用，本质上，“一带一路”倡议是一个开放性战略，并不局限于某一些国家，而是旨在探索全球治理的新模式沿线有哪些国家和地区还未最终确定，未来还会进一步增加（杨广青和杜海鹏，2015；裴长洪，2017），因此，理论上来看，中国企业对其他任何国家的跨国投资都可能会受到“一带一路”倡议的影响。

研究的需要和主题。

（一）实证设计

1. 实证模型

我们参考蒋为（2015）的研究，设定固定效应模型研究中国对外投资如何受东道国制度环境以及其他因素的影响，具体的计量模型如下：

$$\ln(invest_{it}) = \rho institution_{it} + \theta X_{it} + \alpha_i + \nu_t + \varepsilon_{ij} \quad (1)$$

在此基础上，我们想研究东道国制度环境及其他因素对中国企业对外投资的影响如何取决于“一带一路”战略的推行，为此，我们估计如下的计量模型：

$$\ln(invest_{it}) = \rho institution_{it} + \lambda institution_{it} \times Post_t + \theta X_{it} + \alpha_i + \nu_t + \varepsilon_{ij} \quad (2)$$

在式（1）和式（2）中，$invest_{it}$表示中国企业在年份 t 对东道国 i 的直接投资，核心解释变量是 $institution_{it}$，表示年份 t 东道国 i 的制度环境，$Post_t$是“一带一路”战略是否提出的虚拟变量，当 t 小于 2013 时，该变量取值为 0，反之则为 1。X_{it}是可能影响对某一个东道国投资的因素，作为控制变量加入到回归方程中。α_i 是地区固定效应，ν_t 是时间固定效应，ε_{ij}是误差项，假定服从独立同分布。

2. 变量说明及数据来源

本文的被解释变量是中国对东道国的对外直接投资，取对数形式。数据来源于 2005～2014 年《中国对外直接投资统计公报》，需要指出的是，在研究东道国制度环境对中国对外投资决策的影响效应时，我们并未采用美国传统基金会发布的中国对外投资追踪数据，原因在于该数据库仅提供了 1 亿美元以上的对外投资，虽然采用这部分数据研究中国对外投资的现有格局有很大的代表性，但是如果采用这部分数据进行回归分析，会产生较为严重的样本选择问题（Sample Self-selection），从而使得系数估计有偏。

本文的核心解释变量是东道国制度环境（Institution）。衡量一国制度环境的数据较多，鉴于数据的连续性和权威性，我们基于梅耶（Meyer，2009）和古勒等（Ghoul et al.，2017）的研究，在基准回归中考虑了如下几个方面的东道国制度环境：（1）政府规模（gs）；（2）法律制度和产权（lspr）；（3）货币政策的稳健性（ms）；（4）国际贸易的自由度（tif）；（5）政府规制（gr）。这些指标的取值在 0～10 之间，分数越高，表明这个国家的制度环境越好。在此基础上，我们还采用综合上述 5 个指标的经济自由度指数（efsi）进行稳健性检验。上述指标的数据来源于 2005 ~ 2014 年弗雷泽研究所（Fraser Institute）提供的世界经济自由度数据库（EFW）。

为了研究其他可能影响企业跨国投资的东道国因素，我们参考巴克利等（Buckley et al.，2007）、祁毓和王学超（2012）的研究，在回归方程中加入如下控制变量：(1) 东道国市场规模（scale），具体采用人均 GDP 衡量。(2) 东道国自然资源禀赋（resou），具体采用矿石和金属出口占总出口的百分比衡量。(3) 东道国基础设施（infra），具体采用铁路（总公里数）衡量。(4) 东道国技术水平（tech），具体采用研发支出占 GDP 的比例衡量。(5) 东道国劳工标准（labor），具体采用结核患病率来衡量，结核病率高的国家和地区，表示劳动标准越低。(6) 中国与东道国的地理距离（dista）。(7) 东道国本币汇率（excha）。其中，中国与东道国地理距离的数据来源于法国国际预测研究中心数据库（CEPII），其他控制变量的数据均来源于世界银行数据库。各变量的描述性统计如表 4 所示。

表 4　　各变量的描述性统计

变量	说明	观察数	平均值	标准差	最小值	最大值
lninvest	对外直接投资	1 848	2.393	2.323	-2.996	11.169
gs	政府规模	1 848	4.303	3.222	0	9.41
lspr	法律制度和产权	1 848	3.767	2.962	0	9.14
ms	货币政策的稳健性	1 848	5.319	3.948	0	9.89
tif	国际贸易的自由度	1 848	4.649	3.422	0	9.6
gr	政府规制	1 848	4.633	3.374	0	9.27
efsi	经济自由度指数	1 848	4.534	3.287	0	9.15
scale	市场规模（对数形式）	1 848	6.898	3.648	0	12.098
resou	自然资源禀赋（对数形式）	1 848	0.612	1.666	-9.320	4.459
infra	基础设施（对数形式）	1 848	3.215	4.169	0	12.339
tech	技术水平（对数形式）	1 848	-0.185	0.751	-4.356	1.483
labor	劳工标准（对数形式）	1 848	3.306	2.075	-0.598	7.154
dista	地理距离（对数形式）	1 848	8.728	1.534	0	9.868
excha	本币汇率（对数形式）	1 848	2.366	2.824	-1.314	22.629

（二）实证结果及分析

表5 报告了基准回归结果，其中列（1）~（5）分别报告了以 gs、lspr、ms、tif、gr 为东道国制度环境变量的系数估计结果。整体来看，东道国的制度环境对中国企业的跨国投资存在负向影响，其中政府规模、法律制度与产权、货币政策的稳健性对中国企业跨国投资的负向影响未通过至少10%水平下的显著性检验，而国际贸易自由度和政府规制对中国企业跨国投资的负向影响通过了5%水平下的显著性检验。由此可见，随着东道国制度环境的改善，中国企业对外投资的规模会不断缩小，即，中国企业的对外投资倾向于流向那些制度环境较差的国家。这一结论与巴克利等（2007）、蒋冠宏和蒋殿春（2012）得出的结论相符，一方面可能说明虽然近年来中国对外投资更多地投向房地产、旅游以及娱乐休闲等部门，但是投向能源部门的 OFDI 仍然占据相当大的比重，OFDI 的资源寻求动机仍然明显。另一方面可能说明，由于中国的对外投资也有相当大部分流向交通基础设施建设部门，这一部门更需要与东道国的地方政府等机构打交道，由于中国国内市场和制度的特殊性，投资基建建设的企业反而可以在制度环境较差的国家获得更大的潜在收益。

表5　基准回归结果

	（1）	（2）	（3）	（4）	（5）
	gs	lspr	ms	tif	gr
institution	-0.027 （0.022）	-0.021 （0.027）	-0.029 （0.019）	-0.050** （0.022）	-0.044** （0.022）
institution * post	0.061* （0.031）	0.076** （0.033）	0.037 （0.026）	0.058* （0.030）	0.041 （0.030）
lnexchange	-0.038 （0.027）	-0.039 （0.027）	-0.039 （0.027）	-0.039 （0.027）	-0.039 （0.027）
lninfras	0.034** （0.015）	0.033** （0.015）	0.036** （0.015）	0.036** （0.015）	0.036** （0.015）
lnlabor	0.144*** （0.055）	0.142*** （0.054）	0.142*** （0.054）	0.141*** （0.054）	0.148*** （0.054）
lnpgdp	0.082** （0.033）	0.083** （0.033）	0.089*** （0.033）	0.092*** （0.033）	0.092*** （0.033）

续表

	(1)	(2)	(3)	(4)	(5)
	gs	lspr	ms	tif	gr
lnresour	0.020 (0.030)	0.020 (0.031)	0.025 (0.031)	0.028 (0.031)	0.025 (0.030)
lntech	0.041 (0.059)	0.045 (0.060)	0.046 (0.059)	0.050 (0.059)	0.051 (0.059)
_cons	0.800 *** (0.100)	0.800 *** (0.100)	0.800 *** (0.100)	0.800 *** (0.100)	0.800 *** (0.100)
地区固定效应	yes	yes	yes	yes	yes
年份固定效应	yes	yes	yes	yes	yes
N	1 848	1 848	1 848	1 848	1 848
R^2	0.392	0.392	0.391	0.393	0.392

注：括号内是标准误差；* $p<0.1$，** $p<0.05$，*** $p<0.01$。

从东道国制度环境与“一带一路”战略虚拟变量交叉项的估计系数来看，这一系数估计均为正，且当采用政府规模、法律制度与产权、国际贸易自由度来表征东道国制度环境时，估计系数通过了至少10%水平下的显著性检验。总而言之，“一带一路”战略的实施对东道国制度环境起到了一定的优化促进效应，使得东道国的制度环境基本上与中国企业的对外投资呈现正向关系，有效降低了中国企业对外投资可能存在的多维度风险。这一结论与刘晓光和杨连星（2016）类似，由此可见，“一带一路”战略的提出与双边政治关系的建立具有逻辑上的一致性，通过提出“一带一路”战略，可以在一定程度上增强本国企业投资者从事海外投资的信心，降低跨国企业的交易成本。

为了进一步加强上述结论的可靠性，我们进行如下稳健性检验。具体地，采用经济自由度指数（efsi）表征东道国的制度环境，再次进行回归分析，并且在回归过程中，不断增加控制变量，以检验结论的稳健性，结果如表6所示。从表6可以看出，上述结论仍然基本成立。对于可能存在的反向因果关系，由于中国企业的对外投资对每一个东道国而言并不是很大，中国企业的投资影响东道国制度环境的可能性较小，因此由于反向因果导致的内生性问题较小。至于测度误差的问题，我们选用了多个变量刻画东道国的制度环境，结论均较为稳健，所以测度误差的问题可能也较小。最后则是遗漏变量，由于我们尽可能地控制了现有文献中出现的可能影响对外投资的因素，因此遗漏变量问题应该也较小。

表 6　　稳健性检验结果

	(1)	(2)	(3)	(4)	(5)	(6)	(6)
efsi	-0.013 (0.022)	-0.015 (0.022)	-0.026 (0.023)	-0.024 (0.023)	-0.034 (0.023)	-0.037 (0.023)	-0.038 (0.023)
efsipost	0.070** (0.031)	0.070** (0.031)	0.069** (0.031)	0.068** (0.031)	0.059* (0.031)	0.059* (0.031)	0.059* (0.032)
lnexchange		-0.029 (0.025)	-0.027 (0.025)	-0.047* (0.027)	-0.040 (0.027)	-0.039 (0.027)	-0.039 (0.027)
lninfras			0.038*** (0.015)	0.041*** (0.015)	0.036** (0.015)	0.036** (0.015)	0.035** (0.015)
lnlabor				0.100* (0.052)	0.141*** (0.054)	0.139** (0.054)	0.143*** (0.054)
lnpgdp					0.087*** (0.033)	0.088*** (0.033)	0.088*** (0.033)
lnresour						0.023 (0.031)	0.025 (0.031)
lntech							0.047 (0.059)
_cons	0.800*** (0.101)	0.800*** (0.101)	0.800*** (0.100)	0.800*** (0.100)	0.800*** (0.100)	0.800*** (0.100)	0.800*** (0.100)
地区固定效应	yes	yes	yes	yes	yes	yes	yes
年份固定效应	yes	yes	yes	yes	yes	yes	yes
N	1 848	1 848	1 848	1 848	1 848	1 848	1 848
R^2	0.385	0.385	0.388	0.389	0.391	0.392	0.392

注：括号内是标准误差；* $p<0.1$，** $p<0.05$，*** $p<0.01$。

为了分析“一带一路”倡议对不同国家或地区的影响，我们将总样本分为“一带一路”国家样本和非“一带一路”国家样本进行分析，回归结果如表 7 所示。从表 7 可以发现，“一带一路”倡议的提出对非“一带一路”沿线国家制度环境存在优化效应，但是对“一带一路”沿线国家制度环境不存在优化效应。这一结论看似反常，但符合当前中国对外投资的特征。究其原因在于，当前“一带一路”沿线国家多为资源丰富而制度环境相对较差的国家，“一带一路”倡议的提出并未明显改变中国对外投资的资源寻求动机，因而，单独用“一带一路”沿线国家样本进行回归分析，就难以得出“一带一路”倡议对东道国制度环境的优化促进效应。相比之下，由于“一带一路”倡议的提出，以及“一带一路”倡议的开放性特征，中国企业同样会对那些仍未进入“一带一路”沿线的国家抱有信心和预期，从而增加相应的投资，这些国家大多既不擅长于技术，又没有丰富的自然资源，却因为“一带一路”倡议未来可能存在的影响吸引了更多的中国对外投资。

表 7 分样本回归结果

	非“一带一路”样本		“一带一路”样本	
	(1)	(2)	(3)	(4)
efsi	0.027 (0.042)	−0.031 (0.047)	−0.055 (0.037)	−0.033 (0.039)
efsipost	0.129** (0.053)	0.101* (0.054)	−0.024 (0.061)	−0.016 (0.060)
lnexchange		−0.121*** (0.036)		0.073 (0.049)
lninfras		0.017 (0.021)		−0.024 (0.025)
lnlabor		0.182** (0.084)		0.330*** (0.121)
lnpgdp		0.162*** (0.053)		0.158** (0.072)
lnresour		0.068 (0.045)		−0.017 (0.069)
lntech		0.002 (0.104)		−0.019 (0.095)
_cons	0.734*** (0.138)	0.734*** (0.136)	0.782*** (0.182)	0.782*** (0.180)
地区固定效应	yes	yes	yes	yes
年份固定效应	yes	yes	yes	yes
N	1 008	1 008	552	552
R^2	0.434	0.450	0.467	0.485

注：括号内是标准误差；* $p<0.1$，** $p<0.05$，*** $p<0.01$。

四、“一带一路”倡议下中国对外投资调整的政策取向

本文的研究表明：第一，中国对外投资以跨国并购模式为主，较少采用绿地投资模式，并且随着时间的推移，采用绿地投资模式的占比并未出现明显提升。第二，中国对外投资主要流向了欧美以及撒哈拉以南的非洲地区，显示中国的对外投资同时具有技术追求和资源寻求的动机。第三，中国对外投资更多地流向了资源和基础建设部门，说明中国的对外投资存在需求导向和比较优势导向。第四，东道国制度环境对中国对外投资存在一定程度的负向影响，而“一带一路”倡议的提出对这一影响起到了优化效应，并且这一优化效应更多地体现在非“一带一路”沿线国家。

在当前中国经济发展进入新阶段，经济增速持续下滑的背景下，政府通过相关政策的调整促进对外投资的升级与优化，对于中国长期经济的稳定增长具有十分重要的意义。根据本文的研究结论，中国对外投资下一步调整的方向至少包括如下几个方面：

首先，中国对外投资的模式需要更加丰富，一方面当前中国企业的投资主要以直接投资为主，需要扩大间接投资的规模，另一方面在直接投资中，当前中国企业的投资主要以跨国并购为主，需要扩大绿地投资的规模。其次，中国对外投资的产业取向需要进行调整，当前中国企业对外投资的技术和资源寻求动机仍然十分明显，这样的投资动机容易遭受世界上其他国家尤其是相关利益国的舆论压力，中国企业应该以一种更加自信、开放的姿态加入全球一体化进程，通过长期以来参与国内城市化进程积累的经验，在多个部门对东道国的产业发展进行正向溢出，实现国家间协作发展的共赢局面。最后，中国对外投资的地区布局需要进行扩散，在逐渐开展对外投资的过程中，中国在发展中国家内已经形成了对外投资的“标杆”，但是，仍然需要扩大对外投资的地区布局，在一定程度上缓解对外投资地区间不平衡的问题，主动促进全球包容性经济增长，作为最大的发展中国家，在缩小南北差异方面贡献自己的力量。

为了实现上述目标，从宏观战略角度来看，中国需要进一步践行与拓展“一带一路”倡议，2017 年“一带一路”高峰论坛使得这一战略更加成熟，今后更需要将“一带一路”倡议倡导的全球开放性合作机制化与常态化。从微观政策角度来看，中国不仅要健全相关的法律法规，进一步促

进“一带一路”倡议对东道国制度环境的优化效应，不仅如此，还应该鼓励相关机构和部门建立为“走出去”的企业服务的电子商务、行业协会等第三方平台，降低企业“走出去”的风险，并且减少企业跨国投资的交易成本。

参考文献

1. 常玉春：《我国企业对外投资绩效的动态特征——以国有大型企业为例的实证分析》，载于《财贸经济》2011 年第 2 期。

2. 何帆：《中国对外投资的特征与环境》，载于《中国金融》2013 年第 1 期。

3. 蒋冠宏、蒋殿春：《中国对外投资的区位选择：基于投资引力模型的面板数据检验》，载于《世界经济》2012 年第 9 期。

4. 蒋为：《环境规制是否影响了中国制造业企业研发创新？——基于微观数据的实证研究》，载于《财经研究》2015 年第 2 期。

5. 刘晓光、杨连星：《双边政治关系、东道国制度环境与对外直接投资》，载于《金融研究》2016 年第 12 期。

6. 裴长洪：《中国企业对外投资与“一带一路”建设机遇》，载于《财政监督》2017 年第 3 期。

7. 祁毓、王学超：《东道国劳工标准会影响中国对外直接投资吗?》，载于《财贸经济》2012 年第 4 期。

8. 沈坤荣：《在适应新常态中培育增长新动力》，载于《求是》2015 年第 5 期。

9. 沈坤荣、金刚：《以提升全要素生产率为重点推进供给侧结构性改革》，载于《南京财经大学学报》2016 年第 3 期。

10. 韦森：《从世界历史的大背景看未来中国经济的增长前景》，载于《经济资料译丛》2015 年第 1 期。

11. 杨广青、杜海鹏：《人民币汇率变动对我国出口贸易的影响——基于“一带一路”沿线 79 个国家和地区面板数据的研究》，载于《经济学家》2015 年第 11 期。

12. Buckley, P. J., Clegg, L. J., Cross, A. R., et al.. The Determinants of Chinese Outward Foreign Direct Investment. *Journal of International Business Studies*, 2007, 38 (4): pp. 499 – 518.

13. Cheung, Y. W., Qian, X.. Empirics of China's Outward Direct Investment. Cesifo Working Paper, 2009, 14 (3): pp. 312 – 341.

14. Ghoul, S. E., Guedhami, O., Kim, Y.. Country-level Institutions, Firm Value, and the Role of Corporate Social Responsibility Initiatives. *Journal of International Business Studies*, 2017.

15. Meyer, K. E., Estrin, S., Bhaumik, S. K., and Peng, M. W.. Institutions,

Resources, and Entry Strategies in Emerging Economies. *Strategic Management Journal*, 2009, 30 (1): pp. 61 – 80.

16. Rosen, D. H. , Hanemann, T. . China's Changing Outbound Foreign Direct Investment Profile: Drivers and Policy Implications. *Daniel H Rosen*, 2009, 52 (3): P. 7.

17. Tan, X. . China's Overseas Investment in the Energy/Resources Sector: Its Scale, Drivers, Challenges and Implications. *Energy Economics*, 2013, 36 (C): pp. 750 – 758.

“一带一路”的转型升级和人民币国际化新方略

贾根良*

“一带一路”倡议是我国构建合作共赢的新型国际关系并造福沿线各国人民的大倡议，但在如何处理我国与“一带一路”国家之间经贸结构关系以及人民币国际化的问题上，目前仍没有非常明确的思路，而这些问题从历史经验来看对于我国“一带一路”倡议的成功是至关重要的。值得注意的是，国内学术界占主流的观点一直是从解决我国中低端产能过剩和化解巨额外汇储备压力的角度解读“一带一路”倡议。固然，在过去几年，由于大量产能过剩和巨额外汇储备的压力，这种解读并非没有合理成分。但这种解读不仅低估了“一带一路”倡议提出的国际背景和深远的战略意义，而且有可能对该战略的实施造成严重的不利影响。本文试图通过对这种解读的严重缺陷进行剖析，提出“一带一路”产业发展的新战略和人民币国际化新方略。

一、产业发展的“双领先战略”和价值链高端战略

将“一带一路”倡议解读为我国中低端产能过剩的出路是短视的，是不利于这个战略持久发展的，这是因为它将有可能推迟我国以转型升级为核心的结构调整或供给侧改革，造成我国将来与“一带一路”国家在产业结构上的冲突，并有可能使我国未来在“一带一路”国家的竞争中失去领先地位的先机。

---

* 贾根良，中国人民大学经济学院教授。基金项目：中国人民大学国家发展与战略研究院立项课题“如何认识当前世界经济形势和我国经济新方位”。

我国之所以进行供给侧改革，重要的根源之一就在于我国在对外贸易结构上基本上处于“进口高端产品并出口中低端产品”的状态，在于我国在国际分工中处于“低端混战和产能过剩、高端失守和供给短缺”的状态。改变这种状态需要我国企业在转型升级上做出艰苦的努力，如果没有“一带一路”作为其中低端产品产能过剩问题的出路，我国企业只能背水一战，只有转型升级才能生存下去。但如果只是单纯地将“一带一路”解读为解决我国中低端产品产能过剩问题的出路，而不是基于一种更高层次的战略规划和政策引导，那么，国内企业会不会产生惰性，攀登价值链高端的动力大减？由于经济结构具有路径依赖的特征，解决过剩产能的思路会不会推迟我国产业的转型升级呢？

在过剩产能的思路推迟我国产业转型升级的情况下，我国对外经贸关系只不过是简单地改变成了“从发达国家进口高端产品并向发展中国家出口低端产品”而已。在这种情况下，如果外资“走进来”占据我国价值链高端，而我们却“走出去”与其他发展中国家在价值链中低端市场上拼个你死我活，我国还能给这些国家在产业结构上留有转型升级的空间吗？“一带一路”倡议还会成功吗？

19 世纪下半叶英国的历史教训值得注意，当英国通过全球化使其第一次工业革命的过剩产品占据了当时发展中国家市场的同时，国内市场却被美国和德国等新兴发达国家的第二次工业革命所生产的高端产品所占领，从而导致了英国工业力量的衰落，其原因就在于英国只是单纯地将全球化作为过剩产品的出路。国际竞争是一个动态目标持久移动的过程，是一个新兴产业和新兴技术不断战胜现有产业和现有技术的过程，历史、理论和比较研究都说明，新兴产业和新兴技术的领先地位只能通过国内市场来创造，这也是国内传统产业优先于别国进行技术革新的基础。这就是为什么在 19 世纪末，单纯从过剩产能出发推行全球化的英国，不仅其国内战略性新兴产业的市场大部分被美国所占领，而且在当时发展中国家市场上英国原先输出的传统过剩产品上，也无法招架住美国经过国内新兴产业和新兴技术改造后的传统产品的竞争。因此，单纯地将解决我国中低端产品产能过剩问题作为战略目标将有可能使我国在“一带一路”国家的竞争中失去领先地位的先机。

笔者认为，在不放弃并强化我国在制造业价值链中低端竞争优势的条件下，“一带一路”的产业发展战略应该立足于国内转型升级，实施价值链高端和“双领先战略”。

“一带一路”倡议不是孤立的战略，而是与我国国内经济结构的转型升级和创新驱动发展战略密切联系在一起的，“一带一路”倡议的成功离不开国内战略的成功，因此，政策制定不应该单纯地鼓励企业“走出去”，而是应该通过税收、外汇和人民币贷款等诸多方面优先鼓励自主创新和转型升级有成效的企业“走出去”，这对国内工业的供给侧改革也是一种推动。所谓价值链高端战略就是在“一带一路”国家构建由我国企业控制并占据价值链高端环节的全球价值链，在这方面，有许多重大的问题需要研究。例如，如何通过国内企业的兼并重组，鼓励我国参与“一带一路”的企业建立作为系统整合者的“全球公司”（这是与跨国公司不同的一种企业组织形态）。

所谓“双领先战略”是指抓住第四次工业革命的历史机遇，在战略性新兴产业上对内实施“创造国内领先市场战略”，对外实施“领先供应商战略”，这是我国在“一带一路”国家应该实行的一种根本性的竞争战略。正如熊彼特指出的，“有价值的竞争不是（原有产品的价格）这种竞争，而是关于新商品、新技术、新供给来源、新组织类型……的竞争——也就是占有成本上或质量上的决定性有利地位的竞争，这种竞争所打击的不是现存企业的利润和产量，而是在打击这些企业基础，危及他们的生命。这种竞争和其他竞争在效率上的差别，犹如炮击和徒手攻门间的差别。”

对内实施“国内领先市场战略”，目标就是要在第四次工业革命创造全球领先市场的地位，利用新技术和本土市场改造我国传统产业并使广大中小型企业接入全新的价值链。所谓对外实施“领先供应商战略”，其目标是发挥我国在第四次工业革命的产品、设备和服务提供商等方面的优势，创造我国在“一带一路”国家针对发达国家的新的竞争优势地位。19世纪末的美国和德国在超越英国上，虽然没有明确提出这种战略，但事后来看是符合这种战略的结果。目前，我国在“一带一路”倡议上，高铁的例子可以说是接近于这种“双领先战略”的。

二、“一带一路”推进人民币国际化的新方略

促使别国不断增加本国货币作为外汇储备是一国货币国际化的突出表现，如果按照化解巨额外汇储备压力的思路解读“一带一路”倡议，我国

实际上只是作为二传手将过剩的美元储备转移到“一带一路”国家作为其外汇储备，在这种情况下，哪里还会有人民币国际化呢？而且，在这种情况下，“一带一路”国家要么再用美元购买我国产品，美元又回流到我国外汇储备；要么“一带一路”国家因为有了美元，就会优先购买发达国家的设备和先进技术，这非常不利于我国向其输出产品和技术。

因此，如果我国以美元等外汇储备在“一带一路”国家进行结算、贷款和投资，实际上都是在扩大美元等外资的势力范围，都是在为外资“搭台唱戏”。只有通过我国企业在“一带一路”国家以人民币结算、贷款和投资，人民币国际化才能得以实现。“一带一路”为人民币国际化提供了前所未有的历史机遇，我国可以通过使用人民币作为结算货币，使用人民币进行投资，发放人民币贷款和发行人民币债券，在“一带一路”国家稳步建立人民币货币区，渐进式地推进人民币国际化。

人民币国际化成功有两个条件，其首要条件就在于国内尽早完全实行主权信贷，这就需要在制度上防止将来外汇储备再次大幅度增加，因此，我们需要重新认识引进外国直接投资、中国企业海外上市和融资、资本项目开放等对人民币自主发行机制的不利影响，改革人民币发行机制。例如，我国企业海外上市和融资是外汇储备增加的一个重要途径，应该禁止，因为我国在海外上市的企业一般都是优秀企业，不仅股权被外资占大头，创新收益大部分归外资，而且我国企业海外上市和融资所筹到的美元交给中国人民银行，不仅增加了“烫手的”外汇储备，而且还得印刷人民币给海外上市和融资的企业，为什么不直接印刷人民币给这些企业？我国企业海外上市和融资破坏了人民币自主发行的机制。

加强资本项目管制，并通过贸易和实体经济活动进行的人民币贷款和投资是人民币国际化成功的第二个条件。在这方面，历史的经验值得借鉴。例如，德国货币国际化之所以远比日本成功，其原因就在于德国在对资本项目实行较强管制之下通过贸易渠道向全球输出其货币，在全球产业链和相关生产要素的交易与分配中扮演了主导角色，而日本则通过开放资本项目，以金融渠道对外输出日元。到今天，尽管日本是国际第三大经济体，贸易规模庞大，但日元的国际使用仍然非常有限，远远落后于美元和欧元，甚至落后于英镑，这是日本经济在过去二十多年长期低迷的重要原因之一，也是日本制造业竞争不过德国的一个重要原因。

三、结　语

习近平总书记提出的“一带一路”倡议是我国将经济全球化的重心转移到发展中国家的伟大战略构想，我们应该站在更高的历史和战略高度认识这一倡议。在笔者看来，这一倡议的意义不亚于毛泽东对“农村包围城市”的中国革命道路的探索：中国在世界经济的外围地区有着广阔的发展空间，可以带领广大的发展中国家建立起更加公平的国际经济新秩序。进化生物学的“异地物种形成原理”为其提供了理论基础：生物进化史说明，新物种的形成和演化要远离占优势物种竞争激烈的中心地区，新物种往往是在远离中心地区的外围和边缘地区成长壮大的，并最后入侵中心地区打败原先占优势地位的物种。“一带一路”倡议是我国经济全球化战略的重大变革，是适合于中国国情的经济崛起新阶段的新道路，立足于国内转型升级和人民币自主发行机制，“双领先战略”、价值链高端战略和人民币国际化新方略将持久地推动“一带一路”倡议走向辉煌的未来。

参考文献

贾根良：《“一带一路”及“亚投行”的“阿喀琉斯之踵”及其破解——基于新李斯特理论视角》，载于《当代经济研究》2016 年第 3 期。

“一带一路”沿线国家和地区经济协同发展研究

张　辉　易　天　唐毓璇*

“一带一路”是“丝绸之路经济带”和“21 世纪海上丝绸之路”的简称。最早是 2013 年中国国家主席习近平在哈萨克斯坦和印度尼西亚提出共建丝绸之路经济带和 21 世纪海上丝绸之路，也即“一带一路”倡议。他表示可以用创新的合作模式，共同建设“丝绸之路经济带”，以点带面，从线到片，逐步形成区域大合作。① 东南亚地区自古以来就是“海上丝绸之路”的重要枢纽，中国愿同东盟国家加强海上合作，互通有无、优势互补，共享机遇、共迎挑战，共同建设 21 世纪“海上丝绸之路”，实现共同发展、共同繁荣。② “一带一路”自第一次提出已有 4 年时间，4 年以来我国将象征着“和平合作、开放包容、互学互鉴、互利共赢”丝路精神的“一带一路”建设逐渐从理念转化为行动，得到了全球 100 多个国家和国际组织的积极支持和参与，联合国大会、联合国安理会等重要决议也纳入“一带一路”建设内容，积累了丰硕的成果。2017 年 5 月 14 日上午国家主席习近平在“一带一路”国际合作高峰论坛开幕式上发表主旨演讲，指出“古代丝绸之路绵亘万里，延续千年，积淀了以和平合作、开放包容、互学互鉴、互利共赢为核心的丝路精神。这是人类文明的宝贵遗产。”③

从历史上看，19 世纪 70 年代德国地理学家李希霍芬（Ferdinand von Richthofen）首次提出了“丝绸之路”（Seidenstrassen）的概念——“自公

---

* 张辉，北京大学经济学院教授；易天，北京大学经济学院博士研究生。基金项目：国家开发银行与北京大学合作项目“全球价值双环流下中国与亚非拉协同机制研究”的阶段性成果。本文未特别标明出处的数据均为笔者根据中国统计年鉴各期和世界银行数据库相关数据计算而成。

① 习近平：《弘扬人民友谊　共创美好未来》，载于《人民日报》2013 年 9 月 8 日。

② 习近平：《携手建设中国—东盟命运共同体》，载于《人民日报》2013 年 10 月 4 日。

③ 习近平：《携手推进“一带一路”建设——在“一带一路”国际合作高峰论坛开幕式上的演讲》，载于《人民日报》，2017 年 5 月 15 日。

元前114年至公元127年连接中国与河中以及印度的丝绸贸易的西域道路。”① 1903年，法国汉学家沙畹（Edouard Chavannes）则将“陆地丝绸之路”和“海上丝绸之路”进行分别阐述：“丝路有陆海二道，北道出康居，南道为通印度诸港之海道，以婆庐羯泚（Broach）为要港。又称罗马Justin与印度诸港通市，而不经由波斯，曾于五三一年遣使至阿剌伯西南也门与Himyarites人约，命其往印度购丝，而转售之于罗马人，缘其地常有舟航至印度。”② 中国学者对“丝绸之路”的关注和研究稍稍滞后。新中国成立后的50年代和60年代，有关“丝绸之路”的研究主要是从对外友好关系和边疆民族团结等角度展开的。近年来随着国际交流合作的扩大，以及“一带一路”倡议的提出，“丝绸之路”的研究再次迎来高潮，学者们主要关注其内涵、路径、潜力等方面。“一带一路”的提出更多是借鉴“丝绸之路”的象征意义，然而“一带一路”提出的特殊国际经济背景及其历史必然性，亟待关注。同时，通过这一平台，中国希望分享给世界的发展经验也值得深入探究。总体而言，推进“一带一路”倡议是顺应经济发展需要，同时得到国际社会普遍支持的重要举措，下文将从历史必然性、时间节点选择、内在范式、空间选择、如何推进等五个方面阐明其内在经济逻辑。

一、“一带一路”提出的历史必然

（一）经济发展阶段的诉求

经济全球化是当代发展一个显著的特点。然而，全球化从最初发展至今并非是始终处于快速上升的发展阶段。世界经济发展经历了曲折反复的路径。20世纪50年代以来，亚洲经济总量快速增长，欧美经济占世界份额逐年下降。同时，世界各大洲人口的动态发展变化表现出相似的规律，欧洲人口占世界比重逐年下降，美洲人口占比趋于平稳，根据联合国贸易和发展会议数据库统计结果，截至2015年欧洲占世界人口比重已降至10.1%，美洲人口占世界人口的13.5%，而亚洲人口则占世界人口的59.8%。经济的发展离不开劳动力的支撑，欧美经济体中虽然大多数都是

① Richthofen F. V.：China. Bd. 1. Berlin，1877，454 ff.

② 沙畹：《西突厥史料》，冯承钧译，中华书局1958年版，第167页。

发达国家，但未来由于人口增长乏力，劳动力越来越稀缺，不利于其长期可持续发展。亚洲虽然一直是人口最多的大洲，但其占世界人口的比重仍在缓慢上升。作为人口第一大国的中国，虽然人口红利逐步减小，但在世界范围内来看，仍是劳动力资源相对丰富的国家。与人口第二大国印度相比，中国劳动力素质更高。根据世界银行数据库，2015 年，印度成人识字率仅为 72.22%，而中国则已达到 96.36%。当今世界经济又面临着一次新的产业中心转移，与此相伴的是对高素质劳动力的扩张性需求。中国提出“一带一路”倡议，建立发达国家和发展中国家交流合作的公共平台，一方面通过自身高素质的人才红利与发达国家形成产业、价值链的对接，同时也将推动广大发展中国家的人口红利向人才红利转换。

图 1 显示了自 1960 年以来世界进出口贸易总额占全球 GDP 比重的变化趋势。1960～1975 年是全球化比较快的阶段，达到年均增长 2%，这个阶段成就了日本，日本在雁阵模型的范式下引领着东亚经济的快速发展。1975～1989 年缓慢增长，年均增长是 1.1%，这个时代实际上成就了美国里根主义，也是新自由主义推进的高潮阶段。日本没抓住这个阶段的战略机遇期，美国里根主义推行，使得之后日本经济失去了 20 年。1990～2007 年全球化进入了爆发式的增长，达到年均 2.2%，这个阶段中国抓住了机会，由一个相当落后的国家跃升成为世界第二大经济体。2008 年之后表现出负的增长（-0.2%）。在全球化发展出现反复的背景下，如果我国没有主动作为，对全球化新阶段进行正向构造，提出一个新的全球化的思路，那么未来我国的发展将会面临一个巨大的考验。

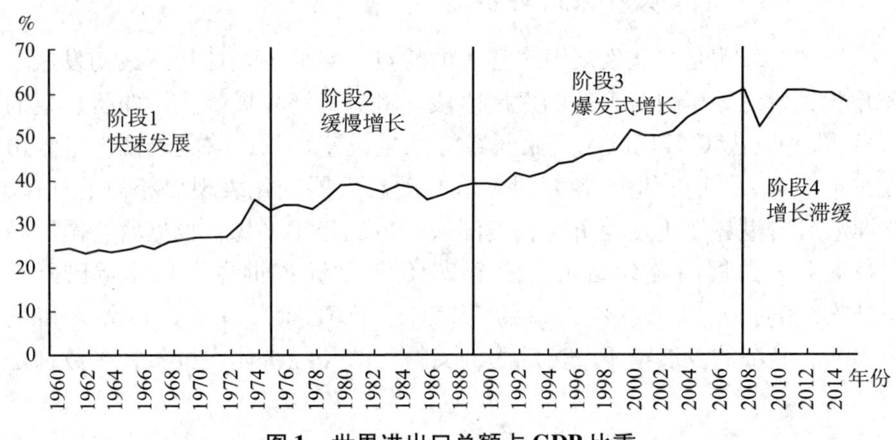

图 1　世界进出口总额占 GDP 比重

资料来源：世界银行数据库。

(二) 紧密经济合作区发展要求

除了经济发展阶段的诉求之外，还有空间诉求，每一个大国的发展都需要在比本国大得多的范围内来实现。例如，“二战”之后的日本承接了全球化的浪潮，尤其是20世纪50年代中期到70年代中期，日本迎来了五个高速增长周期（包括三次持续时间较长的景气周期，即1954年12月至1957年6月的“神武景气”、1958年7月至1961年12月的“岩户景气”和1965年11月至1970年7月的“伊弉诺景气”；两次短期景气周期，即1962年10月至1964年10月的“奥林匹克景气”、1971年12月至1973年11月的“列岛改造热”）。但是日本国土面积狭小、人口规模有限，于是提出了雁阵模型，日本是雁头，其后是亚洲“四小龙”，“四小龙”后面是亚洲“五小虎”和中国大陆，组成了雁阵。20世纪五六十年代雁阵开始逐渐形成，直到1997年东亚金融危机爆发，雁阵逐渐解体。虽然东亚雁阵解体了，但日本成为了世界一流发达经济体，亚洲“四小龙”也成为世界新兴的工业化经济体，亚洲“五小虎”和中国成为世界新兴的市场化经济体。从这个思路来看，中国这样一个大国崛起必然需要寻求比本国面积大得多、人口多得多的地区作为经济紧密合作区，这是一个合作共赢的空间诉求。

(三) 世界经济发展寻求新动力的诉求

1979年撒切尔夫人上台后，发达经济体开始推行新自由主义，虽然世界经济发展的势头很好，但是带来了严重的两极分化。不仅仅是发达经济体内部的两极分化，还有发达经济体和发展中经济体之间表现出的不断加剧的两极分化。无论是美国还是加拿大等西方发达经济体，内部的两极分化都在加大。OECD在*Income Inequality*一书中指出，OECD国家的收入不平等已经达到过去半个世纪的最高水平，其中最富有人口的收入水平是最贫穷的10%人口的9倍，这一比例在25年前是7倍。同时，发达国家（以G7为代表）内部收入分配两极分化程度加剧，其具体表现为基尼系数近30年整体呈现上升趋势。根据Wind的数据显示，G7国家中，近30年来美国的基尼系数最高，从1983年的33.6上升到2010年的38，加拿大的基尼系数从1983年的29.9上升到2010年的32（绝对不公平的收入分配基尼系数是100）。另外，发达经济体和发展中经济体的差距，从1990～

2015年由当时的人均GDP收入差距24.5倍上升到27.4倍。从人均GDP的量来看，高收入国家这25年人均GDP上涨26 780国际元，发展中经济体仅增长了896国际元。这是一个两极化越来越严重的世界，“一带一路”的提出就是针对世界经济出现的这种问题，力图构建一个以“政策沟通、设施联通、贸易畅通、资金融通、民心相通”的创新合作模式为主的包容式开放合作平台。通过全球经济紧密合作，把全球的产业分工形成一个金字塔，塔基越大塔尖就越高，中国提出的“一带一路”发展模式旨在通过将上一轮全球化发展浪潮中被边缘化的经济体纳入这一次全球分工当中，从而扩大资源配置的空间，把塔基做大，进一步提升塔尖高度。在这一过程中，不仅带动发展中经济体的发展，同时也为发达经济体的发展提供了更广阔的空间。

二、“一带一路”提出的时间节点选择

1978年改革开放到2015年，扣除通胀因素，中国经济增长率是9.7%，成为世界第二大经济体。然而，新中国成立之初中国发展水平十分落后，改革开放后我国仍是一个低收入的发展中经济体，以沿线国家中的印度为例，1960年印度人均GDP为228.3美元（以2005年不变价计），约是中国1981年的水平（229.81美元），2014年印度人均GDP为1 233.95美元，约是中国2001年的水平（1 212.47美元），而2014年中国人均GDP已达3 862.92美元，是同期印度的3.13倍。

从表1可见1990年中国GDP总量仅占美国的6.2%、日本的11.8%，而2015年中国GDP总量分别是美国的60.6%和日本的263.5%。从人均GDP来看，我国由改革开放之初仅为世界平均水平的7.8%到2015年达到了80%，所以无论总量、速度和人均水平，中国对世界都有着较强的示范作用。

按2005年不变价格计算，1960年印度人均GDP 228.3美元，约是中国1981年水平（229.81美元）；2014年中国人均GDP 3 862.92美元，是印度的3.13倍。人均GDP从220美元到1 230美元，印度花了54年，我国只用了20年。

表1　　1990年、2000年和2015年世界主要国家的GDP对比情况

国家	GDP（亿美元）			占世界GDP比重（%）			为各国GDP比率（%）			各国GDP增长率（%）	各国通货膨胀（%）
	1990年	2000年	2015年	1990年	2000年	2015年	1990年	2000年	2015年	2015年	2015年
中国	3 569	11 985	108 664.4	1.6	3.7	14.8	—	—	—	6.9	1.44
美国	57 572	97 648	179 470	26.4	30.5	24.44	6.2	12.3	60.55	2.43	0.12
日本	30 183	46 674	41 232.58	13.8	14.6	5.61	11.8	25.7	263.54	0.47	0.79
德国	17 145	19 002	33 557.72	7.9	5.9	4.57	20.8	63.1	323.81	1.69	0.23
法国	12 445	13 280	24 216.82	5.7	4.1	3.3	28.7	90.2	448.71	1.16	0.04
英国	9 959	14 509	28 487.55	4.6	4.5	3.88	35.8	82.6	381.45	2.33	0.05
意大利	11 334	10 973	18 147.63	5.2	3.4	2.47	31.5	109.2	598.78	0.76	0.04
巴西	4 620	6 447	17 747.25	2.1	2	2.42	77.3	185.9	612.29	−3.85	9.03
俄罗斯	5 168	2 597	13 260.15	2.4	0.8	1.81	69.1	461.5	819.48	−3.73	15.53
印度	3 175	4 602	20 735.43	1.5	1.4	2.82	112.4	260.4	524.05	7.57	5.87
世界	218 133	320 019	734 336.4	—	—	—	—	—	—	2.47	1.44

资料来源：1990年、2000年数据来自《国际统计年鉴（2010）》，2015年数据来自世界银行。

除了总量之外，结构在2002~2007年也悄悄发生了变化。原来日本是东亚经济发展的雁头，组织整个东亚的生产体系。在2002年中国第一次超过日本，成为欧盟的第一大贸易伙伴，到2014年中国对欧盟的贸易规模是日本的4.3倍；2003年中国第一次超过日本，成为美国和加拿大的第一大贸易伙伴，到2015年中国对美国和加拿大的贸易规模是日本的3.2倍；2007年中国第一次超过日本，成为东南亚七国（越南、柬埔寨、菲律宾、泰国、马来西亚、新加坡、印度尼西亚）第一大贸易伙伴，到2014年中国对东南亚七国的贸易规模是日本的1.6倍。2002~2007年全球贸易分工体系悄然发生着改变，中国在世界经济分工合作的东亚雁阵中从尾部逐渐掉转过来，成为欧洲、北美和东南亚的第一合作伙伴。因此，2013年习近平总书记提出“一带一路”倡议是顺应我国在全球分工体系中整体格局变化的历史潮流。

三、“一带一路”内在经济发展范式

“一带一路”是什么？我们从研究中提出了全球价值双环流的模式。新自由主义的浪潮之后发展中经济体越来越边缘化，而发达经济体内部之间的贸易越来越紧密。中国不像日本引领的东亚雁阵，具有技术梯度，而是存在着一个与雁阵不同的经济合作模式。

从全球188个经济体看，现在世界呈现出一个全球价值双循环的经济模式（见图2）。以中国向国外出口来看，最终消费品占统计国家和地区前五位的有123个，中间品占统计国家和地区前五位的有73个；以中国从国外进口来看，最终消费品占到统计国家和地区前五位的有60个，中间品占统计国家和地区前五位的有74个。1/3～2/3的国家无论是中间品还是最终消费品的进出口都是紧密地和中国联系在一起的。把这些国家再做第二次的分类，可以发现在整个循环体系当中，中国处于一个枢纽平台的位置。我国从大量的发展中经济体进口中间品、出口最终消费品，而与发达经济体之间又发生了一个相反方向的贸易。在这个时间节点上，只有充分发挥中国这个平台的作用才能够把世界上的发展中经济体和发达经济体两个经济圈紧密联系起来。

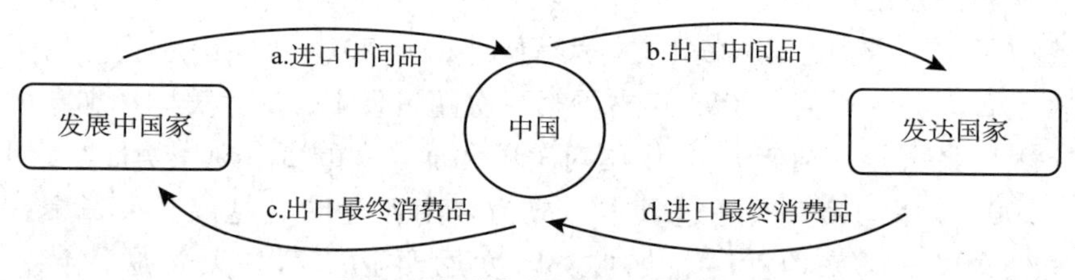

图2　全球价值双循环模式图

资料来源：张辉、易天、唐毓璇：《一带一路：全球价值双环流研究》，载于《经济科学》2017年第3期。

全球价值双环流，具体而言是指世界经济的循环正从传统的“中心—外围”式的单一循环，越来越变为以中国为中介的“双环流”体系，其中一个环流位于中国与发达国家之间（北美经济体和西欧经济体），另一个环流存在于中国与亚非拉等发展中经济体之间。一方面，中国与发达国家之间形成了以产业分工、贸易、投资、资本间接流动为载体的循环体系；另一方面，中国又与亚非拉等发展中经济体之间形成了以贸易、直接投资为载体的循环体系。在这两个循环体系中，中国越来越成为连接发达经济体与亚非拉欠发达经济体之间的主要中间节点或枢纽点。①②

从“一带一路”沿线的60多个国家和地区看，中国也处于中间位置，将近一半的国家的经济发展水平高于我国，又有近一半的国家发展水平低于我国。“一带一路”是全球经济进入新架构的条件下提出的一个全球化新模式。中国处于中间位置，不但与发达经济体之间的关系很紧密，又与发展中经济体密切合作，形成了一个双“8”字模式。在全球大的“8”字模式下，“一带一路”沿线上又嵌套了一个小“8”字模式。其中上半圈是当前经济研究中较受关注的中国与发达经济体之间的贸易分工合作，而下半圈则是中国与欠发达的国家和地区之间的合作。在经济全球化的大趋势下，下半圈的交流合作分工不明晰，在上一轮的全球化浪潮当中，这一圈中的很多国家逐渐被边缘化，越来越落后、发展速度越来越慢。目前，通过“一带一路”合作平台，中国将带动下半圈欠发达经济体有效地进入全球分工体系之中。

四、“一带一路”沿线相关经济分析

“一带一路”沿线国家主要可以分为东南亚、南亚、西亚北非、中亚、中东欧、南欧等几个区域。从总体经济情况看，“一带一路”沿线国家经济总量较大，其中中国发挥引领作用，近年来GDP增速受国际大环境影响有所下滑；经济发展水平相对滞后，地区发展不平衡现象突出；产业结构上呈现“三二一”特征，农业比重相对较高；对外贸易上出口大于进口，占世界较大比重，其中能源出口地位突出，2015年受国际经济形势影响呈低迷态势；通货膨胀压力凸显；收入分配处于合理区间。③

① 刘伟、郭濂：《一带一路：全球价值双环流下的区域互惠共赢》，北京大学出版社2015年版。

② 张辉：《全球价值双环流架构下的“一带一路”战略》，载于《经济科学》2015年第3期。

③ 此部分数据来源于世界银行，使用2010年不变价美元为计价单位。

东南亚是人口较为密集的区域，2015年东南亚11国[①] GDP共约2.53万亿美元，占世界比重为3.4%，2000~2015年GDP平均增速为5.1%。人均GDP 2015年约为4 004美元，属于中等收入偏下国家。东南亚11国除东帝汶外，其他国家均为东盟成员国。1997年12月，中国和东盟发表了《中国—东盟首脑会议联合声明》，确定了中国—东盟面向21世纪睦邻互信伙伴关系的方向和指导原则。2010年1月1日，中国—东盟贸易区正式全面启动，东盟和中国的贸易占到世界贸易的13%，成为一个涵盖11个国家、19.96亿人口、GDP达11.43万亿美元的巨大经济体，是目前世界人口最多的自贸区，也是发展中国家间最大的自贸区。

南亚8国[②]经济中印度发挥引领作用，近年来GDP增速较快。2015年南亚8国GDP共约2.79万亿美元，占世界比重为3.7%。2000~2015年GDP平均增速为6.7%。人均GDP 2015年约为1 600美元，2000~2015年人均GDP平均增速为5.1%，属于中低等收入地区。在南亚8国中，印度是经济体量最大的国家，GDP总量占8国总量的82.3%，2000~2015年GDP平均增速为7.18%。

西亚北非处于三洲两洋的交通要冲，石油资源丰富，经济支柱为石油加工出口。然而当地战乱不断，局势动荡。其石油、天然气出口在世界能源出口中占据重要地位。2015年西亚北非17国[③] GDP共约3.2万亿美元，占世界比重为4.25%。2000~2015年GDP平均增速为4.5%。作为世界主要的石油出口地区之一，西亚北非地区人均GDP水平接近世界均值（2015年世界人均GDP为10 241美元），2015年约为9 882美元，属于中高等收入地区。

中亚即亚洲中部地区，深居内陆，大都是在苏联解体后成为独立国家。中亚五国[④] GDP体量相对较小，经济发展水平相对较低；产业结构上主要依托丰富的自然资源发展油气产业，经济发展与油价紧密相关。2015

---

① 东南亚11国包括印度尼西亚、柬埔寨、老挝、缅甸、马来西亚、文莱、菲律宾、新加坡、泰国、东帝汶和越南。

② 南亚8国包括阿富汗、孟加拉国、不丹、印度、斯里兰卡、马尔代夫、尼泊尔、巴基斯坦。

③ 西亚北非17国包括阿拉伯联合酋长国、巴林、阿拉伯埃及共和国、巴勒斯坦、伊拉克、以色列、约旦、科威特、黎巴嫩、阿曼、也门、卡塔尔、沙特阿拉伯、土耳其、格鲁吉亚、亚美尼亚、阿塞拜疆。西亚北非沿线国家中叙利亚、伊朗数据缺失，此处仅统计了其余17国情况。

④ 中亚5国包括土库曼斯坦、吉尔吉斯斯坦、乌兹别克斯坦、塔吉克斯坦、哈萨克斯坦。

年中亚五国 GDP 共约 2 956 亿美元，占世界比重为 0.4%，2010～2015 年 GDP 平均增速为 7.3%。人均 GDP 2015 年约为 4 306 美元，属于中高等收入地区。

中东欧泛指欧洲大陆地区受苏联控制的前社会主义国家，冷战时期的东欧国家，再加上波罗的海三国（立陶宛、拉脱维亚、爱沙尼亚）、乌克兰、白俄罗斯、摩尔多瓦等除俄罗斯外苏联时期的欧洲部分成员国。2015 年中东欧 13 国[①] GDP 共约 3.2 万亿美元，占世界比重为 4.3%，2010～2015 年 GDP 平均增速为 3.5%。2015 年约为 10 634 美元，属于高等收入地区。

南欧孕育了古希腊、古罗马文化，确立了早期的基督教社会，为西方的思想及知识体系奠定了基础。南欧 8 国[②]经济体量相对较小，近年来经济增速缓慢，其中希腊深陷债务危机。2015 年南欧 8 国 GDP 共约 4 384 亿美元，占世界比重为 0.6%，2010～2015 年 GDP 平均增速为 0.8%。人均 GDP 水平高于世界平均水平，2015 年约为 13 055 美元，属于高收入地区。

从以上分析中可以看出，“一带一路”沿线国家发展相对不平衡，同时每个区域表现出不同的特点与资源禀赋。而中国作为一个大国，在新中国成立之初就建立了较为完善的工业体系，而“一带一路”沿线多国工业化程度不高，总体上仍处于工业化进程中。[③] 因此，中国一方面可以利用自己拥有的较为完善的产业结构，带动发展程度更低的国家提升制造业水平，在全球产业分工体系中缩小与产业结构发达国家的差距，输出更高附加价值的工业加工品；同时，也输出自身技术和知识，以及工业化进程的经验，并获取快速发展所需的资源。

总结起来看，世界已经呈现出双八字的经济合作模式，在全球发达经济体和发展中经济体中，中国居中，在“一带一路”67 个沿线国家和地区当中，中国也是居中。“一带一路”沿线国家的 GDP 水平总量只有全球总量的 1/4，但是人口占 1/2 以上，中国又占了 40%，如果把中国刨除，“一带一路”67 个沿线国家的经济水平只有全球的 1/4，“一带一路”的经济诉求就是发展，这也是联合国大会全票通过“一带一路”

---

① 中东欧 13 国包括保加利亚、白俄罗斯、捷克共和国、爱沙尼亚、匈牙利、立陶宛、拉脱维亚、摩尔多瓦、波兰、罗马尼亚、俄罗斯联邦、斯洛伐克共和国、乌克兰。

② 南欧 8 国包括波斯尼亚和黑塞哥维那、希腊、克罗地亚、马其顿王国、黑山、塞尔维亚、斯洛文尼亚、阿尔巴尼亚。

③ 刘伟、张辉：《一带一路：产业与空间协同发展》，北京大学出版社 2017 年版。

倡议的重要原因。

五、“一带一路”合作共赢典型经验分享

根据国家统计数据和世界银行数据整理得出，1978～2015 年，中国经济创造了年均 GDP 增速 9.71%（同期的世界经济年均增速为 2.94%）、人均 GDP 增速约 9% 的持续增长进程，同时使 8 亿人口脱离贫困。在速度和持续时间层面上，中国经济的高速增长期皆超过了战后的日本和亚洲“四小龙”。1978 年中国经济总量仅位居世界第十位，2010 年成为世界第二大经济体；经济总量占世界的份额由 1978 年的 1.8%，提高到 2015 年的 15.5%。在全球金融危机爆发的时段里，中国成为带动世界经济复苏的重要引擎，对世界经济增长的年均贡献率超过 20%。到 2015 年底，中国完成了联合国“千年发展目标（MDGs）”，并对世界范围内该目标的实现做出了卓著贡献。同时，根据联合国数据整理得到，1987 年世界的低收入国家是 49 个，而到 2015 年低收入国家还有 26 个，大约占 1987 年低收入国家总数的 60%。所以，三十多年前是低收入国家而三十多年后还是低收入国家的概率极大。能达到中国的水平，由低收入水平发展到中高收入水平的经济体只有 4 个，中国、拉丁美洲的圭亚那、非洲的赤道几内亚、南亚的马尔代夫。因此，中国对发展中经济体的发展具有巨大的示范效应。具体有以下几个方面。

（一）工业化

改革开放以来我国经济取得了举世瞩目的成就，国内生产总值（以 1978 为基年）在 1978～2015 年从 3 678.7 亿元增长到 111 361.6 亿元，创造了年均 GDP 增速近 10% 的增长“奇迹”。但 2008 年全球金融危机后，受短期波动和中长期下行双重影响，中国经济增长进入换挡期。经济增速放缓的背后隐藏着产业结构发生的一系列深刻变化。其中，尤为突出的是中国的工业化对经济增长的作用巨大，主要表现在工业体系的建立与结构的优化方面。自新中国成立到改革开放，中国一直都实行重工业优先发展的赶超战略，改革开放后中国日益向遵循比较优势的发展方向转变。姚洋和郑东雅（2008）认为重工业发展的正外部性使得赶超战略在一定程度上

为我国后来的经济起飞打下了良好的工业基础。[①] 林毅夫等（1994）认为比较优势战略在中国的应用非常成功。[②] 中国至今仍继续发挥自己现有的比较优势，在吸取了工业化发展初期的经验教训之后，中国首先加强了基础工业的发展，长期供给不足的能源、原材料、交通、通讯等产业实现了初步的供需平衡。其次，轻重工业比例趋于合理。前30年间，中国过分追求重工业的优先发展，造成一些基本消费品的长期短缺。在改革开放的初期，轻工业有了快速的增长，轻重工业比例从1978年的43.1∶56.9变为51.5∶48.5。此外，在产业结构的高度化上，低附加值、低需求弹性的行业比重呈下降趋势，附加值和需求弹性相对较高的行业比重呈上升趋势。最后，中国各省发展水平呈现出明显的梯度特征，[③] 这正好与沿线各国表现出发展阶段各不相同实现良好匹配。寻找比沿线各国产业结构高度稍高的省份进行对接，将国内省份在相似发展阶段时处理特定经济发展困境与问题时的具体做法推广至相应国家，同时国内省份也可以在沿线国家进行针对性的投资、合作。在匹配后的定向合作中，由于发展阶段相似，因而经济合作的推行将更为顺利，同时能够帮助沿线国家解决其发展中遇到的瓶颈，带动沿线国家实现经济增长和产业升级。

相比之下，以沿线国家中的印度为例，2014年中国人均GDP已达3 862.92美元，是同期印度的3.13倍。导致经济发展差异的一个重要因素是两国的产业结构存在很大不同。印度第三产业更为发达，但印度第二产业薄弱，工业化基础建设不完善，未来难以形成持续有效的经济发展动力，同时若是第三产业超越整个经济社会发展水平，会导致社会资源向第三产业过度集中，工业品和农业品生产资源缺乏，导致产品相对价格偏高，最终导致整体社会福利水平的降低，并且由于服务业的可贸易性差，在工业薄弱的基础上过度发展服务业容易导致国际收支逆差，削弱动用国家外汇储备进行宏观调控的能力。反观中国，虽然目前面临着第二产业包袱过重、产业结构调整困难和产能过剩的窘境，但是在2012年后中国第二产业和第三产业增加值比重出现反转，第三产业增加值比重上升趋势明

---

① 姚洋、郑东雅：《重工业与经济发展：计划经济时代再考察》，载于《经济研究》2008年第4期。

② 林毅夫、蔡昉、李周：《中国的奇迹：发展战略与经济改革》，上海人民出版社、上海三联书店1994年版。

③ 刘伟、张辉、黄泽华：《中国产业结构高度与工业化进程和地区差异的考察》，载于《经济学动态》2008年第11期。

显，第二产业增加值比重下滑，中国目前的产业结构调整初见成效，过剩产能逐步消化，生产资源开始逐步向第三产业转移。不仅仅是印度，沿线很多国家都存在着产业结构不够合理、工业体系不够完善的问题，中国工业化对经济发展起到了明显的促进带动作用，将自身工业化经验通过“一带一路”的平台推广至沿线各国，可以帮助沿线国家建立更加有效的工业体系，改变因工业发展不足对经济发展带来的负向作用，从而促进区域经济发展。

（二）基础设施先行

2008 年金融危机之后，以美国为首的发达国家为刺激私人消费与投资的增长，进行了多轮的量化宽松政策，引起国际贸易市场的出口额及大宗商品、股票等定价市场的较大波动，世界正在呈现流动性泛滥、资产价格剧烈波动的格局。而过剩流动性亦给中国带来了转型压力，挤压民间资本对实体经济资金投入，同时催生过剩流动性流入股市、债市、房地产等，导致资产价格大幅波动和金融工具“脱实向虚”的负面结果。究其根本，原因在于货币投放量与经济生产能力不匹配。生产能力的提高一方面可通过投资技术，通过技术进步提高生产力水平。然而近年来技术创新进度迟缓，世界层面自 2011 年以来人均劳动产出及全要素生产率水平持续滑落，技术进步还没有跨过可以促进生产力提高的门槛，从而过剩的流动性未能流入到合适的技术项目中。另一方面则是通过加强引致新的生产能力所做的前期铺垫，如基础设施建设。戴夫（Dave，2017）用印度 1861 ~ 1930 年的铁路数据证实前置的基础设施建设可以通过降低贸易成本，从而带动地区经济增长。[①]“一带一路”基础设施前置投资的理念恰恰契合发达国家基础设施建设年久失修、发展中国家基础设施落后的背景。考虑到发达国家的基础设施建设缺乏翻修的启动资金，发展中国家缺乏相关技术和资本，基础设施发展相对于其国民财富水平相对滞后，因此基础设施是提高生产力水平和经济增长水平的发力点。

本研究选取 45 个国土面积大于中国平均省份面积的国家数据测算其在 2005 年和 2013 年两个截面，基础设施建设与经济发展水平的超前、均衡、滞后关系。测算结果显示，发达国家如德国、日本、美国均表现出基

① Dave Donaldson，Railroads of the Raj：Estimating the Impact of Transportation Infrastructure，*American Economic Review*，forthcoming.

础设施相对滞后的结果，发展中国家如印度、巴西亦均表现出基础设施相对滞后的结果。同时，发达国家与发展中国家在2005年与2013年两个截面的基础设施水平也没有呈现较大的改进，仍然处于相对滞后水平，而中国的基础设施建设在1995年表现为协调，2005年和2013年表现为轻度超前，可看出中国的基础设施建设经验的确具有较强借鉴价值。因此，发达国家与发展中国家现今均有较强的提高基础设施水平的内在诉求。

在全球流动性过剩及大多数国家的基础设施水平相对滞后的背景下，基础设施建设有助于创造新的生产力以提高经济增长水平，是当下过量货币的较好投资去处。国家主席习近平在2013年中央经济工作会议上强调，推进“丝绸之路经济带”建设，抓紧制定战略规划，加强基础设施互联互通建设。“一带一路”以基础设施建设投资为核心出发点，借助这一国际合作平台，与世界分享中国在基础设施先行上的经验，契合当今世界流动性过剩与经济发展低迷并行的背景，给沿线国家经济发展带来新气象。

（三）城镇化

城镇化是中国改革开放进程中探索出的重要经验，其对社会经济发展的重要意义主要体现为以下三点：（1）产业结构上与工业化紧密结合，创造大量就业机会，吸收农村剩余劳动力，促进经济由第一产业向第二、第三产业转移，并且提升劳动生产率；（2）投资拉动上与基础设施投资相辅相成，为经济增长助推动力；（3）创新推动上通过加快信息的传播和科技的推进，使城市成为主要的科技创新基地和信息交流中心。中国在城镇化建设方面积累的丰富经验对于“一带一路”沿线国家具有重要的借鉴意义。

改革开放三十多年来，中国的城镇化事业取得巨大成就。从数量层面看，1978~2015年，中国城市数量由1978年的193个增加至2015年的656个，建制镇数量由2 173个增加至20 515个[①]，城镇人口由1.71亿人增加至7.63亿人，城镇化率也由1978年的17.9%上升至2015年的55.6%，2013年首次超过世界平均水平，增幅也远远高于同期世界水平（由38.5%增长至53.9%）。从结构层面看，100万人口以上的城市群的人口规模由1978年的7 620万人增加至2015年的3.37亿人，占总人口比例从8.0%上升至24.6%，快于同期世界水平的增幅（由16.3%增长至

① 资料来源：历年《中国城市建设统计年鉴》。

22.9%）。按照最新的城市统计标准，北京、上海、天津、重庆、广州、深圳、武汉等7个城市已成为城区常住人口1 000万以上的超大城市，其中北京、上海的常住人口均已突破2 000万人。从城镇布局看，城镇布局日趋合理，呈现“大分散、小集中”格局。根据夜间灯光数据的分析，1992～2013年中国城市建成区面积迅速扩张，城市分布由以中心城市为主的孤立点分布演化为成片分布，长三角、京津冀和珠三角等原有城市群继续扩张的同时，又涌现出山东半岛、辽中半岛、中原、闽东南、成渝、武汉等一批新的人口超2 500万人的大都市带。

现阶段，“一带一路”国家城镇化总体水平较低，城镇体系构建不完善，区域发展不平衡现象突出。2015年，除中国外的“一带一路”国家城镇化率约为44.2%，分别低于中国和世界平均水平11.4个和9.7个百分点，1978～2015年年均增速为0.8%，也低于中国（3.1%）和世界（0.9%）的同期水平。从“一带一路”内部结构看，区域间发展水平差距极大，城镇化水平最高的新加坡（100%）与最低的斯里兰卡（18.4%）相差81.6个百分点。按区域划分来看，西亚和北非地区由于干燥的气候条件、石油工业发达，城市化发展水平最高，其中卡塔尔、科威特的城镇化率接近100%，巴林、黎巴嫩、阿联酋、沙特等国也均超过80%，但也有埃及（43.1）和也门（34.6%）在城镇化水平上处于较低水平；蒙古国也因为自然条件的因素，城市化水平高达72%；中东欧和南欧地区属于经济较为发达地区，城镇化水平较高，2015年平均水平分别为69.2%和66.2%，但也不乏波黑、摩尔多瓦等欠发达地区；高加索三国城镇化约为55.9%，处于中期加速阶段；东南亚国家在城镇化建设上总体处于较低水平，2015年平均城镇化率为43.7%，除新加坡、马来西亚和文莱外，其他国家均处于城市化早期和中期加速阶段；中亚五国平均城镇化率约为40.5%；南亚城镇化率约为33.1%，其中印度（32.7%）、巴基斯坦（38.8%）、孟加拉国（34.3%）三国均处于中期加速阶段，尼泊尔和斯里兰卡等国发展较为滞后①。

因此，中国在城镇化方面的经验可以带动“一带一路”沿线国家城镇体系的建立与完善。在城镇化速度推进上，城镇化与工业化的双轮驱动、基础设施的前置投资将会提供重要助力；在城镇合理布局上，新型城镇化下形成的城市群建设框架、大中小城市与小城镇协调发展的战略布局具有

① 以上数据来源于世界银行数据库。

很大的参考意义；在城镇化质量提升上，“以人为本”理念指导下的城市公共服务水平提升以及智慧城市等数字技术的广泛运用则具有极强的前瞻性。

六、结　论

综上所述，我国有很多成功经验希望和世界的朋友共享。所以“一带一路”不是一个封闭的体系，我们欢迎任何志同道合的国家和地区加入新的发展理念当中去，构建一个更加包容、公平合理的合作共赢分工体系。目前，“一带一路”沿线国家经济总量占世界经济总量的1/4以上，而其中中国又占其中的40%。从沿线国家总量上看，这些经济体的经济社会发展强烈影响着世界经济的格局，而中国又在其中占据着重要的地位。在当前全球经济转折点上，中国作为“一带一路”倡议的发起国，立足于建立一个大范围的国际交往平台，推进世界各国的经济交流与合作，同时通过这一平台的建立和发展，可以缓解世界劳动力配置、可持续发展乏力、收入两级分化等方面出现的瓶颈，为世界发展带来新的机遇。

“一带一路”是中国从区域大国向世界大国转型的一次主动尝试，试图构建适宜自身发展同时分享发展成果的更加开放和包容的全球治理机制。2014年11月6日，国家主席习近平在中央财经领导小组第八次会议上强调：“一带一路”贯穿欧亚大陆，东边连接亚太经济圈，西边进入欧洲经济圈。无论是发展经济、改善民生，还是应对危机、加快调整，许多沿线国家同我国有着共同利益。推进“一带一路”建设，要诚心诚意对待沿线国家，做到言必信、行必果。要本着互利共赢的原则同沿线国家开展合作，让沿线国家得益于我国发展。要实行包容发展，坚持各国共享机遇、共迎挑战、共创繁荣。① 不管是从经济发展阶段还是产业结构来看，中国目前都处于发达经济体与发展中经济体之间的水平，这决定了中国将在这个体系中起到上下承接的作用。在“一带一路”这个开放共赢的合作平台上，中国与沿线国家具有良好的产能合作基础和无限发展空间。

习近平总书记在2017年5月14日上午“一带一路”国际合作高峰论坛开幕式发言中指出“‘一带一路’建设植根于丝绸之路的历史土壤，重

① http：//politics. people. com. cn/n/2014/1106/c70731－25989646. html，2014年11月6日。

点面向亚欧非大陆，同时向所有的朋友开放”。《孟子·梁惠王下》中有这样一段千古流芳之问：“独乐乐，与人乐乐，孰乐乎？”中国将在“一带一路”倡议推进过程中不断向世界证明，中国目前不仅是全球第二大经济体，同样有古道热肠之诚恳、一言九鼎之诚信、身先士卒之承诺、兼善天下之承担。

"一带一路"背景下人民币国际化基本影响因素浅析

慕丽杰*

一、引　言

伴随着中国经济的腾飞和"一带一路"倡议的提出和实施，为加深人民币国际化程度带来了新的契机。所谓的人民币国际化，是指人民币越过货币发行国，即中国一国的国界，在世界范围内自由流通、兑换和使用。人民币国际化不仅能增强我国经济国力，提高我国在国际货币体系中的话语权，还能完善我国金融市场，促进贸易发展，降低汇率波动带来的风险，并带来可观的铸币税收益。但纵观历史发展，许多国家或地区都曾经推出过本国或本地区的货币国际化发展计划，如欧元与日元的国际化，但都遭到了不同程度的挫折，同时也为其他货币的国际化发展积累了宝贵的经验教训。在新的经济环境下，抓住时机，把握影响人民币的基本因素，并衡量其对人民币国家化发展的影响大小，妥善利用有限的政治与经济资源，采取切实有效的措施，才能促进人民币国际化的进程。

二、人民币国际化的发展现状

在经济全球化的发展大潮下，金融全球化已经成为21世纪全球金融

* 慕丽杰，辽宁大学经济学院副教授。

格局发展的主要趋势，而货币国际化则是这一趋势的重要组成部分。作为当前全球第二大经济体、第一大外汇储备国、第一大出口国，中国显然是当前世界上最具活力和发展潜力的国家之一。在此条件下，人民币国际化已成为当前中国最重要的议题之一。

传统经济理论认为，狭义的货币国际化是指一国货币跨出国境在更大的空间范围内执行货币职能的过程。因此，在某种程度上，人民币国际化是指人民币能够跨越国界，在境外流通，成为国际上普遍认可的计价、结算及储备货币的过程。人民币国际化最明显的成果就是人民币跨境结算量的扩大。

（一）人民币跨境贸易结算业务的发展现状

所谓人民币跨境贸易结算，是指经国家允许指定的、有条件的企业在自愿的基础上以人民币进行跨境贸易的结算，商业银行在人民银行规定的政策范围内，可直接为企业提供与跨境贸易人民币相关的结算服务。其业务种类包括进出口信用证、托收、汇款等多种结算方式。2009 年 4 月 8 日，国务院常务会议正式决定，在上海和广州、深圳、珠海、东莞等城市开展跨境贸易人民币结算试点。5 年来，人民币跨境贸易结算量规模迅速扩大。依据中国人民银行统计数据（见表 1，年度经常项目人民币结算金额已由 2009 年的 36 亿元增长至 2014 年的 65 539 亿元，累计结算 167 125 亿元。

表 1　年度经常项目人民币结算金额　单位：亿元

年份	货物贸易	服务贸易及其他	合计
2009	32	4	36
2010	4 380	683	5 063
2011	15 606	5 202	20 808
2012	20 617	8 764	29 381
2013	30 189	16 109	46 298
2014	58 974	6 565	65 539
累计	129 798	37 327	167 125

资料来源：根据中国人民银行统计数据整理所得。

人民币跨境贸易结算额大致呈逐年增长的态势，这意味着人民币在国际贸易中被越来越多地应用于商品及服务的结算。在这一过程中，人民币在国际货币体系中的地位不断提升，国际化程度也在不断加深。

（二）人民币跨境直接投资业务的发展现状

人民币跨境直接投资业务分为对外直接投资业务和外商直接投资业务两类。依据中国人民银行统计数据（见表2），2014 年，对外直接投资的人民币结算金额为 1 865.6 亿元，外商直接投资的人民币结算金额为 8 620.2 亿元。合计 10 486 亿元。自 2011 年至 2014 年，人民币跨境直接投资累计总金额为 20 208 亿元。

表2　　年度直接投资人民币结算金额　　单位：亿元

年份	对外直接投资	外商直接投资	合计
2011	159	907	1 066
2012	262	2 544	2 896
2013	1 034	4 816	5 850
2014	1 866	8 620	10 486
累计	3 321	16 887	20 208

资料来源：中国人民银行统计数据。

人民币对外直接投资业务与外商直接投资业务的显著增长，表明人民币在国际舞台上正在成为一种越来越重要的货币资产。事实上，大批国内外投资者正是看到了人民币暗含的前景，才积极地持有并配置人民币资产。

（三）人民币区域化的发展现状

人民币国际化是一个动态的过程，其并不是在货币国际化的条件完全具备时才开始越出国界走向周边，而恰恰是在种种国际化条件尚不完全具备和成熟的情况下就产生了溢出效应，开始了自身的国际化进程。在邻近国家和地区，尤其是边境地区，人民币已经成为“硬通货”，开启了人民币区域化的进程。而截至 2015 年 3 月底以来，我国对外签署的大量货币互换协议（见表3）则是人民币区域化最明显的成果。这是人民币国际化的起点。

表 3　　　　中国与其他国家或地区货币互换汇总

签署日期	签署国或地区	金额（亿元）	期限（年）
2009 年 1 月 20 日	中国香港地区	200	3
2009 年 2 月 8 日	马来西亚	800	3
2009 年 3 月 11 日	白俄罗斯	200	3
2009 年 3 月 23 日	印度尼西亚	1 000	3
2009 年 4 月 2 日	阿根廷	700	3
2010 年 4 月 20 日	韩国	1 800	3
2010 年 6 月 9 日	冰岛	35	3
2010 年 7 月 23 日	新加坡	1 500	3
2011 年 4 月 18 日	新西兰	250	3
2011 年 4 月 19 日	乌兹别克斯坦	7	3
2011 年 5 月 6 日	蒙古国	50	3
2011 年 6 月 13 日	哈萨克斯坦	70	3
2011 年 10 月 26 日	韩国	3 600	续签，原协议作废
2011 年 11 月 22 日	中国香港地区	4 000	续签，原协议作废
2011 年 12 月 22 日	泰国	700	3
2011 年 12 月 23 日	巴基斯坦	100	3
2012 年 1 月 17 日	阿联酋	350	3
2012 年 2 月 8 日	马来西亚	1 800	续签，原协议作废
2012 年 2 月 21 日	土耳其	100	3
2012 年 3 月 20 日	蒙古国	100	续签，原协议作废
2012 年 3 月 22 日	澳大利亚	2 000	3
2012 年 6 月 26 日	乌克兰	50	3
2013 年 3 月 7 日	新加坡	3 000	3
2013 年 3 月 26 日	巴西	1 900	3
2013 年 6 月 22 日	英国	2 000	3
2013 年 9 月 9 日	匈牙利	100	3

续表

签署日期	签署国或地区	金额（亿元）	期限（年）
2013 年 9 月 12 日	阿尔巴尼亚	20	3
2013 年 9 月 30 日	冰岛	35	3
2013 年 10 月 9 日	欧洲	3 500	3
2014 年 4 月 25 日	新西兰	250	续签，原协议作废
2014 年 7 月 18 日	阿根廷	700	续签，原协议作废
2014 年 7 月 21 日	瑞士	1 500	3
2014 年 8 月 21 日	蒙古国	150	续签，原协议作废
2014 年 9 月 16 日	斯里兰卡	100	3
2014 年 10 月 11 日	韩国	3 600	续签，原协议作废
2014 年 10 月 13 日	俄罗斯	1 500	3
2014 年 11 月 3 日	卡塔尔	3 500	3
2014 年 11 月 8 日	加拿大	2 000	3
2014 年 11 月 27 日	中国香港地区	4 000	续签，原协议作废
2014 年 12 月 22 日	泰国	700	续签，原协议作废
2015 年 3 月 25 日	亚美尼亚	10	3

资料来源：中国人民银行数据库。

人民币国际化不可能一蹴而就，必须循序渐进。在实现成为世界性结算货币的最高目标之前，人民币国际化需要通过带有阶段性特征的区域化进程来逐步扩大其使用和流通范围。中国与东亚、南亚、西欧、中亚等地区的国家签署的货币互换协议，无论是从互换货币的金额还是从互换协议的年限来看，都呈逐年增加的趋势，这也意味着人民币区域化成果显著，成为国际主要结算货币的前景广阔。

三、人民币国际化的基本影响因素

一国货币的国际化往往是市场自由选择的结果，它首先是由该国的经济基本面所决定的，较大的经济规模和较强的国际清偿能力有利于建立交易者对该种货币的信心，较合理的对外贸易结构有利于货币发行国获得市场交易者对本国货币的需求。国际市场交易者对该种货币的信心和需求，决定了该种货币在世界货币体系中的作用。

中国大国经济特点的形成和国际化程度的提高增强了市场交易者对人民币的信心和需求。人民币国际化能否成功明显受到中国经济基本面的影响。中国经济规模的大小、国际清偿能力的强弱以及对外贸易结构的合理与否，成为影响人民币国际化进程的基本因素。

（一）经济规模

货币发行国的综合国力和经济实力是决定该国货币在国际货币体系中所处地位的根本因素。经济规模的扩大必将导致该国在世界范围内扩张其经济影响力，提高其国际经济地位，最明显的表现就是该国货币的国际化。因此，在其他条件保持不变的情况下，货币国际化程度应与货币发行国经济规模成正相关的关系。

在经历长期的封闭式发展之后，中国实行了改革开放，在全球经济中的地位迅速上升。自 20 世纪 90 年代起，中国 GDP 保持近 30 年的高速增长（见图 1，对应左坐标轴）。与此同时，中国经济总量占世界经济的份额也加速上升，在 2015 年稳居世界第二位（见图 1，对应右坐标轴）。

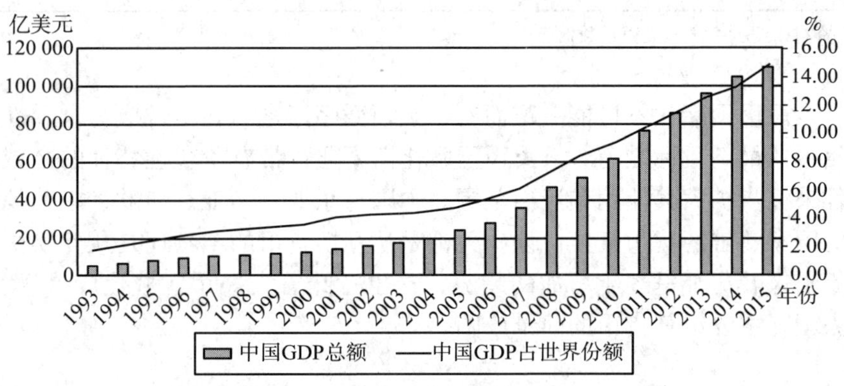

图 1　1993～2015 年中国 GDP 总额及占世界份额

（二）国际清偿能力

良好的国际信用和较强的国际清偿能力，是影响一国货币国际化的重要因素。这就要求货币发行国持有足量的外汇储备，以维持本国货币币值坚挺，建立投资者对于本国货币的信心。而相对稳定的币值和来自投资者的信心是促成一国货币国际化的必要条件。因此，在其他条件不变的情况下，货币国际化程度应与货币发行国的国际清偿能力成正相关关系。

由于对外贸易和投资的双顺差，我国的国际储备大幅增加，为人民币币值的坚挺和获取良好的国际信誉打下了坚实的基础。截至2015年，我国外汇储备已经达到了34 050亿美元（见图2），继续保持全球第一大外汇储备国的地位。特别是在2008年美国次贷危机爆发以来，主要国际货币都出现不同程度的贬值，而中国一直保持着双顺差，充足的国际清偿能力增加了国际市场对于人民币的信心，这将使人民币长期保持硬货币的地位。

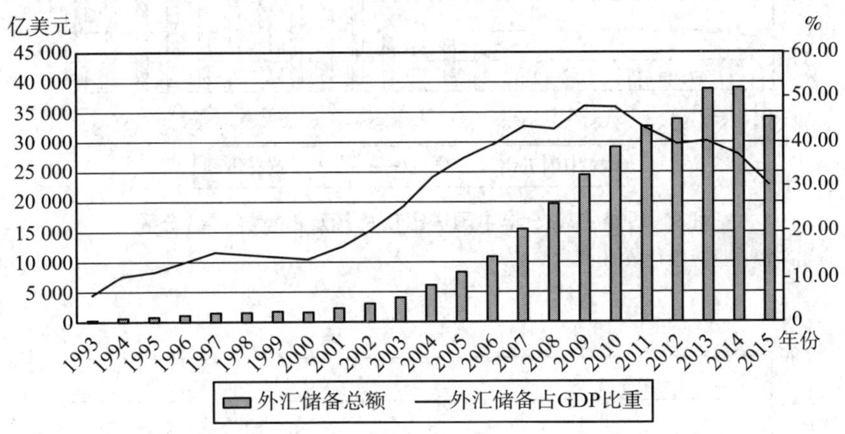

图2 1993～2015年中国外汇储备总额及占GDP比重

资料来源：世界银行数据库。

（三）对外贸易结构

货币发行国对外贸易的发达程度和结构，决定了国际市场对该国货币的需求。通常情况下，规模较大的经济体往往在世界上持有较大的进出口贸易份额。在此情况下，对出口依赖程度越低的经济体往往在对外贸易中就使用何种货币进行结算的事务上拥有更大的话语权。因此，在其他条件不变的情况下，货币国际化程度应与货币发行国对外贸易结构的合理性成正相关。

经过改革开放三十多年的发展，中国已经成为全球第一大贸易国。

自20世纪90年代起，中国的商品进出口贸易总额及其占世界份额均呈迅速增长的趋势（见图3）。但另一方面，中国作为一个出口导向型的经济大国，对外贸易结构也存在不合理的特点，即出口依存度居高不下（见图4）。

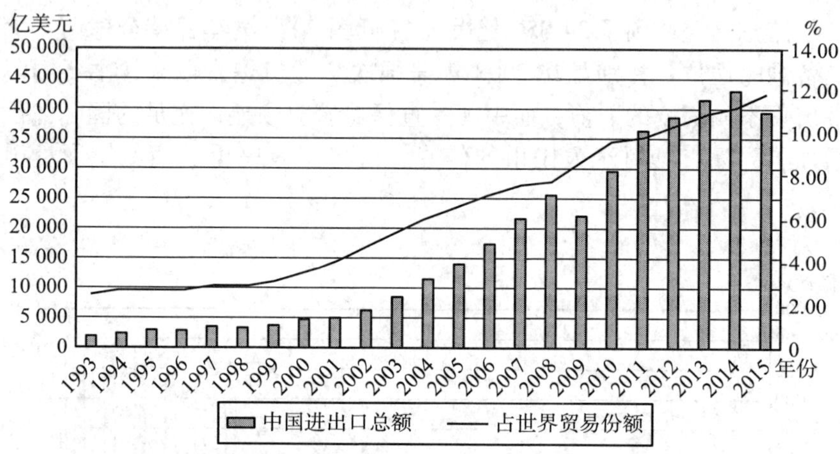

图3　1993～2015年中国进出口总额及占世界贸易份额

资料来源：世界银行数据库。

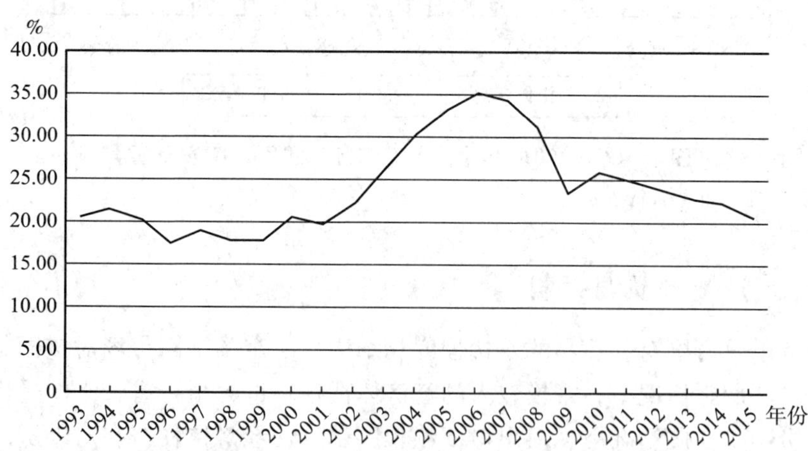

图4　1993～2015年中国商品出口总额占GDP比重

资料来源：世界银行数据库。

(四)其他因素

除了经济规模、国际清偿能力和对外贸易结构外,还有一些因素也对人民币国际化程度有着一定程度上的影响。这些因素包括国家外债情况(见图5)、金融市场的发达程度(见图6)、货币发行(见图7)等。但在实证分析中,这些因素并未被列为选取的变量,其原因是此类因素是经济基本面的构成部分,其作用内化于经济规模、国际清偿能力和对外贸易结构这三大因素内,因此不再做单独分析。

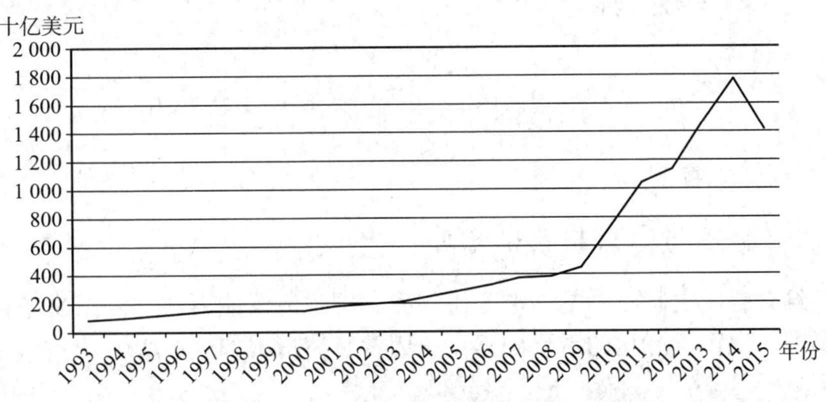

图5 1993~2015年中国外债总额存量

资料来源:世界银行数据库。

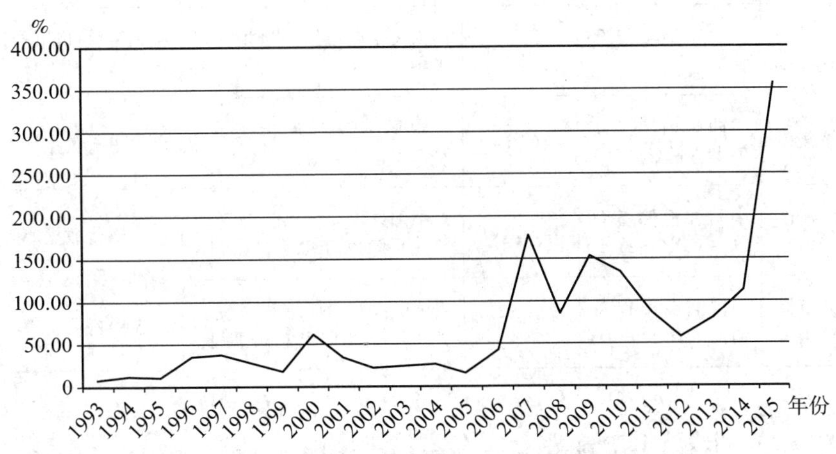

图6 1993~2015年中国股票交易总额占GDP比重

资料来源:世界银行数据库、中国国家统计局数据库。

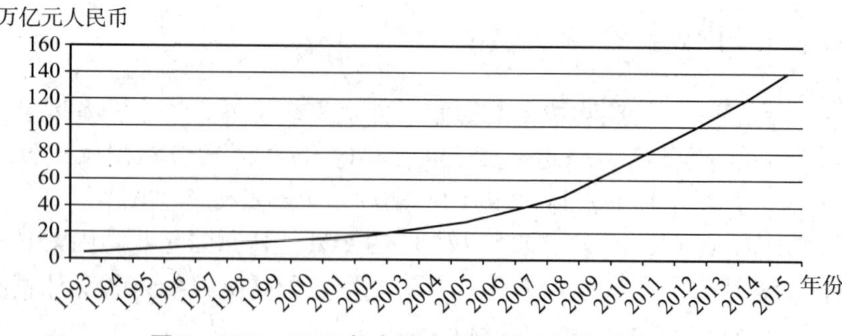

图7　1993～2015 年中国广义货币（以本币计价）

资料来源：世界银行数据库。

四、人民币国际化影响因素的实证分析

（一）变量选取和数据说明

结合相关文献，本文选取经济规模、国际清偿能力和对外贸易结构作为影响人民币国际化的重要因素，各因素具体情况如表 4 所示。

表 4　数据来源与说明

变量	指标	符号	指标具体解释计算	指标原始数据来源
人民币国际化程度	人民币跨境结算指数	CSI	由人民币跨境结算量指数化得到	根据中国知网统计所得
经济规模	中国国内生产总值世界份额	GDP	由中国 GDP（现价美元）总额除以世界总额得到	世界银行数据库
国际清偿能力	中国外汇储备总额占 GDP 比重	RESERVE	由中国外汇储备总额（现价美元）除以 GDP 总额得到	世界银行数据库
对外贸易结构	中国商品出口总额占 GDP 比重	EXPORT	由中国商品出口总额（现价美元）除以 GDP 总额得到	世界银行数据库

（二）指标趋势分析

为了详细观察人民币国际化与各基础因素间的关系，我们利用人民币跨境结算指数与各影响因素代理变量数据，分别作趋势图。

1. 经济规模趋势分析

从图 8 描述的人民币国际化程度与其经济规模相关性的趋势可以看出，在 1993 ~ 2011 年期间及 2012 ~ 2014 年期间，人民币跨境结算指数（粗线，对应左坐标轴）与中国 GDP 占世界份额（细线，对应右坐标轴）表现出较强的共同变化趋势。总体上，人民币国际化程度与中国经济体的大小存在明显的相关性。因此，中国经济规模是人民币国际化程度的重要影响因素之一。

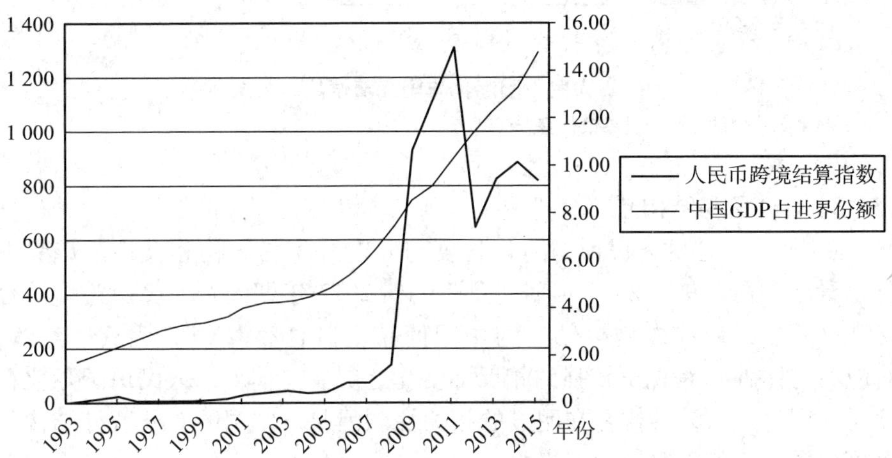

图 8　人民币国际化与经济规模的关系

资料来源：中国知网与世界银行官方网站。

2. 国际清偿能力趋势分析

从图 9 描述的人民币国际化程度与其国际清偿能力相关性的趋势可以看出，在 1993 ~ 2010 年期间及 2011 ~ 2012 年期间，人民币跨境结算指数（粗线，对应左坐标轴）与外汇储备占 GDP 比重（细线，对应右坐标轴）表现出较强的共同变化趋势。总体上，人民币国际化程度与中国国际清偿能力的强弱存在明显的相关性。因此，中国的国际清偿能力是人民币国际化的重要影响因素之一。

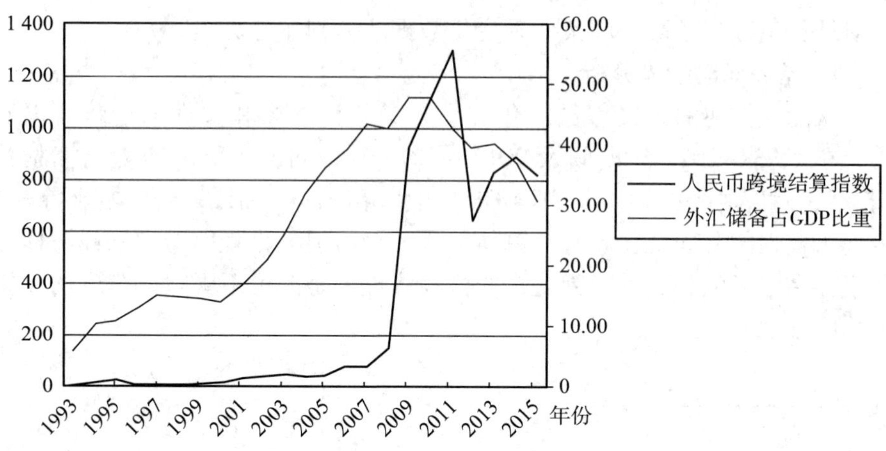

图 9　人民币国际化与国际清偿能力关系

资料来源：中国知网与世界银行官方网站。

3. 对外贸易结构趋势分析

从图 10 描述的人民币国际化程度与其对外贸易结构相关性的趋势图可以看出，在 1993 ~2006 年期间及 2011 ~2012 年期间，人民币跨境结算指数（粗线，对应左坐标轴）与中国商品出口总额占 GDP 比重（细线，对应右坐标轴）表现出较强的相反的变化趋势。总体上，人民币国际化程度与中国对外贸易结构存在明显的相关性。因此，中国的对外贸易结构是人民币国际化的重要影响因素之一。

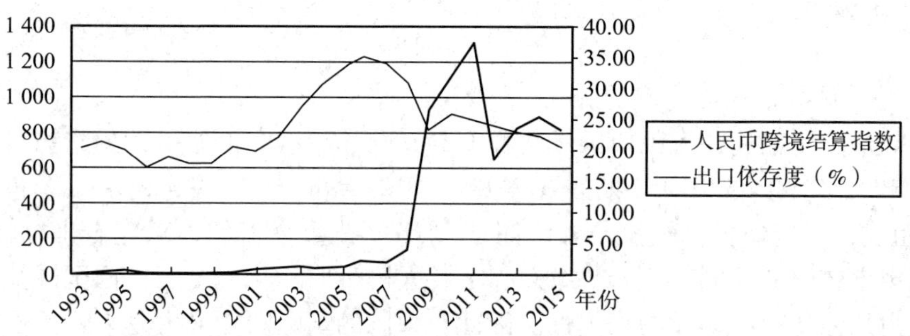

图 10　人民币国际化与对外贸易结构关系

资料来源：中国知网与世界银行官方网站。

（三）模型设定和实证检验

1. 研究假设与研究模型

依据指标趋势分析，提出相应的研究假设：

假设1：中国国内生产总值世界份额与人民币跨境结算指数成正相关

假设2：中国外汇储备总额占GDP比重与人民币跨境结算指数成正相关

假设3：中国商品出口总额占GDP比重与人民币跨境结算指数成负相关

本部分计量模型采用多元线性回归模型，计量模型如下：

$$CSI_t = \beta_1 + \beta_2 GDP_t + \beta_3 RESERVE_t + \beta_4 EXPORT_t + u_t$$

$$(t = 1993, 1994, \cdots, 2015)$$

其中，CSI代表人民币跨境结算指数，刻画了人民币国际化程度。GDP代表中国国内生产总值世界份额，刻画了中国经济规模。RESERVE代表中国外汇储备总额占GDP比重，刻画了中国的国际清偿能力。EXPORT代表中国商品出口总额占GDP比重，刻画了中国的对外贸易结构。t代表时间跨度，从1993年到2015年，共23年。U代表残差。数据是由相关指标在1993~2015年的数据构成。

2. 研究方法与统计结果

本文利用Eviews 6.0软件对从1993年至2015年的人民币跨境结算指数、中国GDP的世界份额、中国外汇储备占GDP的比重、中国商品出口总额占GDP比重等指标的数据进行分析，得到回归结果如下：

$$CSI_t = 507.0860 + 3\,584.877 GDP_t + 2\,665.950 RESERVE_t - 4\,848.725 EXPORT_t + u_t$$

完整的回归统计结果如图11所示。

经济理论表明，CSI与EXPORT负相关，与其他解释变量正相关，这与回归结果相符。在5%的显著水平下，根据t检验的相应数值，RESERVE和EXPORT的回归系数是统计显著的，GDP的回归系数是非常接近统计显著的。多元判定系数 R^2 达到0.84，属于较高的水平，表明该回归模型的拟合优度较高。

Dependent Variable：CSI

Method：Least Squares

Date：03/20/17　Time：20：10

Sample：1993 2015

Included observations：23

CSI = C(1) + C(2) * GDP + C(3) * RESERVE + C(4) * EXPORT

	Coefficient	Std. Error	t – Statistic	Prob.
C(1)	507. 0860	241. 4536	2. 100139	0. 0493
C(2)	3 584. 877	1 922. 208	1. 864979	0. 0777
C(3)	2 665. 950	722. 0034	3. 692434	0. 0015
C(4)	– 4 848. 725	1 300. 758	– 3. 727615	0. 0014
R – squared	0. 848033	Mean dependent var		309. 6957
Adjusted R – squared	0. 824038	S. D. dependent var		437. 2350
S. E. of regression	183. 4107	Akaike info criterion		13. 41810
Sum squared resid	639 150. 2	Schwarz criterion		13. 61558
Log likelihood	– 150. 3082	Hannan – Quinn criter.		13. 46777
F – statistic	35. 34226	Durbin – Watson stat		1. 218190
Prob （F – statistic）	0. 000000			

图 11　回归结果

3. 实证结论

与假设相同，人民币跨境结算指数与中国 GDP 的世界份额、中国外汇储备占 GDP 比重正相关，与中国商品出口总额占 GDP 比重负相关。

斜率系数 3 584. 877 表示，在其他变量保持不变的条件下，中国 GDP 的世界份额每增加 1 个百分点，则人民币跨境结算指数提高 3 584. 877 个点。

斜率系数 2 665. 950 表示，在其他变量保持不变的条件下，中国外汇储备占 GDP 比重每增加 1 个百分点，则人民币跨境结算指数提高 2 665. 950 个点。

斜率系数 – 4 848. 725 表示，在其他变量保持不变的条件下，中国商品出口总额占 GDP 比重每增加 1 个百分点，则人民币跨境结算指数降低 4 848. 725 个点。

R^2 值较高，约为 0. 85，表示三个变量能够解释人民币跨境结算指数 85% 的变异。

通过比较不同解释变量的回归系数的绝对值大小，可以得出三个基本因素对人民币国际化程度会产生不同程度的影响，其中对外贸易结构的影响最大，经济规模的影响次之，国际清偿能力的影响最小。

五、促进人民币国际化的政策建议

（一）推进对外贸易体制改革

在影响人民币国际化的基本因素中，相比较于扩大经济规模和保持较强的国际清偿能力，降低我国的出口依存度在促进人民币国际化进程中将获得最明显的成效。较高的出口依存度带来的中国经济对商品服务出口的依赖，降低了中国企业在国际贸易中的话语权，阻碍了人民币跨境结算的发展。因此，对外贸易体制改革应该从如下几个方面入手。

第一，赋予进出口企业以更大的外贸自主权。这包括进一步下放企业进出口自主权；继续放松进口限制，有步骤地减少指令性进口计划的商品品种，分阶段取消部分商品的进口许可证。进一步开放进口将有助于优化我国对外贸易结构，展现我国作为一个巨大的消费市场的潜力，提高中国企业在对外贸易中选择结算货币时的地位。

第二，推动贸易战略转型。在促进人民币国际化发展和世界消费市场普遍萎缩的情况下，我国应该逐步调整传统的出口导向型战略，放弃普遍的出口鼓励政策，调整出口退税政策，实行有选择的优惠政策，扩大内需，加速国内市场的统一。减少对出口的依赖将削弱对外贸易过程中其他进口国相对于中国在选择结算货币时的优势。

第三，加快产业结构优化升级。考虑到短期内我国很难迅速改变出口依存度居高不下的局面，我国应立足于现有的资源禀赋的基础上，培养高科技人才，提高出口产品的科技含量，提升出口商品的质量，优化出口产品的结构，增强其国际竞争力。这将有利于我国出口企业在对外贸易谈判中获得某种优势地位，在跨境支付和货币结算问题上占据主动。

（二）继续提升经济实力

在影响人民币国际化的基本因素中，扩大经济规模也是非常重要的促进人民币国际化的政策，其成效仅次于降低出口依存度。从根本上说，一国货币的国际化程度是该国总体经济实力在货币形态上的反映。随着世界经济的进一步复苏，维持中国经济现有的世界份额显得愈发重要。因此，继续提升经济实力应该从如下几个方面入手。

第一，重视经济增长的质量与效益。随着中国经济步入新常态，中国应当主动引导经济增长从高速转为中高速，从规模速度型粗放增长转向质量效率型集约增长，从要素投资驱动转向创新驱动，在维持经济增长的同时，提高经济发展质量和效益，保持经济发展的良好态势，有质有量地促进中国经济规模的扩大，从根本上夯实人民币国际化的经济基础。

第二，为经济增长提供新的持续性动力。我国应当加强供给侧结构性改革，增强持续增长动力，充分释放全社会创业创新潜能，着力化解过剩产能和降本增效，努力改善产品和服务供给，大力推动国有企业改革，激发非公有制经济活力，以便于进一步激活市场活力和社会创造力，增加市场交易者，尤其是国际市场交易者对于中国市场的兴趣，从而扩大他们对于人民币的需求。

（三）调节国际收支

在影响人民币国际化的基本因素中，保持国际清偿能力对人民币国际化的影响相对较低，但仍然不容小觑。国际清偿能力的强弱影响着市场交易者与投资者对于人民币的信心。保持国际清偿能力应该从如下几个方面入手。

第一，促进外汇储备多元化。过去相当长的一段时间内，我国主要储备美元及美元资产，这使得我国的外汇储备总量受美联储政策影响巨大。因此，我国应当适时调整外汇储备中的币种结构，在主要储备美元及美元资产的同时，分散持有欧元、日元、英镑等其他国际储备货币，同时优化外汇储备中的资产结构组合，增加黄金、石油等实物储备，减少对其他国家货币政策的依赖，防止现有的外汇储备由于国际经济关系的变动和其他国家的政策调整而出现严重的缩水。

第二，改善外汇储备的运营模式。中国可以学习新加坡等国的先进经验，逐步提高主权财富基金的外汇持有额，结合国家发展战略，实施战略性投资，保证外汇储备的相应经济收益。另外，也可以使用部分外汇储备提前归还一部分外债，策略性地展现我国的国际清偿能力，提高市场交易者对于人民币清偿能力的信心，提振人民币币值。

参考文献

1. 丁剑平、楚国乐：《货币国际化的影响因子分析——基于面板平滑转换回归（PSTR）的研究》，载于《国际金融研究》2014 年第 12 期。

2. 丁正良、纪成君：《基于 VAR 模型的中国进口、出口、实际汇率与经济增长的实证研究》，载于《国际贸易问题》2014 年第 12 期。

3. 高铁梅：《计量经济分析方法与建模》，清华大学出版社 2009 版。

4. 沙文兵：《人民币境外存量的测算与分析》，载于《上海经济研究》2014 年第 3 期。

5. Eichengreen B. The Renminbi as an International Currency. *Journal of Policy Modeling*, 2011, 335 (5): pp. 723 – 730.

6. Fields D, Vernengo M. Hegemonic Currencies during the Crisis: The Dollar Versus the Suro in a Cartalist Perspective. *Review of International Political Economy*, 2013, Volume 20 (4): pp. 740 – 759 (20).

马克思主义视阈下全球价值链的空间拓展机理探究

——兼论“一带一路”建设路径的构想

杨　静　徐　曼*

在经济全球化快速发展的今天，全球价值链成为全球经济发展的重要现象，也成为学术界的理论研究热点。在过去的二十多年中，中国的全球价值链贸易总量实现了重大的飞跃，并有了“世界工厂”的称号。中国融入全球价值链的广度和深度都有明显的改观，生产对象从低端的服装纺织产品逐步扩大到高端的电子通信产品，生产环节则从劳动密集型的加工组装逐步延伸到技术密集型的零部件生产与研发设计，在区域空间上扮演着“中转站”的枢纽角色，通过双向的“三角贸易”将地理分隔的区域生产网络联结成完整的全球生产网络。① 根据相关研究报告，中国自入世 15 年来贸易和国际投资速度高速增长，2015 年成为仅次于美国的第二投资大国，以中间品为代表的货物贸易发展异常迅速，双向 FDI 和跨国公司发展引人注目，制造业的平均全球价值链参与程度为 0. 276，中国主要参与到全球价值链生产的下游—加工组装生产环节，资本、技术密集型行业的出口竞争力仍有待提升。② 总体来看，中国在全球价值链的分工地位较低，对外贸易结构亟待改善。当前，全球价值链对于世界经济的发展日益重要，成为不同发展程度的经济体提升国际竞争力的重要途径。中国作为发展中经济体迫切需要向全球价值链的高端攀升，而“一带一路”倡议正是

---

* 杨静，中国社会科学院马研院研究员；徐曼，中国社会科学院研究生院马研系博士生。

① 唐海燕：《中国在全球生产网络中的角色变迁》，载于《华东师范大学学报（哲学社会科学版）》2013 年第 5 期。

② 《新开放战略与全球贸易规则重构过程——中国入世十五周年的反思与展望》，中国人民大学国家发展与战略研究院课题组研究报告，2016 年第 3 期。

我国构建利益共享的全球价值链的重要契机，是沿线各国共同参与推进拓展的新合作空间。因此，探究全球价值链的空间拓展机理将具有重要意义，不仅能对构建惠普各方、利益共享的全球价值链提供指导建议，还有助于改善当前中国在全球价值链中的弱势地位以及通过“一带一路”这一平台推进全球经济治理模式向更公平、合理、开放的方向迈进。

一、全球价值链空间拓展的内涵及其现状

（一）全球价值链及其空间拓展的内涵

全球价值链（Global Value Chain，GVC）理论一般被认为是西方经济学的研究范畴，该理论源于格里菲等人提出的全球商品链（Global Commodity Chain，GCC）理论，格里菲认为商品的分散化生产使不同国家、不同规模的企业形成相互联系的网络，构成了全球范围内商品生产的组织体系（Gereffi and Korzeniewics，1994）。后来，格里菲等人（Gereffi et al.，2001）在此基础上构建了全球价值链理论，进一步分析了跨国公司主导下各个生产环节的具体活动，包括设计、生产、组装、销售、服务等一系列环节。联合国工业发展组织（UNIDO）又进一步将其定义为“为实现商品或服务价值而连接生产、销售、回收处理等过程的全球性跨企业网络组织，涉及从原料采集和运输、半成品和成品的生产和运输储存、成品的生产和销售，直至最终消费和回收处理的整个过程”，是既基于企业层面又涉及国家层面的理论，包含了一系列的价值增值和价值创造活动。西方经济学对全球价值链的定义停留在对生产工序的归纳这种描述层面上，并将生产环节与价值联系起来，将企业的生产过程与不同国家和地区联系起来，由此展开对全球价值链治理、产业升级、利益分配等方面的理论分析。这种研究范式回避了全球价值链作为资本主义国家霸权工具的经济掠夺性，无法解释众多发展中国家在全球价值链中的产业升级困境。

本文认为，运用马克思主义经济理论中的资本积累逻辑才能解释发达资本主义国家如何主导全球价值链进行全球范围内的“剥夺性积累”。马克思认为，“资本的运动是没有限度的”[①]。资本总是在运动中实现增值，

① 马克思：《资本论》第1卷，人民出版社2004年版，第178页。

资本逻辑就是资本追求剩余价值并不断扩张的逻辑。资本“到处落户，到处开发，到处建立联系”①，本身就体现出流动性和空间性。资本的扩张不断突破了地理的界限，突破了国家的界限，在全球范围内流动，寻找有利可图的机会。生产过剩是资本主义生产方式的必然结果，西方马克思主义学者大卫·哈维认为资本主义是利用空间修复的办法缓解过度积累的危机。在全球化背景下，资本主义需要占据更多的空间扩张其势力范围，为资本积累进行地域开拓，为吸收盈余资本和劳动寻找新的途径。

全球价值链中资本的运动依托于产业资本不同职能形式的国际循环。根据英国学者彼得·迪肯的分析，商品资本、货币资本、生产资本的国际循环是相互独立又相互联系的三个资本圈。资本全球化的发展正是这三种循环国际化依次实现的过程：商品资本循环的国际化是通过世界贸易实现的；货币资本循环的国际化是通过证券投资进入海外市场实现的；第三阶段是生产资本循环的国际化，是通过跨国公司和国际生产的大规模增长而实现的。② 前两阶段的资本国际循环表现为物流业和金融业的发展，在第三种循环出现之前商品的生产过程仍发生在一国之内。20 世纪 80 年代伴随着产品内分工的兴起，跨国公司将生产过程分散到世界各处，在全球范围内进行资源配置，构成了生产资本的国际循环。金融和物流的发展为生产的国际化提供了必要的铺垫，将生产过程中的不同片段联系起来形成了上下游间不同环节联结起来的价值链条。全球价值链正是在依托于这三种资本的国际循环而形成的价值增殖的链条。

基于上述分析，作为一种资本向外扩张的、灵活的积累体系，全球价值链在交通信息技术的发展以及金融全球化的推进下，将不同空间内的资源、劳动力和资金进行重组和分配，越来越多的国家和地区都被纳入这个资本积累的有机链条中。因此，全球价值链的产生和发展就是资本主义国家追求资本积累的必然结果。不难发现，全球价值链这一概念本身就蕴含了空间的维度，它强调了跨空间的、在全球范围内的不同价值链环节的联系。全球价值链的空间拓展表面上体现为价值链各环节嵌入空间的过程，也是各环节进行空间布局的过程。从资本的角度看，全球价值链的空间拓展就是资本在空间流动的表现，是资本主义国家缓解过度生产的手段。

---

① 马克思、恩格斯：《共产党宣言》，人民出版社 1997 年版，第 31 页。

② 彼得·迪肯：《全球性转变——重塑 21 世纪的全球经济地图》，商务印书馆 2007 年版，第 171 页。

如今，世界大部分国家参与到全球价值链中并实现了经济社会的快速发展，这深刻地体现了人类改造空间的欲望和能力。全球价值链空间拓展的过程也在进行着空间生产，也就是说价值链环节中的生产和再生产过程塑造了具有一定特征的空间。“空间生产”一词早在列斐伏尔的《空间的生产》一书中明确提出，是指生产出空间自身，而不是某个空间内的物质生产。空间生产是“一个社会关系的重组和社会秩序的建构的实践性过程，在这一过程中，空间不仅是被生产出来的结果而且也是一个能动的再生产者”①。那么，全球价值链的空间拓展可以理解成为全球价值链在向外拓展的过程中塑造出具有一定特点的人化空间，不仅是指价值链环节在某个空间中的物质生产，也指出了价值链不断突破地理范围进行空间自我生产的动态过程。这个过程影响了人类的生存活动空间，并塑造了具有一定特点的空间景观形态。

（二）全球价值链的空间“透视”

随着经济全球化的发展，国际生产和贸易的格局正经历着深刻的调整。全球价值链将世界各国紧密联结起来，深刻地改变了全球的产业结构和空间格局，并持续构造和深化着各国的价值创造体系和利益格局。

1. 全球价值链的空间特征“透视”

全球价值链的空间特征随着其空间拓展的深化开始逐步显现，主要表现为空间开放性、空间依赖性、空间非均衡性。空间开放性是指无论是发达国家还是发展中国家都有参与全球价值链并且利用自身优势实现经济崛起的机会。此外，全球价值链需要不同国家和地区的产业合作，因此从产业层面来看它是一个全球范围内的开放式系统。除了美、欧、日这三大主要战略发展区域之外，越来越多的新兴国家和地区开始崛起，抓住全球化带来的新发展机遇，韩国、中国、新加坡、巴西、印度等国家都成为研发和生产的热门区域。空间依赖性是指全球价值链各个参与国和地区之间保持联系并相互依赖。全球价值链的分工形式使不同生产环节分布在不同国家和地区，因此在完成最终产品之前，价值链上下游之间需要商品、技术、信息进行跨空间流通，因此通过贸易合作、资金流动、研发合作、信息交流，各国经济、政治、文化相互渗透，国家间的依赖关系也逐步加

① 胡乐明：《资本积累、阶级斗争与空间生产——一个文献综述》，载于《山东社会科学》2014 年第 9 期。

强。空间非均衡性是指当前众多国家和地区在全球价值链治理体系中处于不同地位，存在明显的等级关系。当前全球价值链大致可分为三个层级，美、欧、日这三个区域一般是全球价值链关键环节所在区域，属于第一层级，发挥着主导作用；新兴工业化国家和地区属于第二层级，发展中国家和地区属于第三层级，后两个层级的国家和地区作为参与者服从主导者的生产安排和利润分配。

全球价值链的空间非均衡性主要体现在生产过程中各个环节的增加值与盈利能力水平差异较大、产业结构失衡、空间占有资源不平衡、生态危机等问题。例如，从产业结构来看，大多数发展中国家企业由于技术和资本的限制无法从事高端产品的生产制造，而是大量集中在低附加值的加工、装配、制造等行业，利润甚微，而核心零部件、设计、品牌销售、供应管理等高端环节还是依赖发达国家的跨国公司。此外，非均衡性也体现在处于价值链低端的发展中国家出现的一系列环境问题和资源问题。重污染、高耗能、低成本的产业一般聚集于落后的发展中国家，这些国家的环保意识相对薄弱，环保产业起步较晚，环保标准较低，这也间接吸引了外商的直接投资。

2. 全球价值链的空间利益格局“透视”

不难看出，当前非均衡性的全球价值链空间格局本质上是源于其非均衡的利益分配格局。当前发达国家的跨国公司控制了全球价值链的分工体系，并且利用其垄断优势和定价权阻碍价值链低端环节的产业升级，使全球价值链下游的经济体承受巨大的经济失衡风险。此外，由于价值链低端环节对高端环节的依赖使得在空间上表现为落后地区对发达地区的“依附”，落后地区沦为被转嫁风险和危险的对象。而且落后地区一旦失去在成本或者市场等方面的竞争力，有随时脱离价值链并被其他地区取代的风险。这种产业结构和资源配置的失衡不利于发展中国家的产业转型升级和社会空间的可持续发展。

由此可见，当前全球价值链的利益格局呈现出掠夺性和不平衡性的明显特征，发达资本主义国家主导的全球价值链已成为其进行全球经济掠夺、建立霸权体系的工具。我国制造业以相对廉价的劳动力和资源优势融入全球价值链的低端，其初衷是为实现产业升级做准备，但实际上我国的低端制造业在全球价值链中常常陷于被锁定的境地，升级之路困难重重。因此，中国等众多发展中国家迫切需要向全球价值链高端跃升，打破现有的这种掠夺性、不平衡性的全球经济格局，建立利益共享的全球价值链，培育普惠各方的全球大市场，实现互利共赢的发展。

二、全球价值链的空间拓展机理分析

西方主流经济学的学者们对于全球价值链空间拓展机理的研究并没有直接的阐释，一般是通过分析全球价值链分工的动因来考察其不同环节的空间分离，主要有以下三个角度：(1) 跨国公司的分工安排。跨国公司作为全球价值链中的微观主体，把生产过程进行全球范围内的分工安排，产品的价值创造和获取过程被细分成不同的环节分散到世界各地，这种分工方式被学者们用不同的术语描述，包括“垂直一体化、国际外包、转包、产品内分工、要素分工”等。(2) 国家的比较优势。这种视角认为国家的比较优势和要素禀赋是全球价值链形成的基础和对外扩张的动因。要素成本和规模报酬使得生产成本降低，产品生产的不同环节按照各国的比较优势进行分配。(3) 生产者与购买者驱动。这种观点认为全球价值链是受到具有技术优势的生产者驱动或者受到具有品牌优势、销售渠道优势的零售商驱动的。[①] 这些分析角度均有助于理解全球范围内的跨国生产活动，但忽视了其背后的跨国公司、国家以及国际组织等多种主体的权力作用，难以对该理论中的利益分配、国家意志、全球经济格局等研究主题进行有效分析。本文认为，全球价值链中的跨国公司、国家、国际组织作为三大权力主体基于维护自身利益的需要而结成了特定关系，由此构成了全球价值链空间拓展机理中的“权力三角”。

(一) 全球价值链空间拓展中的“权力三角”

全球价值链的空间拓展过程把不同社会形态的空间都卷入世界市场之中，而权力是保证这个过程按照制度和政策推进的关键因素。权力反映了一种主体可以影响、支配、控制客体的制约关系，体现了一种强制的“规范”。

1. “权力三角”中的跨国公司

跨国公司作为垄断资本的载体，作为全球价值链空间拓展的主要推动

① 黎峰：《全球价值链分工、出口产品结构及贸易收益》，上海社会科学院 2015 年博士论文。

者，其权力作用依赖于对资本的占有，主要体现在对资本的控制，具体表现为对全球生产布局的规划。跨国公司在 19 世纪中叶初步形成，20 世纪五六十年代开始蓬勃发展，至今跨国公司的经营范围遍布世界各地，全球战略是它的最终目标，母国并不一定是其最大的生产地和销售地。跨国公司的国际化经营模式一般认为分为三个阶段：第一阶段是在本国生产、以商品进出口为主要特征；第二阶段是在国外直接生产并且销售到当地市场；第三阶段是将研发和开发机构设置到国外，在全球各处组织经营。跨国公司制定全球范围内的经营策略将更多国家和地区的资本卷入它的战略布局中，将不同的价值链环节定位在不同的区位上。全球价值链环节的划分可以按照产品不同的生产过程大致分为以下四个环节：研发设计环节、生产制造环节、市场销售环节、售后服务环节。每个环节都能给跨国公司带来附加值，而跨国公司之所以能成为全球价值链的控制方就是由于占有了某个环节的关键资源或核心技术并且形成垄断优势。跨国公司利用其控制权会挑选最有利于资本增殖的积累环境（如廉价的劳动力、宽松的法律、稳定的社会环境），通常考察与其对接的企业所在地的独特优势（如资源优势、运输优势、库存容量、周边市场等），将价值链的其他环节固定在某个区位。一般来说，主导价值链的跨国公司位于世界性大城市；而科技研发部门和生产核心部件的企业位于发达国家的核心城市；进行批量生产的企业或者集群一般位于发展中国家的大城市区域。处于全球价值链不同层级的企业通过价值链构成相互联系的网络结构。

跨国公司为了不断向外拓展势力范围，将价值链的各个环节广泛分布在不同地区以占有更多资本积累的空间。尽管跨国公司的经营布局范围分散化，但是跨国公司的资本所有权和管理权仍集中在母国，它的“国籍”并没有因为高度全球化而消失。跨国公司能为民族国家增加财政收入，在巩固国际地位、对外文化传播等方面提供巨大贡献。对于西方发达国家而言，跨国公司为了降低商品成本将生产基地迁向落后国家，利用技术优势和垄断霸权进行不平等交换，从发展中国家卷走巨额利润，成为西方国家跨国剥削的主要工具。

2. “权力三角”中的国家和国际组织

全球价值链能够顺利拓展空间范围就要求资本能够在全球范围内自由流动，这就意味着冲破民族国家的壁垒，本质上与国家的领土观念相矛盾。资本在空间流动中遇到的障碍不仅是物质的，他们同时也是社会的和政治的。[①] 哈维认为，“减少资本运动的障碍已经成为国际资本主义新秩序（一个充满矛盾并频繁成为政治冲突和社会斗争的焦点的过程）的‘圣杯’的一部分。”那么，跨国公司的生产布局如何与不同国家的资本积累环境顺利对接、克服资本流动障碍呢？国家和国际组织的权力作用在这个过程中发挥了重要作用。

国家在推进全球价值链空间拓展中的权力作用具体表现在制定地方经济政策以优化整合资源配置和基础设施建设，提供资金、技术、土地等方面的支持来促进产业的技术研发和品牌塑造，总之是通过制度来帮助推进全球价值链在本国的优化发展提高本国企业的竞争力。国家还可以在推进各国经济联系上发挥一定作用，但罗宾逊认为单个国家无法制定超国家的统一宏观经济政策、为跨国资本的运作建立统一的跨国贸易体制和贸易区域、实现超国际的“透明度”等。[②] 而由众多国家所创造的国际组织恰好能弥补上述的不足，它能够通过协调各国的经济联系实现各国经济的共同利益和解决各种国际经济往来中的争端矛盾。

国际组织是主权国家为了一定目的以协议的方式建立的多国协调机构，在各个领域行使着主权国家授予的权力，维系着整个国际体系的运转。[③] 它被罗宾逊称为“跨国国家机器”，在推进全球价值链空间拓展过程中是一种“管理跨界的商品和资本流动以及协调国家间关系的机制”，具体表现在提高全球价值链的韧性、减少贸易投资的壁垒、建立自由公平便利的贸易规则等。[④] 现有的典型国际组织包括世界贸易组织（WTO）、欧盟、东盟、北大西洋公约组织、国际货币基金组织、世界银行等。所谓的“跨国国家机器”的地位并没有凌驾于民族国家之上，国际组织中的成员国是有独立主权的国家，民族国家可以为了国际组织在自愿的情况下让渡部分权力，但是国际组织无权干涉国家内政，而且国际组织的权威性允许受到质疑甚至不被承认。

当今大部分国际组织由发达资本主义国家主导，是为发达资本国家垄

① 大卫·哈维：《跟大卫·哈维读〈资本论〉第二卷》，谢富胜等校译，上海译文出版社2006年版，第294页。

② 威廉·I·鲁宾逊：《超越帝国主义论：全球资本主义和跨国国家》，史清竹译，载于《当代世界与社会主义》2013年第3期。

③ 张丽华：《国家和国际组织的权力功能比较分析》，载于《学习与探索》2010年第1期。

④ 罗宾逊：《全球资本主义论：跨国世界中的生产、阶级与国家》，高明秀译，社会科学文献出版社2009年版，第121页。

断资本服务的，本质上成为资本主义国家在全球进行跨国剥削和扩张势力范围的工具，“像一个国家机构一样运行，为全球资本对本地劳动的剥削带来便利”①。工具化的跨国机构为资本主义国家和跨国资本家攫取财富，为全球资本主义的发展和跨国资本家的统治发挥重要作用。② 美国等发达国家通过这些组织主导国际经贸规则的制定，利用不合理的贸易协定对发展中国家进行所谓的反倾销、反补贴调查，是为了对本国的产业实行贸易保护政策，表现出明显的经济霸权。从这个角度看，被发达资本主义国家操纵的国际组织也是其进行全球剥削和财富掠夺的一种权力工具。

显然，跨国公司、国家和国际组织这三个主体的利益诉求并非全然一致，因此这三种主体的权力力量相互依赖又相互掣肘。跨国公司首先是在全球范围内从事生产经营的经济实体，是除国家之外的重要国际经济关系行为主体之一，但在主权国家林立纷争的国际领域，跨国公司必然受到国家和国际组织政策的影响。此外，国家与国际组织的权力又体现了相互依赖和相互制约的关系。一方面，国家是国际组织权力的授予者和章程规则的制定者和实施者；另一方面，国际组织为解决国家间争端提供了一个制度框架、规范程序、经常性的谈判机构。国际组织是主权国家所建立并服务于主权国家的，是各国政府单独地或集体地实现其对外政策的工具，是促进成员国利益、促使各国政府更好地发挥职能的一种合作手段。这三个权力主体联结在一起，形成了一种相互关联相互制约的“权力三角”模式。

（二）“权力三角”下的全球价值链空间拓展

全球价值链进行空间拓展的过程，就是生产过程片段化并在不同空间扩展的过程，同时需要“权力三角”的作用以支持资本在全球范围内顺利扩张并规范其扩张秩序。其中，“权力三角”的作用体现在跨国公司在全球生产布局的规划作用，国家和国际组织在基础设施建设和塑造有利于资本积累的制度环境方面发挥作用。这种作用加强了全球价值链在跨越地理界限时的扩张能力，为全球性资本提供了必不可少的积累环境。由此，全球价值链在“权力三角”的作用下推进了其空间拓展进程，同时塑造了具有一定特征的空间格局。

①② 威廉·鲁宾逊：《超越帝国主义论：全球资本主义和跨国国家》，史清竹编译，载于《当代世界与社会主义》2013 年第 3 期。

那么，全球价值链与空间之间就存在双向作用的机制：一方面，全球价值链的空间拓展过程受到了空间内经济政策与制度环境的约束，与此同时这个过程也塑造了具有一定特征的全球空间格局。当今的发达资本主义国家不再以殖民扩张来进行资本主义的空间拓展，而是通过跨国公司和国际组织来操纵资源、金融工具和全球价值链进行全球经济掠夺，使其势力范围占据更多的空间，并使资本主义的矛盾不断尖锐并向外延伸。当前这种掠夺性和不平衡性的全球价值链利益格局正是发达资本主义国家主导的全球政治经济不平等秩序的体现。众多发展中国家迫切谋求在平等互利的全球经济治理模式下融入或构建利益共享的全球价值链，充分且合理地利用“权力三角”的力量，为发展中经济体开辟经济发展的新道路。

哈维在《社会公正与城市》中曾写道，“合适的空间概念问题只能通过与空间有关的人类实践加以解决。”① 我国提出的“一带一路”（“丝绸之路经济带”和“21世纪海上丝绸之路”的简称）倡议正是构建利益共享的全球价值链的良好契机。它是由跨国公司、国家、国际组织等多个治理主体共同参与的国际合作形式，致力于构建平等、民主、信任、合作的伙伴关系。在全球价值链与空间的双向作用机制基础上，“一带一路”的沿线各国不仅能够通过优化空间内的制度环境建立利益共享的全球价值链，还将有助于构建出公平开放、可持续的空间格局。当然，这尤为需要各个权力主体之间进行良好的政策沟通、积极拓展合作领域，充分发挥“权力三角”对资本扩张的规范作用，携手推动更大范围、更深层次的合作。

三、“一带一路”是我国构建利益共享的全球价值链的重要契机

习近平总书记于2013年提出的“一带一路”倡议，是目前我国在国际交流合作方面最重要的倡议，是立足于长远发展的、具有宏大视野的、由“线”到“面”的全球空间拓展计划，倡导构建互惠互利、合作共赢

① David Harvey, *Social Justice and the City*, the Johns Hopkins University Press, 1975: P. 13. 转引自唐许昌：《大卫·哈维城市空间思想研究》，人民出版社2014年版，第63页。

的“命运共同体”。“一带一路”是我国提出的推进区域经济合作的新思路和新方向，在扩大全球价值链的发展空间上具有无限的潜力，我国通过该倡议可以构建新的全球价值链，激活新的经贸合作关系，从而实现我国和其他发展中国家的产业转型升级，打破发达资本主义国家对全球价值链的主导地位。“一带一路”按照规划覆盖了沿线60多个国家、90多个城市，沿线各国利益诉求多元，政治稳定性和连续性不同，如何协调好中国与其他国家的关系至关重要，笔者认为我国要合理发挥“权力三角”的作用塑造面向国家、面向全球的合力，构建公平开放、利益共享的全球价值链。

（一）大力培育具有国际竞争力的跨国公司，优化国内外产业布局

首先，中国应抓住“一带一路”这一全新的合作平台，培育在全球范围内具有竞争力的一流跨国公司，积极应对激烈的国际市场竞争；其次，应着力增强自主研发创新能力和推进创新驱动发展，目前一些新兴领域如云计算、人工智能、VR等迅速发展，成为全球竞争的制高点，将带动全球价值链的新一轮整合和重构；最后，在“一带一路”新形势下，抓住部分沿线国家对基础设施建设的需求，促进我国的基建项目相关产业走出去。此外，在与沿线国家开展产能国际合作时，应因地制宜地制定符合双方国家利益的政策。我国与东盟、南盟、欧亚联盟这些国家的合作重心应是基础设施建设，并与我国劳动密集型或资源密集型产业形成良好互动。与中东欧国家合作时，可以利用国际专列的陆路交通便利性，加强特色优质商品的贸易往来。而对于具有发达技术和制造业的西欧国家，我国应在高端装备制造领域进行合作，力图在高新技术发展和产业化上实现全新突破。

（二）不断加强国家间政策沟通，加速推进全球价值链的空间拓展

自“一带一路”倡议提出以来，我国大力发展与沿线各国的多领域贸易合作，在深化区域合作方面取得重要进展，目前在23个国家建立了77

个境外经贸合作区，搭建了我国企业对外投资合作和产业集聚的重要平台。[①] 首先，应抓住"一带一路"沿线国家对基础设施建设的需求，形成国家间互联互通的国际大通道，依托产业的合作打造国际经济合作走廊，并且重点开发跨境经济合作区。目前我国与沿线的一些国家仍然存在沟通不畅的问题，经贸合作的深度不够，贸易规模亟待拓展。我国在统筹规划和顶层设计的基础上应该继续加强政策沟通，提升贸易的便利化水平。作为全球价值链治理的主体之一，政府应尊重市场经济规律和资本流动规律，让经济全球化的正面效应释放出来，也要基于提升本国国际竞争力的发展蓝图进行顶层设计，如改善国内投资环境、提高贸易措施透明度、促进中小企业融入全球价值链、发挥服务业关键作用等措施，以增加全球价值链在本国的韧性、有效改善本国的投资环境和产业竞争力。其次，我国应积极推动开放型经济，主动参与国际分工，调整进出口政策，吸引更多的外资和鼓励更多的企业"走出去"，为全球价值链的空间拓展提供有利的外部条件。同时，在推动全球价值链的空间拓展时应当立足于当地的自然特点、人文特点，准确定位，确保经贸规模与品质的双向提高，本着以人为本、公平正义的价值理念，注重每个地区的生态发展、生存质量，注重不同国家的经济、社会、文化、生态互促互动，注重国家间和谐合作关系的建构。

（三）积极发挥国际组织的协调作用，构建公平包容的全球经济治理模式

"一带一路"建设需要各国构建良好的合作关系，这离不开国际组织的协调作用。现在已经存在一些有利于"一带一路"建设的国际组织，如东南亚国家联盟、上海合作组织等区域性国际组织，以及亚投行等一些功能性国际组织。中国可以通过国际组织共同推进海上的互通网络，开拓港口、海运、物流等领域的合作，构建自由贸易区，建立投资合作基金等。上海合作组织是"一带一路"在亚欧大陆上的重要合作平台，中国与成员国合作时应优先选择我国的优势产业，依托核心地区重点发展，再逐步向外进行区域拓展。此外，中国还可以借助联合国与一些非营利组织协调国际经济关系，在宣传、监督、学术上获得更多的支持。

---

① 北京大学"一带一路"五通指数研究课题组：《"一带一路"沿线国家五通指数报告》，经济日报出版社2016年版，第123页。

我国通过深度融入全球价值链和共同建设“一带一路”等重大国际合作举措，将有助于推进全球经济治理模式向更公平、合理、开放的方向迈进。全球经济治理的主体涉及民族国家、国际组织和国际公民社会，强调的是共同治理的、平等的制度理念。而目前的国际经贸规则的话语权掌控在美欧发达国家手中，众多发展中国家的企业被高标准的贸易门槛排挤在外，无法在全球价值链的分工体系中实现可持续发展。建立公平、合理、开放的全球治理模式是重振世界经济的必由之路，这将广泛吸纳越来越多的国家和地区参与到多边贸易中，有利于激发各国的产业活力和制度创新能力，共同为重塑包容协调、利益共享的全球价值链而努力。

附录一：

第31次年会入选会议论文目录

（按第一作者姓名拼音排序）

作者姓名	第二作者	第一作者工作单位	论文题目
白永秀	宁　启	西北大学经济管理学院	“一带一路”经济学的研究任务
蔡继明		清华大学政治经济学研究中心	确实发挥市场决定性作用　优化人口与土地空间配置
陈广亮		北京师范大学马克思主义学院	改革开放以来中国特色社会主义政治经济学生成的透视
陈洪昭		福建师范大学经济学院	“一带一路”背景下的福建人才聚集问题研究
陈乐一		湖南大学经济与贸易学院	改革开放以来我国历次物价周期波动及其启示
陈　亮	杨向辉	中国人民大学中国经济改革与发展研究院	中国农村金融发展区域差异的影响因素分析及其政策取向
陈少晖	陈平花	福建师范大学经济学院	基于WACC的国有垄断企业红利上缴比例优度检验——以中国石化为样本
陈享光		中国人民大学经济学院	金融化的马克思主义解读
崔绍忠		外交学院国际经济学院	“赞比亚现象”与“一带一路”背景下中国对非经济外交
戴双兴	朱立宇	福建师范大学经济学院	基于马克思地租理论的城市宏观级差地租研究
丁菊红		中国浦东干部学院	财政分权对新型城镇化的影响——基于公共服务供给视角的实证研究
丁长发		厦门大学经济学系	习近平有中国特色的农业经济新思想研究
董晓松	尚会永 姜旭平	南昌大学经济管理学院	基于文化与地理空间互动的互联网消费增长实证研究
杜书云	裴卫旗	郑州大学旅游管理学院	供给侧结构性改革背景下金融资本异化若干理论问题刍议
范从来	胡恒强	南京大学商学院	驱动企业创新的金融发展模式研究——基于熊彼特模型的分析

续表

作者姓名	第二作者	第一作者工作单位	论文题目
范　欣	姚常成	吉林大学经济学院	时空压缩下的经济趋同
盖凯程	于　平	西南财经大学经济学院	中国金融发展与城乡收入差距——基于门槛效应的实证分析
盖玉洁	刘静暖	海南热带海洋学院海商学院	南海不可再生资源跨期开发利用的环境保护机制研究
高　帆		复旦大学经济学院	我国经济发展进程中的创新之谜及其理论阐释
高　岭		中国人民大学经济学院	《资本论》体系能引领中国政治经济学新方向吗？——基于政治经济学嬗变史的研究
高友才	宋俊楷	郑州大学商学院	临空产业发展的系统动力模型构建与仿真——以郑州航空港为例
葛　扬	王　婷	南京大学经济学院	长三角供给侧结构改革中产业政策分析
辜秋琴	黎　玲	成都理工大学商学院	供给侧结构性改革下我国汽车制造业转型升级研究
郭广珍	周永斌	辽宁大学经济学院	DMSP/OLS 夜间灯光校正及辽宁省 GDP 模拟
韩家彬	石　宁 贺　洋 刘淑云	辽宁工程技术大学	电子商务对中国与“一带一路”沿线国家贸易影响的实证研究
韩　蕾	刘长溥	辽宁大学经济学院	中国东北地区对外开放的技术溢出效应研究
韩文龙	葛泽坤	西南财经大学经济学院	“做强做优做大国有企业”原因之理论阐释
何文举	唐未兵 戴步斌	湖南商学院	中国金融压力指数构建与经济预警的实证研究
和　军	张紫薇	辽宁大学经济学院	两轮东北振兴战略比较与下一步重点方向
胡晶晶	王祖祥	武汉大学经济与管理学院	住房公积金个人自愿缴存制度资金盈亏平衡条件测算研究
胡　磊	赵学清	南京政治学院	论政治经济学的根本方法和具体方法
胡志平		华东政法大学政治学与公共管理学院	供给侧结构性改革：比较的观点
黄　瑾	李建平	福建师范大学经济学院	深刻认识社会主义生产目的的新内涵

续表

作者姓名	第二作者	第一作者工作单位	论文题目
洪银兴		南京大学	习近平新时代中国特色社会主义思想指引经济强国建设
黄茂兴	叶　琪	福建师范大学经济学院	马克思主义绿色发展观与当代中国的绿色发展
黄泰岩		中央民族大学	社会主要矛盾的转化规律及其政策取向
纪玉山	刘　洋	吉林大学经济学院	我国非常规油气资源的开发利用与能源安全的经济分析
贾根良		中国人民大学经济学院	“一带一路”的转型升级和人民币国际化新方略
简新华		武汉大学经济与管理学院	论中国特色社会主义政治经济学的形成和发展
蒋永穆	赵苏丹	四川大学经济学院	坚持与完善农村基本经营制度：现实挑战与基本路径
金兆怀	迟明园	东北师范大学经济学院	关于我国农业供给侧结构性改革的思考——以吉林省为例
李碧珍		福建师范大学经济学院	供给侧改革视阈下非公经济“两个健康”研究
丁任重	李　标	西南财经大学经济学院	供给侧结构性改革的政治经济学分析
李　标	崔西伟 吴　贾	西南财经大学经济学院	马克思主义视角下金融发展、创新投入与工业创新绩效
李家祥		天津师范大学经济发展研究所	中国特色社会主义政治经济学史研究的新阶段新使命
李梦凡		西南财经大学经济学院	中等收入阶段“发展困境”的政治经济学
李世斌	许梦博	吉林大学经济学院	供给侧结构性改革背景下财政投资的供给效应研究——基于VAR模型的分析
李雪松	余柯玮	武汉大学经济与管理学院	城市人口集聚与雾霾污染的空间效应——基于我国236个地级市空间面板数据的实证研究
李怡乐	肖　翰	西南财经大学经济学院	中国最低工资增长及其就业效应的马克思主义经济学解释
李　政	艾尼瓦尔	吉林大学经济学院	不确定性是实行产业政策的主因——基于企业家追求创业机会的视角

续表

作者姓名	第二作者	第一作者工作单位	论文题目
梁洪学		吉林财经大学马克思主义经济学研究中心	推进混合所有制企业经理人股权激励制度发展的理性思辨
刘　灿		西南财经大学马克思主义经济学研究院	马克思关于收入分配的公平正义思想与中国特色社会主义实践探索
刘建华	马国华 姜丽媛	吉林财经大学经济学院	“一带一路”战略的政治经济学创新
刘美平		河南财经政法大学经济学院	中国特色社会主义政治经济学的发展逻辑
刘维奇	范运鹏 王丽媛	山西财经大学经济学院	城镇化、农业现代化与人口老龄化城乡倒置
刘义圣	许彩玲	福建师范大学经济学院	习近平反贫困思想及对发展中国家的理论借鉴
罗　丹	王守义	云南师范大学经济与管理学院	美国“去工业化悖论”的政治经济学研究
马　艳	王　琳	上海财经大学经济学院	中国积累的社会结构理论的六大核心关系研究
毛中根	武优勐	西南财经大学消费研究所	中国的海外消费：特点、原因及对策
慕丽杰		辽宁大学经济学院	“一带一路”背景下人民币国际化基本影响因素浅析
齐　兰		武汉理工大学	股市的危机、干预与重建：一种马克思经济学的观点
乔　榛		黑龙江大学经济与工商管理学院	《资本论》的逻辑与社会主义市场经济体制的选择
曲　创	鲁　彦	山东大学经济学院	从成本优势到用户优势：双边市场中的进入壁垒研究
尚会永	张成岗	北京外国语大学马克思主义学院	中小企业数量增加违背资本积累的历史趋势吗？——《资本论》第一卷关于资本积累规律的现代分析
沈坤荣	金　刚	南京大学经济学院	中国对外投资的现有格局与政策取向——基于“一带一路”战略的分析
施佰发	陈伟雄	福建师范大学经济学院	僵尸企业的形成逻辑与治理对策——基于中国特色社会主义政治经济学的视角
孙　豪	胡志军 陈建东	浙江工商大学经济学院	中国消费基尼系数估算及社会福利分析

续表

作者姓名	第二作者	第一作者工作单位	论文题目
孙宁华	汪　玲	南京大学经济学院	长三角地区高失业和高岗位空缺问题研究——基于搜寻匹配模型的分析
唐未兵	任丽萍	湖南工业大学商学院	混合所有制企业的股权结构研究
唐　永		中国人民大学经济学院	技术进步与经济增长：一个马克思主义政治经济学的分析
陶一桃		深圳大学中国经济特区研究中心	"一带一路"倡议实施的制度——文化约束
汪立鑫		复旦大学经济学院	一般竞争性领域国有经济的合理比重：信息经济学的透视
王大林	杨蕙馨	山东大学经济学院	新常态下中国经济增长驱动力和供给侧改革
王　军	李　萍	西南财经大学经济学院	《资本论》研究的现状、特征与展望——纪念《资本论》第一卷出版 150 周年
王立胜	周绍东	中国社会科学院经济研究所	中国特色社会主义政治经济学的理论硬核：一个比较研究
王守义		云南大学经济学院	工业文明、消费文明与供给侧结构性改革
王学荣		南京大学马克思主义学院	当代中国的资本逻辑：表现形态、双重效应及其求解——基于《哥达纲领批判》的文本源流
卫兴华		中国人民大学经济学院	关于中国特色社会主义政治经济学的一些新思考
魏博文		辽宁大学经济学院	"制造强国"与诚信建设
魏　旭	高冠中	吉林财经大学马克思主义经济学研究中心	全要素生产率理论的实践检视与方法论反思——一个马克思主义政治经济学的分析框架
魏益华	张　爽	吉林大学经济学院	中国经济新常态下新型劳动关系问题研究
吴金燕	景玉琴	东北师范大学经济学院	中国和前苏联的发展道路是否验证了马克思的设想
吴杨伟	王　胜	武汉大学经济与管理学院	要素双向流动立体贸易竞争优势的重释与重构
辛　波	吕祥伟 张莉娜	山东工商学院金融学院	新常态下中国土地财政区域性差异分析

续表

作者姓名	第二作者	第一作者工作单位	论文题目
熊　豪	王浩宇 闫泓宇	辽宁大学经济学院	日本量化宽松货币政策对中日贸易的影响——基于2009～2016年的SVAR模型分析
薛宝贵		山西财经大学经济学院	“一带一路”战略：从利益失衡到均衡
杨慧玲		西南财经大学经济学院	货币“非中性”解析——马克思主义的角度
杨　静	徐　曼	中国社科院马克思主义研究院	全球价值链的空间拓展机理探究——兼论“一带一路”建设的路径构想
杨　丽		辽宁大学经济学院	货币供应量与中国主要经济指标关系问题研究
杨思莹	李　政	吉林大学经济学院	腐败对政府效率的影响：基于经济主体行贿动机的解释
杨艳琳	张　恒	武汉大学经济发展研究中心	现代服务业与城市化互动机制的国际比较研究
叶　胥	毛中根	西南财经大学消费经济研究所	居民为什么选择大城市？——基于预期收入、高房价以及生活质量的研究
叶　琪		福建师范大学经济学院	绿色“一带一路”建设背景下环境利益共同体的构建
于金富		辽宁大学经济学院	构建科学化与中国化的现代政治经济学
袁　正		西南财经大学经济学院	“U形中国”：市场化改革之后的经验与解释
张　辉	易　天 唐毓璇	北京大学经济学院	“一带一路”沿线国家和地区经济协同发展研究
张二震	戴　翔	南京大学经济学院	要素分工、开放发展与长三角全面小康建设的基本经验
张广辉	陈子怡	辽宁大学经济学院	人口年龄结构与城乡居民消费——基于2000～2014年省级面板数据的实证研究
张海鹏		南开大学经济研究所	制度优势、市场导向与产业扶贫——基于贵州塘约模式和丹寨万达模式的分析
张明龙	张琼妮	台州学院经贸管理学院	运用产业政策合力优化区域供给侧结构
张期陈	胡志平	上海商学院财经学院	家庭联产承包土地资本化流转的宏微观利益格局及治理

续表

作者姓名	第二作者	第一作者工作单位	论文题目
张　帅		南京航空航天大学马克思主义学院	试论社会主义经济制度与市场经济体制的本质相容性
张　欣	臧旭恒	山东大学经济学院	不同方向收入冲击下边际消费倾向的非对称反应
张志元		东北大学马克思主义学院	基于创新发展理念的制造业转型升级研究
赵　伟	彭意茹	武汉大学经济与管理学院	住房占有状况对居民社会态度的影响——基于CGSS数据的实证研究
赵　莹	魏　雷	辽宁大学经济学院	增长极作用下的资本再配置——基于辽宁省传统工业与战略性新兴产业的实证分析
郑尚植	王怡颖	东北财经大学马克思主义学院	生产关系的重构：供给侧结构性改革的政治经济学解读
周　文	包炜杰	复旦大学中国研究院	中国方案：一种对新自由主义理论的当代回应
周小亮		福州大学	供给侧结构性改革驱动经济发展新动力：理论追溯与框架设计
祝　健	叶伟超	福建师范大学经济学院	第三方支付对商业银行的影响与启示——基于VAR模型的实证分析

附录二：

“兴华优秀论文奖”获奖名单
（2016～2017 年）

2016 年“兴华优秀论文奖”获奖名单

编号	作者姓名	论文题目	学校	时间
1	丁任重 何　悦	马克思的生态经济理论与我国经济发展方式的转变	四川师范大学	2014 年
2	简新华	国有企业深化改革必须正确认识的几个基本问题	武汉大学	2012 年
3	刘　灿 吴　垠	转型期我国公民财产权结构矛盾的政治经济学分析	西南财经大学	2013 年
4	郑江淮 张晓云	从国际代工到国际研发：价值链攀升的动态演化	南京大学	2011 年
5	李军林 万燕鸣 张英杰	国企改革与中国经济增长	中国人民大学	2013 年
6	谢　地 孔　晓	破解产能过剩的关键是推进产业组织优化	辽宁大学	2014 年
7	张　辉	我国产业结构高度化的内在驱动机制研究	北京大学	2014 年
8	乔　榛 曹利战	我国初次分配结构变迁：一个马克思主义经济学视角的经验分析	黑龙江大学	2012 年
9	乔晓楠 张　欣	跨越中等收入陷阱：产业结构变迁与城市化	南开大学	2012 年
10	梁洪学	混合所有制公司控制权配置的演进、变革及启示	吉林财经大学	2015 年

注：排名不分先后。

2017 年"兴华优秀论文奖"获奖名单

编号	作者姓名	论文题目	学校	时间
1	任保平 李梦欣	中国经济新阶段质量型增长的动力转换难点与破解思路	西北大学	2016 年
2	范从来 杜　晴	中国高货币化率的产业结构变动解释	南京大学	2015 年
3	陈享光 李克歌	跨越中等收入陷阱的积累模式研究	中国人民大学	2014 年
4	刘凤义	劳动力商品再认识与中国特色社会主义政治经济学	南开大学	2016 年
5	郭熙保	中等收入陷阱存在吗？——基于统一增长理论与转移概率矩阵的考察	武汉大学	2016 年
6	黎贵才 卢　获 刘爱文	中国金融体制在经济增长中的作用：抑制还是促进	吉林财经大学	2016 年
7	张二震 戴　翔	我国外贸发展"新常态"：表现、成因及对策	南京大学	2015 年
8	张海鹏	中国土地资本化的政治经济学分析	南开大学	2015 年

注：排名不分先后。